with notation and TAB con notación y CIFRA

PLAY **SOLO FLAMENCO GUITAR**

with

JUAN MARTÍN

Flamenco Guitar / Guitarra Flamenca

SOLOS FLAMENCOS

VOL./TOMO 2 21+ solos

Progressively graded for intermediate and more advanced

Progresivamente graduados para intermedio y más avanzado

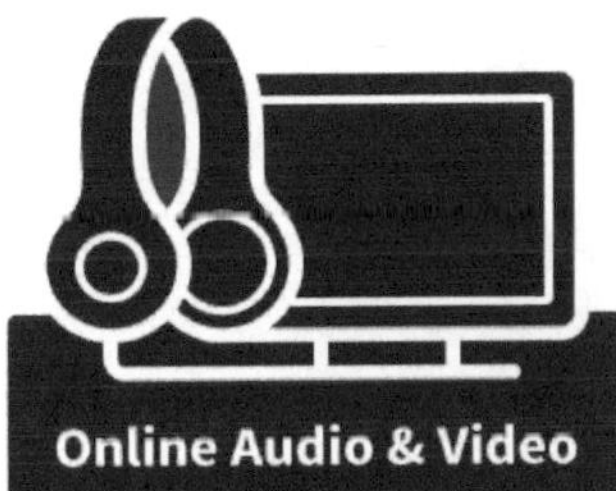

Audio
www.melbay.com/20838MEB
Video
dv.melbay.com/20838
YouTube
www.melbay.com/20838V

AUDIO CONTENTS/CONTENIDO

1	La Caña
2	Farruca
3	Colombianas
4	2 Sevillanas
5	Bulerías de Sabicas
6	Granadinas (Lorca's Dream)
7	Garrotín (Noche de San Juan)
8	Soleá
9	Seguiriya y Cabales
10	Bulerías de Paco
11	Tarantas
12	Milonga del Recuerdo
13	Tangos flamencos
14	Zambra Mora
15	Soleá de Ricardo
16	3 Sevillanas
17	Soleá por medio (Esencia)
18	Rondeña (Aurora)
19	Rumba nostálgica
20	Serranas de Ricardo
21	Bulerías (con metrónomo)
22	Soleá A (Another/otra falseta)
23	Soleá B (Ritmo y falseta)
24	Garrotín de Sabicas
25	Bulerías (Ritmo y falsetas)

GRADES / NIVELES 6 – 8

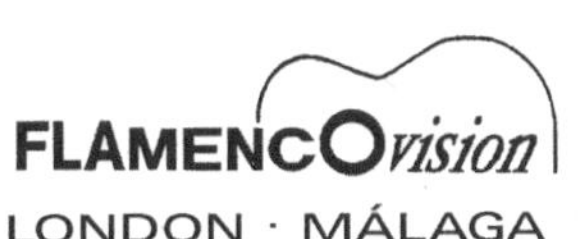

LONDON · MÁLAGA

Visit us at www.melbay.com – E-mail us at email @melbay.com

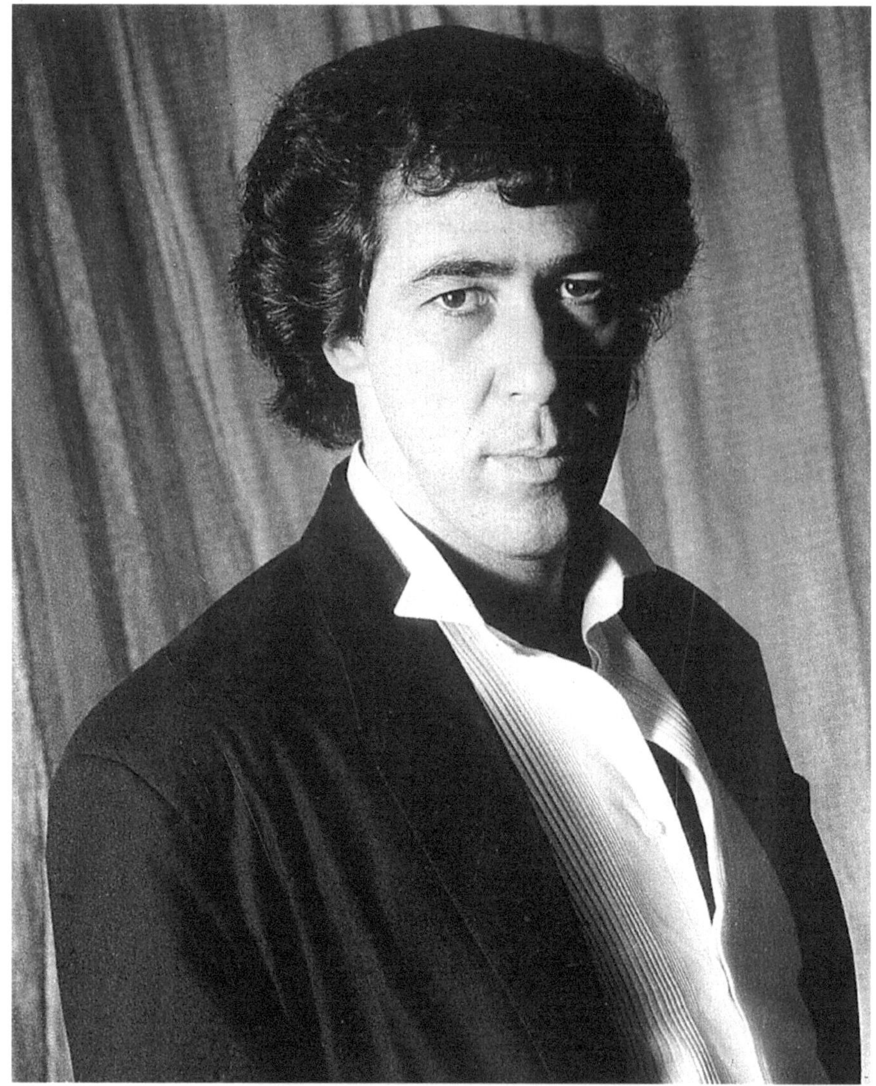

Recording, editing, design, transcription of music (in collaboration with Juan Martín), and book origination by Patrick Campbell.

Photographs from Juan Martín's personal collection.
Las fotos son de la colección particular de Juan Martín.

The guitars used in this recording are:
Las guitarras usadas en esta grabación son las siguientes:

1972 David Rubio (in/*en Tarantas*), Brazilian rosewood *(de palo santo del Brasil)*
1995 Hermanos Conde, cypress *(de ciprés)*
1972 Sobrinos de Esteso, cypress *(de ciprés)*
1994 Hermanos Conde, Brazilian rosewood *(de palo santo del Brasil)*

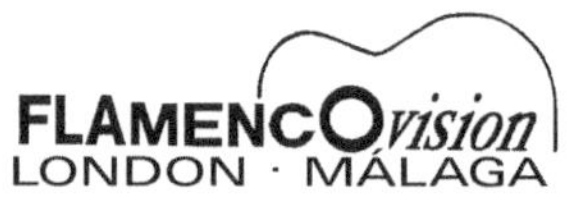

P.O.Box 508
LONDON N3 3SY
UNITED KINGDOM

CONTENIDO CONTENTS

INTRODUCTION

Welcome to the second volume of Solos Flamencos!

I hope you will find it meets your needs for more technically demanding music which can help you to feel that you are really beginning to master the challenges of the solo flamenco guitar. The tremendous success of the first volume has greatly encouraged us in the preparation of this second volume. Messages of appreciation from players in all parts of the world have brought us great pleasure and satisfaction.

The main content of this volume follows the format of the first volume, with seven solos demonstrated at each of the grades 6 - 8. In addition there are four recorded extras on the audio and video; these consist of two brief sequences of Soleá, a Garrotín (an easier solo which could help you to get started) and more *falsetas* for Bulerías. Finally, as a further extra in the book, there are two of my solo compositions presented only in music notation and *cifra* tablature, which are not demonstrated on the audio or the video. There is a separate introduction and explanation for these (*see page 147*).

It is not always easy to rate music at the higher grades in terms of its relative difficulty but I hope you will recognise a progressive trend as you advance from Grade 6 to Grade 8. Many factors are relevant to the grading (with which not all players will be able to agree), but I have taken into account not only considerations of technical difficulty and speed, but also those more fundamental considerations of musical expressiveness, summed up in the two fundamental concepts of *compás* and *aire*. The player should aim for an interpretation in which the difficulty of the solo is not apparent to the listener - what matters, of course, is whether it is musically satisfying and whether it can move the emotions. Technical skill is always only a means to an end. Certainly there are occasions when the bravura of a virtuoso technique is absolutely right, especially in the lighter styles (*Rumbas, Bulerías,* etc.). Even so, the good flamenco guitarist always tries to play with expressive *aire* and, if it's possible, with that magical spirit of *duende,* rather than exciting the audience just because he or she can.

What I am aiming for here is music for the player whose technical skills are developing to the point where the basic elements are assured. For this reason I have not included the lists of technical requirements at each grade level which are a feature of Volume 1. There are new techniques introduced in the solos but most of the basic elements are illustrated in that volume.

At this level, the choice of music continues further the approach adopted previously. I have included here my own compositions and also fundamental elements and solos that pay homage to the great masters of the recent past, particularly Sabicas and Niño Ricardo. Following Ramón Montoya, these two giants of the art were largely responsible for the establishment of the flamenco guitar as a solo instrument, and the value of their genius cannot be overstated. Both of them were exceptionally creative in their melodic and rhythmic originality. I also acknowledge, particularly in a solo Bulerías that evokes the impetuous *aire* of his first recordings, the incomparable contribution of Paco de Lucía.

Today the flamenco guitar embraces other musical traditions such as jazz and pop music, and you will want to discover and pursue your own creative pathway and musical tastes. The aim of these two volumes is to help you establish a solid foundation in the art of flamenco solo playing which acknowledges the history of its evolution and the possibilities for further development and exploration that will take it still further. For me, the flamenco guitar is both a melodic and a percussive instrument, capable of intense beauty of sound and also of powerfully exciting rhythmic drive. Its music arises within a broader and still evolving tradition of flamenco artistry, a unique cultural heritage comprising the *cante*, the *baile* and the guitar. A basis of *rasgueo* rhythm in *palos a compás* is the uniquely flamenco heart-beat of the music which gives its pulsation and structure. If this is ignored or relegated to insignificance, and the music lacks strong melodic themes intensified by the amazingly expressive sounds of the guitar, I think flamenco guitar-playing can be in danger of deteriorating into aimless and unmusical doodlings or empty technical dazzle. But this is my philosophy and you will want to develop your own! I hope these volumes can help and direct you towards achieving your goals.

¡Viva el arte - y vamos a tocar!

Juan Martín.

INTRODUCCIÓN

¡Bienvenido al segundo tomo de Solos Flamencos!

Espero que pueda satisfacer sus necesidades de una música técnicamente más difícil, la cual pueda ayudarle a darse cuenta que de verdad empieza a dominar los retos de la guitarra flamenca. El éxito tremendo del primer tomo nos ha animado mucho en la preparación de este segundo tomo. Los mensajes de agradecimiento de guitarristas en todas partes del mundo nos han llenado de alegría y satisfacción.

El contenido principal de este tomo sigue el formato del primer tomo, con siete solos demostrados en cada uno de los niveles 6 – 8. También hay cuatro grabaciones más en el audio y video; éstas consisten en dos breves secuencias de Soleá, un Garrotín (un solo de nivel más fácil que puede ayudarle a empezar) y más falsetas por Bulerías. Por último, como algo extra, hay dos composiciones mías, presentadas sólo en notación y cifra, que no se demuestran en el audio o video. Para éstas hay una introducción y explicación (*ver la página 147*).

Desde luego no es fácil clasificar la música de los niveles más altos por orden de dificultad, pero espero que se pueda reconocer una tendencia progresiva en el avance desde el nivel 6 hasta el nivel 8. Hay muchos factores pertinentes en la clasificación (en la cual no pueden estar de acuerdo todos los *tocaores*) pero he tenido en cuenta no sólo las consideraciones de la dificultad técnica sino también esas consideraciones más fundamentales de la expresividad musical, encapsuladas en los dos conceptos fundamentales del compás y aire.

El tocaor debería tener como objetivo una interpretación en que la dificultad del solo no le sea aparente al oyente - lo que importa, fundamentalmente, es que sea gratificante musicalmente y que llegue con emoción. Ahora, hay momentos cuando la bravura de una técnica virtuosa pega perfectamente, sobre todo en los toques chicos (Rumbas, Bulerías etc.). No obstante, el buen *tocaor* flamenco intentará siempre interpretar con aire y, si es posible, con duende, antes que levantar al público sólo porque puede hacerlo.

Lo que busco aquí es la música para el tocaor cuya destreza técnica se esté desarrollando hasta el punto en que los elementos básicos estén seguros. Por esta razón no he incluido las listas de requisitos técnicos de cada nivel que figuran en el tomo 1. Hay nuevas técnicas introducidas en los solos pero la mayor parte de los elementos básicos se demuestran en ese tomo.

A este nivel, la selección de la música prosigue el enfoque utilizado antes. He incluido aquí mis propias composiciones y también elementos fundamentales y solos que rinden homenaje a los grandes maestros del reciente pasado, sobre todo Sabicas y el Niño Ricardo. Después de Don Ramón Montoya, estos dos *monstruos* del arte fueron los innovadores más importantes en el desarrollo de la guitarra como instrumento solista, y es difícil exagerar el valor de su genio. Los dos eran excepcionalmente creativos en su invención melódica y rítmica. Reconozco (en particular en un solo por Bulerías que evoca el aire impetuoso de sus primeras grabaciones) la contribución incomparable de Paco de Lucía.

Hoy la guitarra flamenca abarca otras tradiciones musicales como el jazz y la música pop, y usted querrá buscar y descubrir su propio camino creativo y gustos musicales. El objetivo de estos dos tomos es de ayudarle a establecer una fundación segura en el arte del flamenco como solista, que reconoce la historia de su evolución y las posibilidades de desarrollo y exploración que lo llevan más lejos todavía. Pienso que la guitarra flamenca es un instrumento tanto melódico como percusivo, capaz de intensa belleza de sonido y también de una propulsión rítmica emocionante. Su música surge dentro de una tradición más amplia del arte flamenco que todavía está evolucionando, un patrimonio cultural único, compuesto del cante, del baile y de la guitarra. Una base del ritmo de rasgueos en palos *a compás* es el único latido del corazón de la música; ésto es lo que le da su pulsación y su estructura. Si el tocaor no hace caso de ésto o lo trata como algo insignificante, y la música falta melodías incisivas, intensificadas por los sonidos tan expresivos de la guitarra, pienso que el toque de la guitarra flamenca puede correr peligro de deteriorarse en garabatos poco melodiosos que no conducen a nada o en brillo técnico vacío. ¡Pero ésta es mi filosofía y usted querrá desarrollar la suya propia! Espero que estos tomos le puedan ayudar y dirigir para conseguir su meta.

¡Viva el arte – y vamos a tocar!

Juan Martín.

SYMBOLS AND NOTATION

NOTATION The music is transcribed in both standard staff notation and guitar tablature (*cifra*). For the sake of clarity, time-values of notes and details of fingering are indicated only in relation to the staff notation and have not been duplicated in the *cifra*.

Pitch is notated as relative to the capo (*cejilla*) where the latter is used, not as the actual pitch.

FINGERING Left hand fingering is indicated by numbers beside notes, with **0** denoting an open string and the fingers numbered **1** to **4**, e.g for an E major chord position:

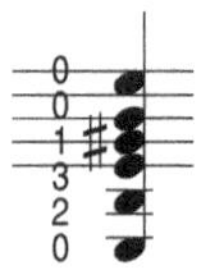

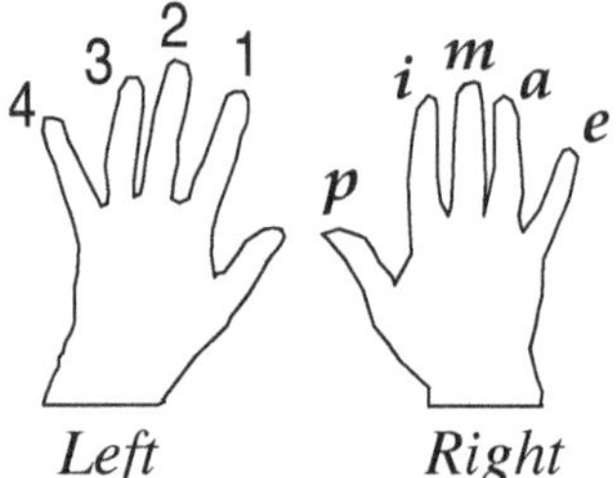

Left *Right*

Right hand fingering:

p = thumb (*pulgar*)
i = index finger (*índice*)
m = middle finger (*medio*)
a = third or ring finger (*anular*)
e = little finger (*meñique*), in strummed *rasgueos*.

POSITION Ringed numbers beneath notes indicate string to be played: e.g. ⑤
Roman numerals above the staff indicate fret position relative to the capo (*cejilla*).
C before a roman numeral denotes a first finger barré, e.g. **CV** means that the left index finger stops all six strings at the 5th fret. Small numbers written as a fraction before the **C** show the number of strings stopped by the first finger if the number is less than all six. Thus $^{4}_{6}$**CV** indicates that the top four strings are stopped by the first finger.

CIFRA The six-line staff represents the six strings of the guitar with the first string at the top. Numbers on each line indicate the fret at which notes are played on that string, relative to the capo (*cejilla*) if the latter is used. **o** denotes open string.

RASGUEOS *Rasgueos* are strummed strokes.

A down-stroke, (towards the first string from bass to treble) is indicated by an arrow pointing upwards on the page.

This is an up-stroke, from treble to bass.

The arrows are drawn this way to show the order in which the strings are struck. The letter beneath each arrow in the notation and in the *cifra* shows the right hand finger which makes the stroke. The stroke of each finger is shown separately, in both the notation and the *cifra*. Time-values are shown in the notation. This allows an accurate representation of the rhythm in different forms of *rasgueo*. In the example (*right*), for instance, the accents fall on beats 1 and 2.

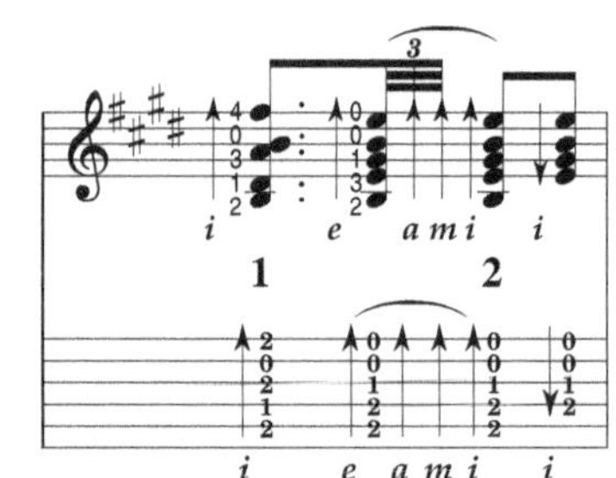

A slur above the staff and above the *cifra* links the strokes of the *rasgueo*.

A double arrow indicates a stroke made with two fingers (***m*** and ***a***) simultaneously:

A wavy line before a chord indicates that it is played as an arpeggio from bass to treble, so that the strings sound one after the other.

Here the wavy line has an arrow and the letter ***p*** beneath it, indicating that the arpeggio is played as a single stroke by the thumb from bass to treble.

p

Sometimes an arpeggio chord with the thumb is preceded by a fast *rasgueo* with the fingers, for example (*right*):

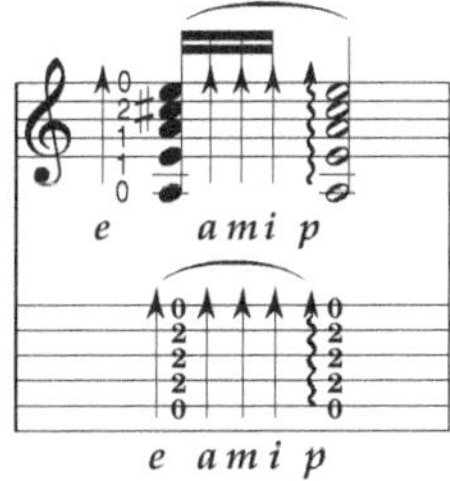

LIGADOS A slur (a curved line) linking notes of different pitch indicates that the notes following the first note in the group are played only with the left hand by 'pulling off' (to sound a lower note) or by 'hammering on' (to sound a higher note), as the example (*below right*) demonstrates.

[Slurs for *ligado* are shown in both the notation and the *cifra*. A slur linking two notes of equal pitch, shown only in the notation, indicates that the time-value of the note first sounded is prolonged by the duration of the second, following usual notational convention]

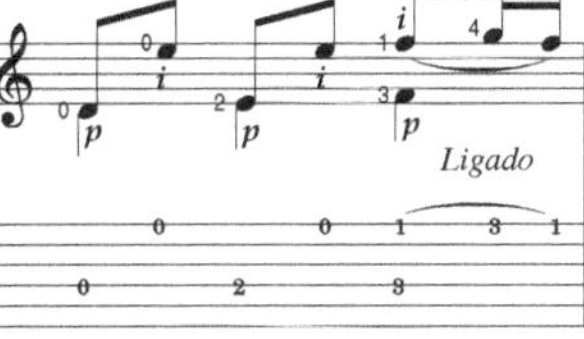

GOLPE □ The *golpe*, a tap on the *golpeador* (tapping plate) made with the ring finger, **a**, of the right hand, is shown by a square symbol above the beat in both the notation and the *cifra*. The tap may be made by itself or combined with an index finger or thumb down-stroke, as shown in the notation.

SLIDES A short sloping line between two identical left hand fingering numbers in the music notation (or, in the *cifra*, between two different numbers on the same string) indicates that the second note is sounded by sliding with the left hand finger, without striking the string again. The example (*right*) is from Sevillana I on page 28.

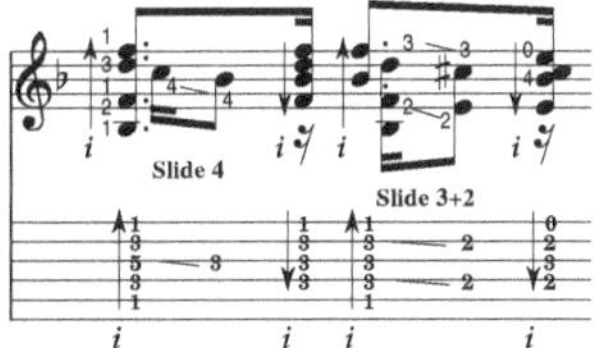

APAGADO *Apagado* is the technique by which the sound of a chord is abruptly silenced by damping the strings with the right or left hand, immediately after a chord has been struck by a *rasgueo* stroke. When this is done by the left hand (sometimes also after single notes), the little finger is brought down lightly straight across the strings, thereby stopping them from sounding. When performed by the right hand the palm and palmar surface of the fingers stop the sound as the hand is brought down across the strings.

Apagados are indicated in the notation and the *cifra* by a vertical bracket across the staff immediately following the chord or note. Left hand *apagado* (*below left*) has a 4 above the bracket to indicate the 4th finger of the left hand. Right hand *apagado* has R above the bracket:

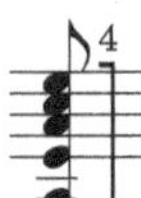

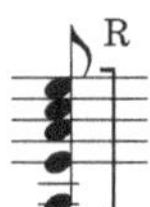

CONTINUOUS RASGUEO The continuous *rasgueo* is played by very rapid repetition of the four-stroke *rasgueo* (***e,a,m,i*** consecutively). The many strokes of each finger are not shown in the notation or *cifra*. Instead the *rasgueo* is indicated by a triple slash on the stems of the chords to be played, as shown on the right:

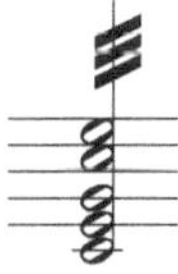

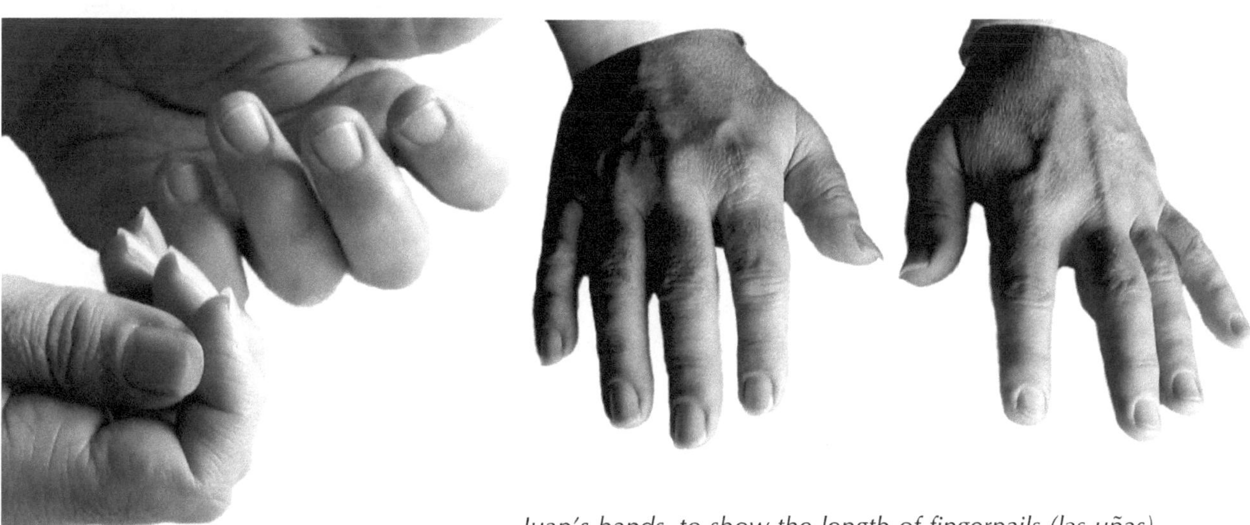

Juan's hands, to show the length of fingernails (las uñas).

SÍMBOLOS Y NOTACIÓN

NOTACIÓN La música se escribe en la notación convencional de notas en pentagramas y en cifras en el sistema flamenco que se llama la *cifra*. Por claridad, sólo la notación convencional indica los tiempos de las notas y la digitación de las manos. La *cifra* no los repite.

La notación del tono de las notas es siempre con relación a la cejilla, si ésta se utiliza.

DIGITACIÓN Los números **1** - **4** al lado de las notas indican los dedos de la mano izquierda. **0** significa una cuerda al aire. Por ejemplo, la digitación de un acorde de **mi** mayor se escribe:

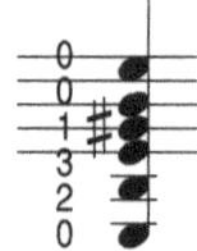

4 3 2 1 — *Izquierda*

p i m a e — *Derecha*

Los dedos de la mano derecha:

p = pulgar
i = índice
m = medio
a = anular
e = meñique (en rasgueos)

POSICIÓN Los números en círculos debajo de las notas indican la cuerda, por ejemplo: ⑤
Los números romanos encima del pentagrama indican el traste del índice con relación a la cejilla. **C** antes de un número romano indica un *barré* del índice izquierdo. Por ejemplo, **CV** significa que el índice aprieta todas las seis cuerdas en el 5º traste. Números pequeños como un quebrado antes de la **C** indican la proporción de cuerdas que aprieta el índice cuando el número es menos de seis. Por ejemplo, **4/6 CV** indica que el índice aprieta las cuerdas 1 - 4.

CIFRA Las seis líneas de la *cifra* representan las seis cuerdas de la guitarra en orden, con la primera superior. Los números sobre la línea representan los trastes donde se tocan las notas, otra vez con relación a la cejilla si ésta se utiliza. **o** significa una cuerda al aire.

RASGUEOS *Rasgueos* son notas rasgueadas por las uñas de los dedos de la mano derecha. Las flechas indican el movimiento de cada uno de los dedos;

↑ indica un rasgueo (de una 'nota', como se llama en nuestro texto) tocado por un dedo hacia abajo, de los bordones hacia las tiples;

↓ indica un rasgueo hacia arriba, de las tiples hacia los bordones.

Las flechas están dibujadas así para indicar el orden en el cual se tocan las cuerdas. La letra debajo de cada flecha (en la notación así como en la *cifra*) indica el dedo de la mano derecha que hace la 'nota' del rasgueo. El movimiento de cada uno de los dedos se escribe por separado (otra vez en la notación y la *cifra*). Sólo la notación convencional indica el tiempo del rasgueo. Este método de notación puede indicar exactamente las formas diversas de los rasgueos y el fraseo del ritmo. Como, por ejemplo, la notación (*a la derecha*) indica que se acentúa en los tiempos 1 y 2. Una ligadura encima de las flechas vincula las 'notas' del rasgueo.

Una flecha doble indica un rasgueo tocado por dos dedos, ***m*** y ***a***, simultáneamente, hacia abajo.

Una línea ondulada antes de un acorde indica un arpegio rápido de los bordones hacia las tiples - así las cuerdas suenan en secuencia.

Cuando la línea ondulada tiene una flecha y la letra ***p*** debajo, indica un acorde arpegiado del pulgar hacia abajo (de los bordones hacia las tiples).

A veces un rasgueo rápido de los dedos precede a un acorde arpegiado del pulgar, por ejemplo (*a la derecha*):

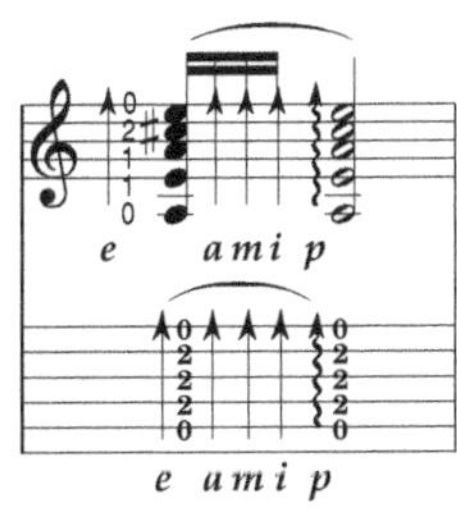

Ligados Un *ligado* (indicado por una línea curvada que liga notas distintas) indica que sólo se toca con la mano izquierda después de pulsar la primera nota. Los dedos hacen presión en la cuerda o tiran a través de la cuerda para que suenen las notas ascendentes o descendentes, respectivamente, como en el ejemplo abajo a la derecha:

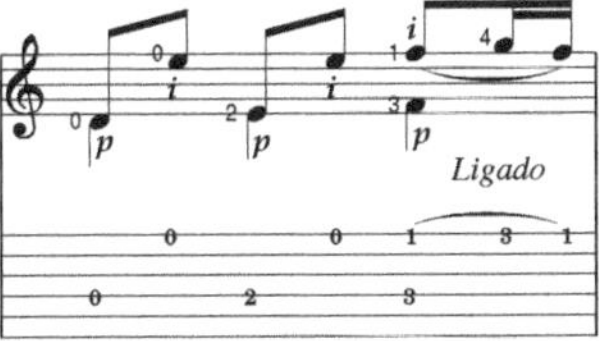

[Las líneas curvadas del *ligado* han sido escritas en la notación y también en la *cifra*. Las ligaduras que juntan notas de tono igual, para indicar que los valores de las dos notas se suman, han sido escritas sólo en la notación]

Golpe □ Un símbolo cuadrado encima del tiempo en la notación y en la *cifra* indica el *golpe*, hecho por el dedo anular de la mano derecha que golpea contra el golpeador. Los *golpes* pueden ser tocados solos o unidos con rasgueos de índice o de pulgar hacia abajo, como indica la notación.

Glisando (*Slides*) Una línea corta e inclinada entre dos números iguales en la notación convencional (o entre dos números desiguales en la *cifra*) indica un *glisando*. Un dedo de la mano derecha toca la primera nota pero no la segunda, que suena cuando el dedo de la mano izquierda se desliza a un traste más alto o más bajo. El ejemplo a la derecha se muestra cerca del principio de la Sevillana I (*página 28*).

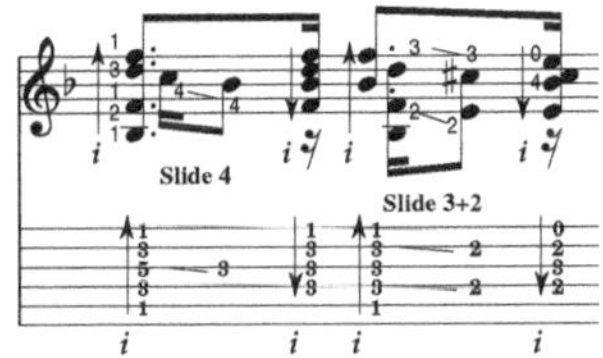

Apagado El *apagado* es una técnica por la cual el sonido de un acorde es apagado rápidamente por la mano derecha o izquierda, inmediatamente después de un rasgueo. En el *apagado* de la mano izquierda (a veces utilizado también después de notas individuales), es el meñique que apaga el sonido de las cuerdas, apretando ligeramente a través de las cuerdas, formando un ángulo recto. Para el *apagado* de la mano derecha, hay que apagar el sonido con la palma y los dedos por encima de las cuerdas.

Los *apagados* están indicados en la notación y en la *cifra* por un corchete vertical a través de las líneas del pentagrama o de la *cifra* después de un acorde o una nota. El número **4** encima del corchete indica el uso del meñique para un *apagado* de la mano izquierda: y una **R** para la mano derecha:

Rasgueo continuo El rasgueo continuo se toca con rasgueos de cuatro 'notas' (**e**,***a***,***m***,***i*** consecutivamente) repetidos muchas veces muy rápidamente. En lugar de las flechas de las muchísimas notas de cada dedo, la notación indica los acordes con tres barras oblicuas para representar los rasgueos:

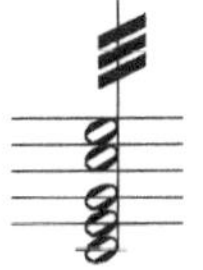

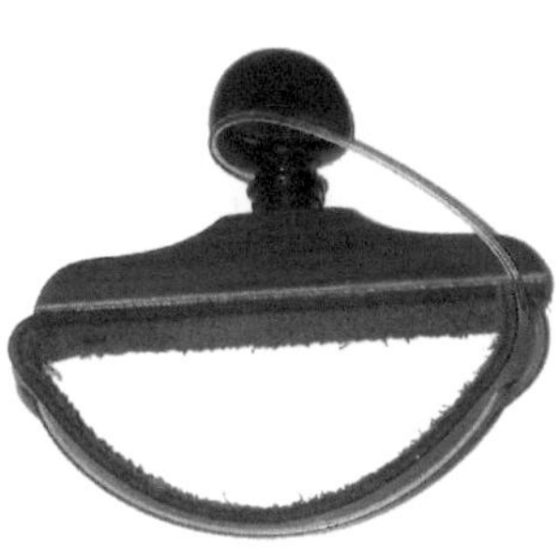

Cejilla tradicional

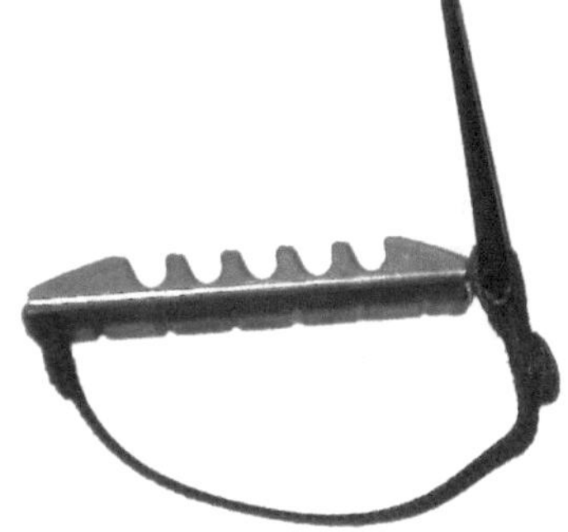

Capo. Jim Dunlop model

PLAYING NOTES GRADE 6

La Caña P. 12 Audio Track 1

As is so often the case in flamenco, the historical origins of La Caña are obscure and controversial. The song-form was described by the English traveller Richard Ford in 1830 (an earlier date than the first mention of Soleares), who was told that the name originated from the Arabic 'gaunnia', meaning 'song'. A similar account was written by Serafín Estébanez Calderón in 1847. This theory has subsequently been challenged by many other interpretations. In more recent history, contrary to these earlier accounts, La Caña has been danced as well as sung, to the rhythm of Soleares, with a characteristic repeated 'Ay' by the singer. The solo here follows the traditional pattern and melody, and is mostly straightforward, with some excursion to higher positions. The solo ends dramatically with a challenging *rasgueo*, with alternating two-finger (***m,a***) down-strokes and thumb up-strokes in triplets. It is especially important to establish the powerful momentum and regularity of the rhythm of Soleares throughout.

Farruca — P. 20 Audio Track 2

This *palo*, in 4/4 time and minor key, was introduced previously in Grade 1. The solo begins and ends with an original repeated arpeggio passage, which requires maximum sweetness of sound from the guitar without loss of rhythmic impetus. A short sequence of the traditional flamenco *trémolo* follows before the solo progresses to a variation of the basic rhythmic *rasgueo* shown earlier in Grade 1. Fast runs played *picado* with alternating ***i*** and ***m*** will need much practice to attain the requisite speed and precision.

Colombianas — P. 24 Audio Track 3

Although sometimes said to be derived from Colombian folk-tunes, and therefore another example of the songs of *'ida y vuelta'* deriving from Latin-American influences in flamenco, Colombianas probably have nothing to do with Colombia. Instead, it is believed that the song-form was invented by the singer Pepe Marchena in the 1930's, and was quickly popularised by him and by other singers of the time, and also by Carmen Amaya and Sabicas. Whatever the case, it makes a tuneful and rhythmic solo in the A major key, here with some original modern variations. The video should help in the learning of the distinctive strumming pattern: this is notated here with the slapping strokes across the strings indicated by an S symbol, with asterisks (*) indicating the knuckles of the closed hand hitting the strings. The chords struck are notated by x's for the notes.

2 Sevillanas — P. 28 Audio Track 4

These two Sevillanas are by Sabicas, with some original modern touches added to the introductory *rasgueos* of the first. Notes are sounded by slides with the 4th finger of the left hand or by the 3rd and 2nd together, a technique which will have to be built up slowly to obtain the necessary clarity and rhythm. The first Sevillana has ***i,m*** passages of quite rapid *picado* on lower strings, and the second requires agile use of the thumb for the melodies of the *copla*.

Bulerías de Sabicas — P. 32 Audio Track 5

Exploration of this all-important *palo* progresses with this further homage to the great maestro Sabicas. His melodic genius is exemplified particularly well by the first *falseta*. Played at a modest speed, this solo moves from the Phrygian mode based on A to the key of A minor. After the *alzapúa* introduction, the more familiar *compás* of Bulerías begins in measure 17, and is notated as a sequence of 12 beats, divided into 4 measures of 3 beats each. In this common convention for Bulerías notation (used throughout Juan Martín's publications), the bar-lines act only as dividing lines (since 12-beat measures or measures of varying length would be unwieldy on the written page) but do **not** indicate the accented beats of the *compás,* the metrical structure.

Granadinas (Lorca's Dream) — P. 38 Audio Track 6

An original composition, this Granadinas features extended melodic arpeggio passages in free time (*toque libre*) without a regular rhythmic beat, followed by a long passage of flamenco *trémolo*. The notation for the *toque libre* sections is necessarily only approximate, but the recorded music will convey the right feeling and flow of the music.

Garrotín (Noche de San Juan) — P. 43 Audio Track 7

The more usual Garrotín in the key of C major is included later (*see page 138*). The solo here is an original composition in D major, with the 6th string of the guitar tuned down from E to D. The *trémolo* passage is played with an older gypsy version of the traditional flamenco *trémolo*, using alternating ***m,i,m,i*** rather than the ***i,a,m,i*** pattern. The latter can be used if preferred. The recording was made in the patio of Juan's apartment near Málaga, while he was preparing the recording of the *El Alquimista* program, which inspired this composition.

NOTAS SOBRE EL TOQUE NIVEL 6

La Caña — p. 12 Audio Tema 1

Como suele suceder en el flamenco, los orígenes históricos de La Caña son oscuros y controvertidos. El viajero inglés Richard Ford describió el palo en 1830 (una fecha antes de la primera mención de Soleares); le dijeron que el nombre tuvo su origen en la palabra árabe 'gaunnia', que significa 'canción'. Serafín Estébanez Calderón describió el origen de modo parecido en 1847. Posteriormente muchos otros escritores han dudado esta teoría. En la historia más reciente, al contrario de estas cuentas anteriores, La Caña se ha bailado, además de cantarse, al compás de Soleares, con un 'Ay' característico repetido por el cantaor. El solo aquí sigue la estructura y melodía tradicional, y es bastante sencillo en general, con una excursión a trastes más altos. El solo acaba de una manera dramática con un rasgueo que constituye un desafío, lo cual consta de notas hacia abajo de dos dedos (***m,a***) y notas hacia arriba del pulgar en tresillos. Es muy importante establecer el ímpetu impactante y la regularidad del ritmo de Soleares desde el principio hasta el final.

Farruca — p. 20 Audio Tema 2

Este palo, en compás de 4 por 4 y en el tono menor, se introdujo anteriormente en el nivel 1. El solo empieza y termina con un original pasaje repetido de arpegio, que necesita la máxima dulzura de sonido de la guitarra sin perder el ímpetu rítmico. Una secuencia breve del trémolo flamenco tradicional sigue antes de que el solo pase a una variación del básico rasgueo rítmico ya demostrado en el nivel 1. Las escalas rápidas con ***i,m*** alternando necesitan mucha práctica para conseguir la velocidad y la precisión requeridas.

Colombianas — p. 24 Audio Tema 3

Aunque se dice algunas veces que tienen su origen en las melodías folklóricas de Colombia (como otro ejemplo de los palos de 'ida y vuelta' de origen latinoamericano), las Colombianas probablemente no tienen nada que ver con el país. En cambio, se cree que el cantaor Pepe Marchena inventó el palo en los años treinta; él, con otros cantaores y artistas como Carmen Amaya y Sabicas, lo hizo rápidamente popular. Sea como sea, el palo hace un solo melodioso y rítmico en el tono de **la** mayor, aquí con algunas variaciones originales. El video puede ayudarle a aprender la forma distintiva del rasgueo; se escribe en la notación con palmaditas en las cuerdas, señaladas por un símbolo 'S', con asteriscos (*) señalando los nudillos del puño cerrado. Los acordes golpeados se escriben con 'x's' para las notas.

2 Sevillanas — p. 28 Audio Tema 4

Estas dos Sevillanas son de Sabicas, con algunos modernos detalles añadidos al ritmo del comienzo de la primera Sevillana. Algunas notas se suenan con un glisando del dedo 4 de la mano izquierda o de los dedos 2 y 3 juntos, una técnica que requiere mucha práctica para conseguir la claridad y el ritmo requerido. La primera Sevillana tiene pasajes de picado bastante rápido en los bordones, y la segunda exige un buen pulgar para las melodías de la copla.

Bulerías de Sabicas — p. 32 Audio Tema 5

La exploración de este palo importantísimo avanza con otro homenaje más al gran maestro Sabicas. Su genio melódico se ilustra muy bien en la primera falseta. Tocado a una velocidad moderada, este solo se mueve del modo frigio basado en **la** al tono de **la** menor. Después de la introducción en *alzapúa*, el compás normal de Bulerías empieza en la barra 17, y se escribe en la notación como una secuencia de 12 golpes, dividida en cuatro barras con 3 golpes en cada una. En esta convención común de notación de Bulerías (que se utiliza en todas las publicaciones de Juan Martín) las líneas entre las barras son sólo líneas divisorias (ya que las barras de 12 golpes o de una longitud que cambia serían pesadas y difíciles de manejar en la página); en absoluto no señalan los acentos del compás, es decir la estructura métrica.

Granadinas (El sueño de Lorca) — p. 38 Audio Tema 6

Una composición original, estas Granadinas ofrecen pasajes extendidos melódicos de arpegio en *toque libre*, sin ritmo regular, seguidos por un pasaje largo del trémolo flamenco. La notación de la sección de *toque libre* tiene que ser sólo aproximada, pero la música grabada demuestra el sentido y el flujo correctos de la música.

Garrotín (Noche de San Juan) — p. 43 Audio Tema 7

Este tomo incluye más adelante la forma del Garrotín más bien conocida en el tono de **do** mayor (*ver la página 138*). El solo aquí es una composición original en **re** mayor, con la sexta cuerda bajada de **mi** a **re**. El pasaje de trémolo se toca con una versión gitana más antigua del trémolo flamenco que usa ***m,i,m,i*** alternando en lugar de ***i,a,m,i*** (que se puede utilizar si se prefiere). La grabación fue realizada en el patio del apartamento de Juan cerca de Málaga, mientras estaba preparando la grabación del álbum *El Alquimista* que le dio la inspiración para esta composición.

La Caña

Capo at 2nd fret
Cejilla al dos

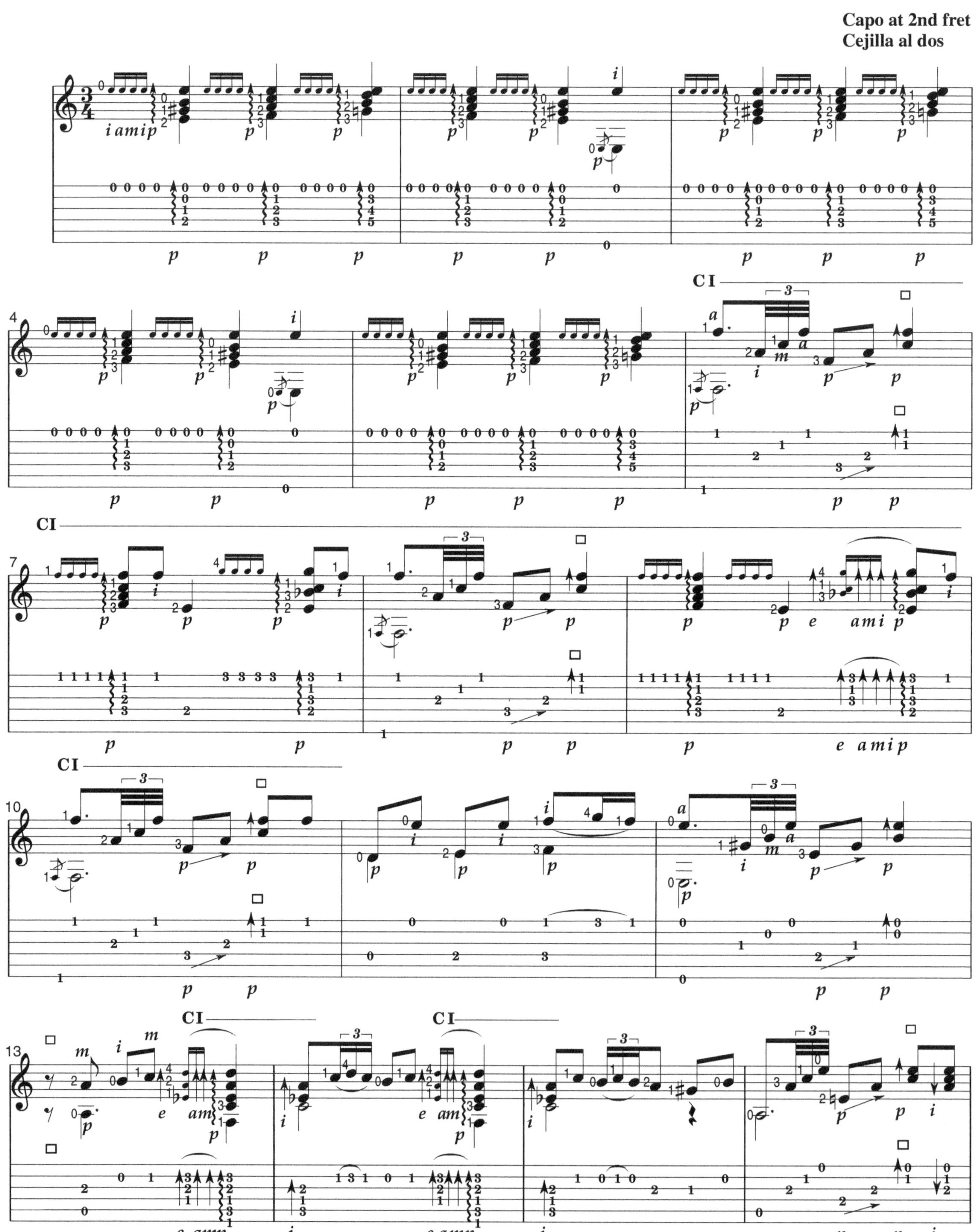

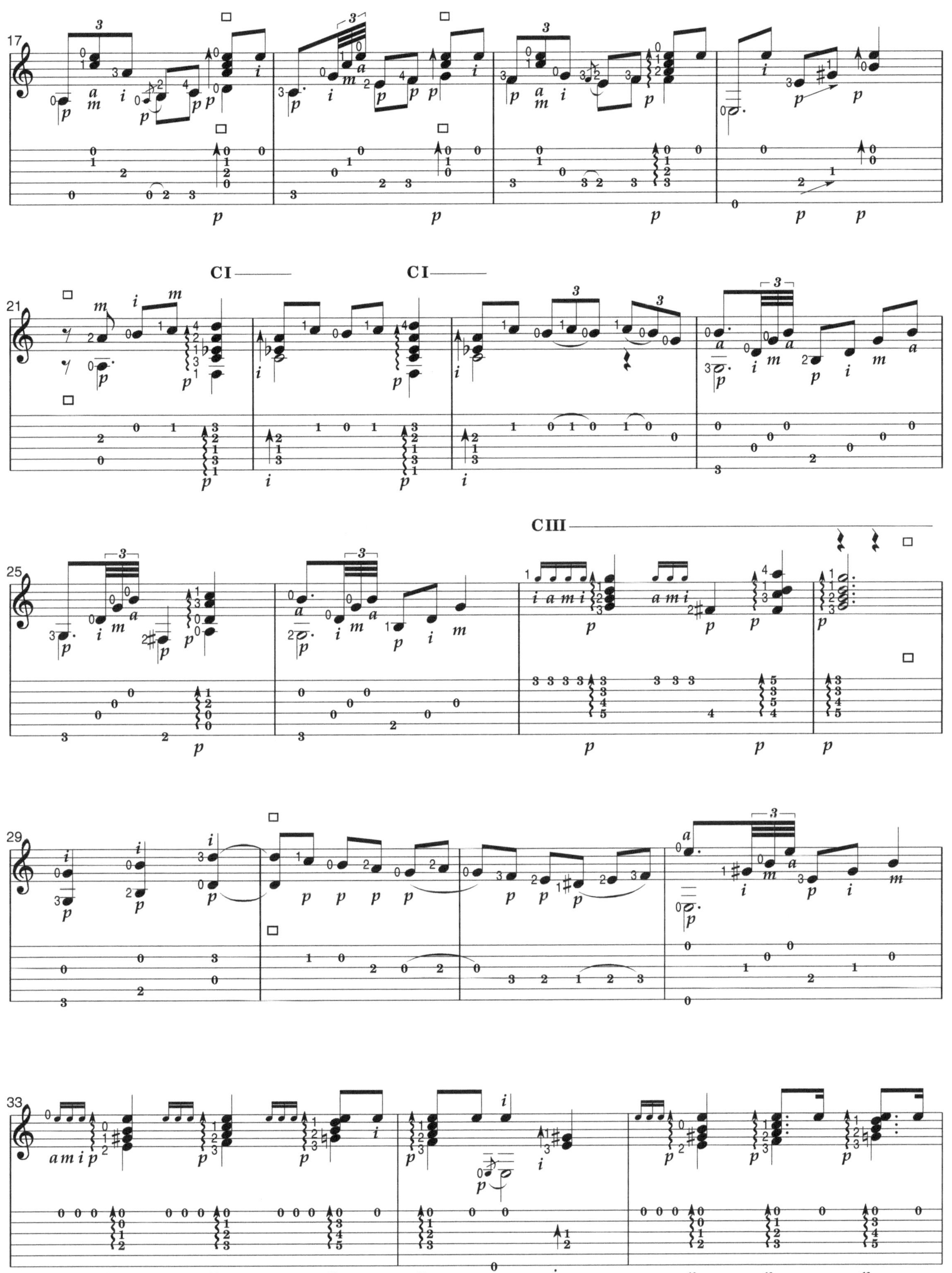
CI
CI
CIII

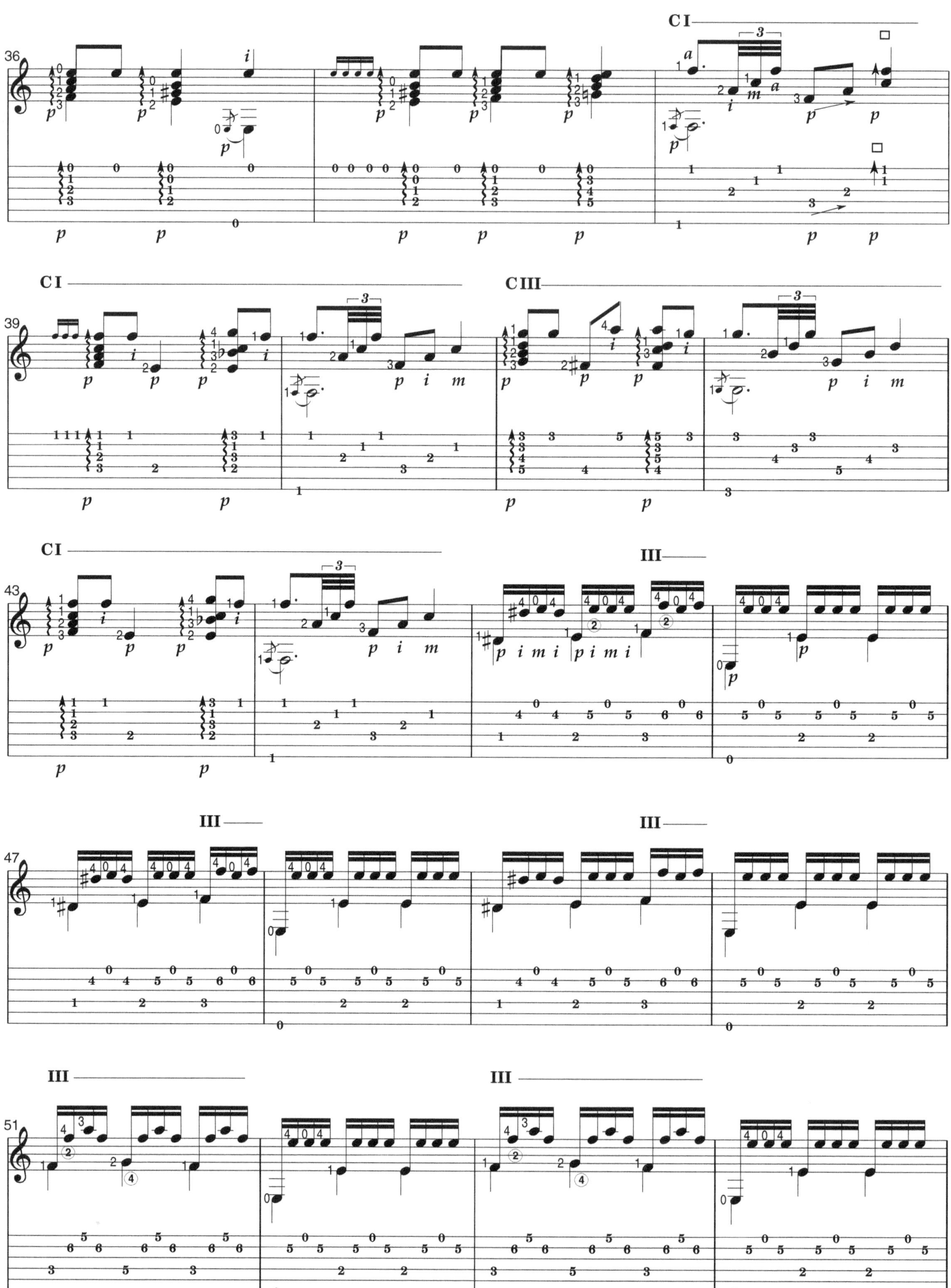
CI
CI
CIII
CI
III
III
III
III
III

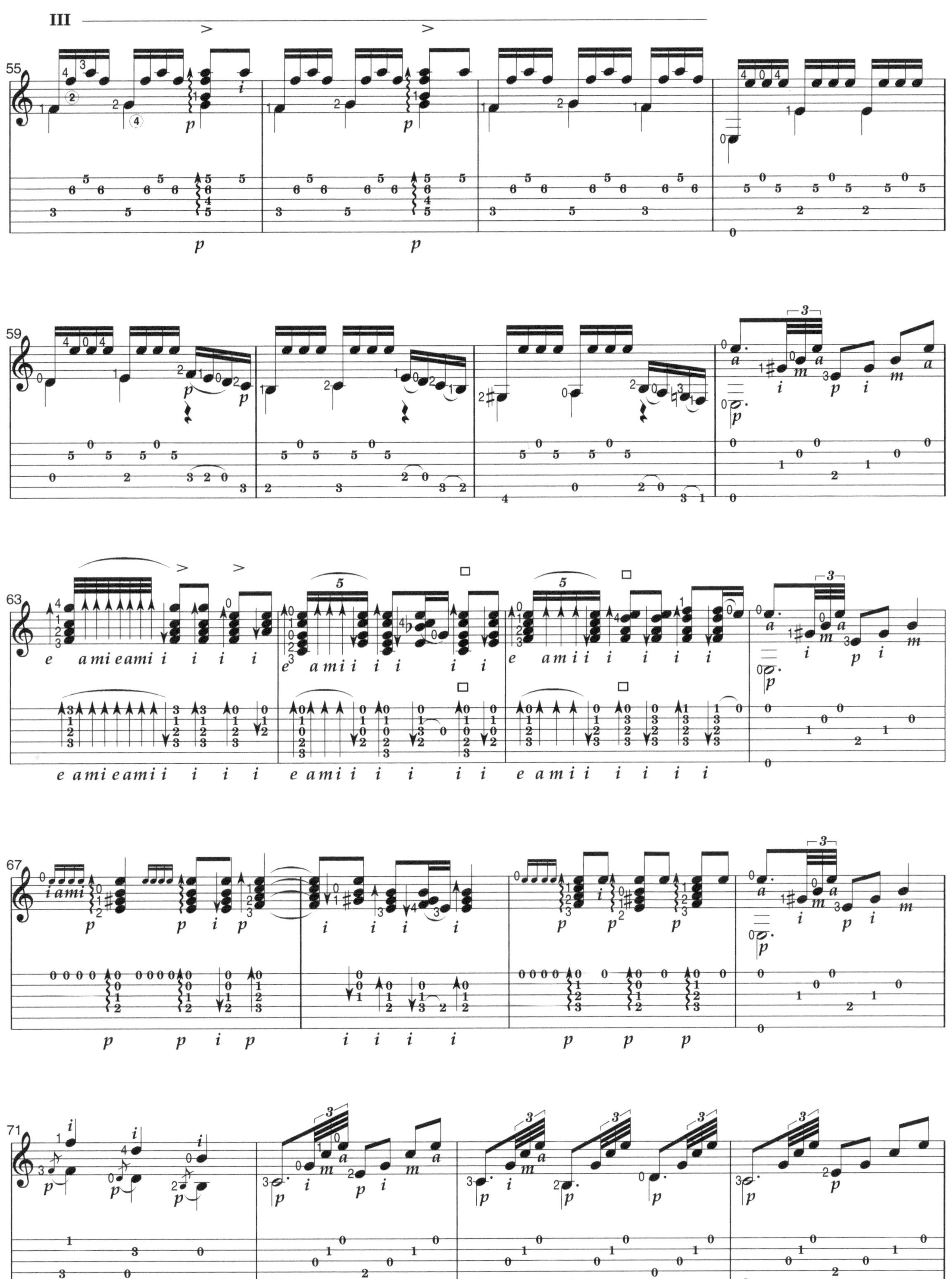
III

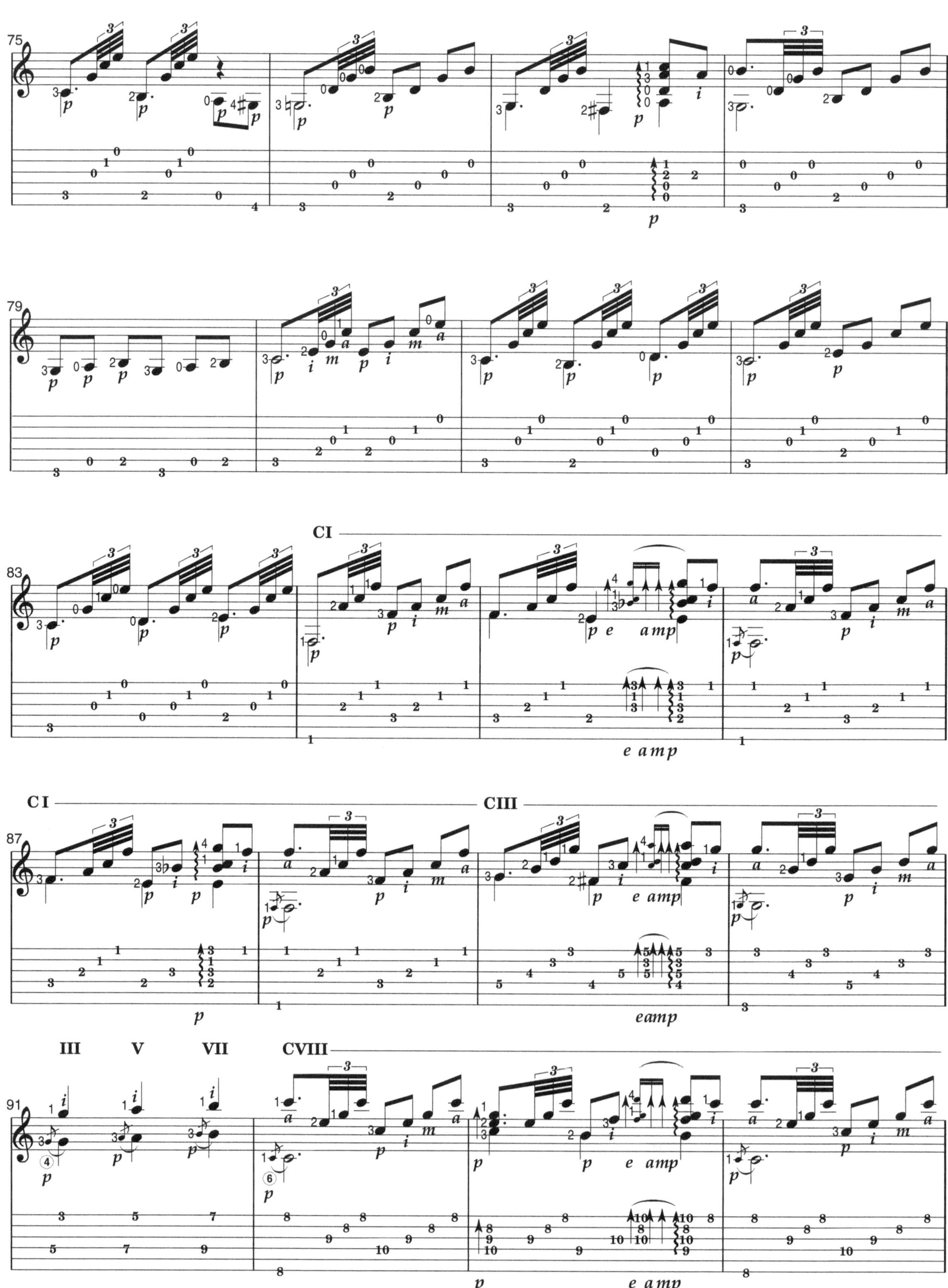

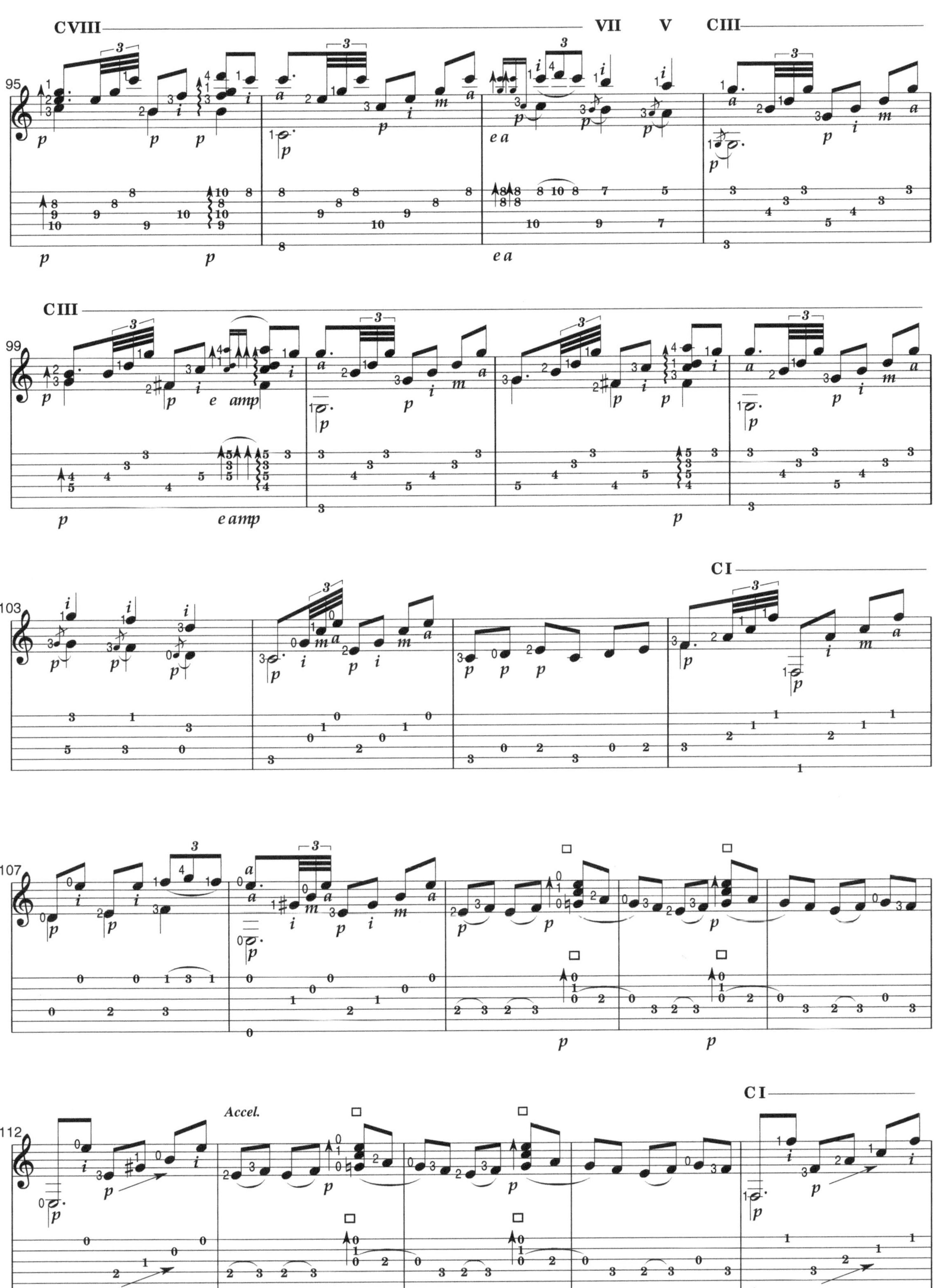
CVIII
VII
V
CIII
CIII
CI
Accel.
CI

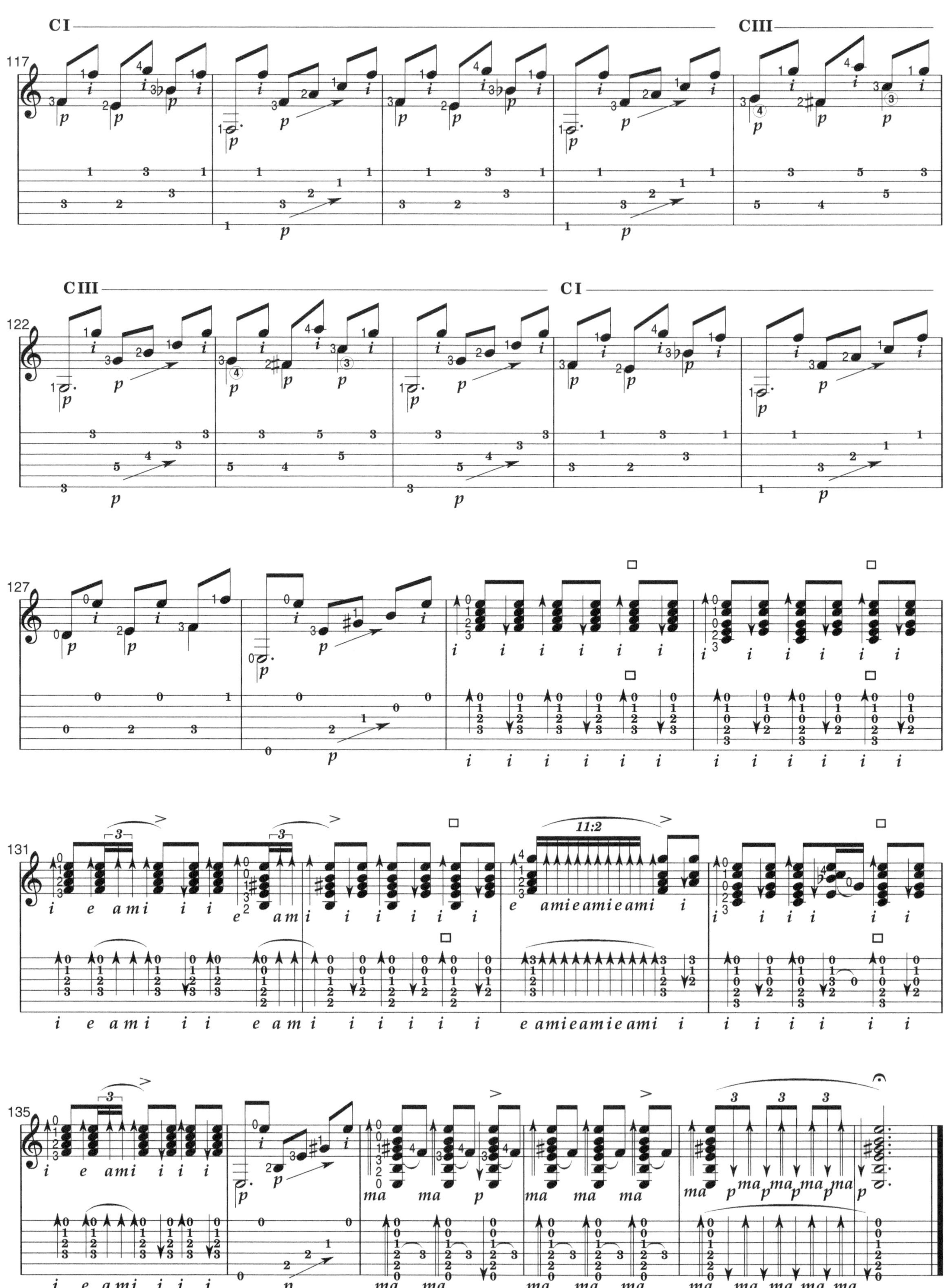

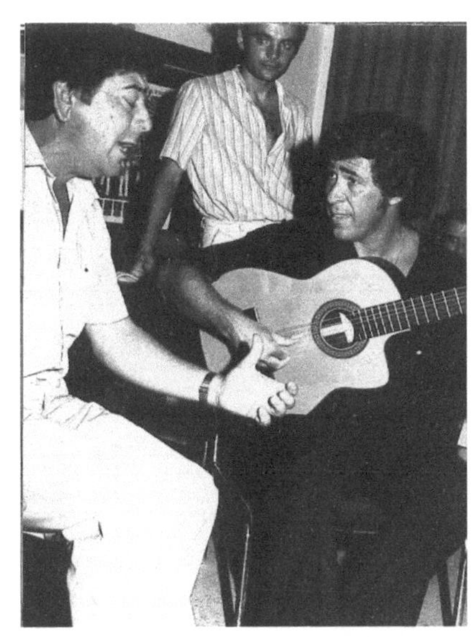

Pepe Lara, cantaor, with 'cutaway' guitar by Pedro Maldonado, Marbella 1985.

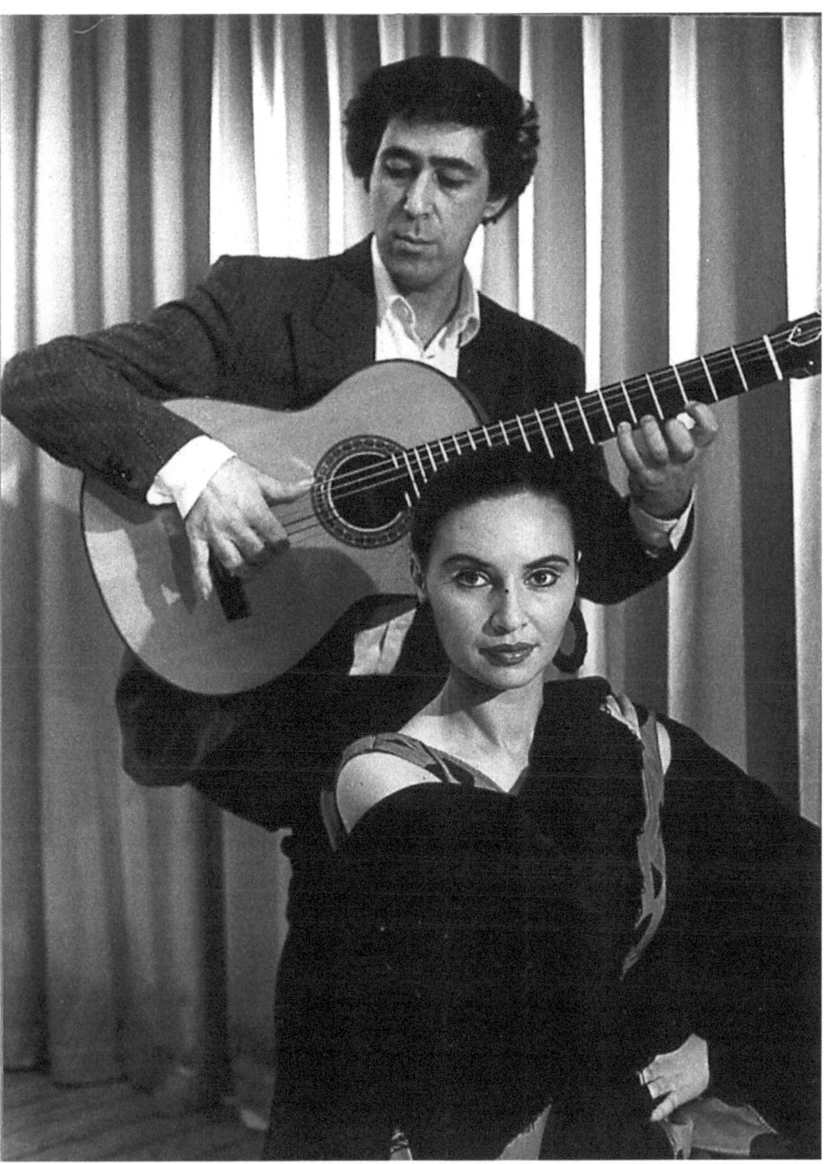

Laura del Sol, estrella de la película 'Carmen' de Saura (star of Saura's film 'Carmen'), en el escenario de (on the set of) 'Killing Dad' (guitar by Lester de Voe).

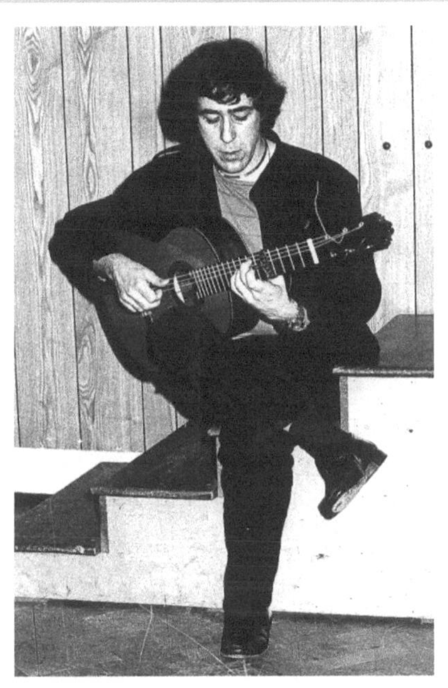

Durante la grabación con la (During the recording with the) Royal Philharmonic Orchestra, London.

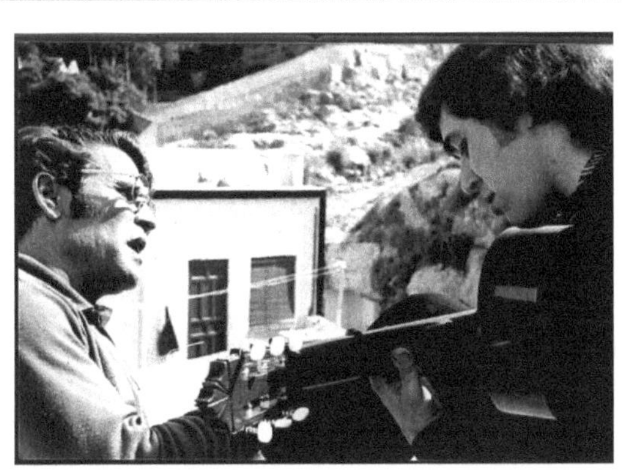

Con constructor de guitarras (With guitar-maker) Gerundino Fernández, Almería.

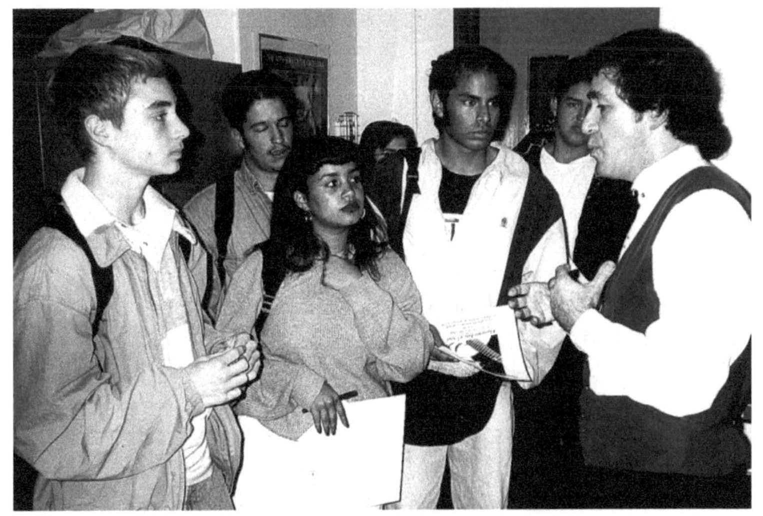

Con estudiantes hispánicos (with Hispanic students) in New York - después de un concierto en (after a concert in) Carnegie Hall.

GRADE NIVEL 6

Farruca

Capo at 1st fret
Cejilla al uno

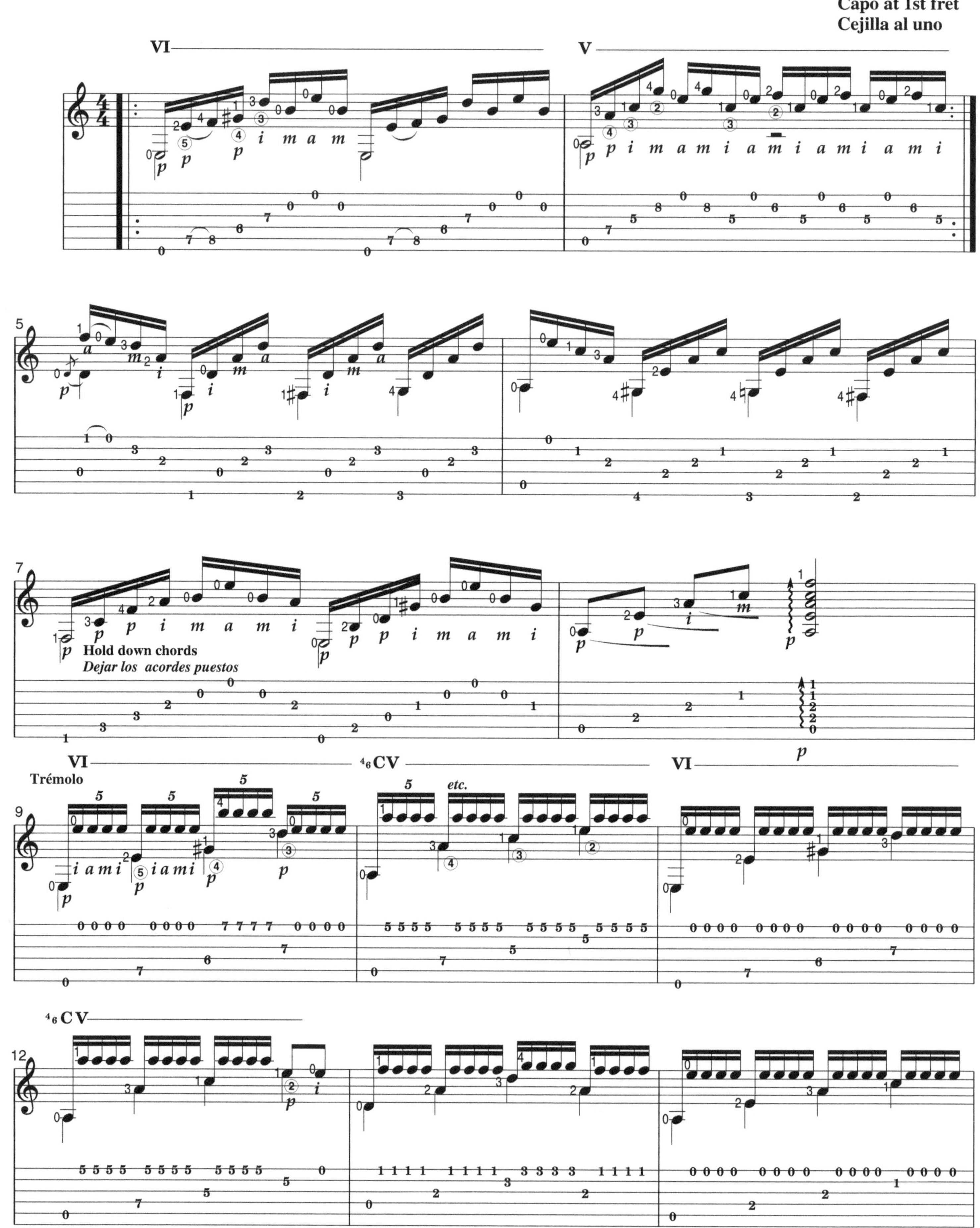

© Copyright 2004 Juan Martín Music
MCPS/PRS MUSIC ALLIANCE

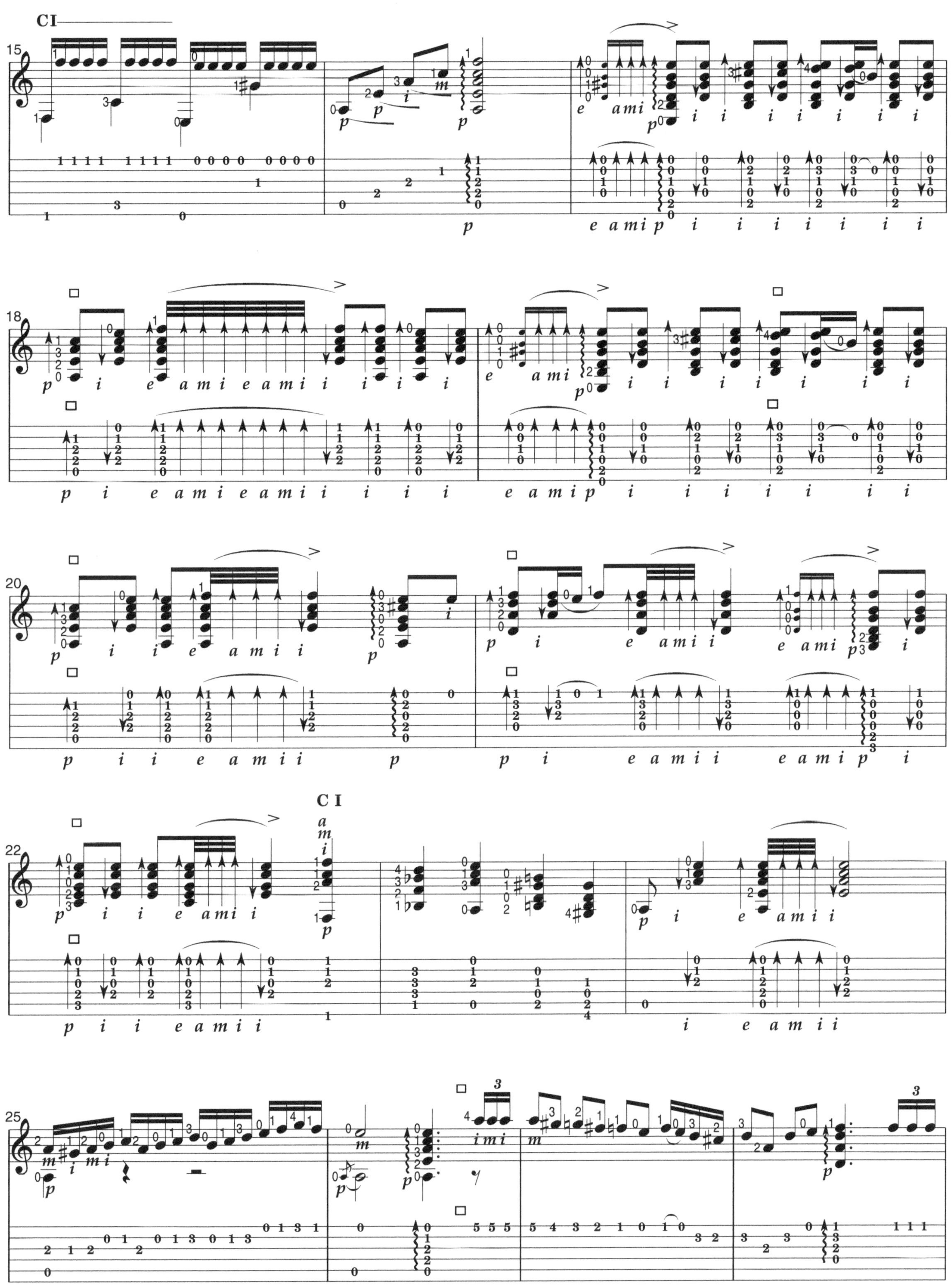
CI
C I

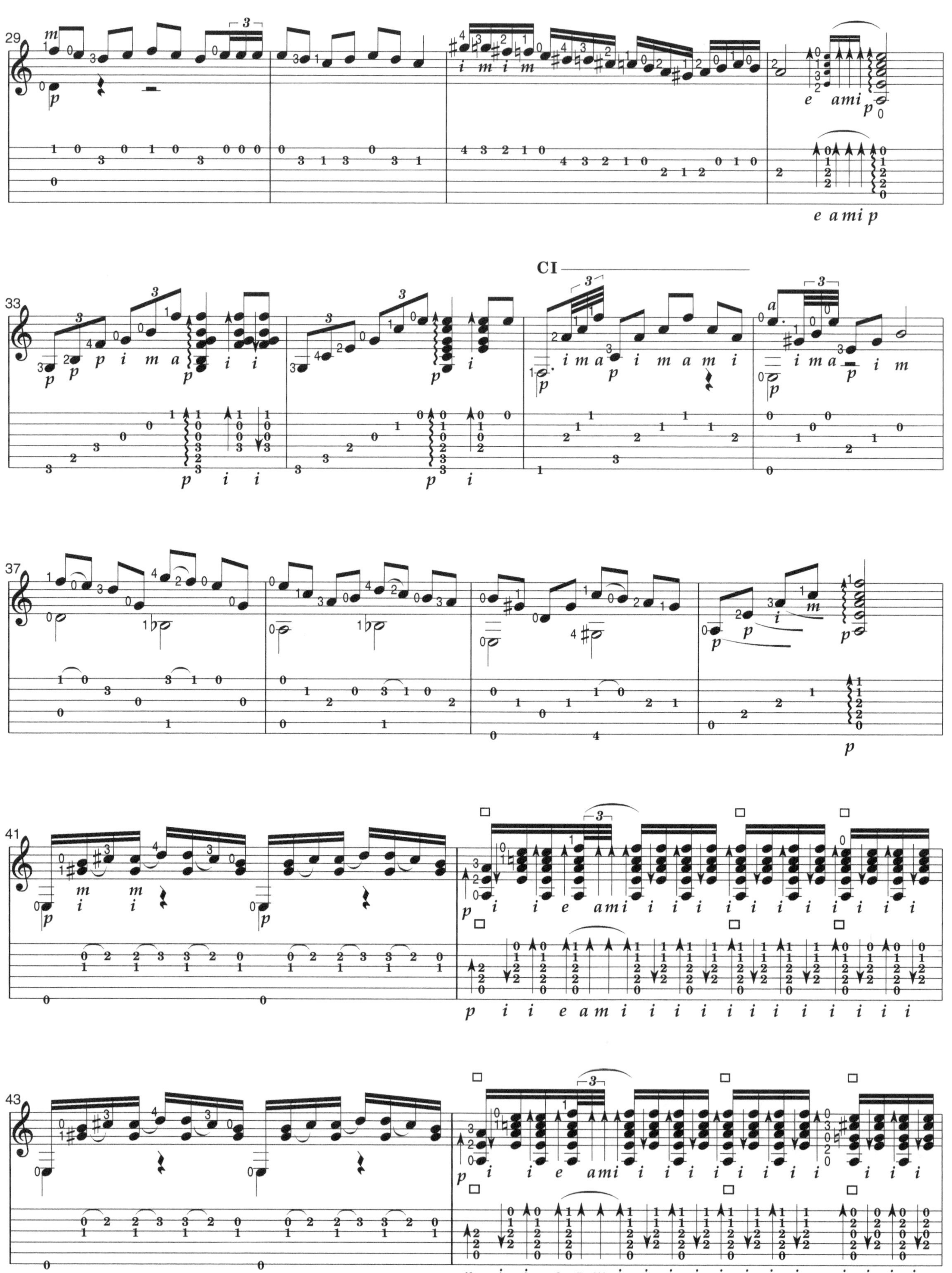
CI

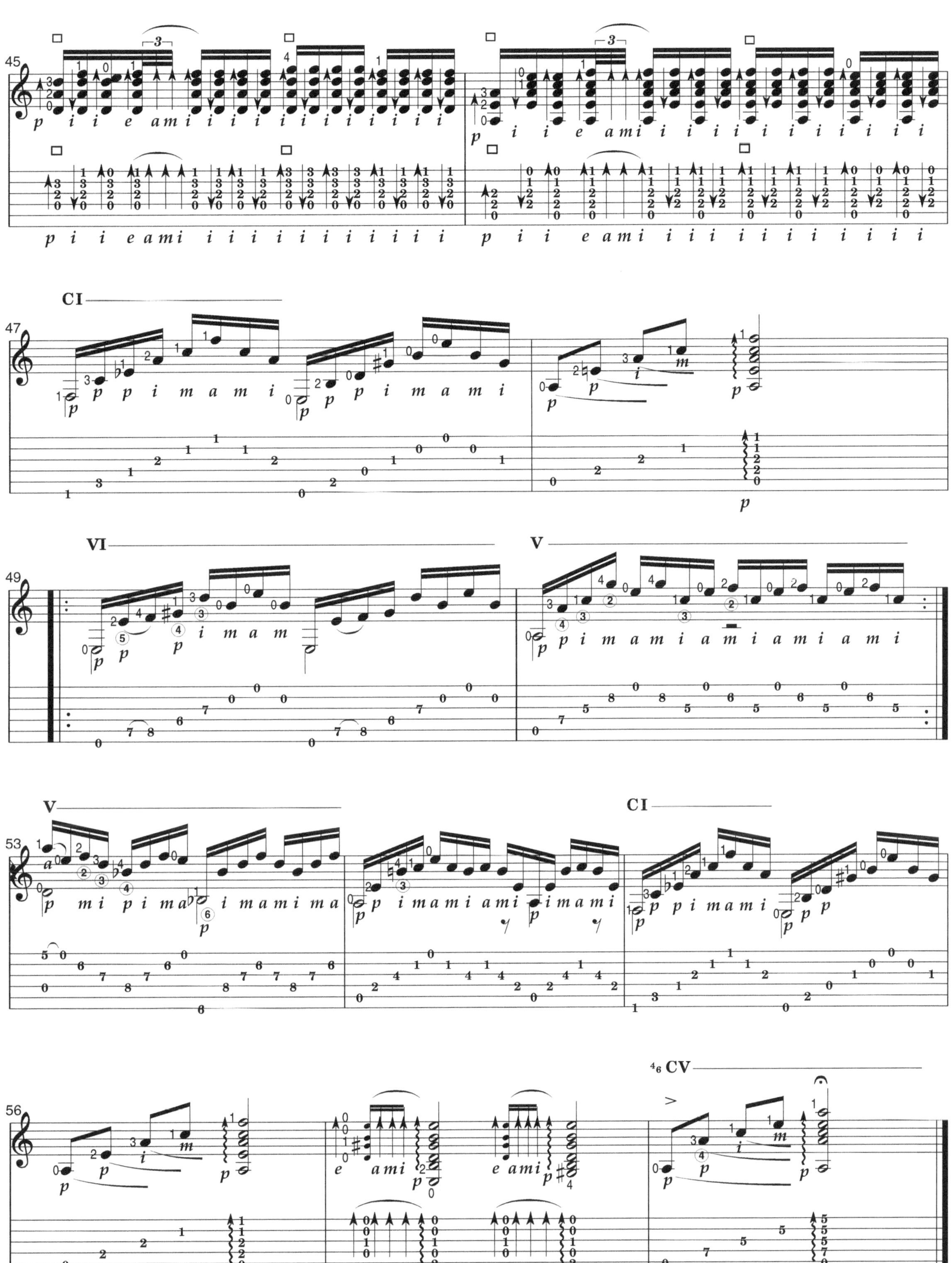
CI
VI
V
V
CI
CV

GRADE NIVEL 6

Colombianas

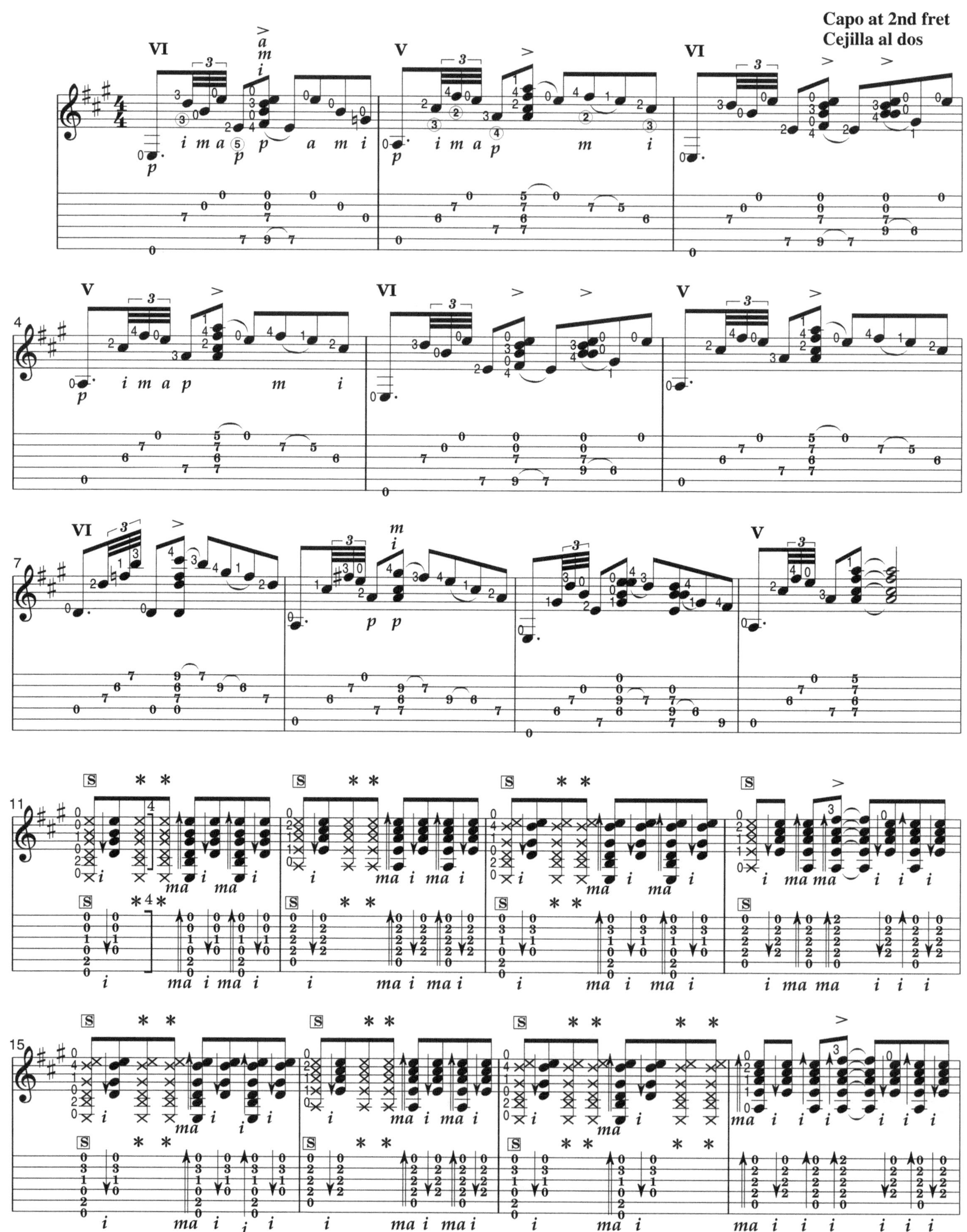

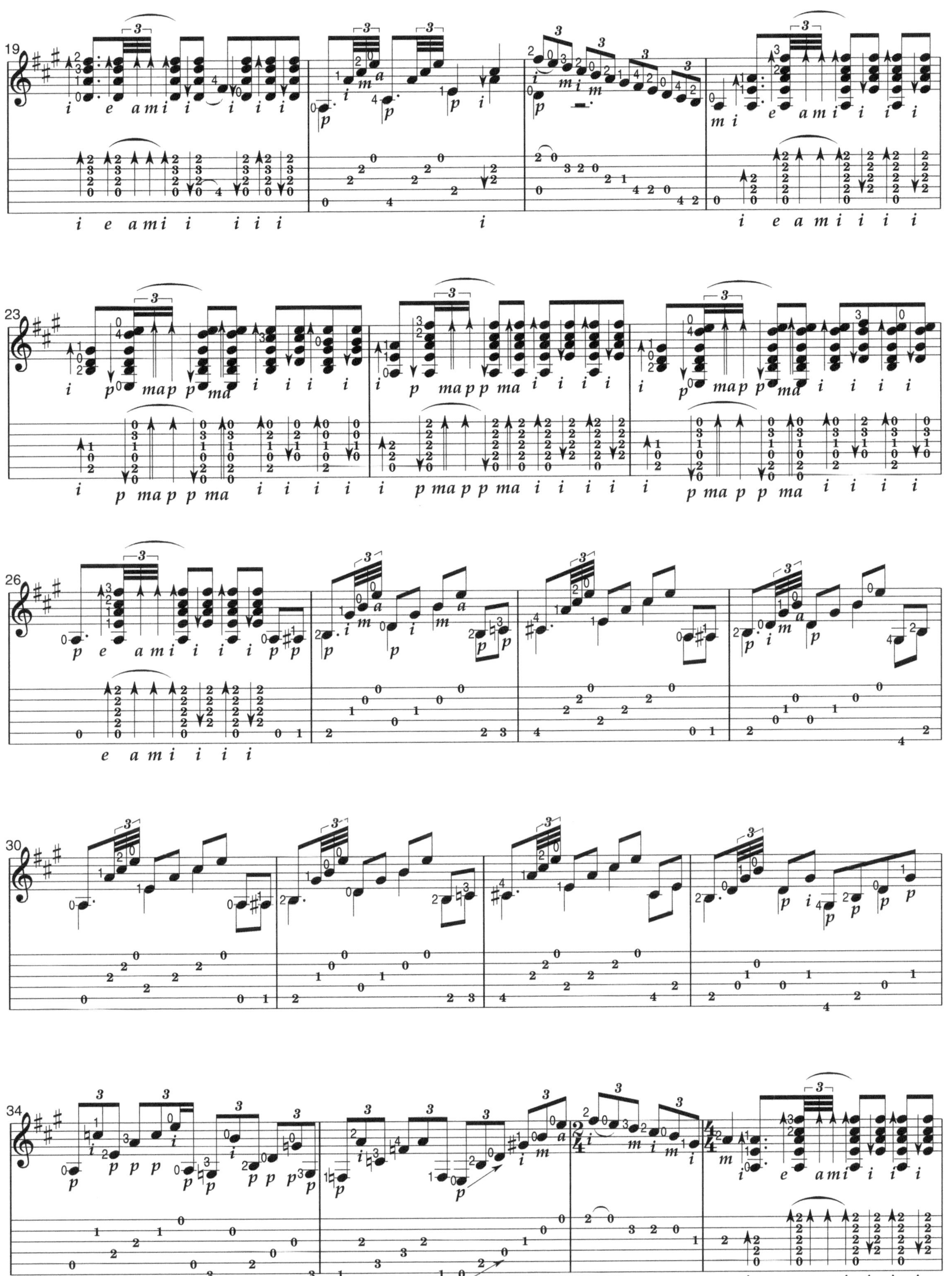

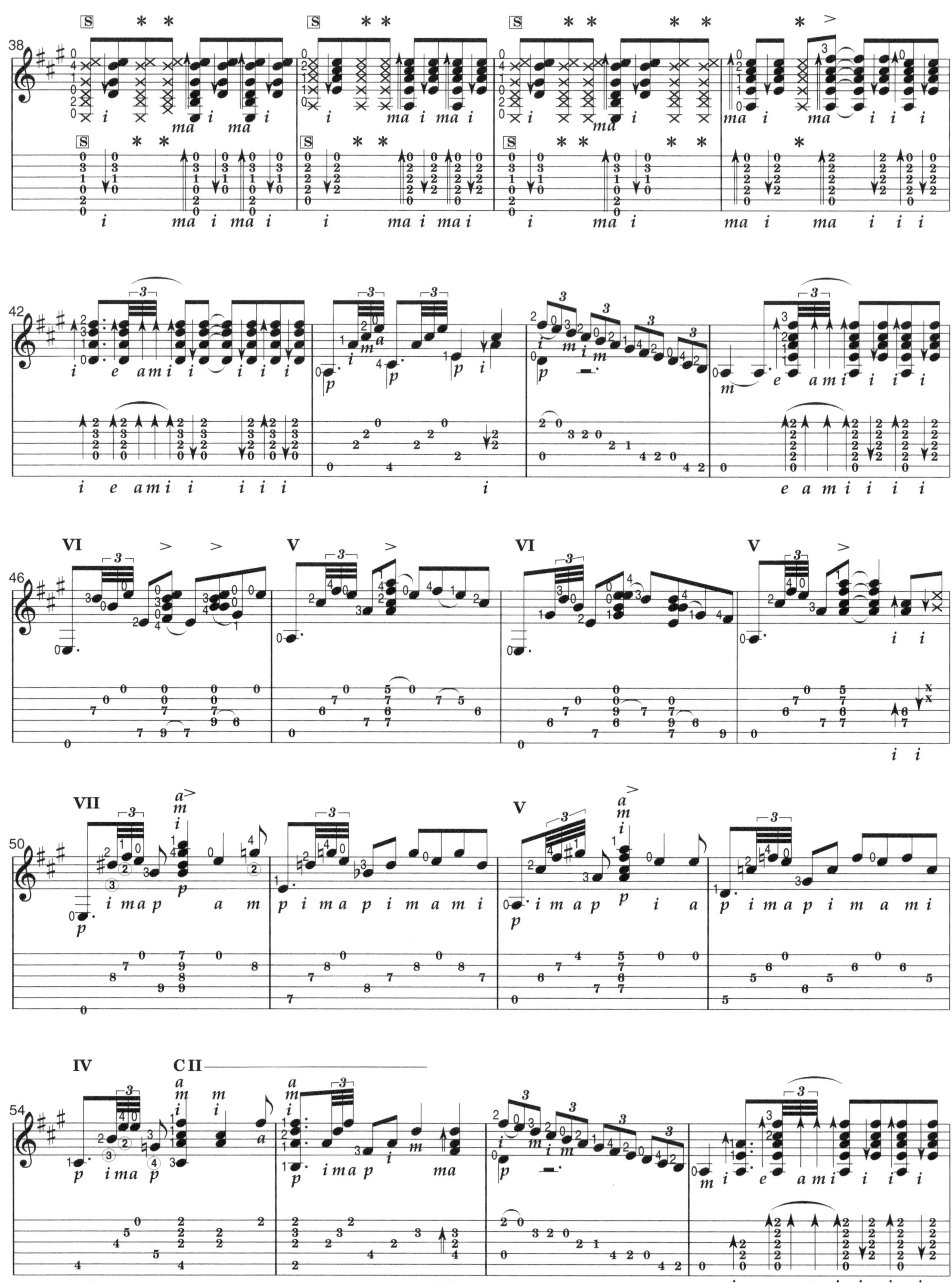
38
42
46
VI
V
VI
V
50
VII
V
54
IV
CII

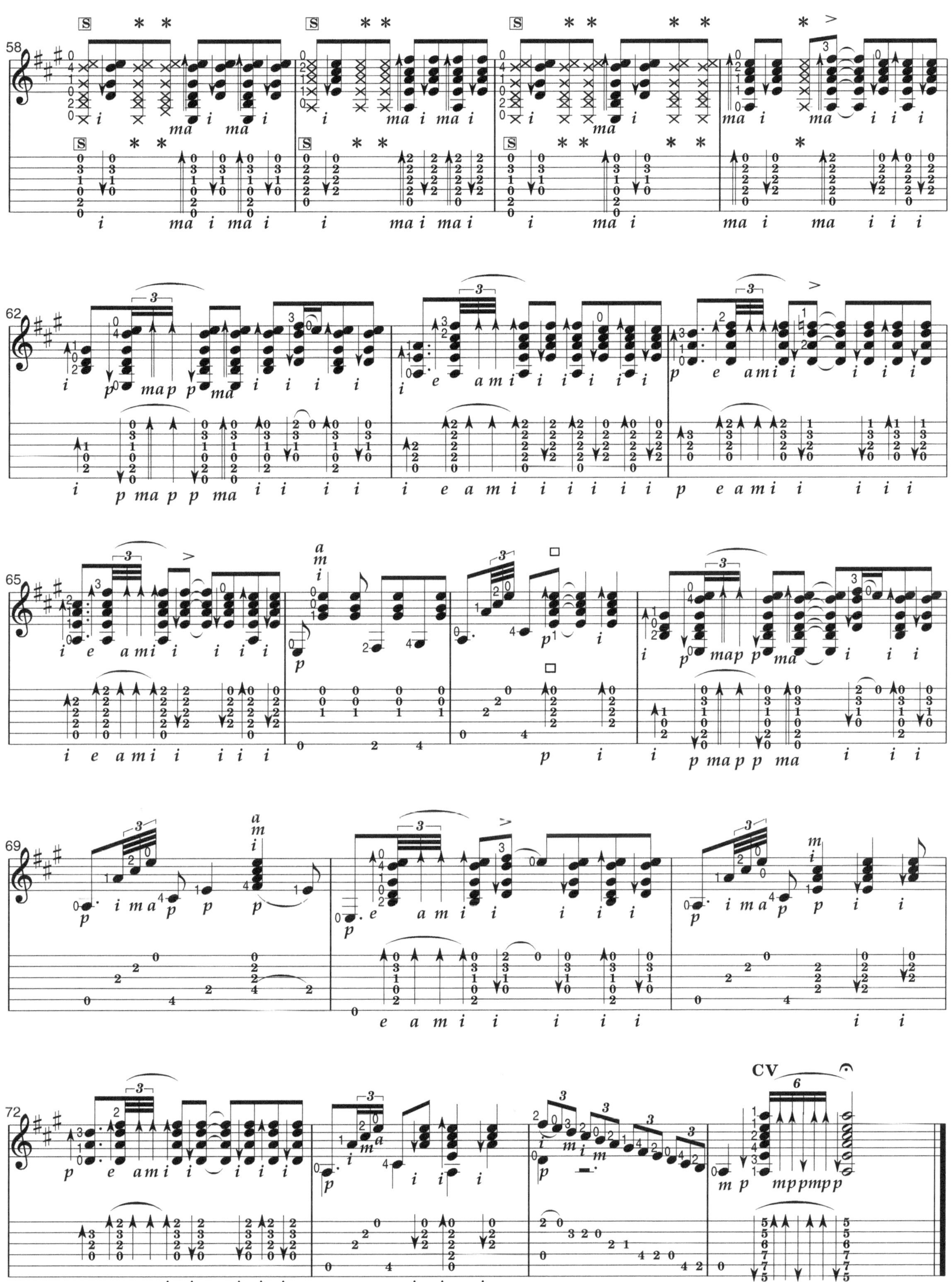
CV

GRADE NIVEL 6

2 Sevillanas

Sevillana I

Capo at 2nd fret
Cejilla al dos

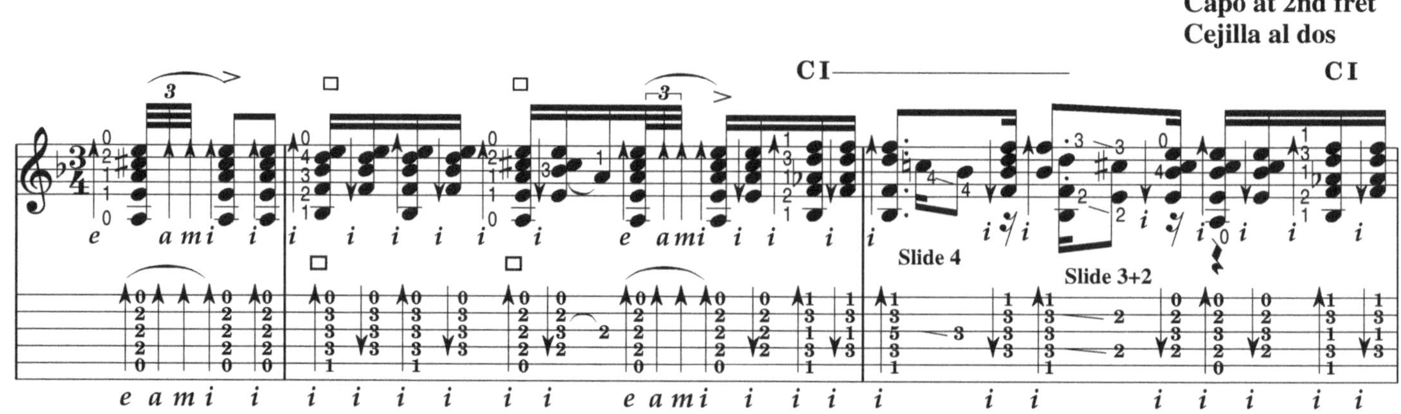

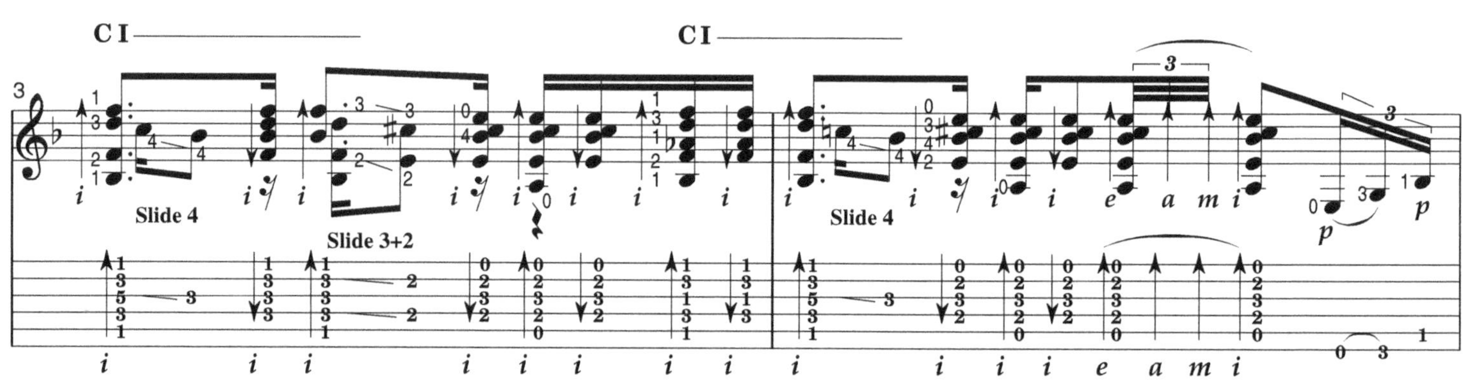

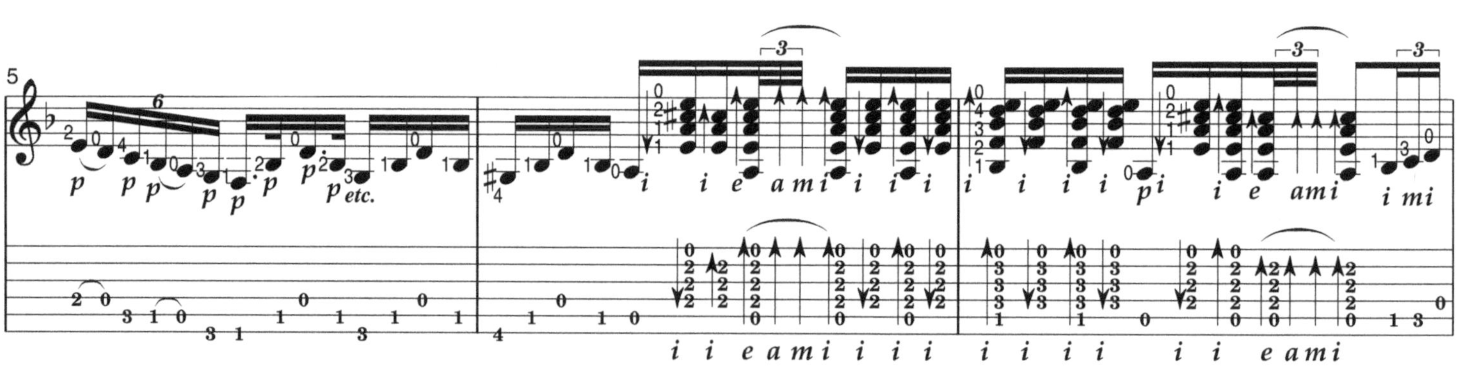

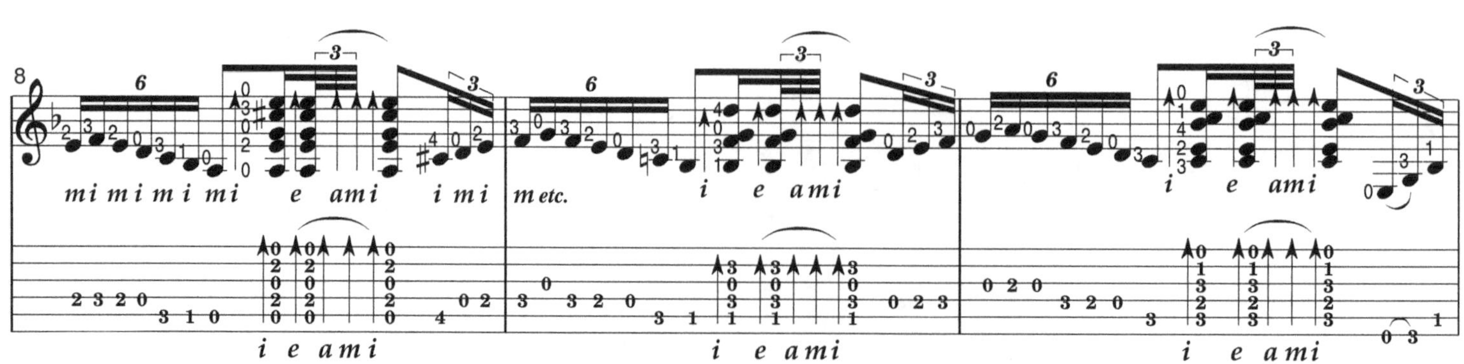

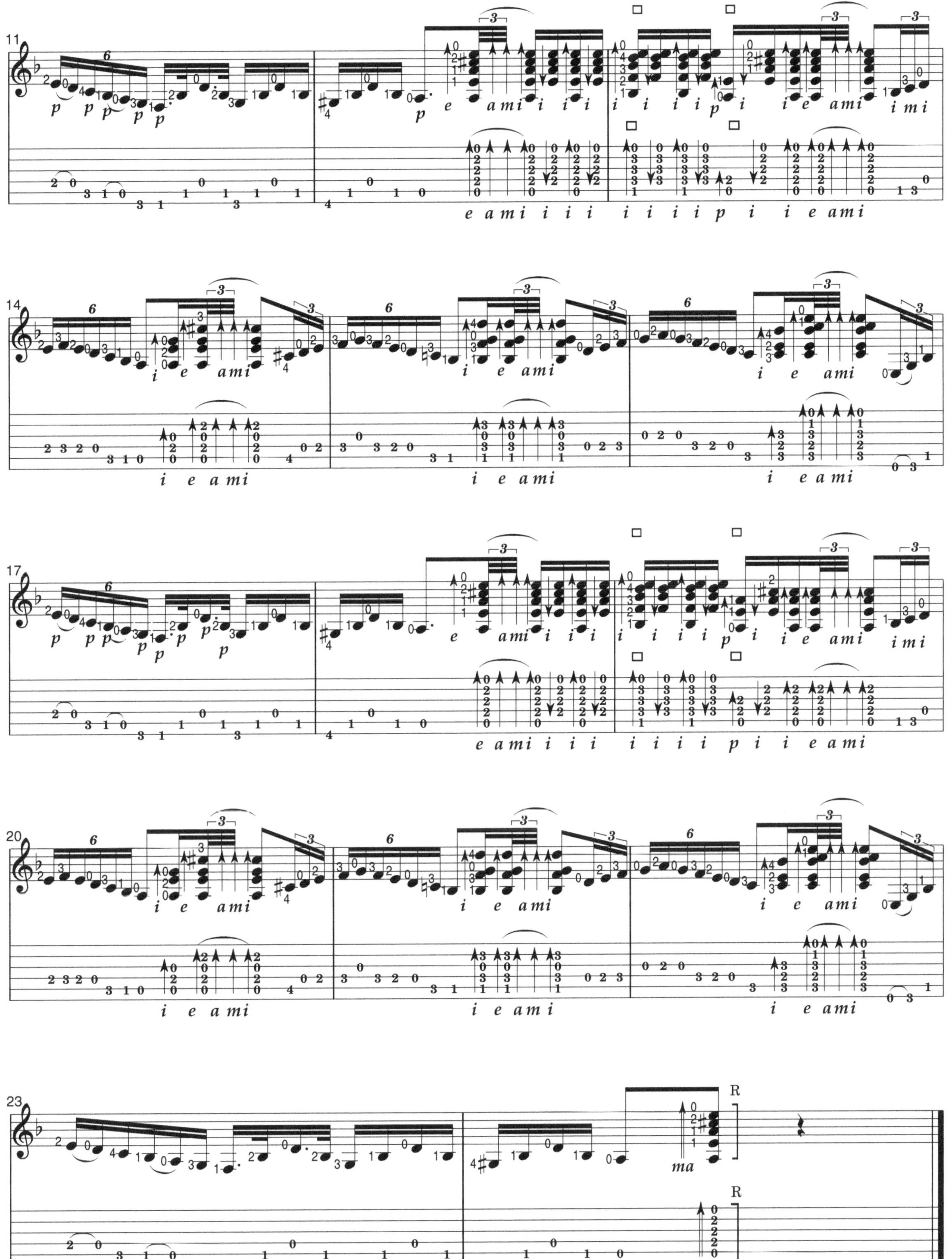

Sevillana II

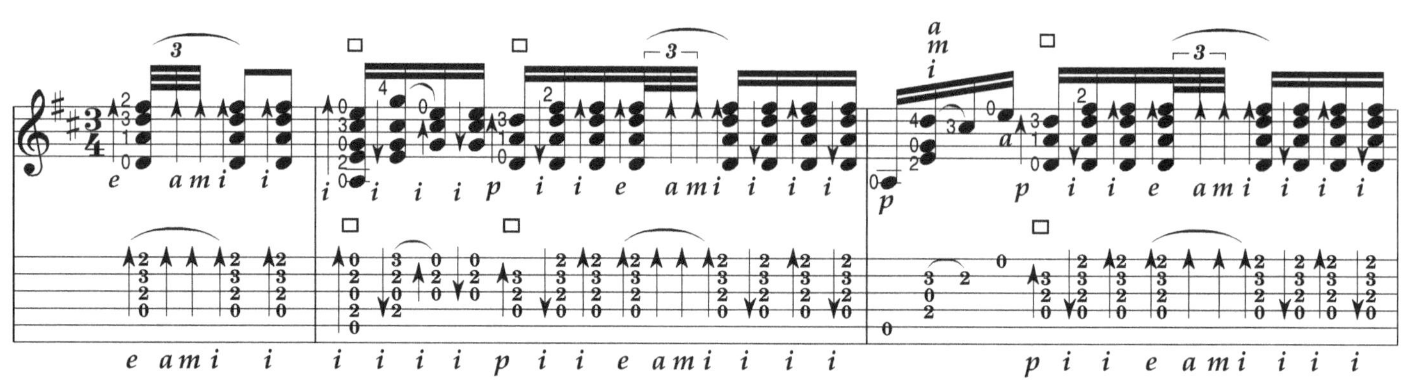

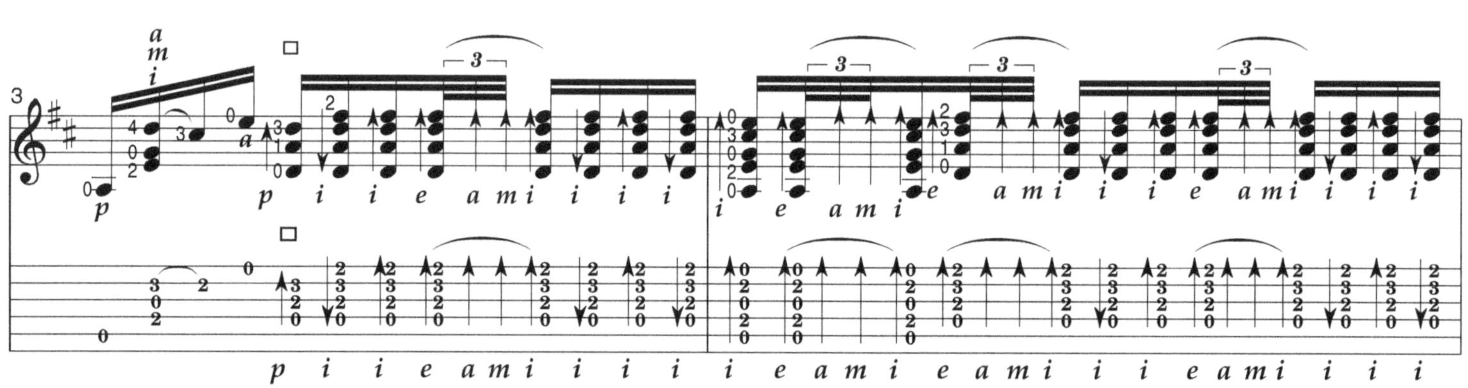

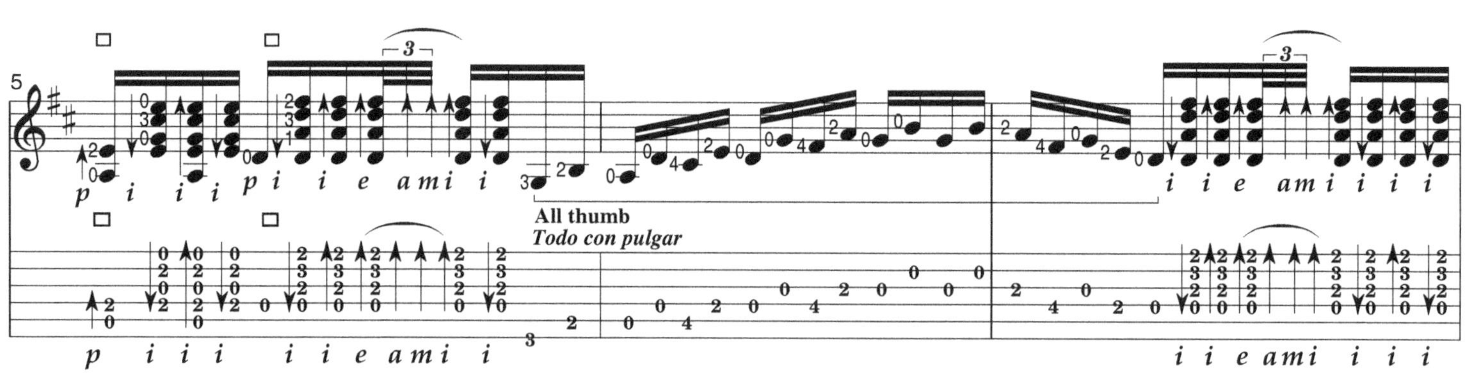

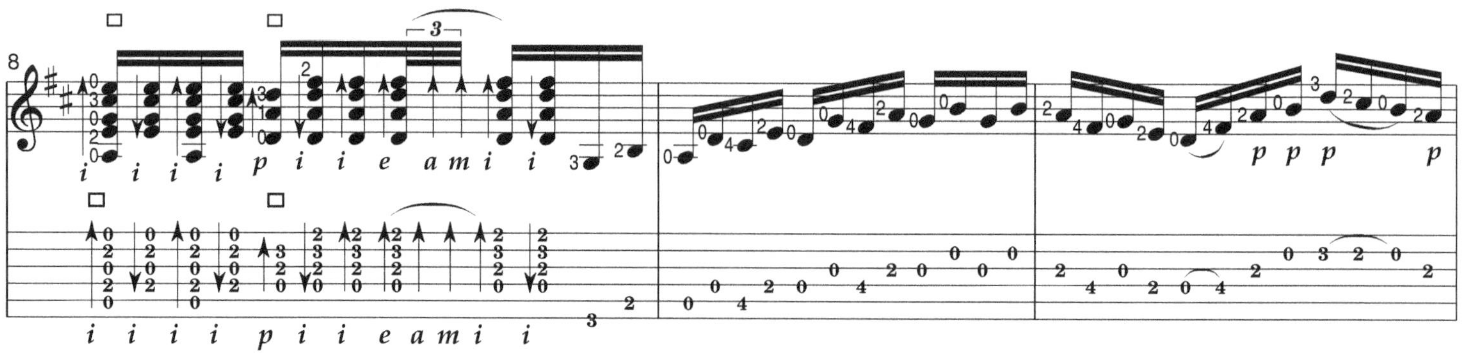

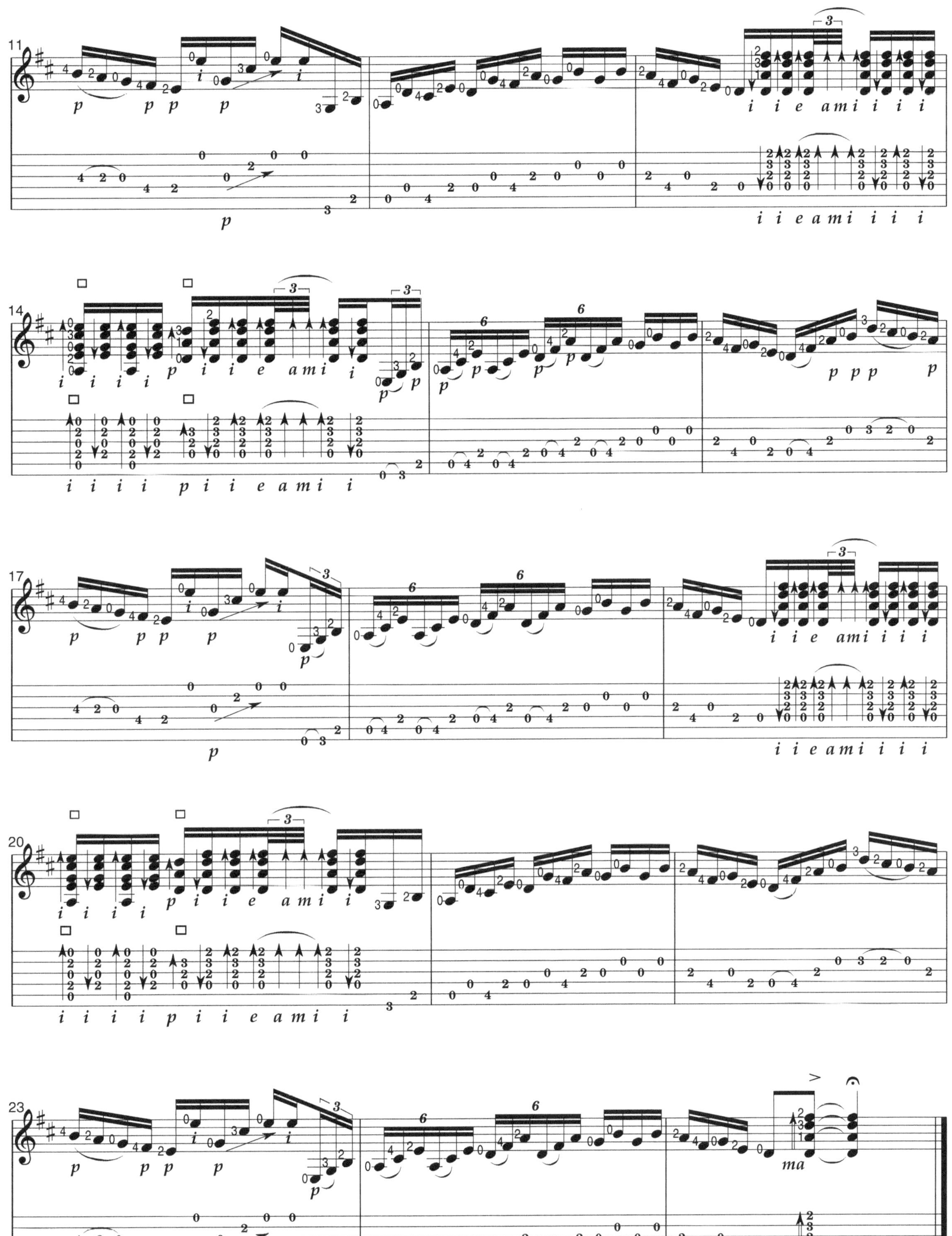

GRADE NIVEL 6

Bulerías

de Sabicas

Capo at 2nd fret
Cejilla al dos

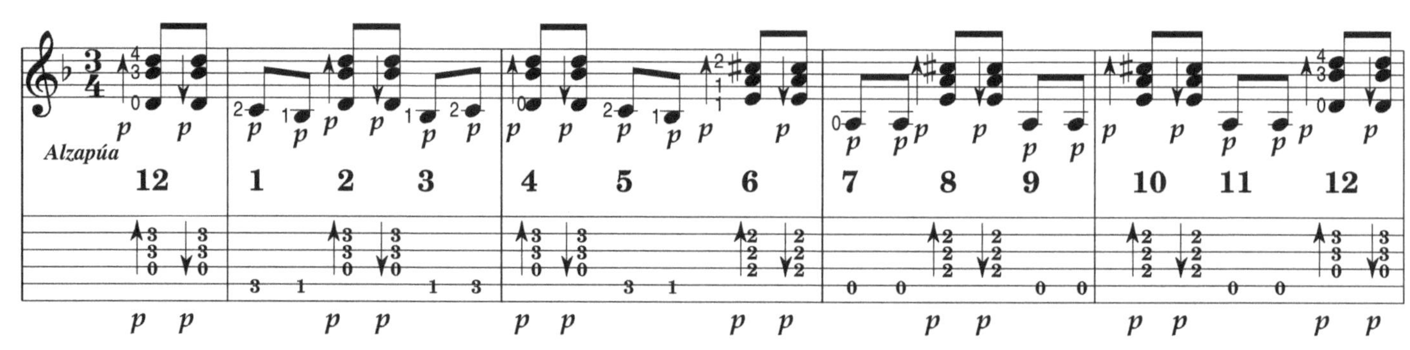

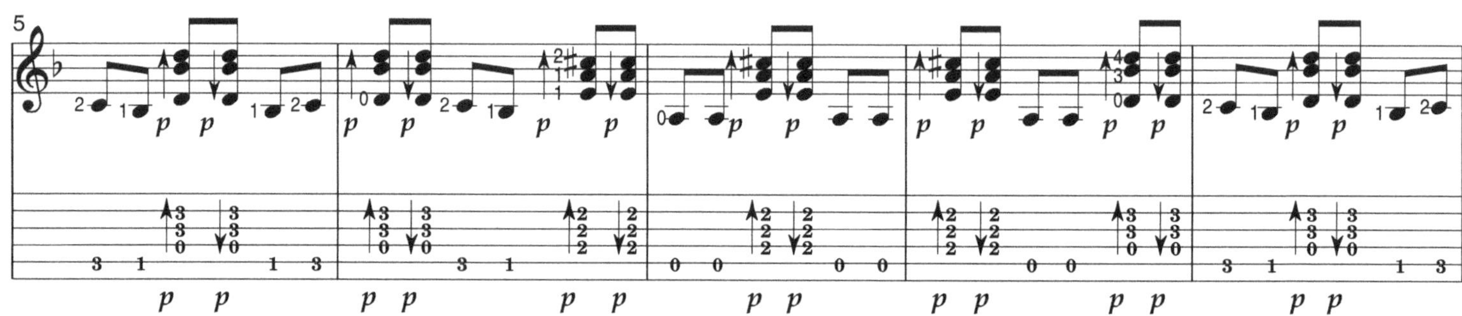

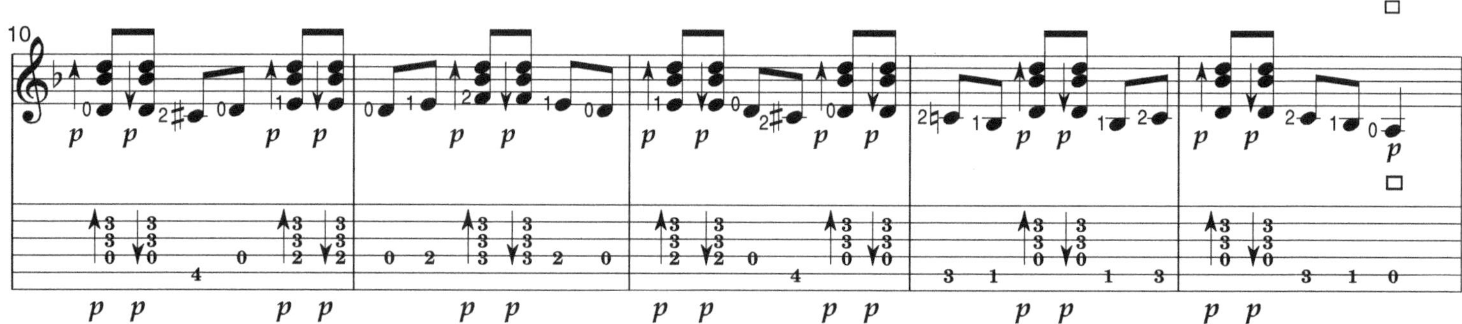

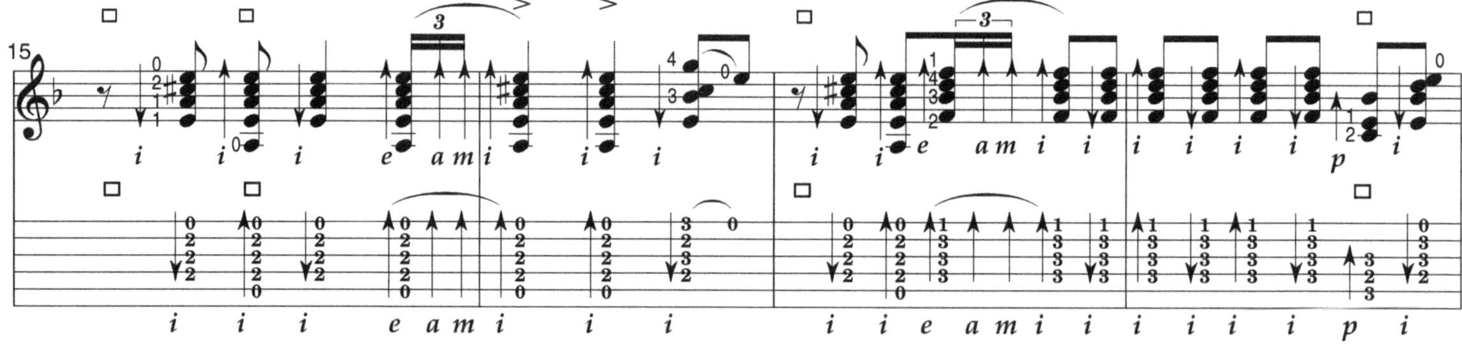

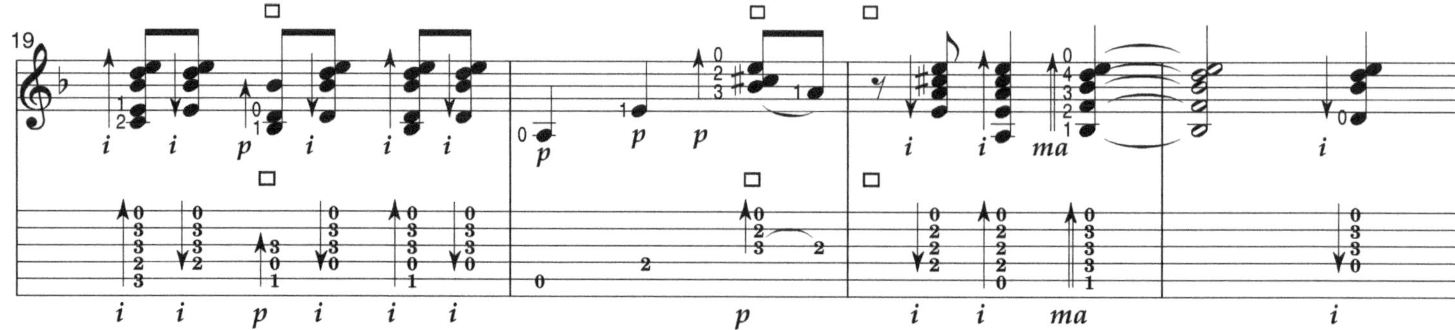

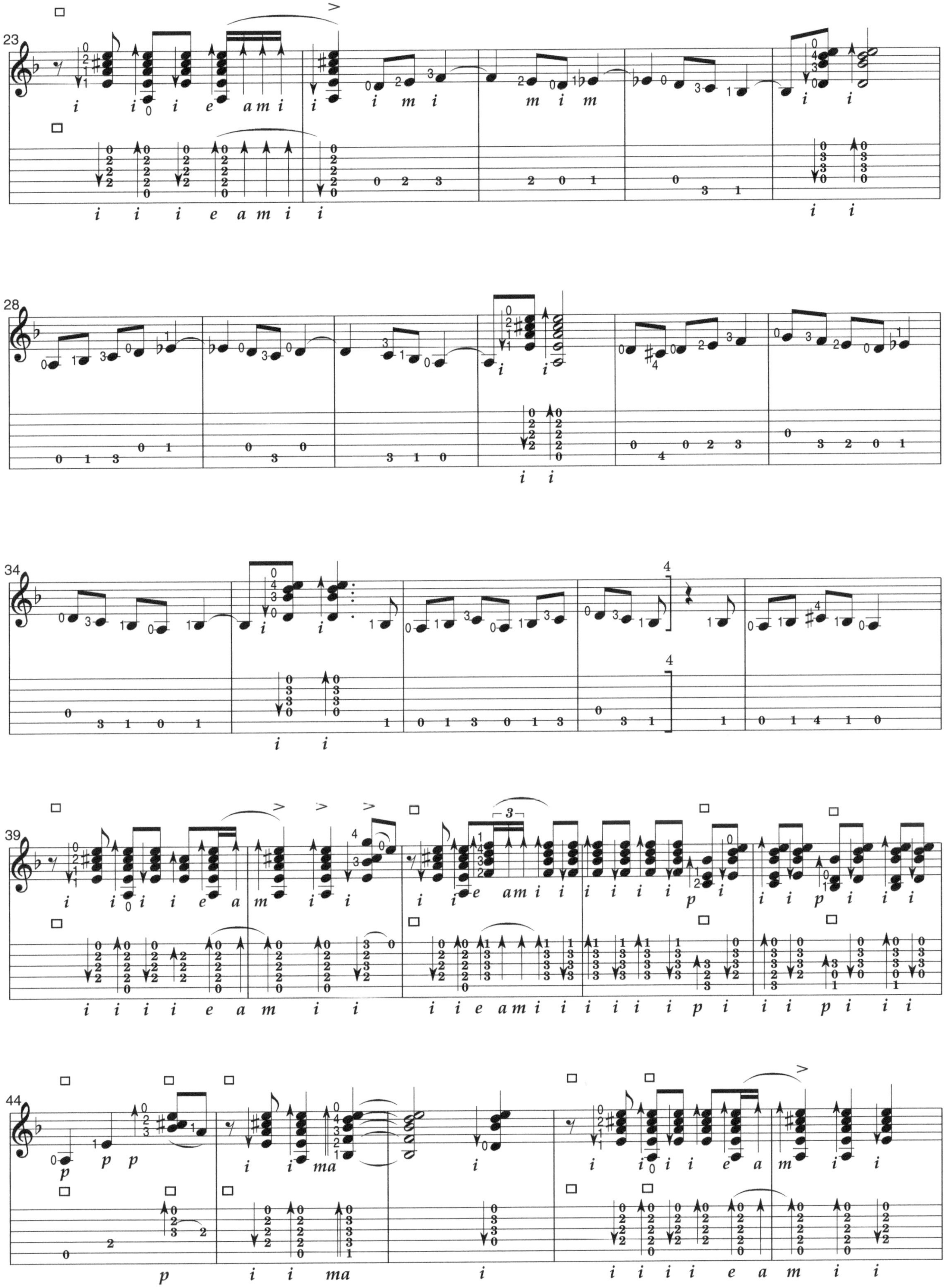

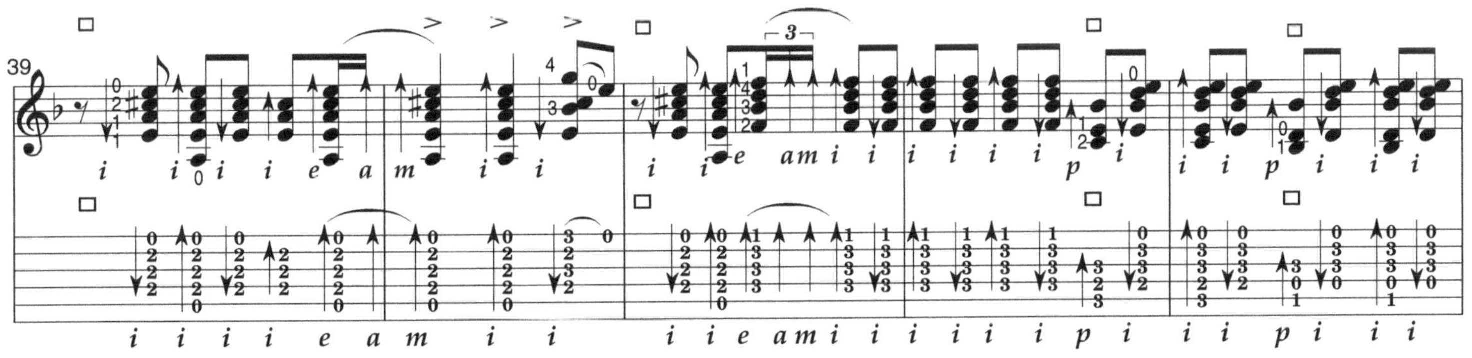

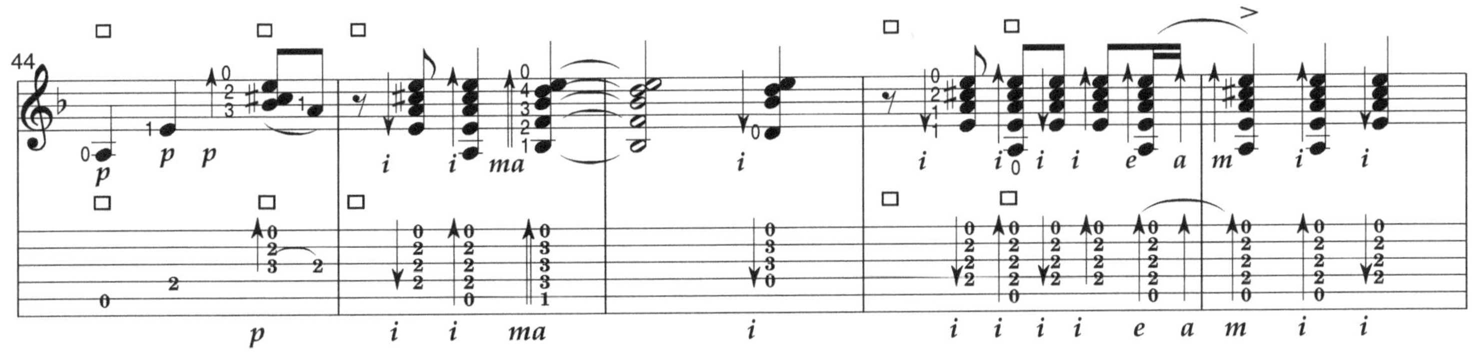

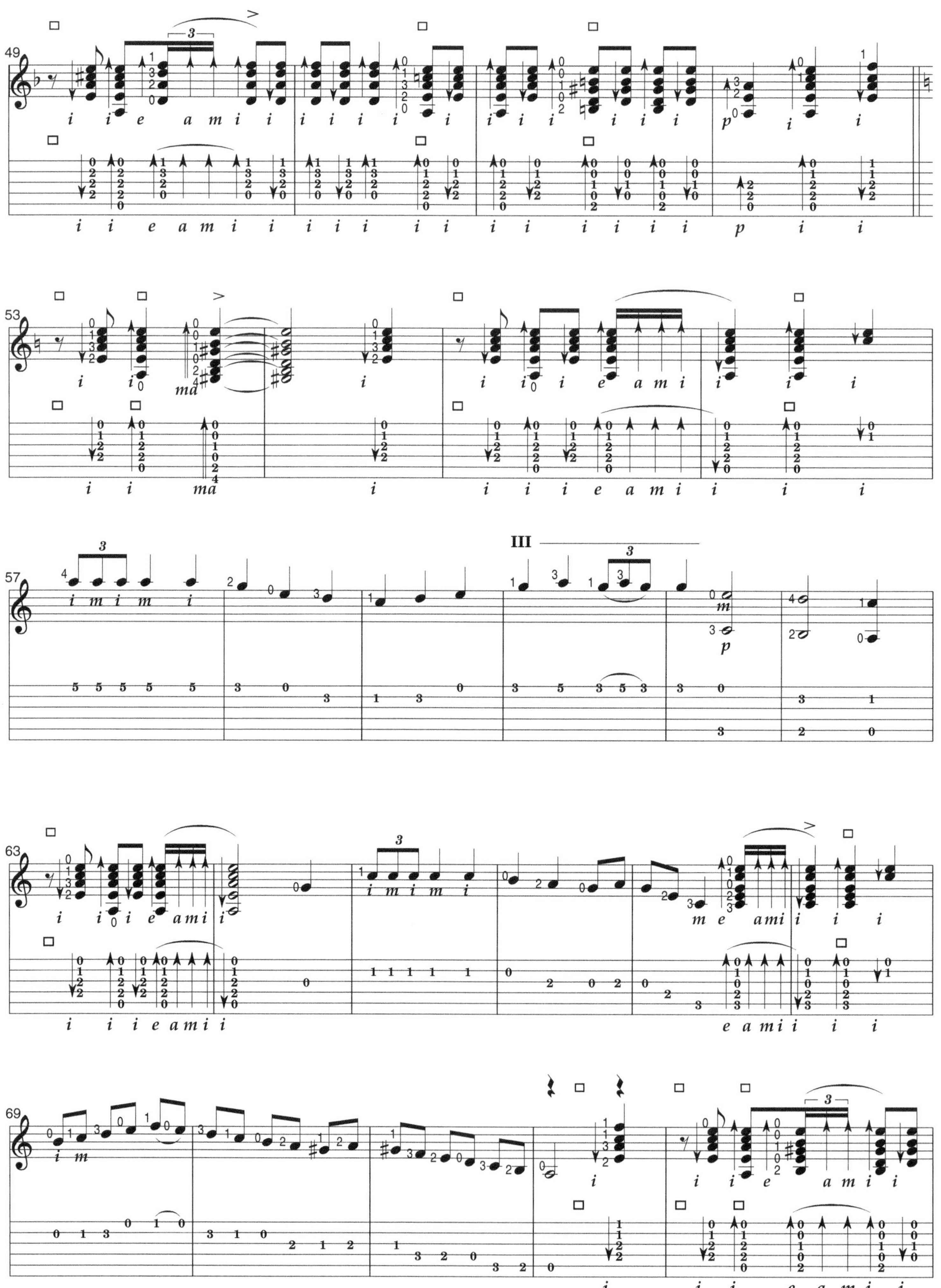
III

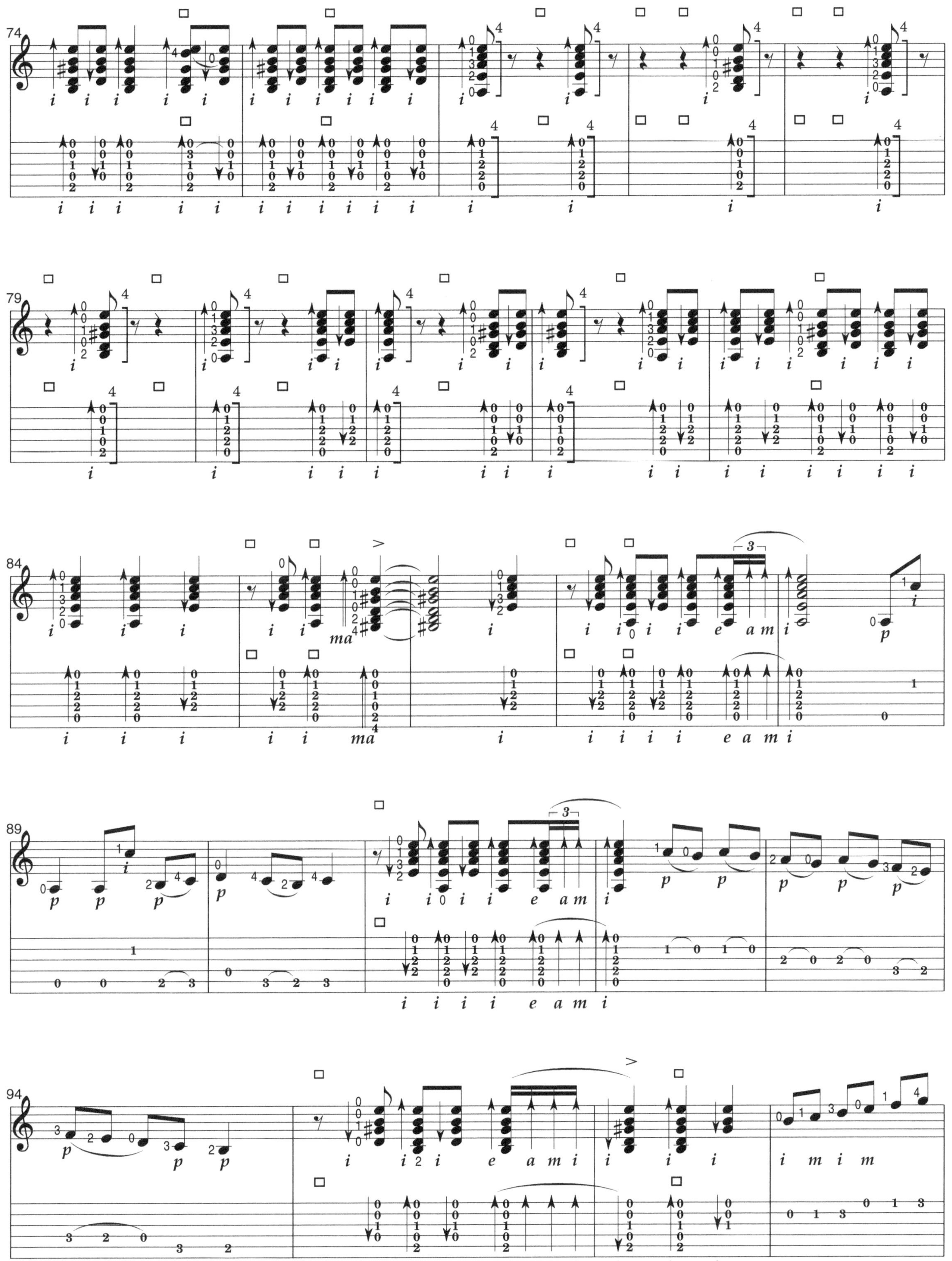

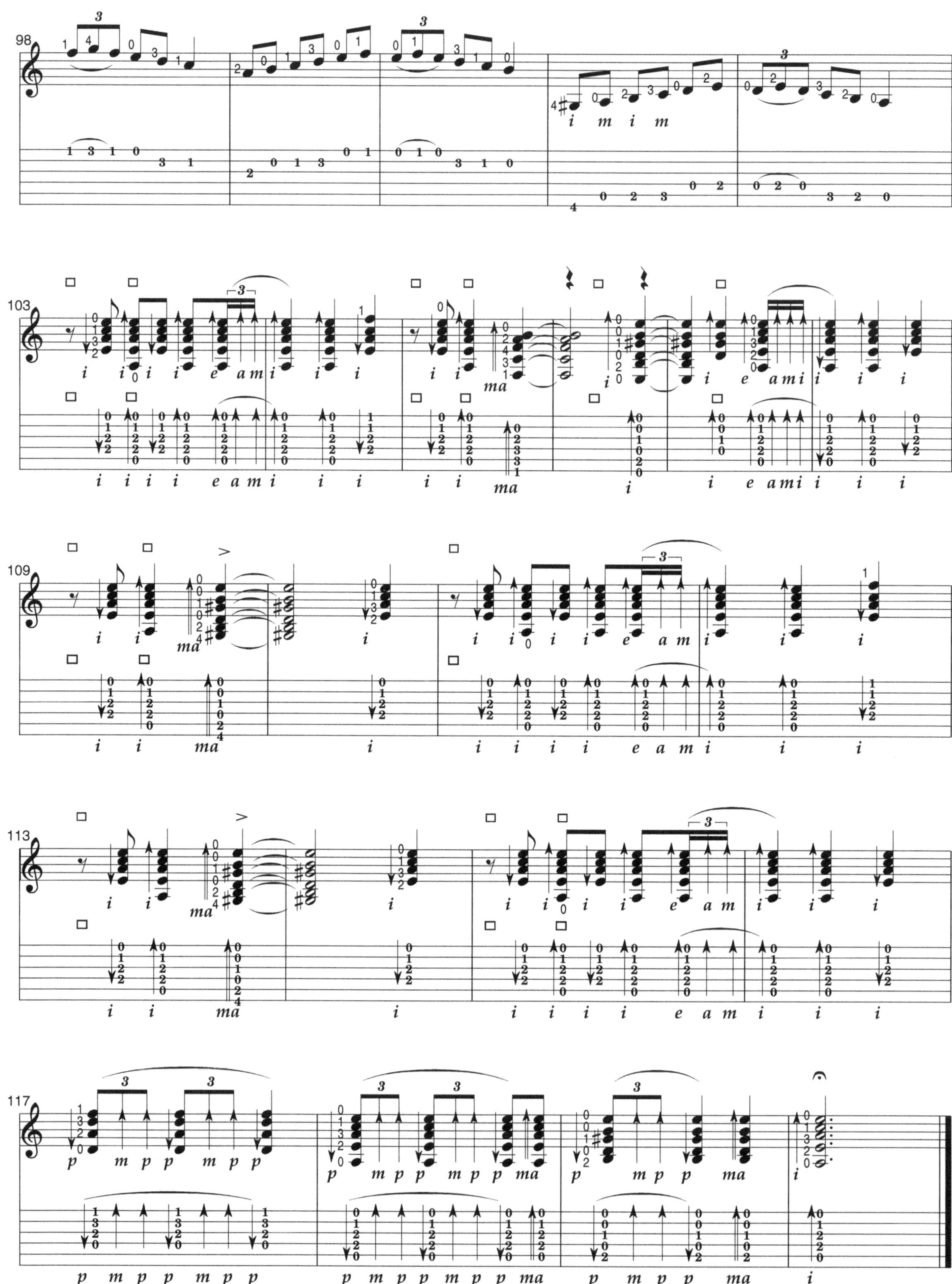

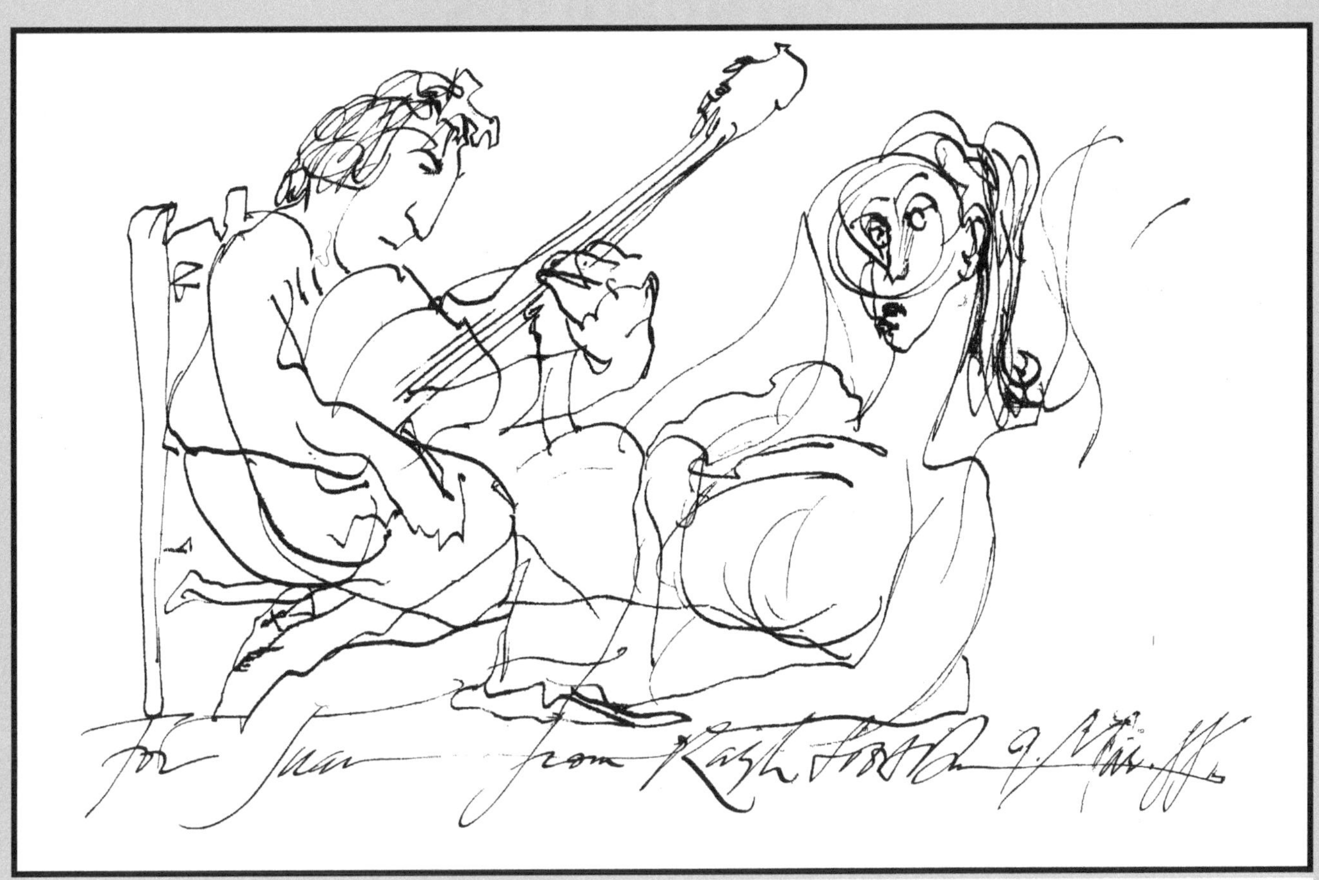

Ralph Steadman, caricaturista célebre, interpreta la potencia seductiva de la guitarra flamenca.
Caricaturist Ralph Steadman's take on the seductive potency of the flamenco guitar.

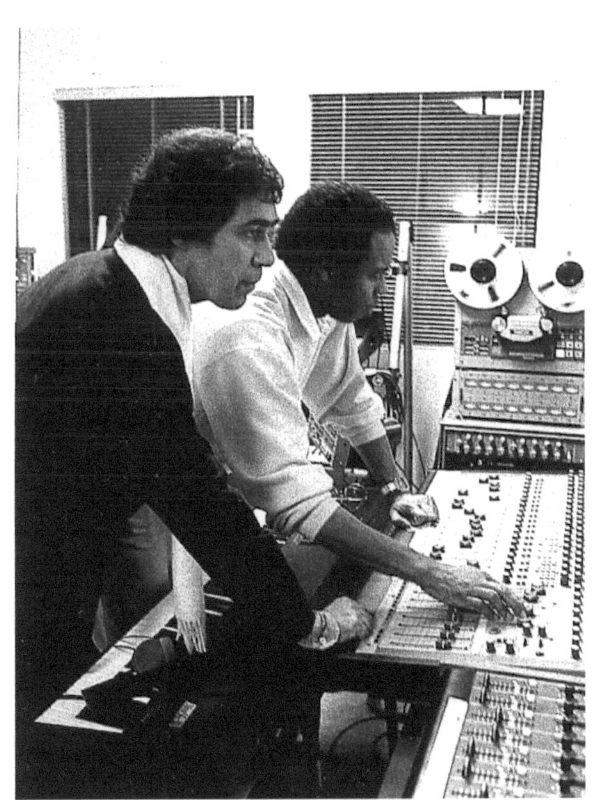

Mezclando/mixing 'Through the Moving Window' album con/with Todd Cochran, Burbank, Los Angeles.

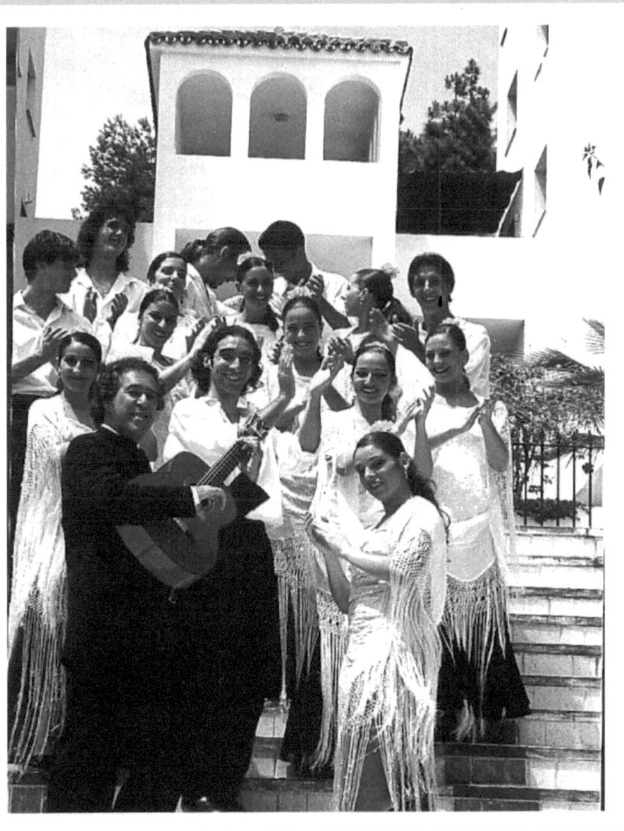

Compañía flamenca de artistas malagueños durante el ensayo para una gira de Turquía.
Dance company of flamenco artists from Málaga preparing for a tour of Turkey.

GRADE NIVEL 6

Granadinas

Lorca's Dream

El sueño de Lorca

No capo
Sin cejilla

Toque libre

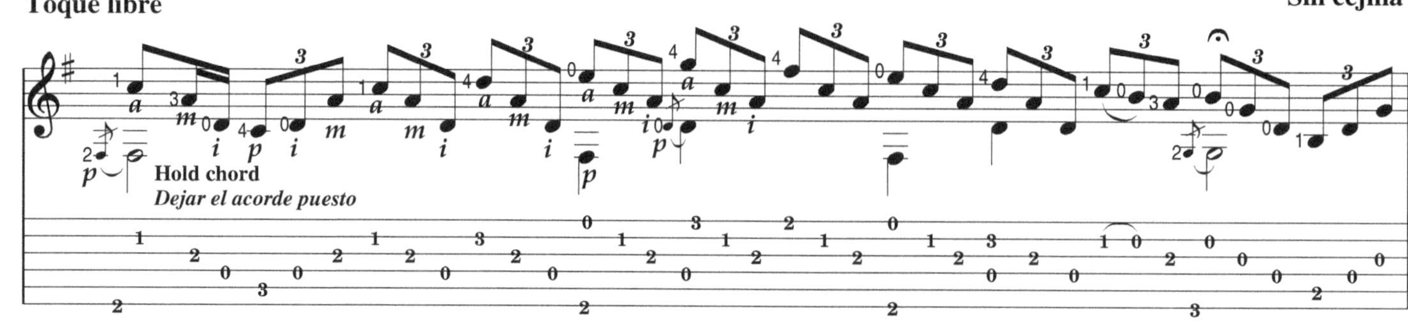

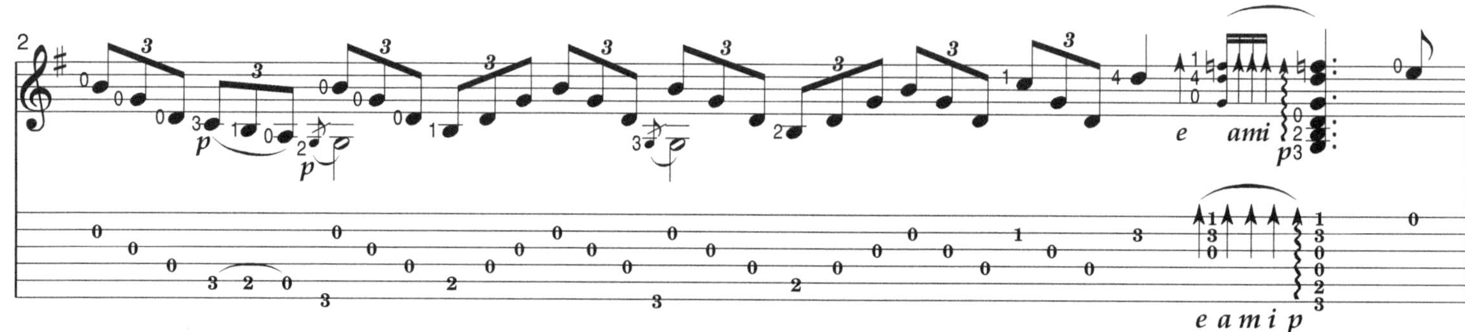

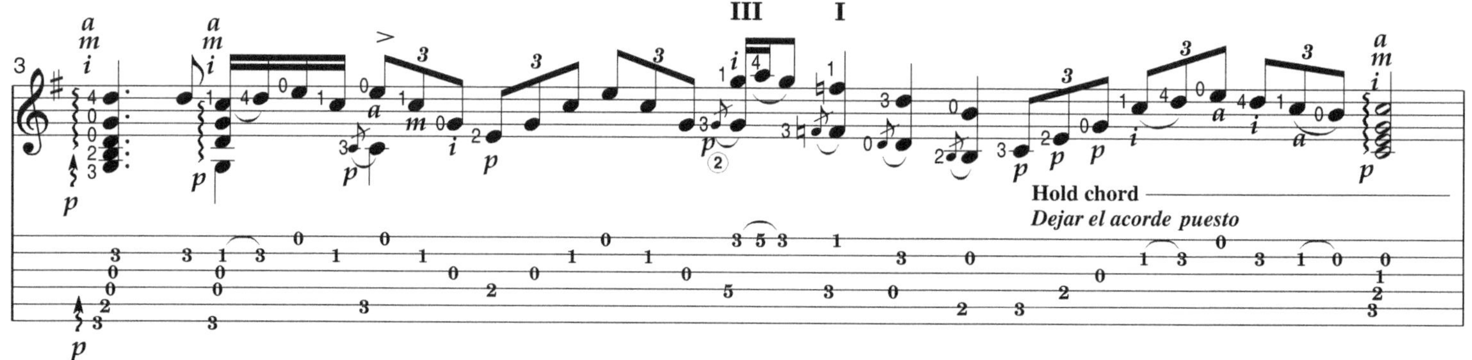

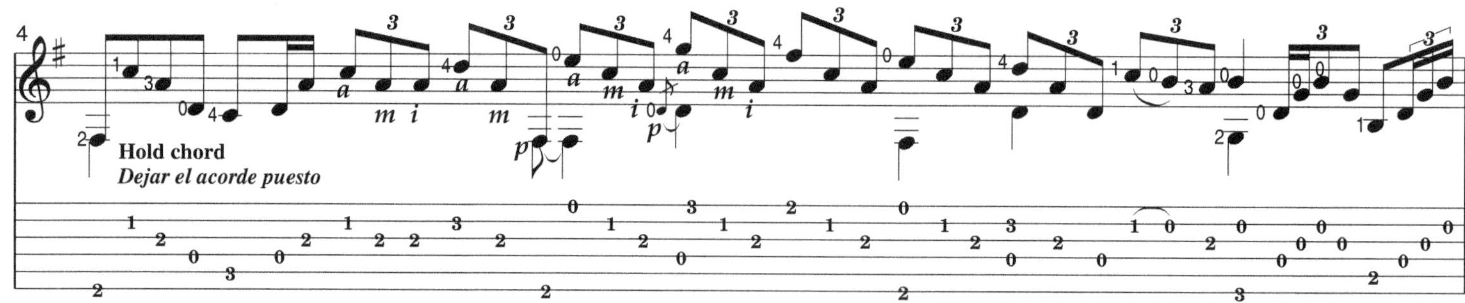

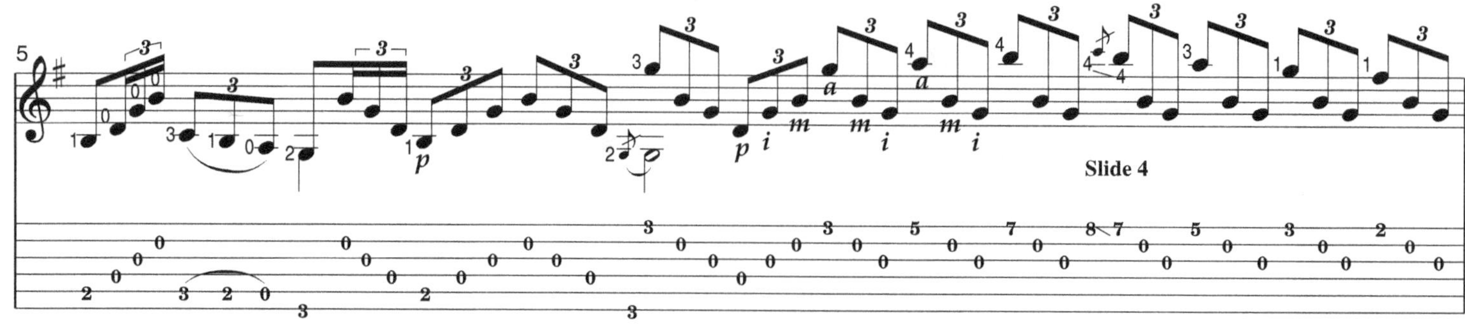

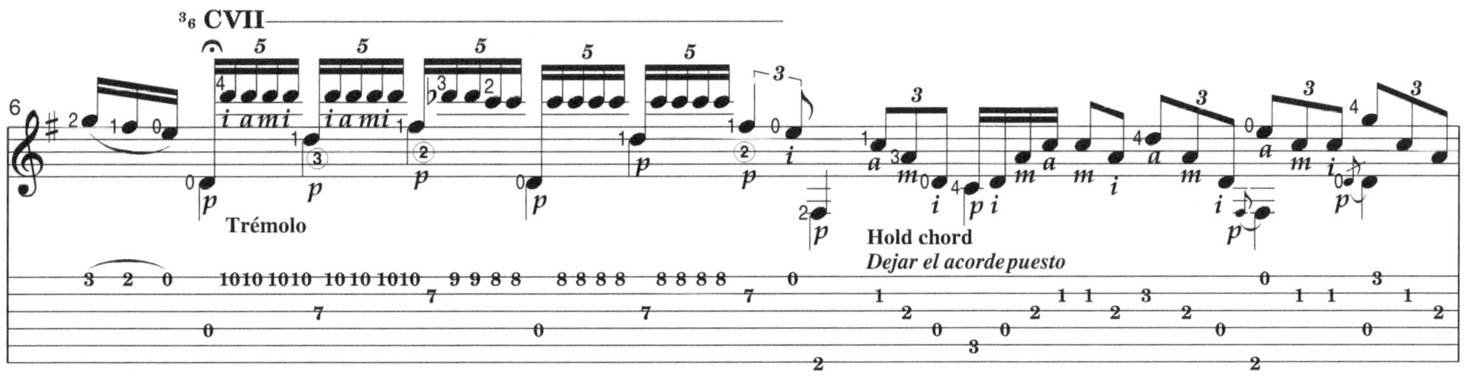
CVII
Trémolo
Hold chord
Dejar el acorde puesto

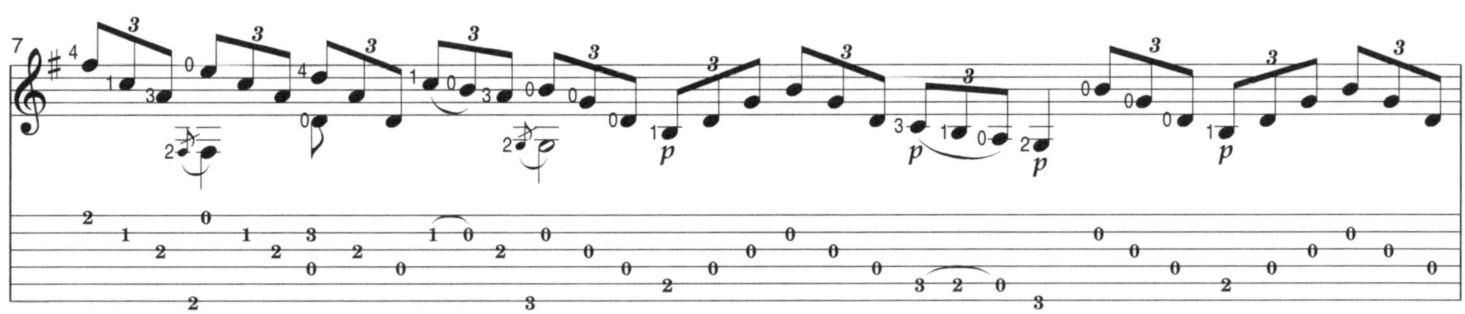

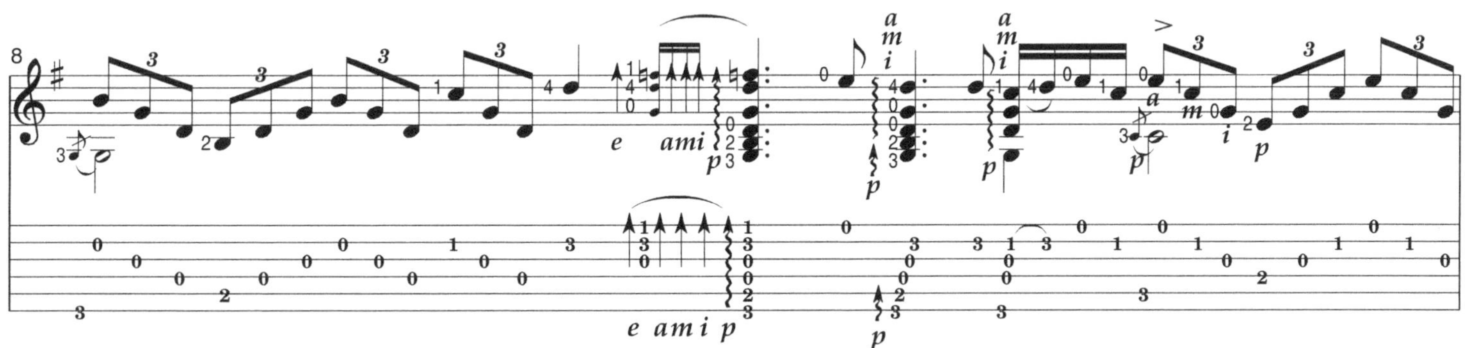

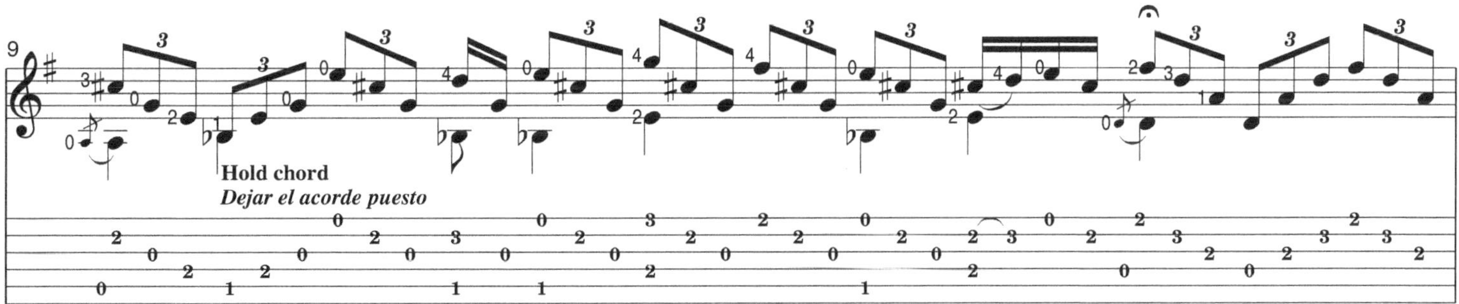
Hold chord
Dejar el acorde puesto

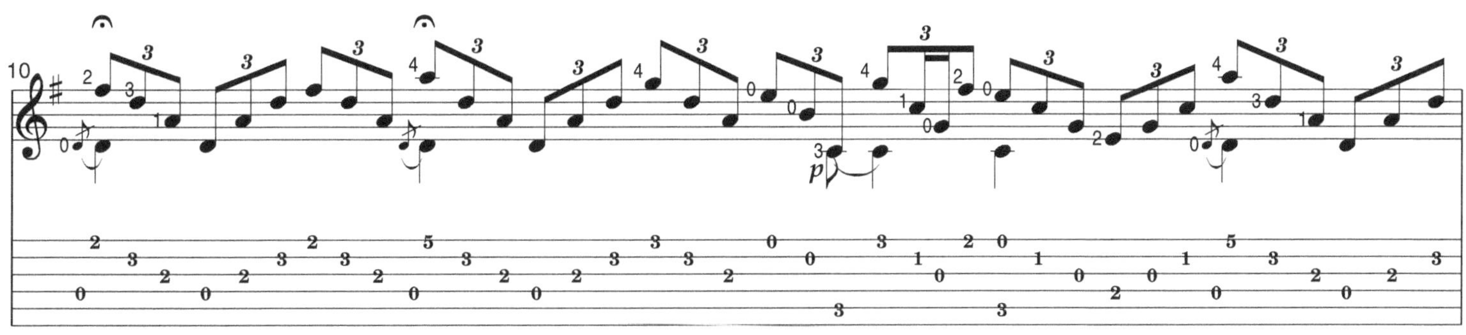

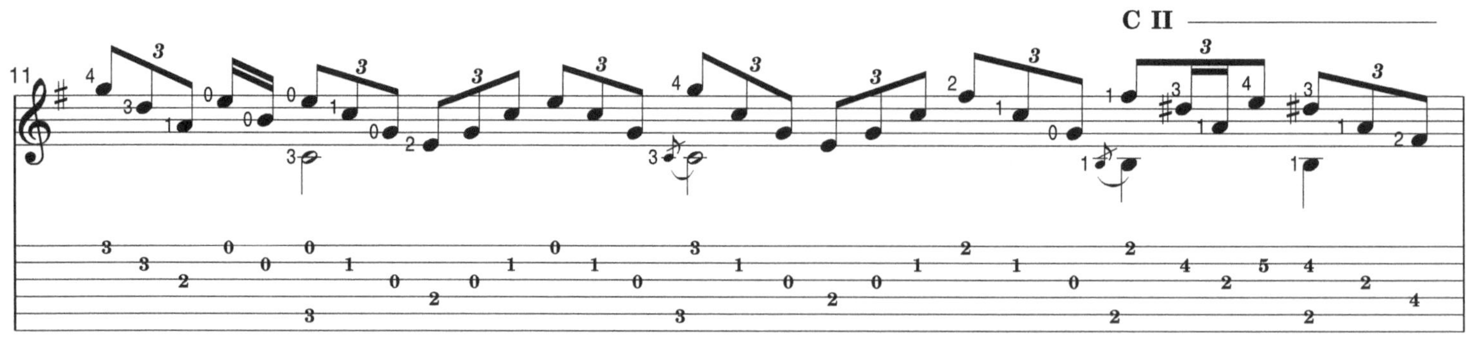
C II

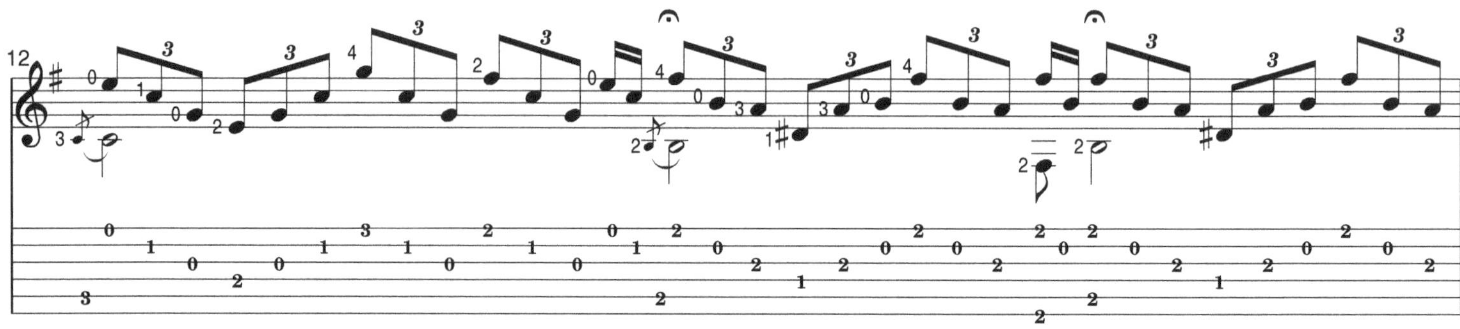

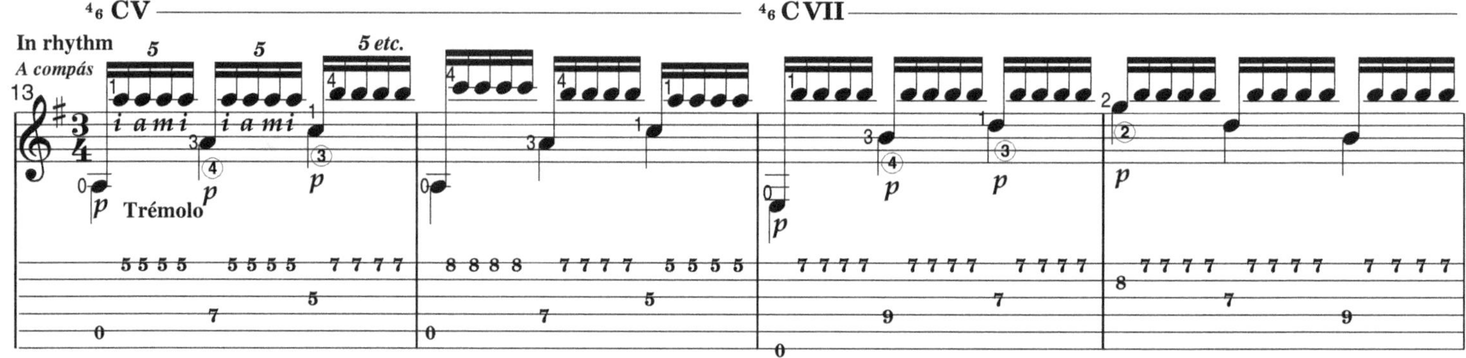
CV
CVII
In rhythm
A compás
i a mi
i a mi
5 etc.
Trémolo

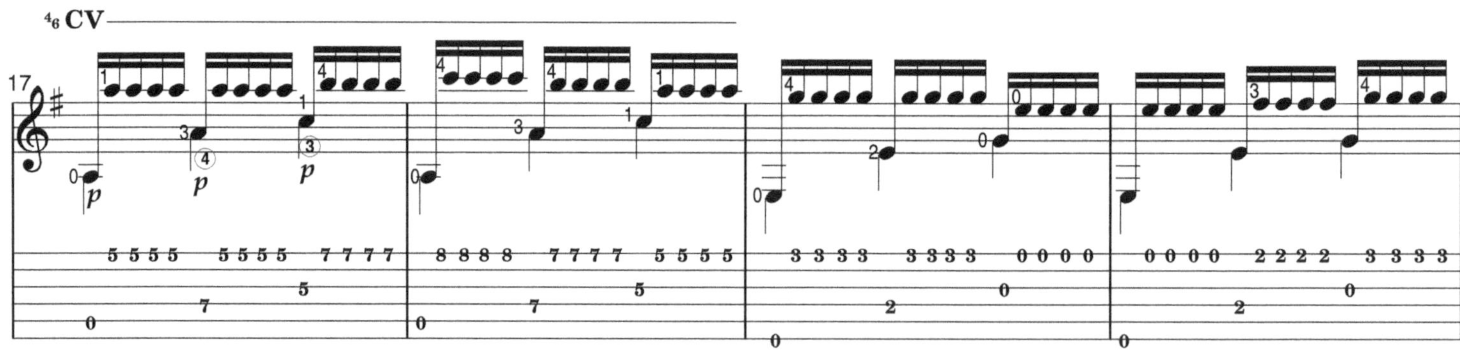
CV

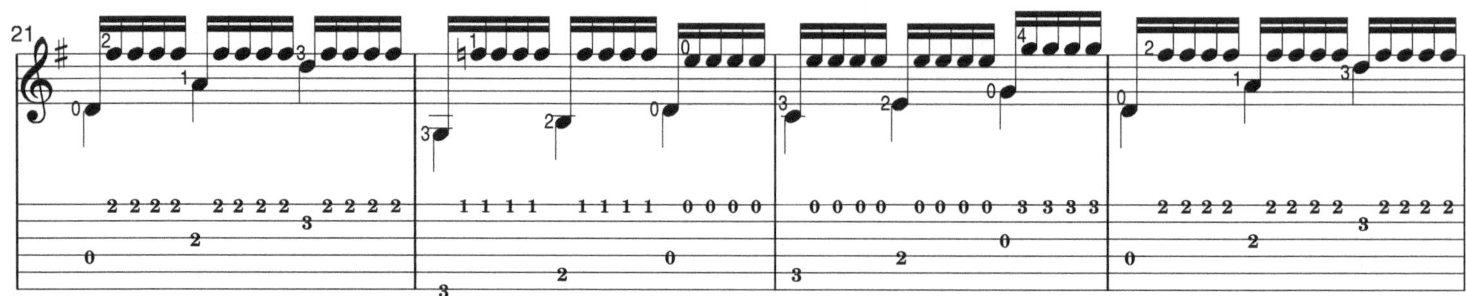

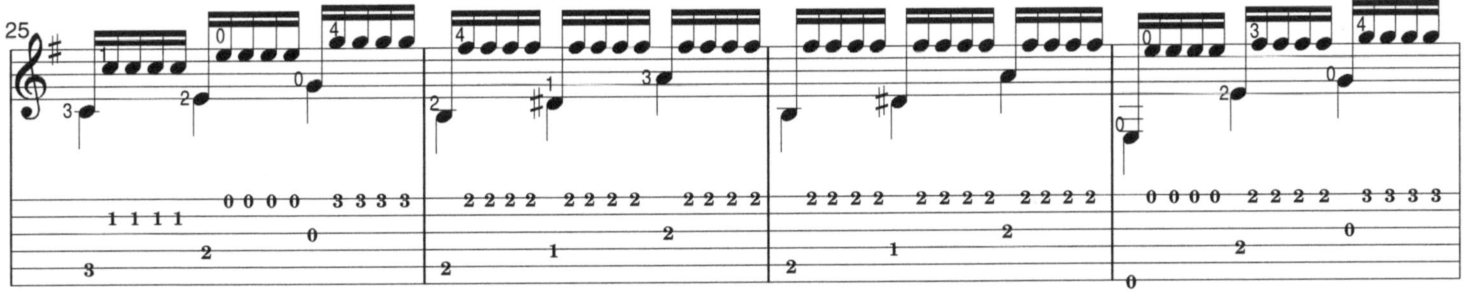
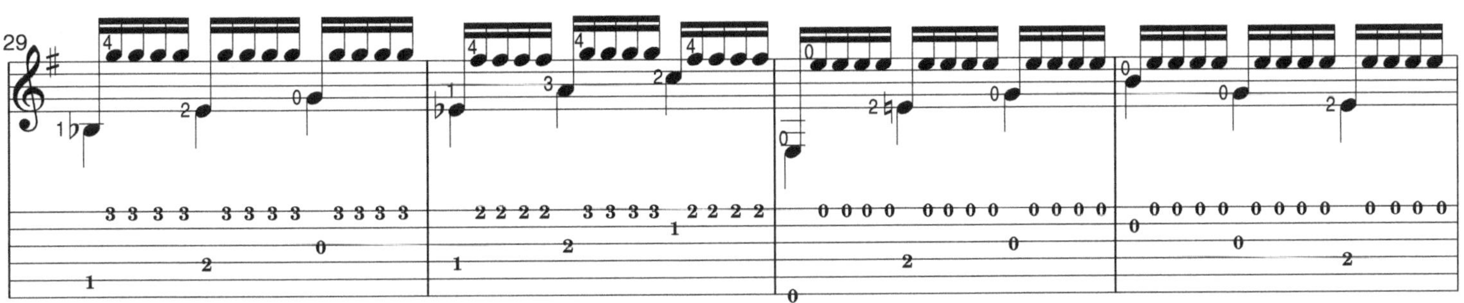
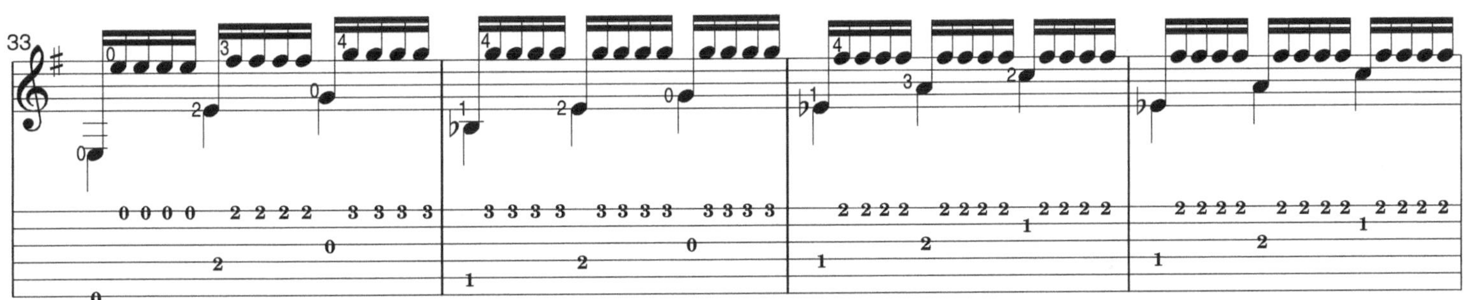
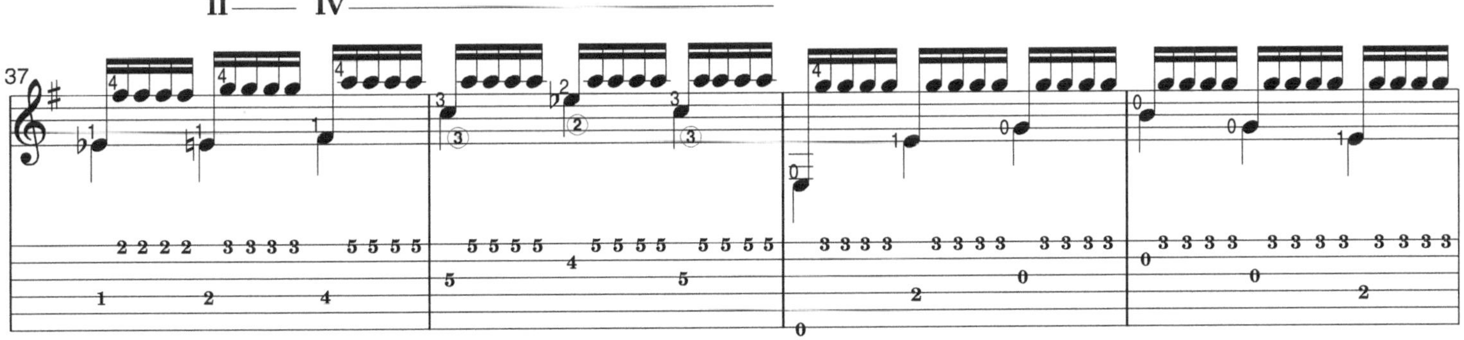
II IV
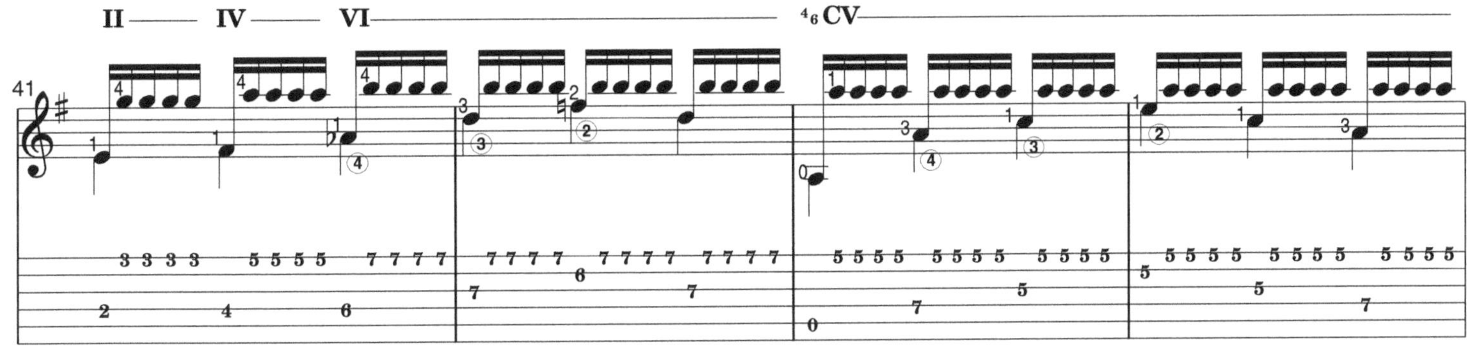
II IV VI
4 6 CV

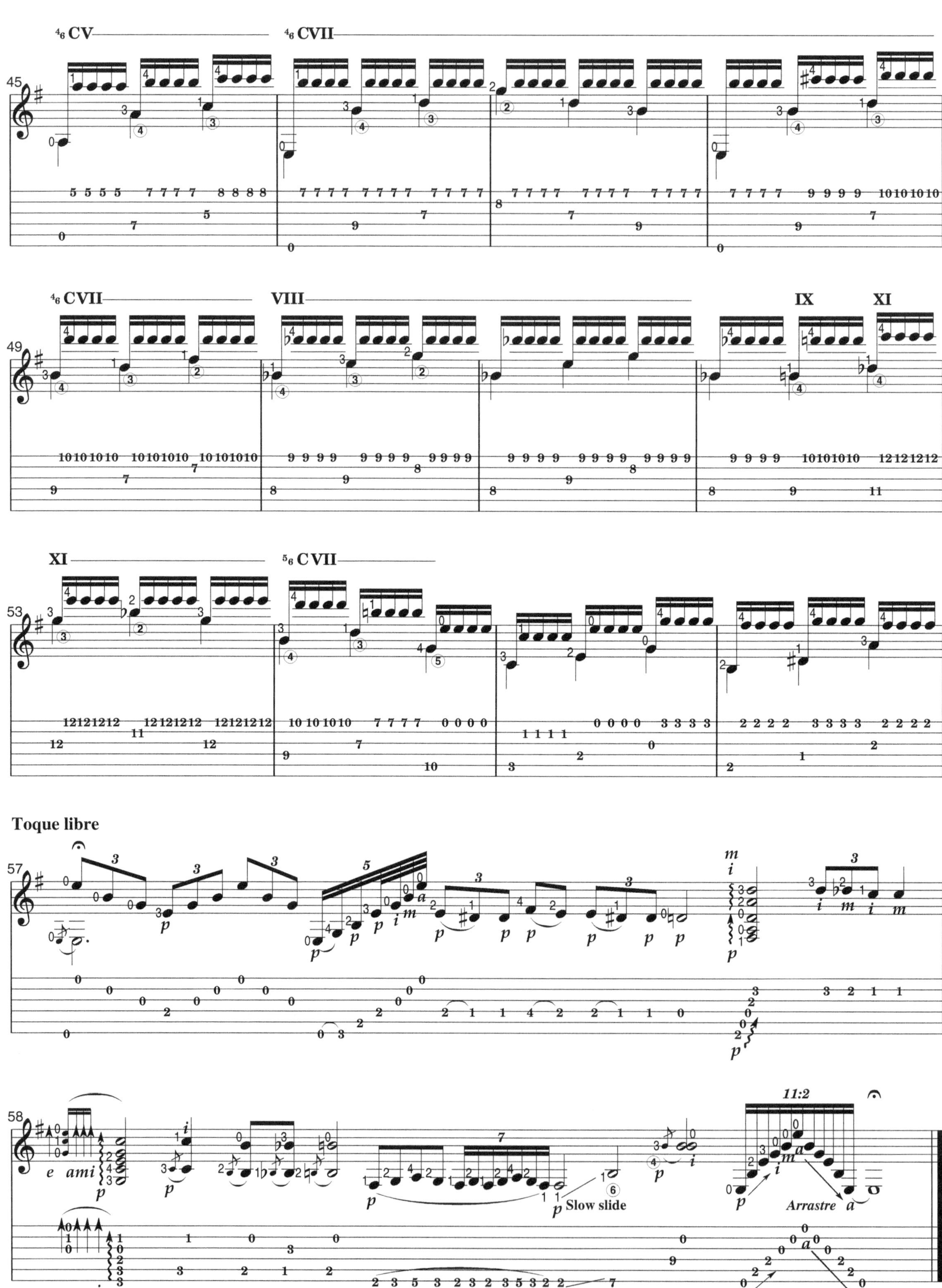
CV
CVII
VIII
IX
XI
C VII
Toque libre
Slow slide
Arrastre
11:2

Garrotín

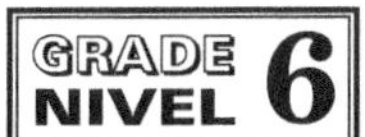

Noche de San Juan

Tune 6th to D
Sexta cuerda = Re

Sin cejilla
No capo

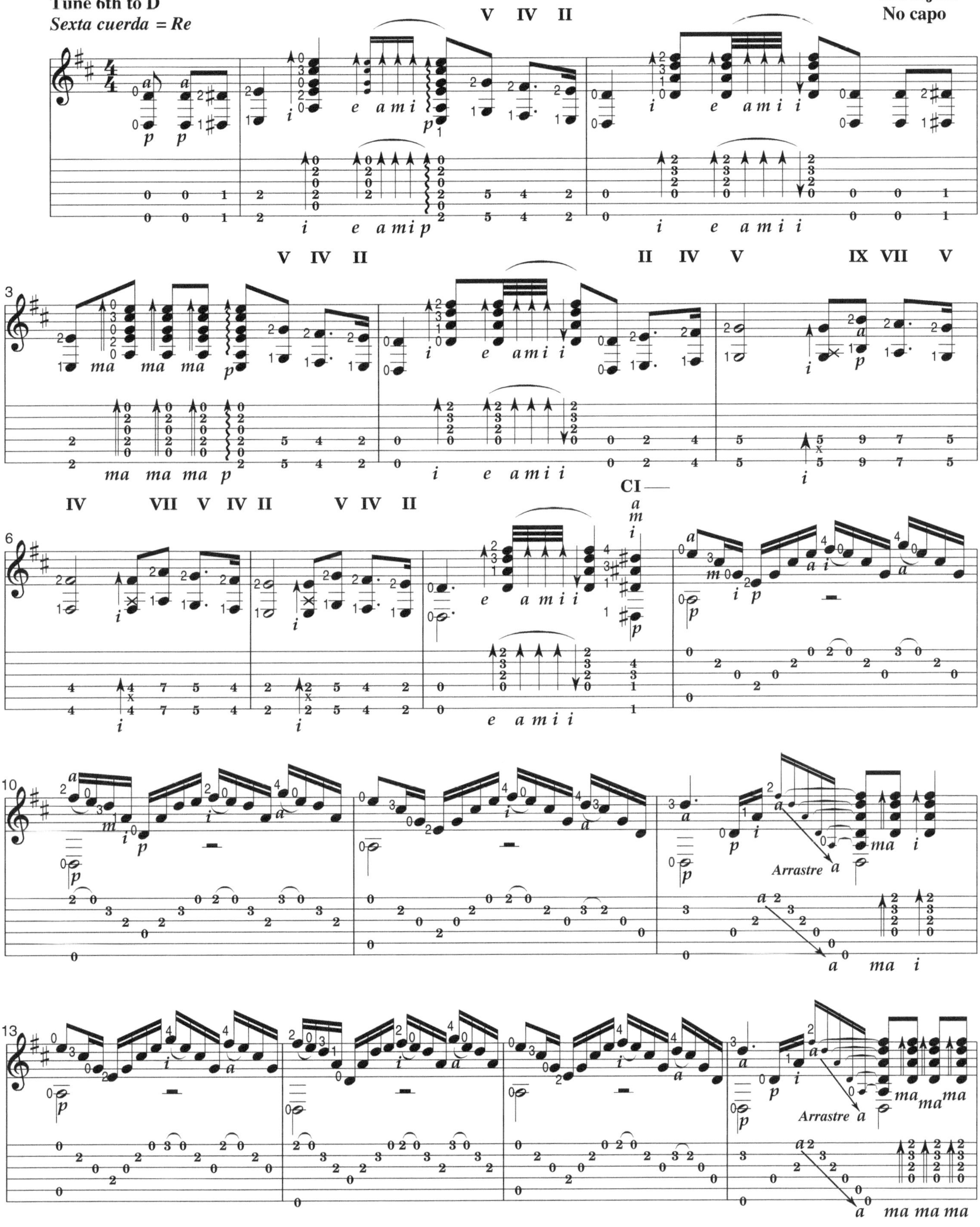

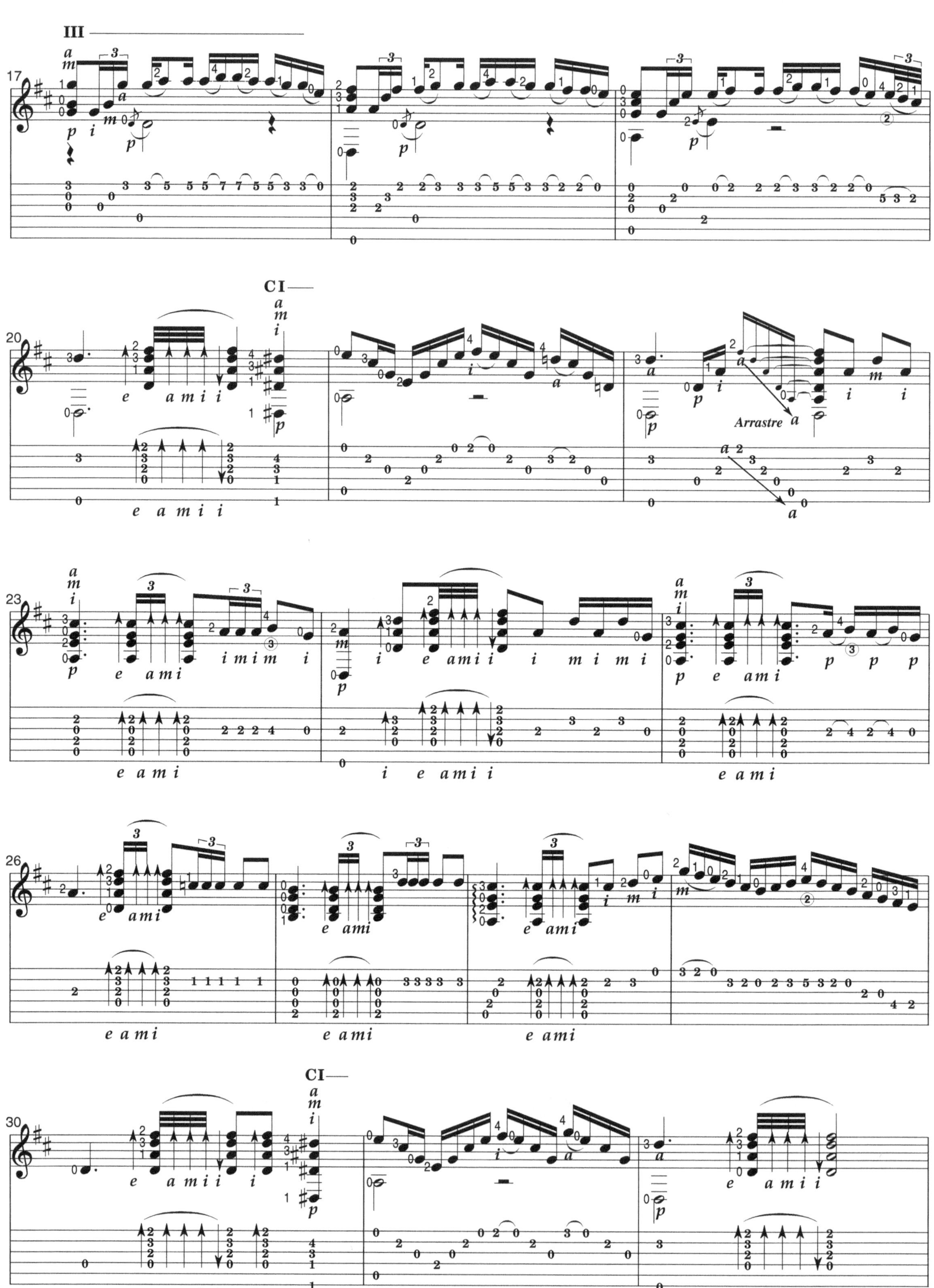

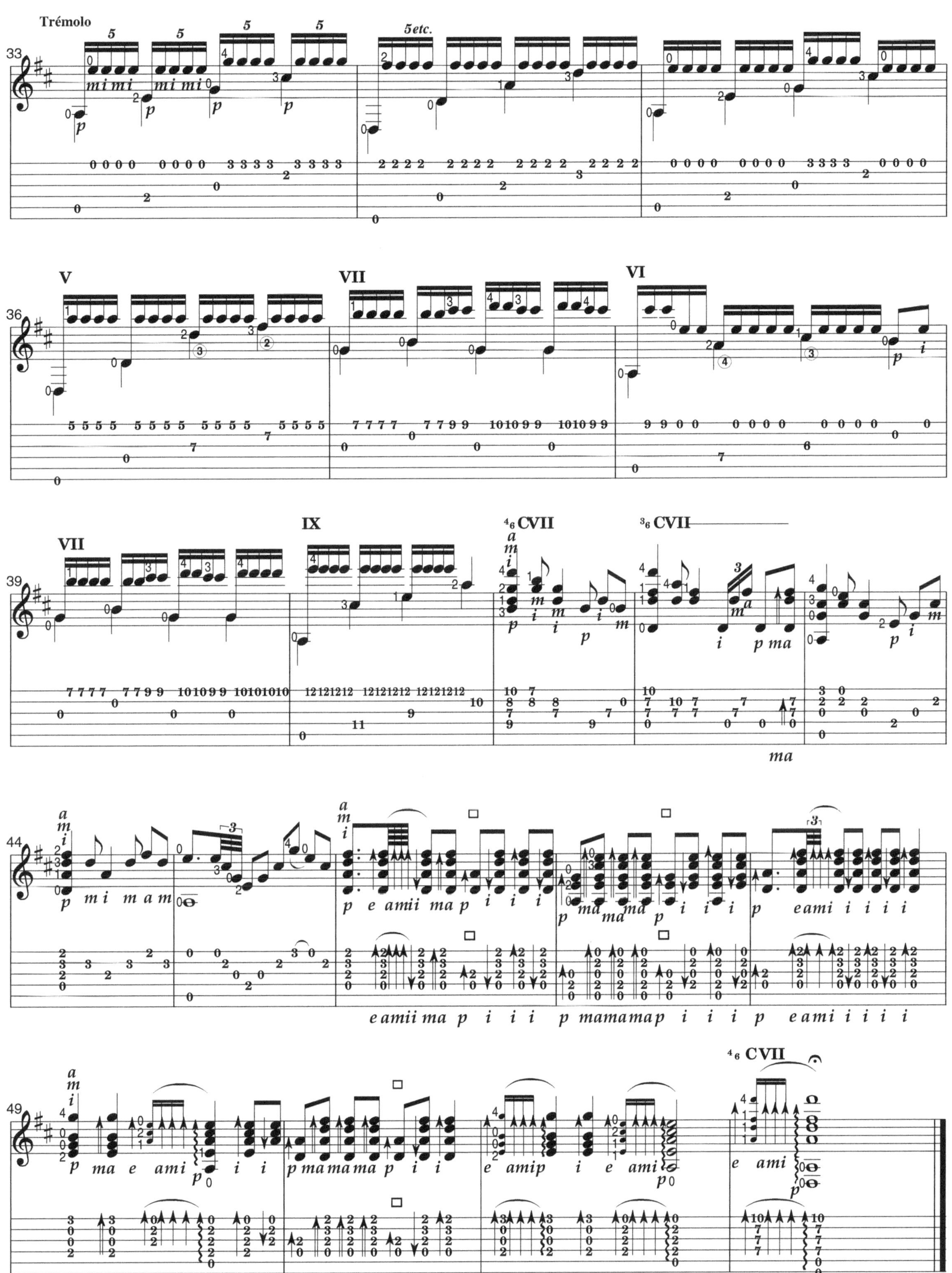
Trémolo
5etc.
V
VII
VI
VII
IX
CVII
CVII
CVII

PLAYING NOTES GRADE 7

SOLEÁ **P. 48 AUDIO TRACK 8**

The solo begins with an introduction similar to the Soleá of Grade 4, but then develops further with a sequence of original *falsetas* in both traditional and more modern style. There are further developments in the passages of *rasgueo*, with syncopated *contratiempo* and another example of the use of alternating down-strokes with ***m,a*** and up-strokes by the thumb.

SEGUIRIYA Y CABALES **P. 52 AUDIO TRACK 9**

Seguiriyas, a profound *(jondo) palo* with the characteristic alternating pattern of 3/4 and 6/8, were introduced in Grades 2 and 4. In this solo a traditional sequence of Cabales in the A major key is preceded and followed by a sequence of Seguiriyas in the Phrygian mode based on A. The Cabales are a historic form of Seguiriyas, whose origins in the Triana district of Seville are attributed to the singer Francisco Ortega Vargas, 'El Fillo', in the late 19th century. Ricardo Molina and Antonio Mairena describe him as one of the 'transcendental' figures in the history of the flamenco *cante*.

BULERÍAS DE PACO **P. 56 AUDIO TRACK 10**

'Transcendental' may be a good word, too, to describe the influence and status of Paco de Lucía in the most recent history of the flamenco guitar. Attracting a wide international audience to flamenco and advancing new levels of dexterity and harmonic invention, his playing has had a profound impact on almost everyone who enjoys and plays the flamenco guitar. This solo pays tribute with two *falsetas* based on his marvellous earlier recordings. Getting the impetus of the rhythm right is not so easy. Note how the phrases of the first *falseta* start on the 12th beat of the *compás*, while the triplet phrases of the second start on the 1st beat.

TARANTAS **P. 60 AUDIO TRACK 11**

Many players are attracted by the exciting pulsation and brilliance of the flamenco guitar, but it has other qualities, too, of beauty of sound and meditative depth of feeling. Tarantas is a *palo* which allows for a particularly wide range of expression and melody within its haunting *aire* and dissonant harmonies. These qualities are especially important in the later melodic sequence of this solo, played in regular 3/4. This requires a great delicacy of touch and accuracy to bring out its beautiful sonority. It is this, rather than just complexity or speed, that warrants the inclusion at Grade 7. Beauty of sound, which demands close attention to the touch and adequate force of impact of finger on string (and which is easily destroyed by the ubiquitous microphone crudely placed over the soundhole of the guitar), should be a lifelong quest of all guitarists.

MILONGA DEL RECUERDO **P. 65 AUDIO TRACK 12**

Another example of the palos *'de ida y vuelta'* (of going and returning) with Latin-American influences, this solo is in the key of E minor. There are similarities to the flamenco Rumba in the rhythm. Technically demanding passages include arpeggios in higher positions, rapid chromatic runs and the continuous *rasgueo* concluding the piece. The solo requires a relaxed 'swing' to the rhythm to bring out its gentle melancholy.

TANGOS **P. 70 AUDIO TRACK 13**

Examples of Tangos have already been met in Grades 0 and 1. This short solo at a faster speed than before includes the basic *rasgueo* pattern introduced at Grade 1, after a syncopated first *falseta*. The second *falseta* requires powerful playing with the thumb, and there are passages of *alzapúa* as well as a *rasgueo* passage using bridging chords, a typical feature of today's Tangos.

ZAMBRA MORA **P. 74 AUDIO TRACK 14**

The Zambra is a dance-form now particularly associated with the cave-dwelling gypsies of the Sacromonte in Granada. The Zambra Mora, however, is very much a guitar solo, and here its Moorish elements have been taken by Juan Martín to a further stage of development. With the 6th string tuned to D, the guitar is used to evoke the Moorish sounds of the Arabic lute, the 'ud (especially in the free-form *toque libre* opening of this solo), which contributed to the early development of flamenco. The solo contains original melodies and *alzapúa* (and moves from the key-signature of two flats to the one flat of the Phrygian mode based on A and of D minor), as well as more traditional sequences, in a steady 2/4 rhythm after the initial introduction. The solo concludes with a sequence of continuous *rasgueo*.

NOTAS SOBRE EL TOQUE NIVEL 7

SOLEÁ **P. 48 AUDIO TEMA 8**

El solo empieza con una introducción similar a la Soleá del nivel 4, pero luego se desarrolla más con una secuencia de falsetas originales de estilos tradicionales y modernos. Hay más desarrollos en los pasajes de rasgueo, con contratiempos y otro ejemplo del uso de notas hacia abajo por ***m,a*** juntos alternando con notas hacia arriba del pulgar.

SEGUIRIYA Y CABALES **P. 52 AUDIO TEMA 9**

Seguiriyas, un palo profundo y 'jondo' con el compás característico de 3 por 4 y 6 por 8 alternando, se introdujeron en los niveles 2 y 4. En este solo hay dos secuencias de Seguiriyas en el modo frigio. Una precede a, y otra sigue, una secuencia tradicional de Cabales en el tono de **la** mayor. Los Cabales son una forma histórica de Seguiriyas; sus orígenes en el barrio de Triana, Sevilla, se atribuyen al cantaor Francisco Ortega Vargas, 'El Fillo', a finales del siglo XIX. Ricardo Molina y Antonio Mairena le describen como uno de los personajes 'transcendentales' en la historia del cante flamenco.

BULERÍAS DE PACO **P. 56 AUDIO TEMA 10**

'Transcendental' puede ser, también, una palabra apropiada para describir la influencia y la talla de Paco de Lucía durante la historia más reciente de la guitarra flamenca. Atrayendo a un público amplio e internacional para el flamenco y avanzando nuevos niveles de destreza e invención armónica, su toque ha tenido un impacto profundo en casi todos los que disfrutan de, o tocan, la guitarra flamenca. Este solo le rinde homenaje con dos falsetas basadas en sus primeras grabaciones maravillosas. No es muy fácil conseguir el ímpetu correcto del ritmo. Notar como las frases de la primera falseta empiezan en el golpe 12 del compás, mientras las frases en tresillos de la segunda falseta empiezan en el golpe 1.

TARANTAS **P. 60 AUDIO TEMA 11**

Muchos tocaores son atraídos por la pulsación emocionante y la brillantez de la guitarra flamenca, pero tiene otras cualidades también, de belleza de sonido y de profundidad meditativa de emoción. La Taranta es un palo que permite un registro especialmente amplio de sentimiento y melodía dentro de su 'aire' evocador y sus armonías disonantes. Estas cualidades son particularmente importantes en la secuencia melódica al final de este solo, tocada a compás regular de 3 por 4. El toque aquí debe ser muy delicado y exacto para sacar su sonoridad tan preciosa. Es ésto, y no sólo lo complejo o la velocidad, que justifica la inclusión del solo en el nivel 7. La belleza de sonido, que requiere que el tocaor se fije al tacto y la adecuada fuerza del impacto del dedo en la cuerda (y que se pierde tan fácilmente cuando el consabido micrófono está colocado, con falta de sensibilidad, sobre la boca de la guitarra), debe ser una búsqueda para todos guitarristas durante toda la vida.

MILONGA DEL RECUERDO **P. 65 AUDIO TEMA 12**

Otro ejemplo de los palos 'de ida y vuelta' con influencias latinoamericanas, este solo está en el tono de **mi** menor. Hay similaridades a la rumba flamenca en el ritmo. Pasajes de dificultad técnica incluyen los arpegios en los trastes más altos, escalas cromáticas rápidas y el rasgueo continuo que termina el solo. La música necesita un 'swing' relajado en el ritmo para poder sacar la suave melancolía.

TANGOS **P. 70 AUDIO TEMA 13**

Ya ha habido ejemplos de Tangos in los niveles 0 y 1. Este solo corto es más rápido que esos e incluye el compás básico de rasgueo introducido en el nivel 1, después de la primera falseta sincopada. La segunda falseta requiere una técnica fuerte del pulgar, y hay pasajes de alzapúa así como acordes de paso, una característica típica de los Tangos de hoy.

ZAMBRA MORA **P. 74 AUDIO TEMA 14**

La Zambra es un baile asociado particularmente con los gitanos de las cuevas del Sacromonte en Granada. Sin embargo la Zambra Mora es un palo ideal como solo de guitarra, y aquí sus elementos árabes han sido desarrollados por Juan Martín a un nuevo nivel. Con la sexta cuerda afinada en **re**, la guitarra puede evocar los sonidos árabes del laúd (especialmente al prinicipio en el *toque libre* de este solo), que por cierto ha contribuido al primer desarrollo del flamenco. El solo contiene melodías originales y alzapúa (y se mueve del tono de dos bemoles a un bemol del modo frigio basado en **la** y del tono de **re** menor), así como secuencias más tradicionales, en un compás regular de 2 por 4 después de la introducción inicial. El solo termina con una secuencia de rasgueo continuo.

GRADE NIVEL 7

Soleá

Capo at 2nd fret
Cejilla al dos

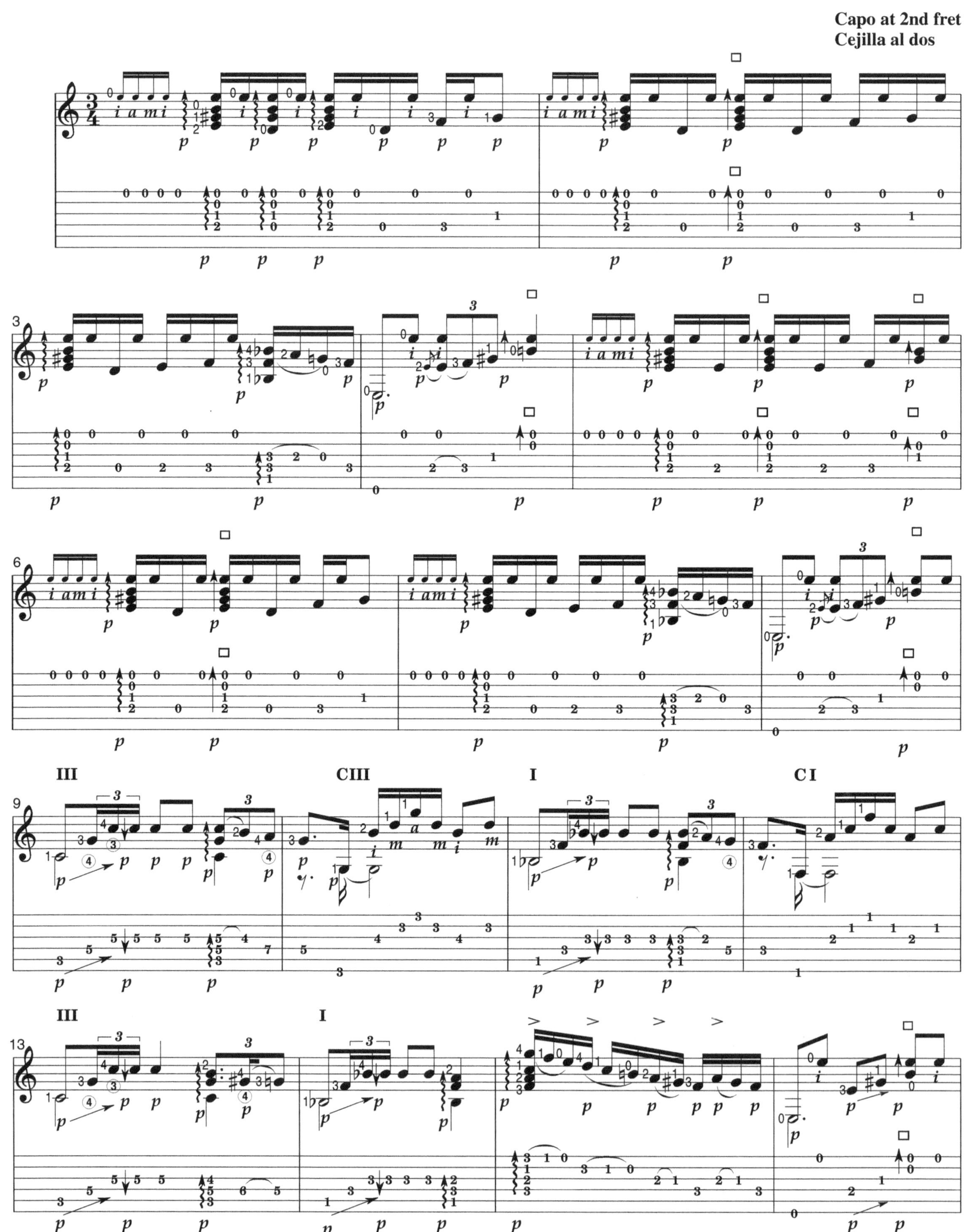

© Copyright 2004 Juan Martín Music
MCPS/PRS MUSIC ALLIANCE

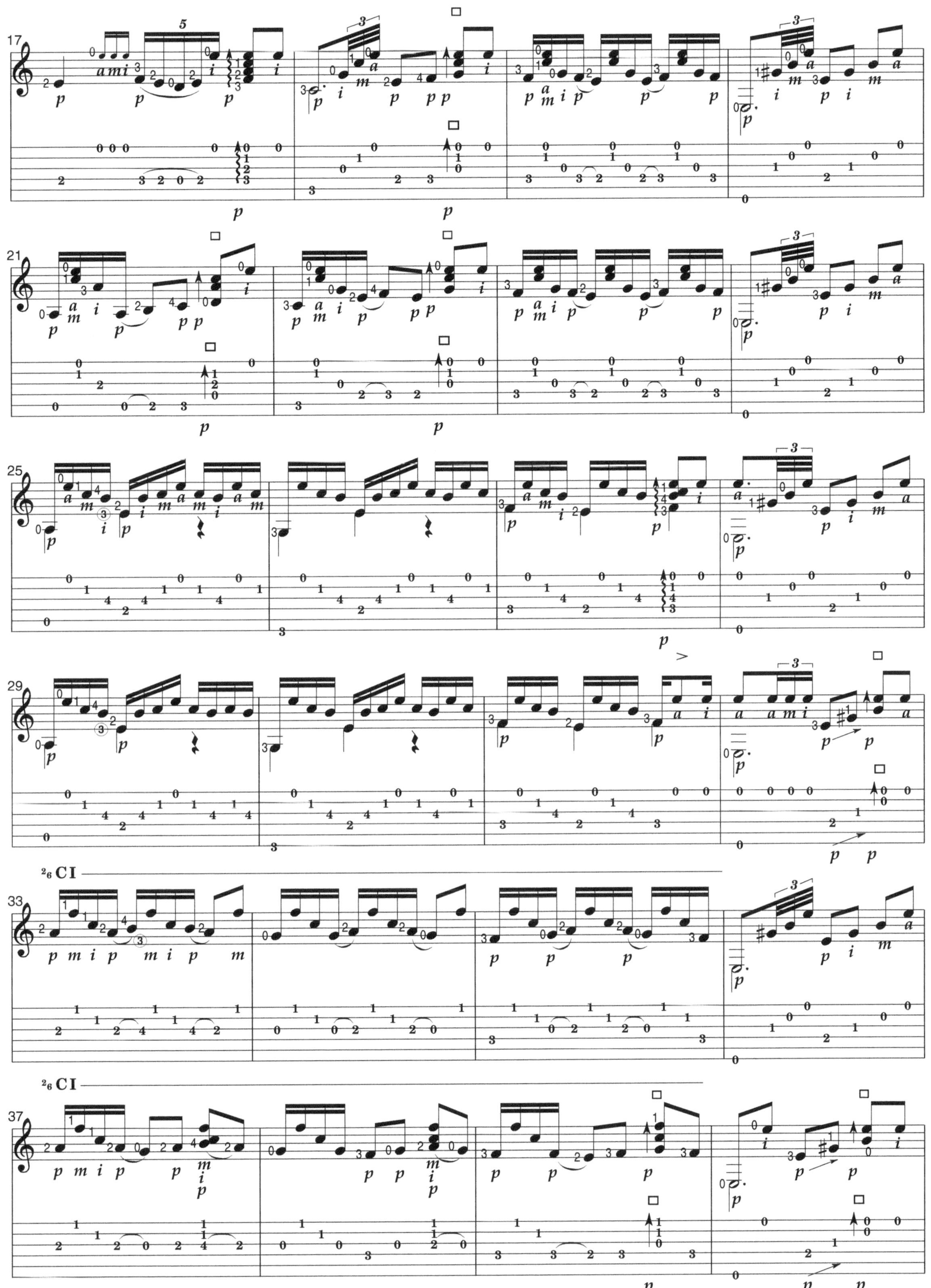

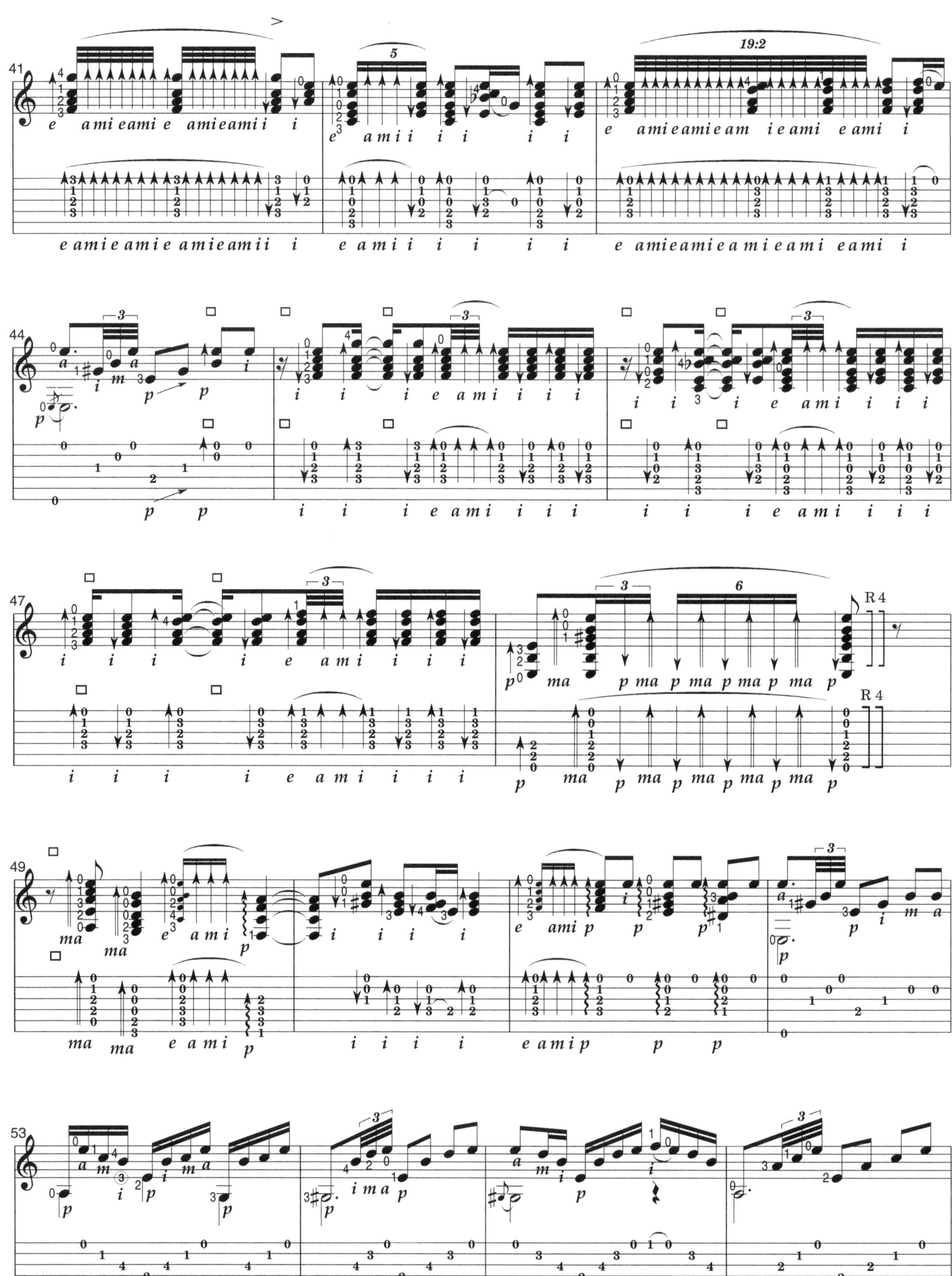

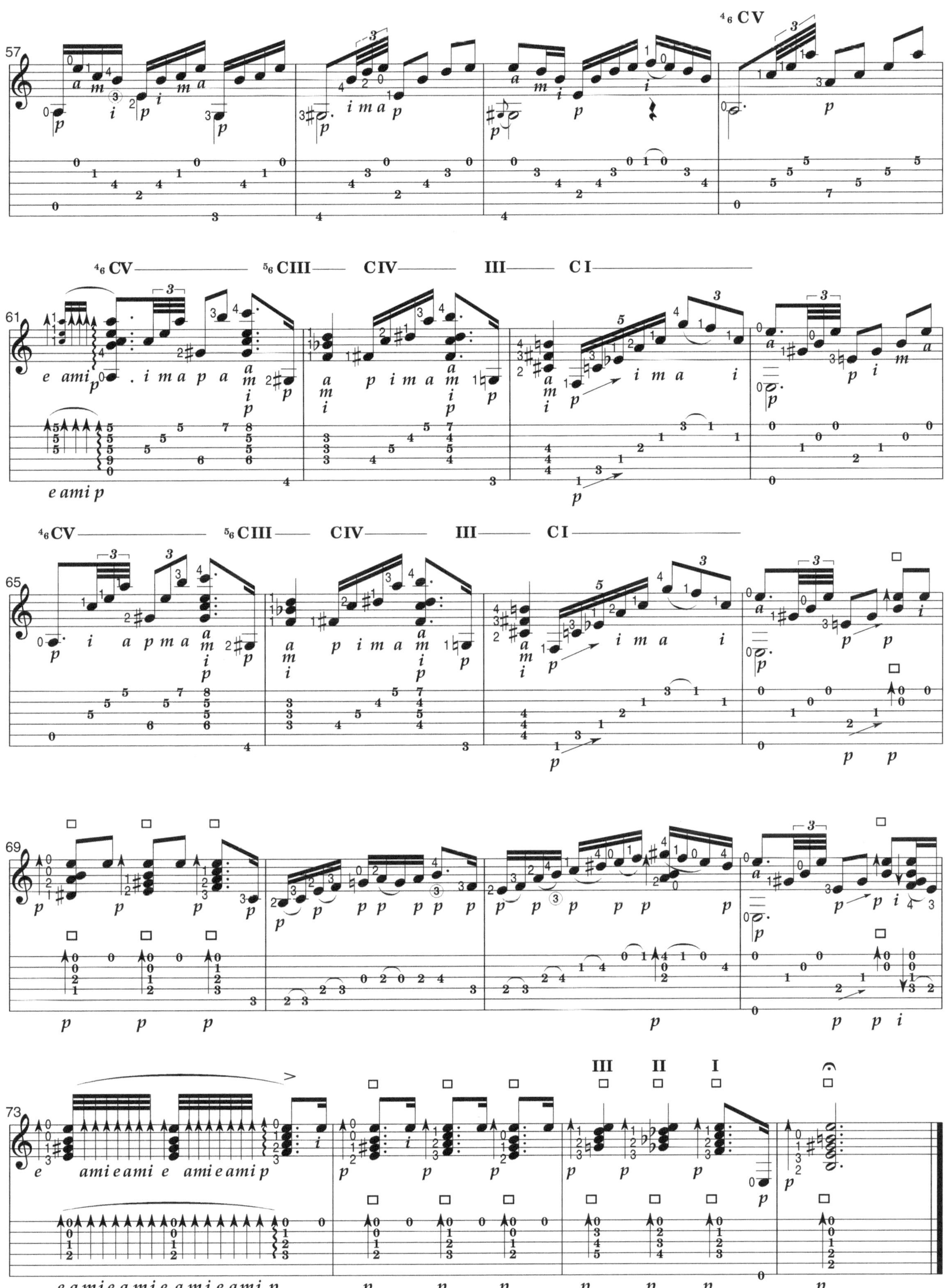
57
61
65
69
73
CV
CIII
CIV
III
CI
II
I
p i m a

Seguiriya y Cabales

Capo at 2nd fret
Cejilla al dos

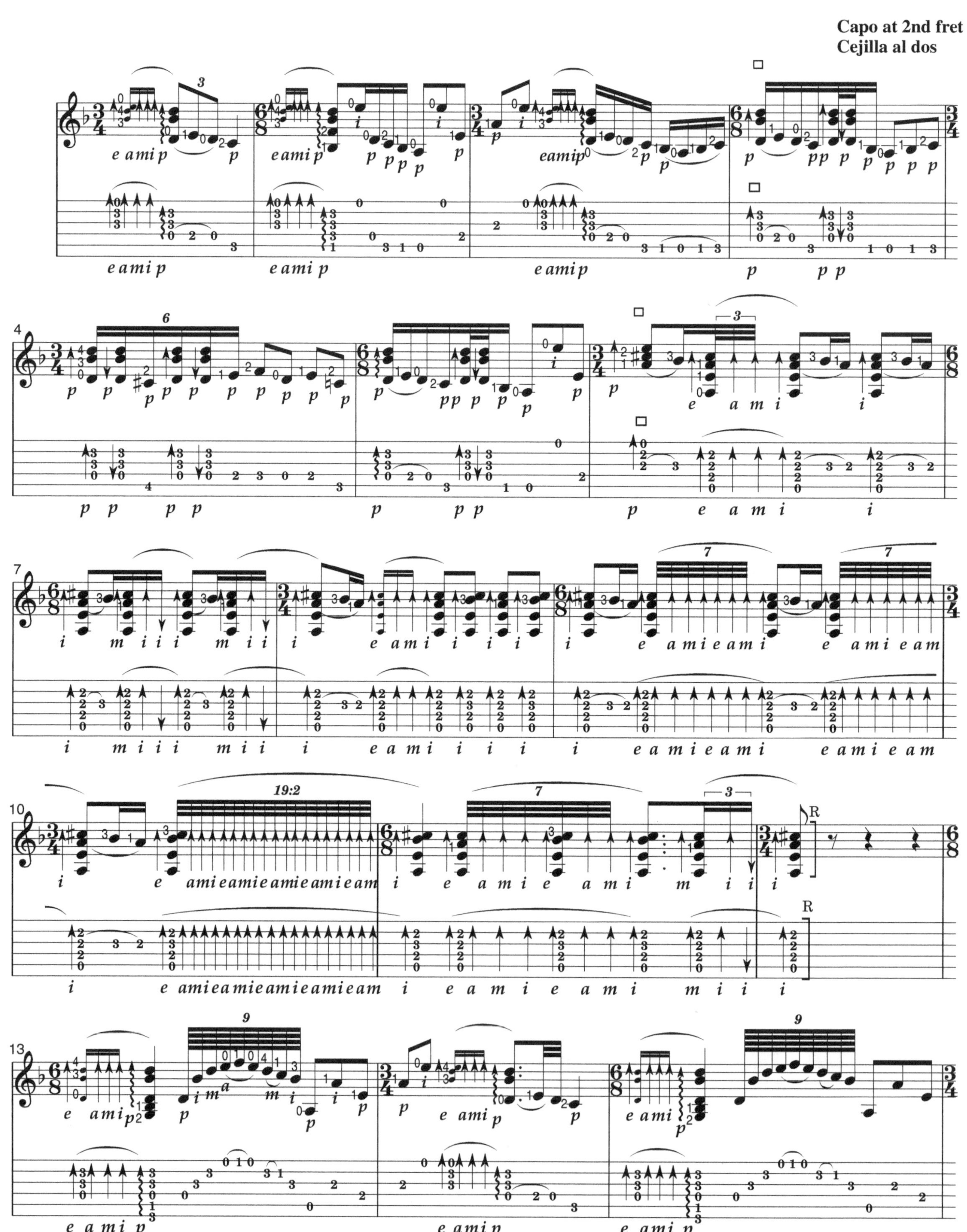

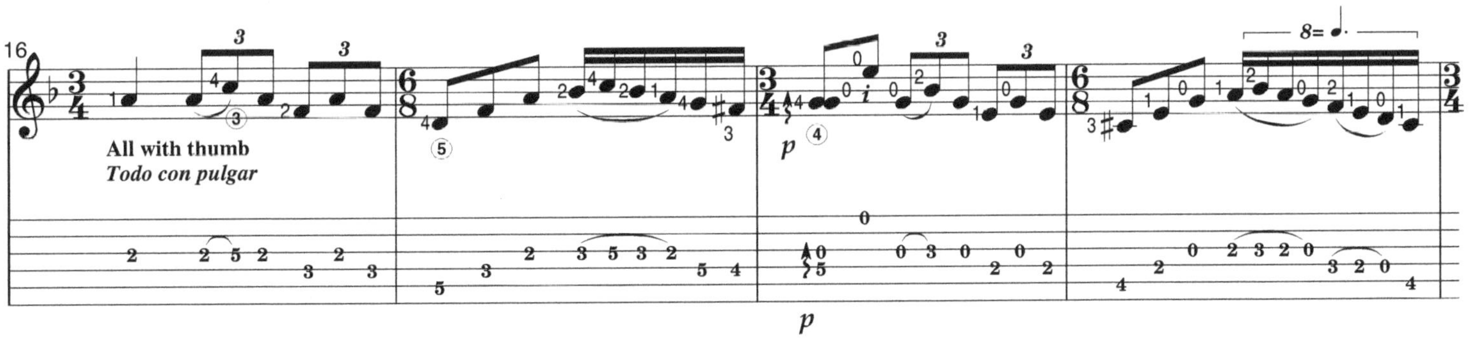
16
All with thumb
Todo con pulgar

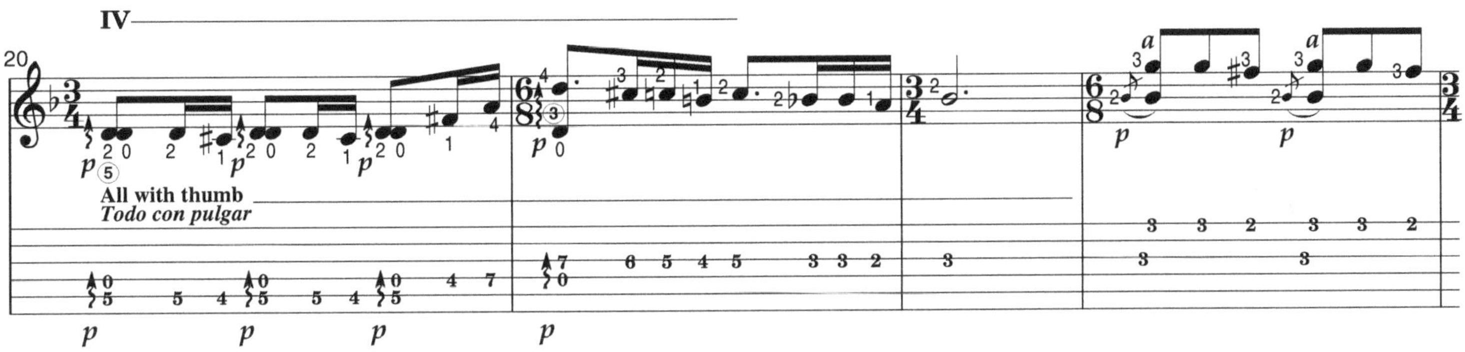
IV
20
All with thumb
Todo con pulgar

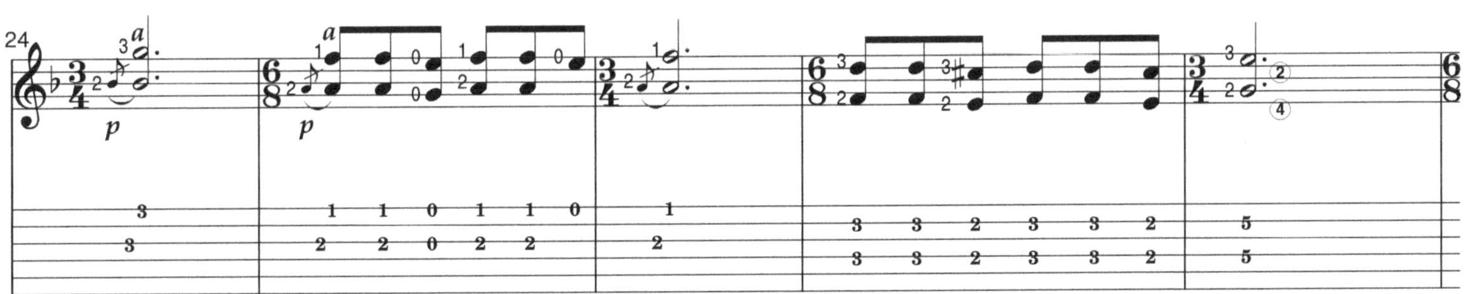
24

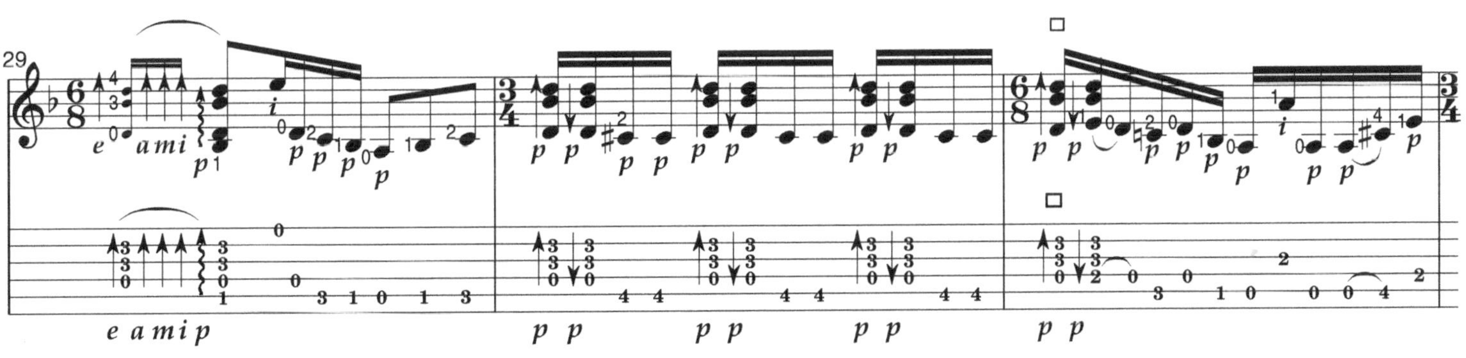
29

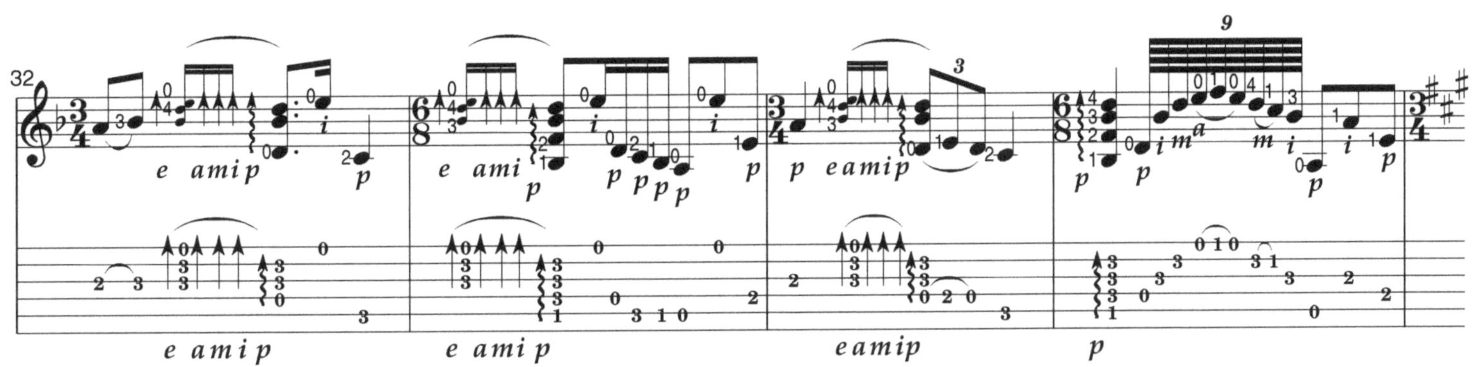
32

Cabales

All with thumb
Todo con pulgar
All with thumb
Todo con pulgar

C II

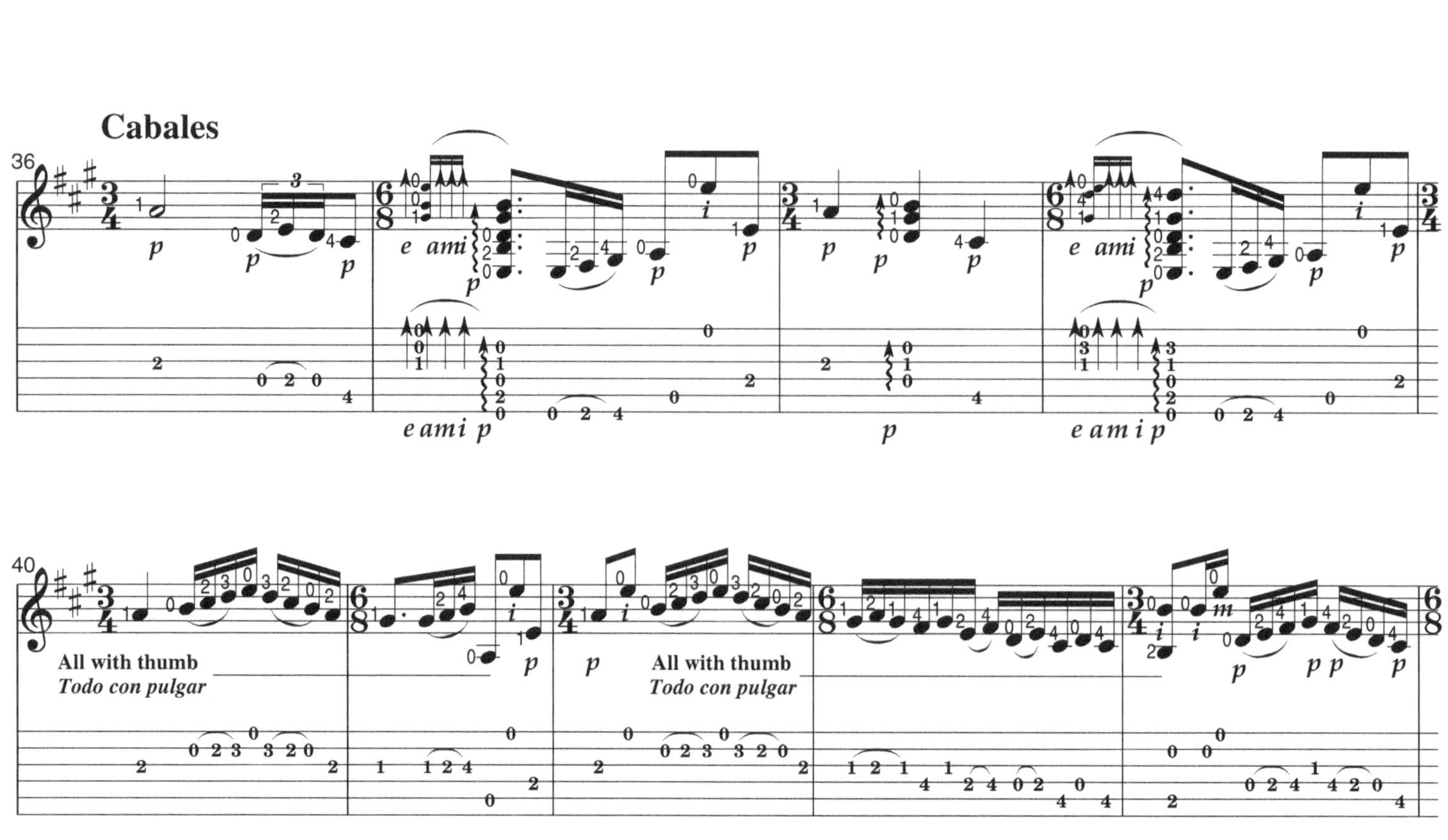

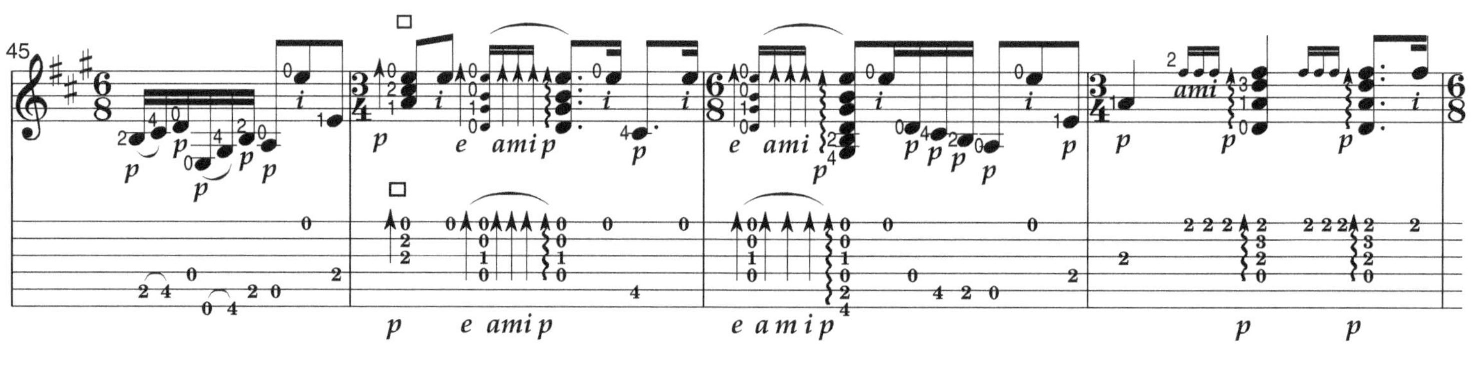

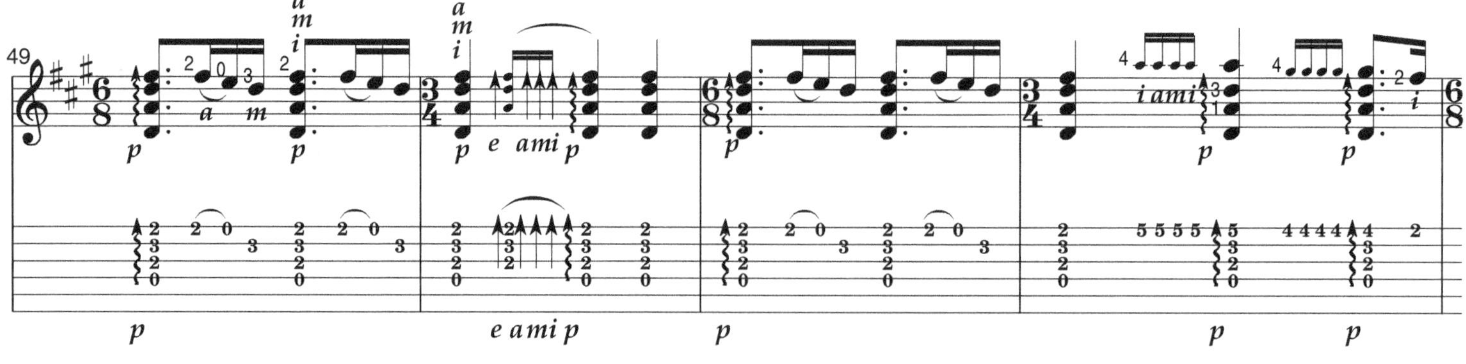

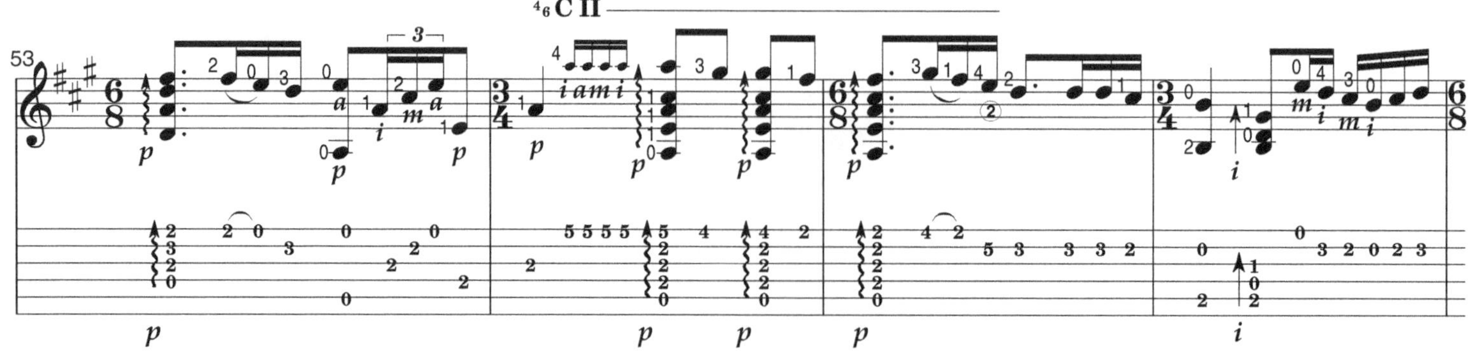

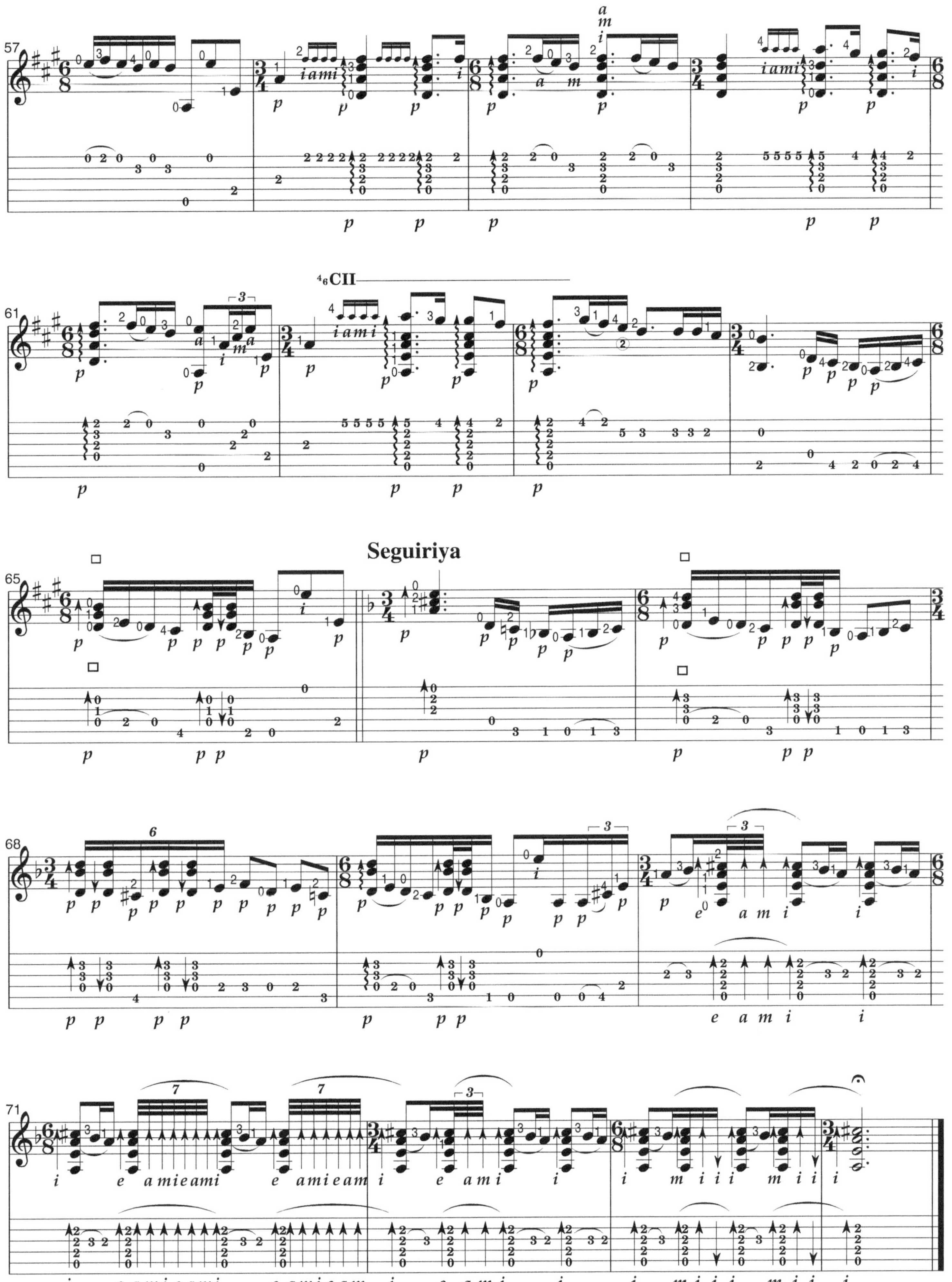
CII
Seguiriya

GRADE NIVEL 7

Bulerías

de Paco

Capo at 2nd fret
Cejilla al dos

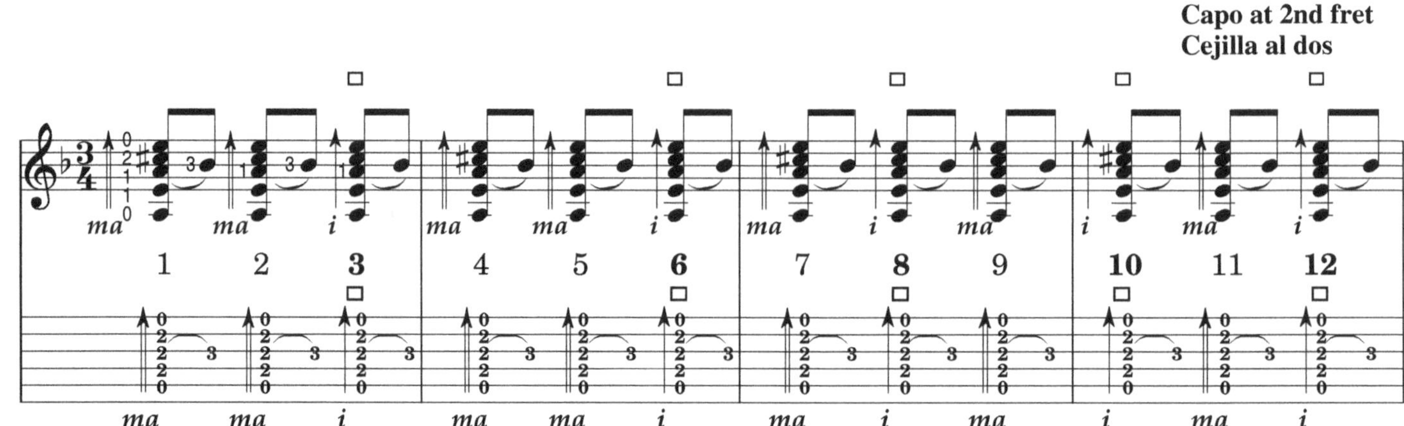

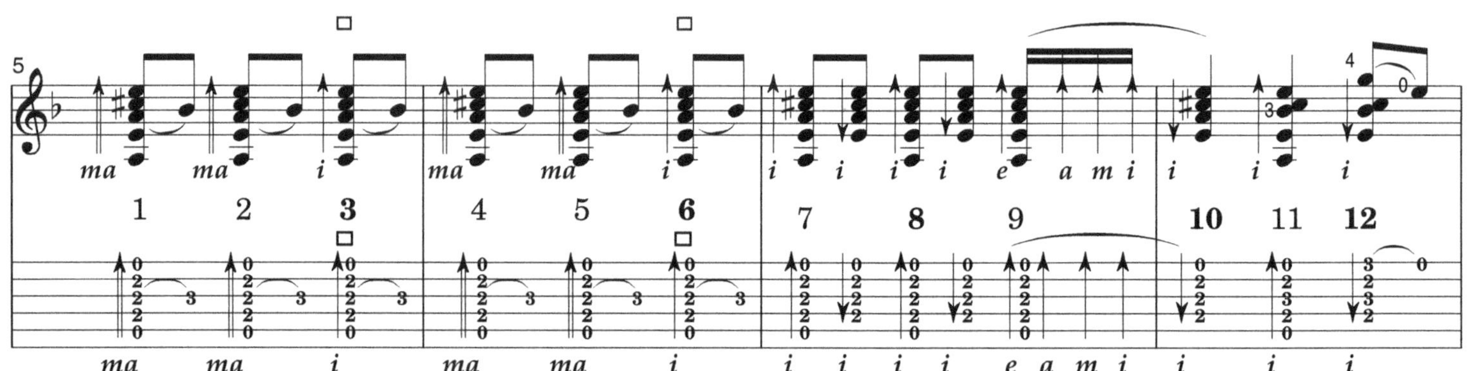

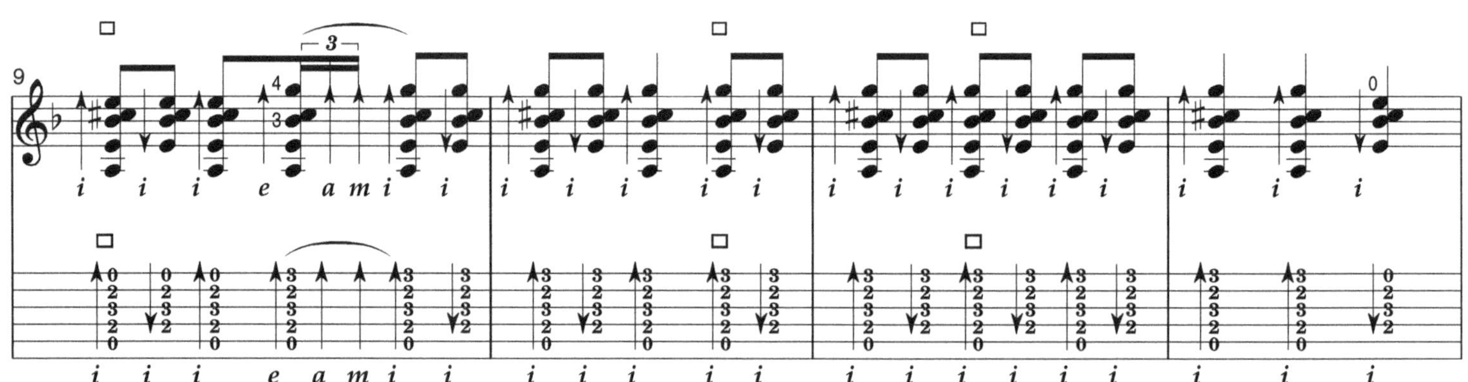

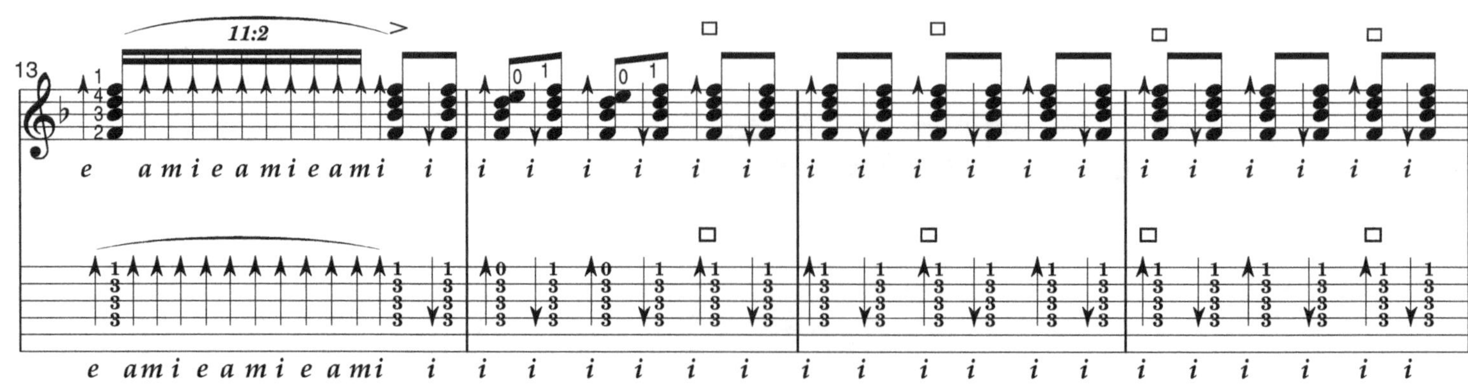

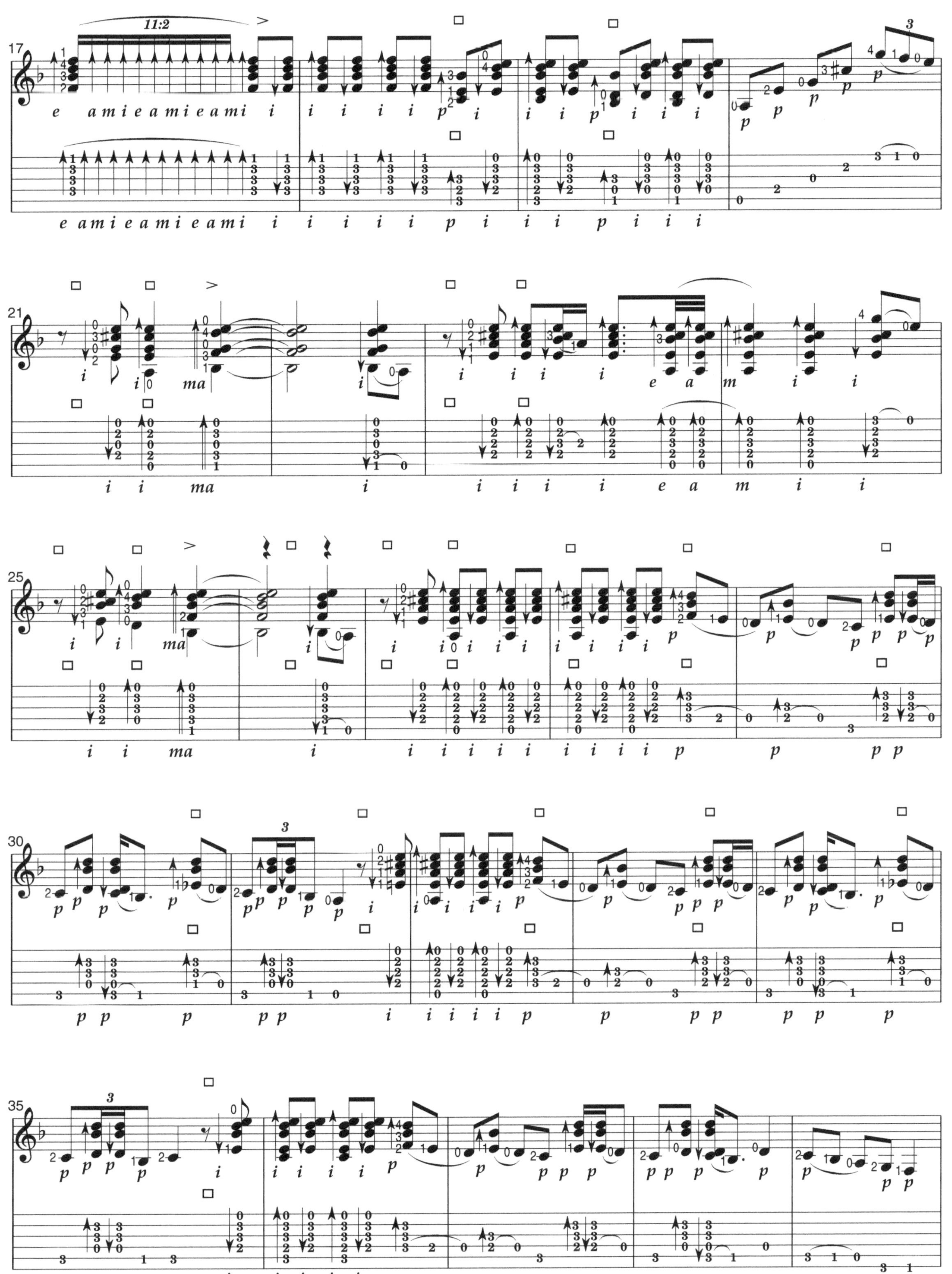

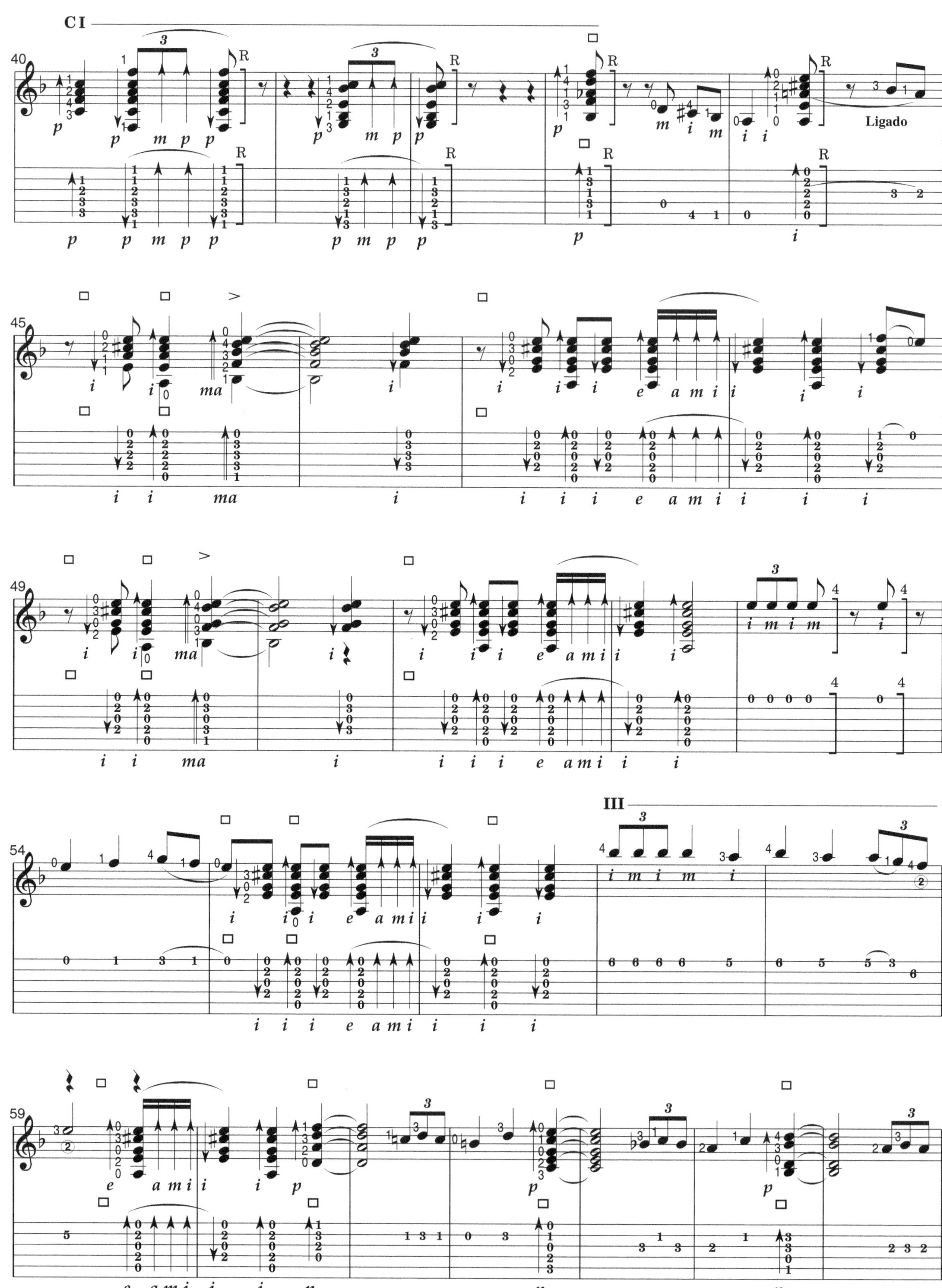
CI
R
Ligado
III

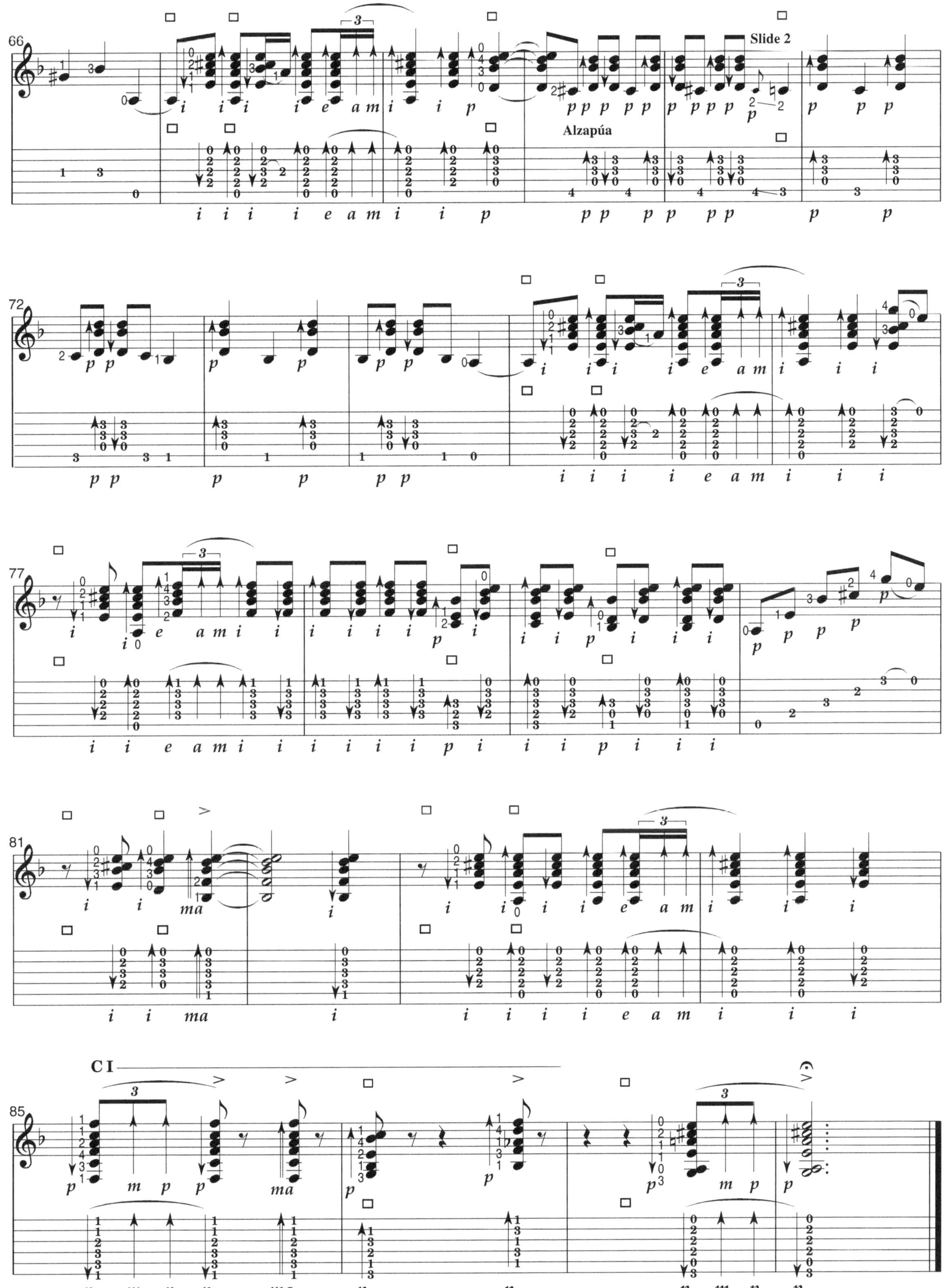

Slide 2
Alzapúa
C I

GRADE NIVEL 7

Tarantas

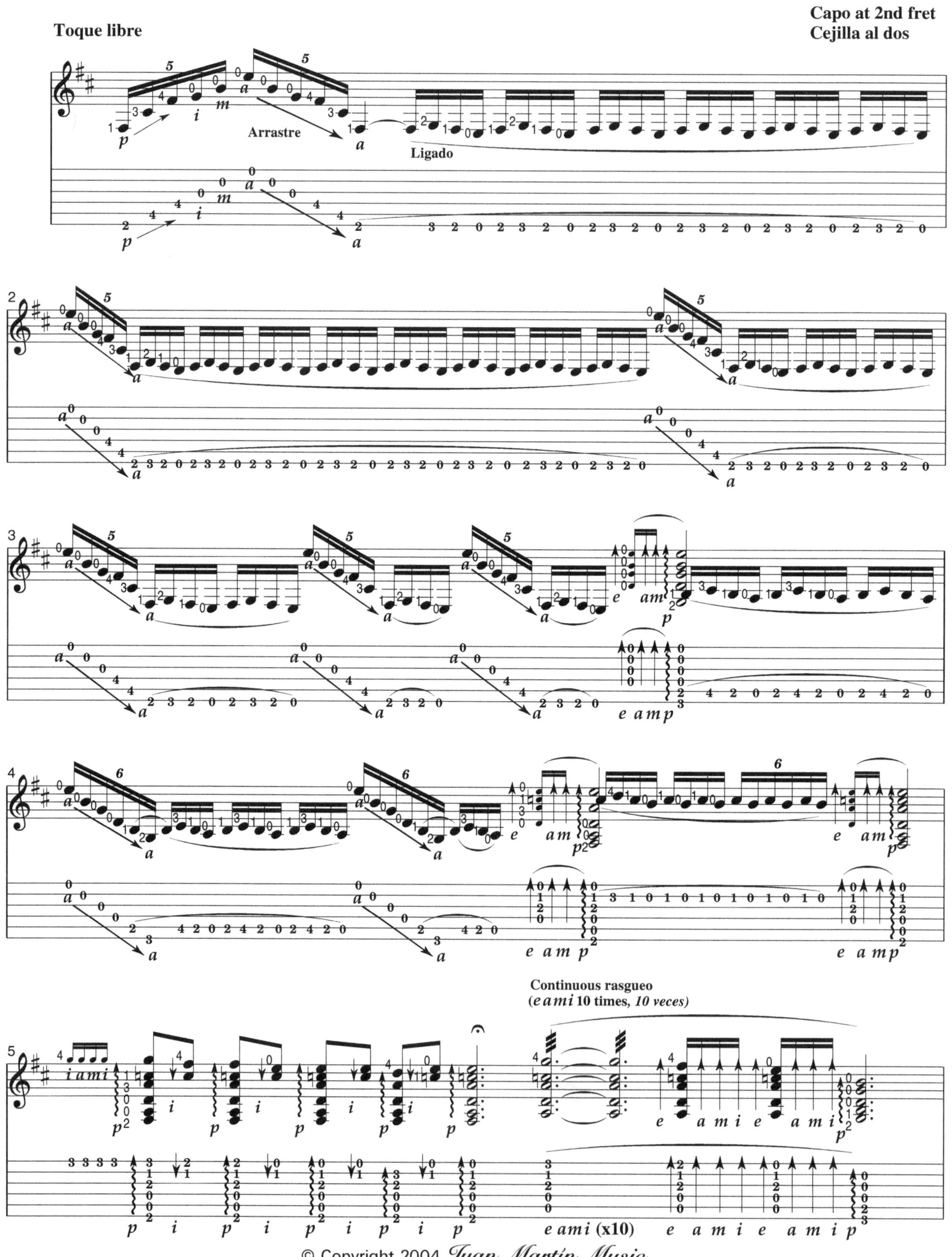

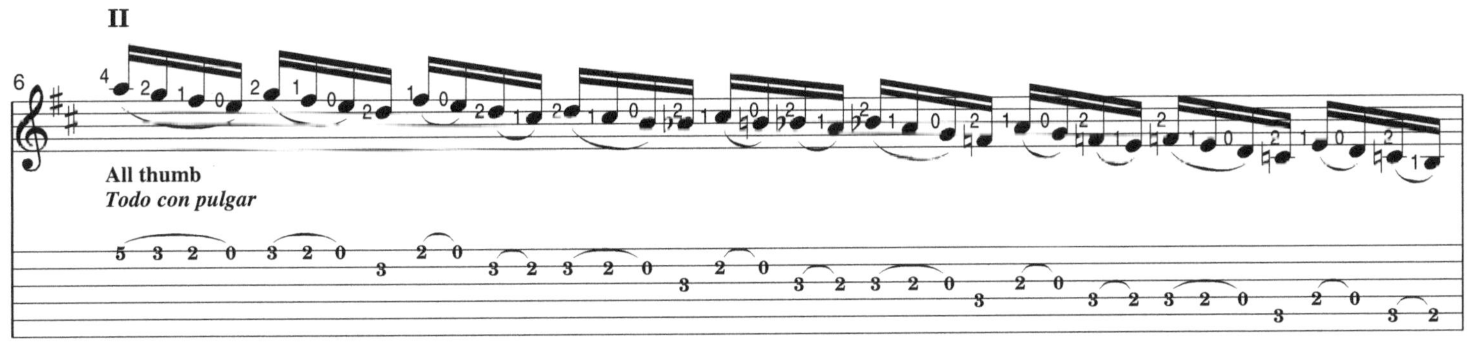
II
All thumb
Todo con pulgar

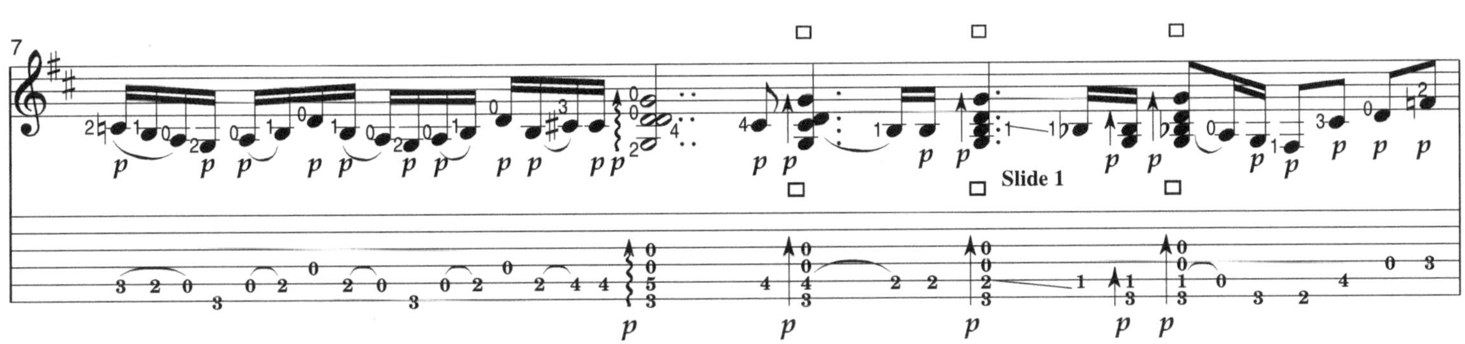
Slide 1

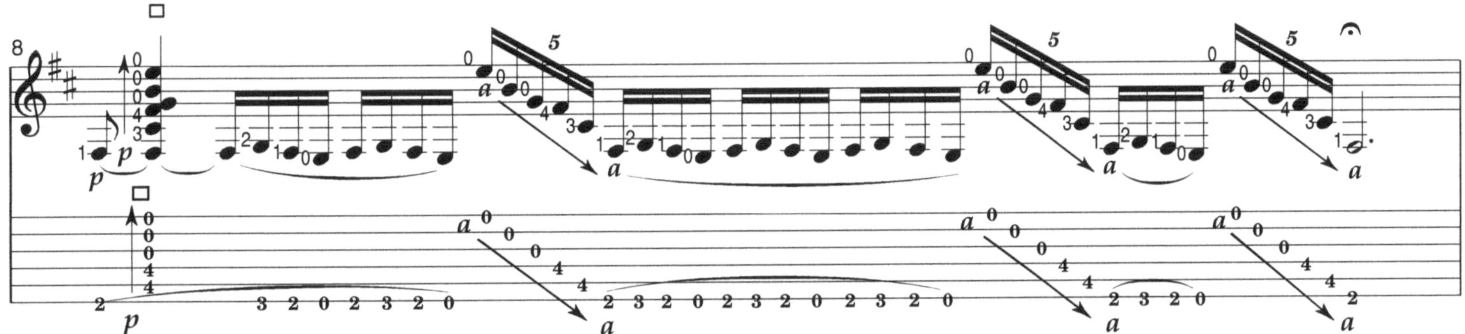

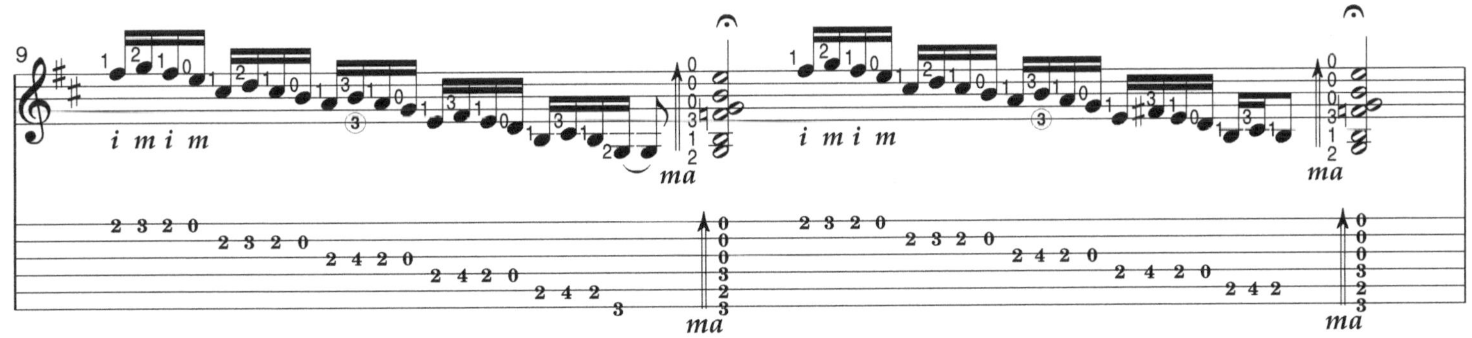

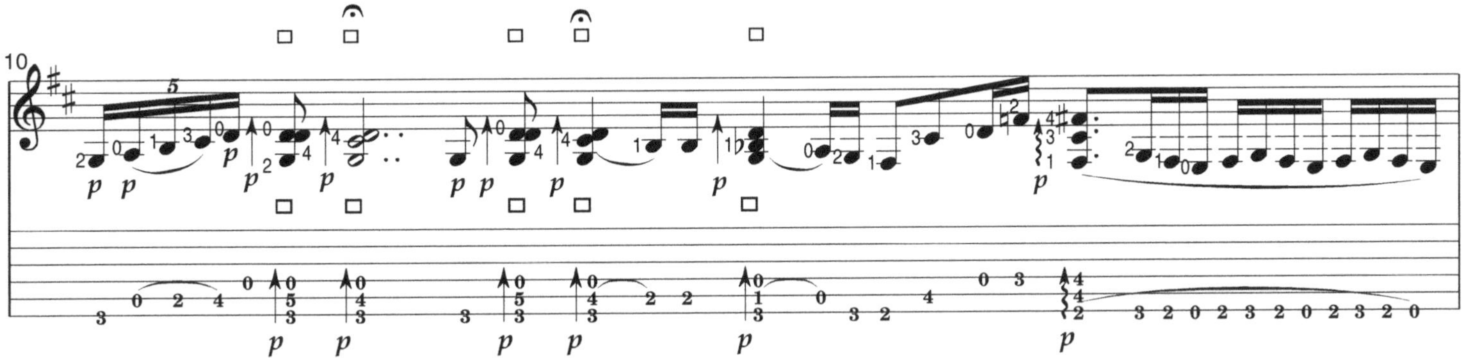

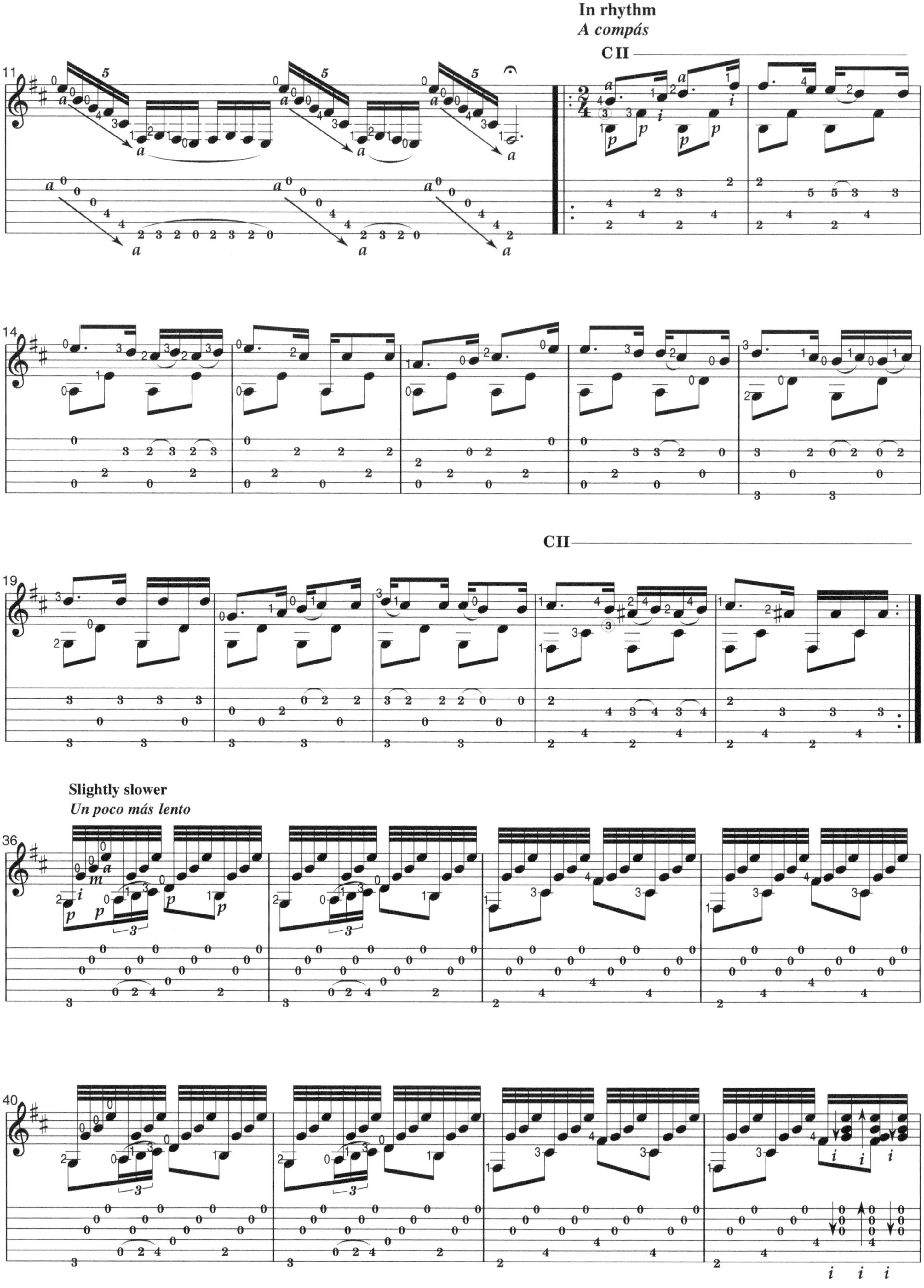

In rhythm
A compás

CII

CII

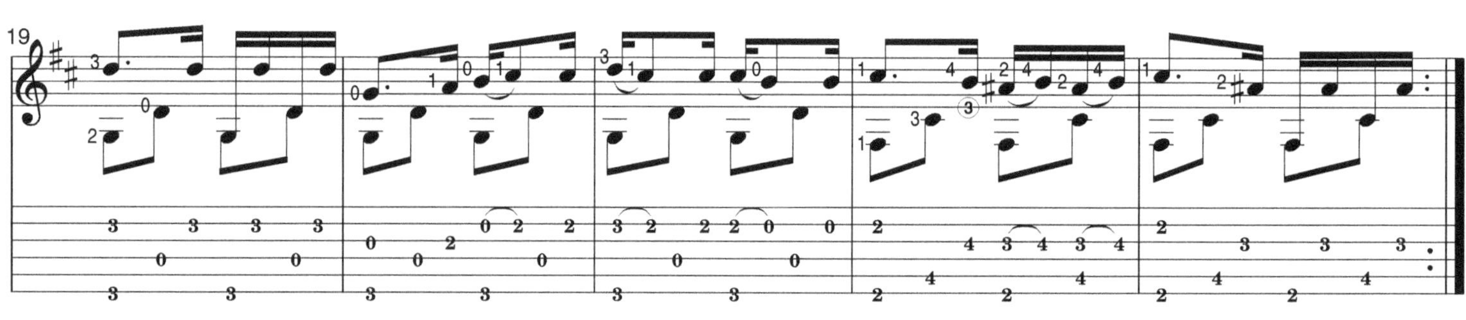

Slightly slower
Un poco más lento

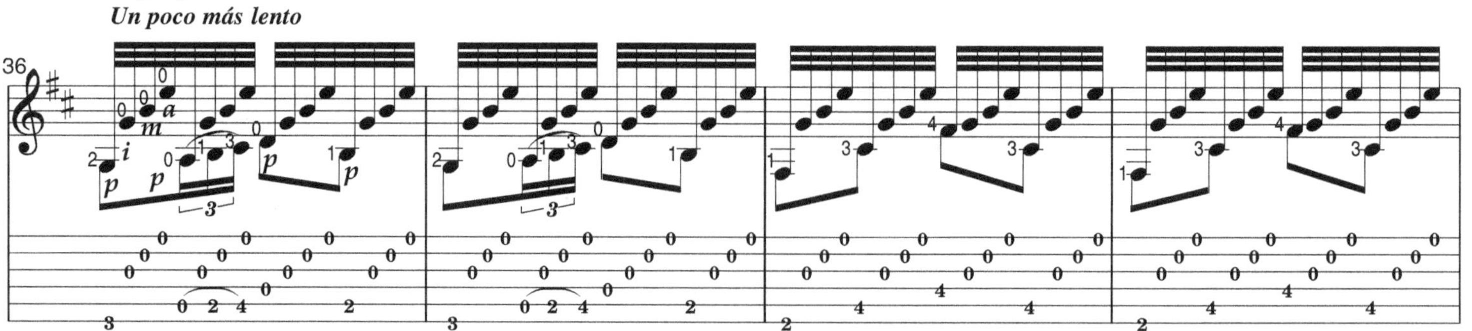

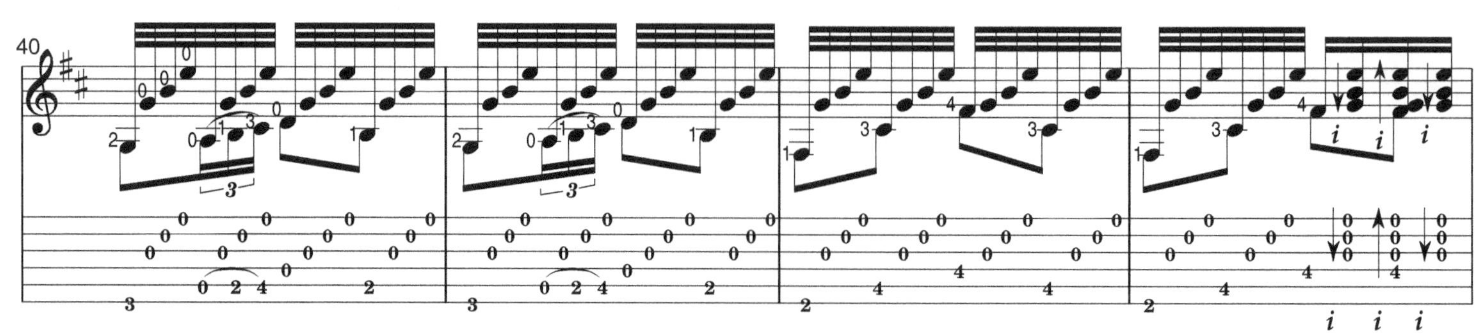

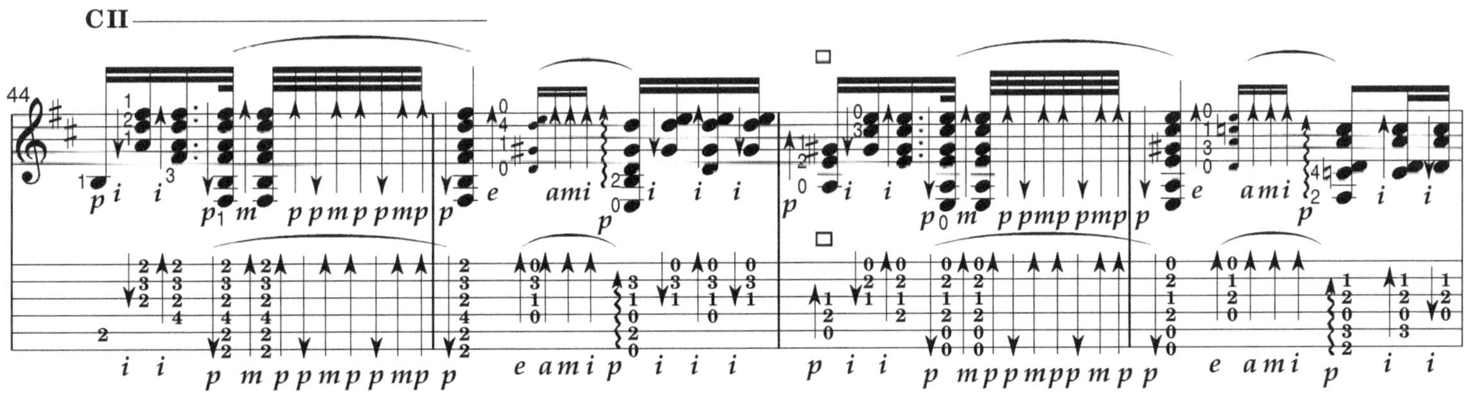
CII
44

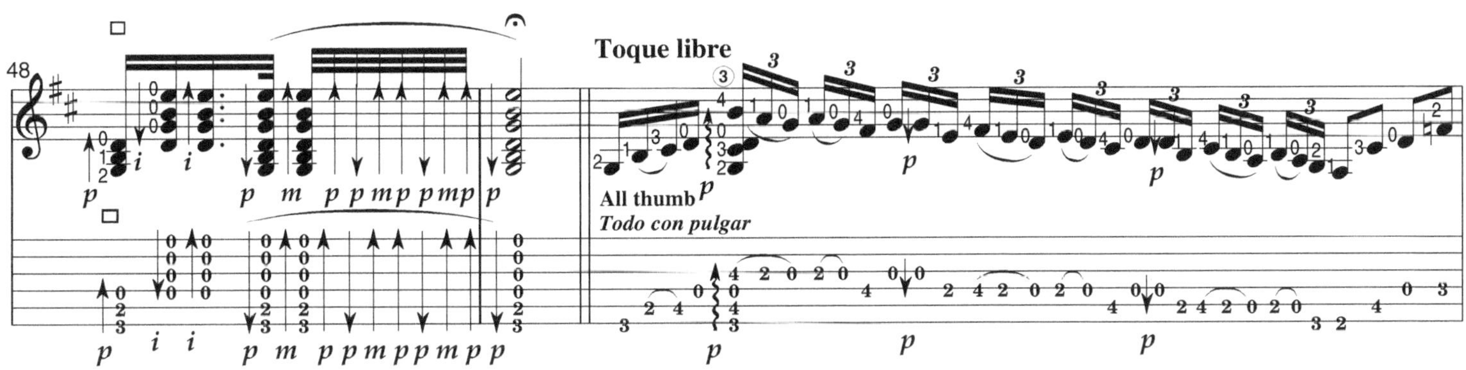
48
Toque libre
All thumb
Todo con pulgar

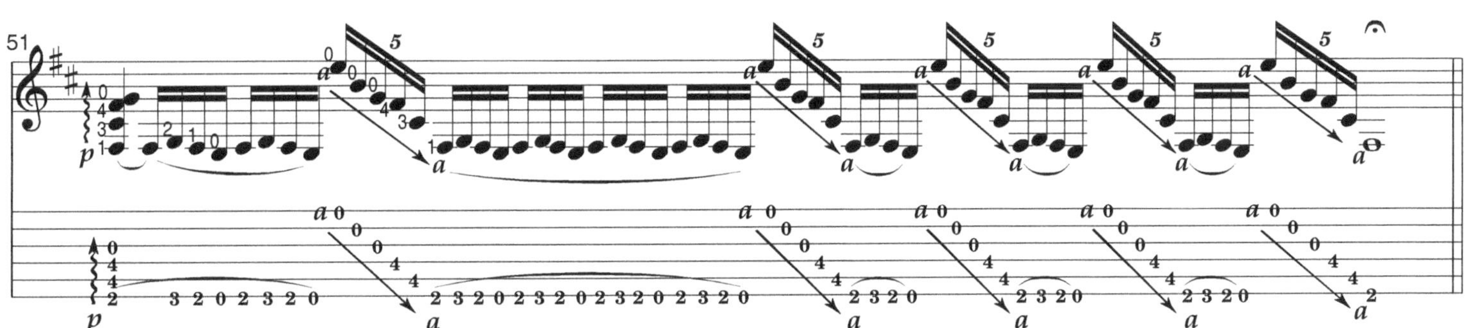
51

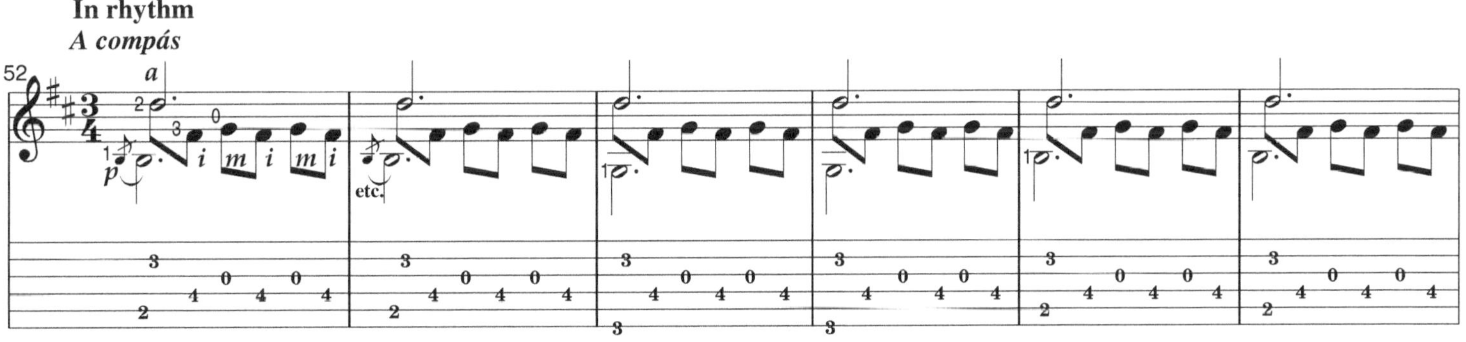
In rhythm
A compás
52
etc.

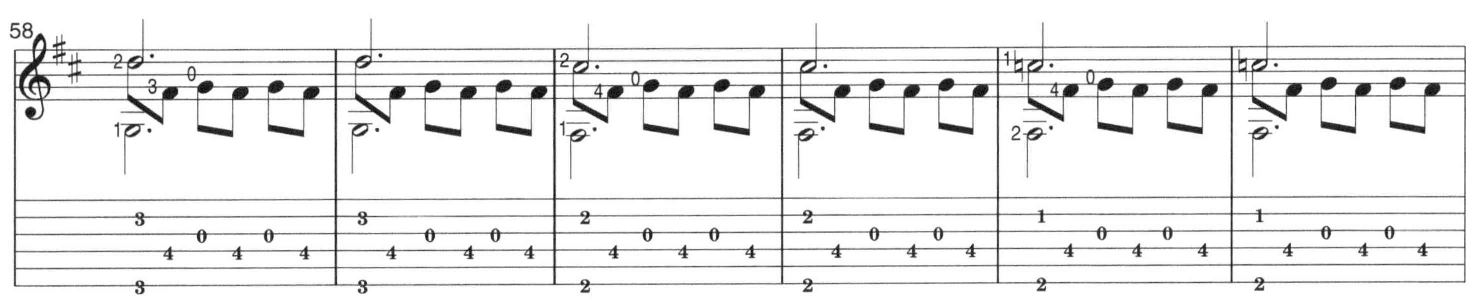
58

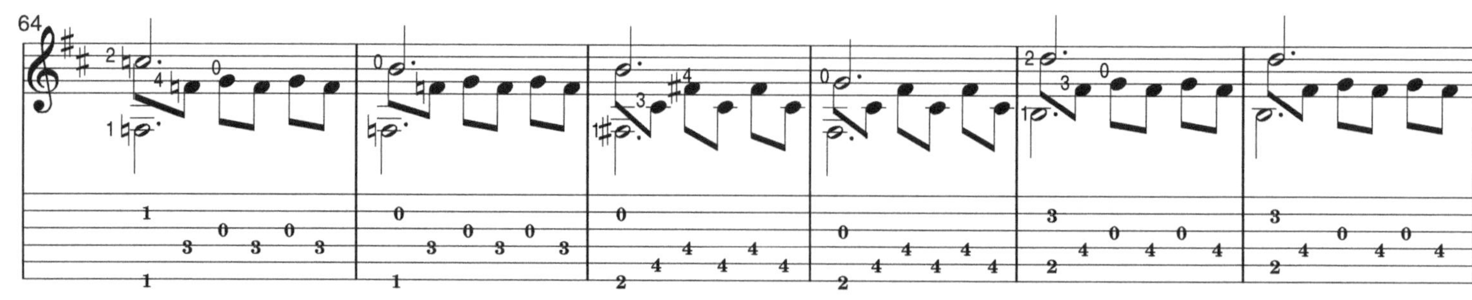
64

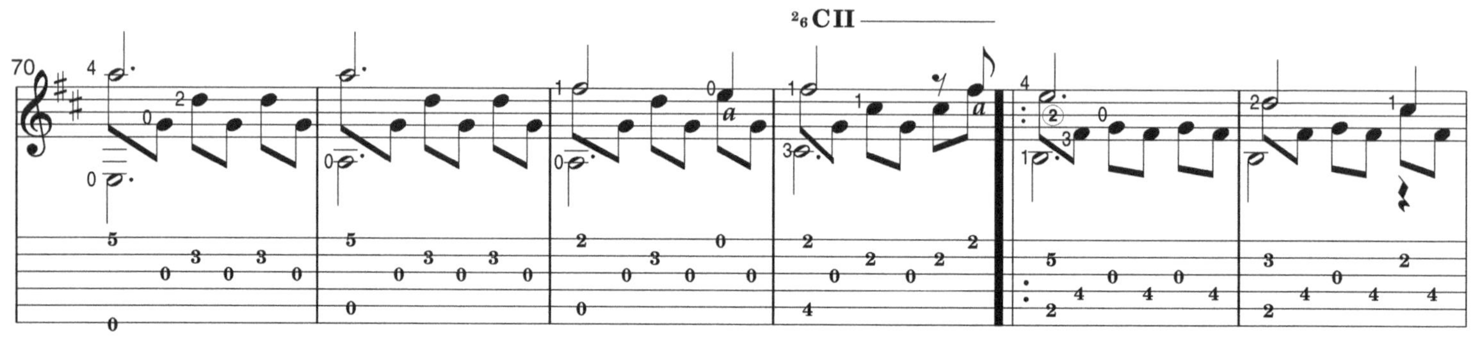
70
CII

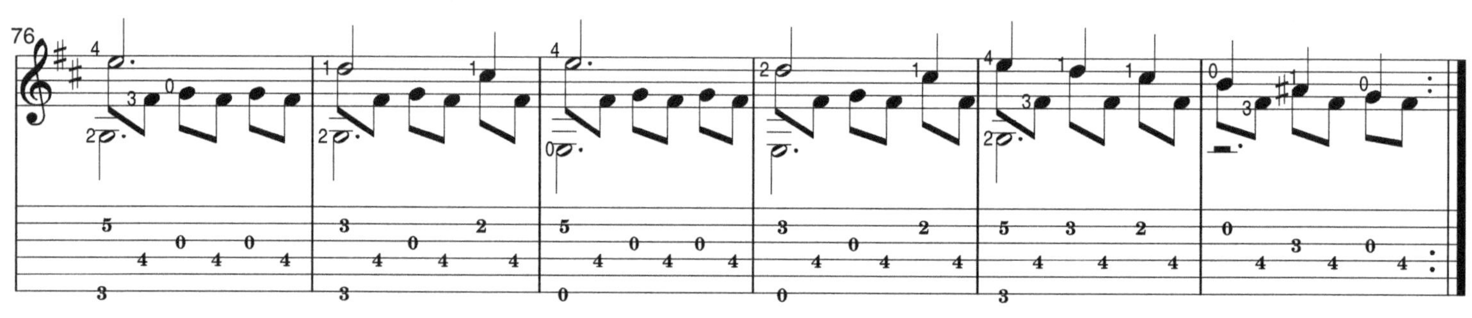
76

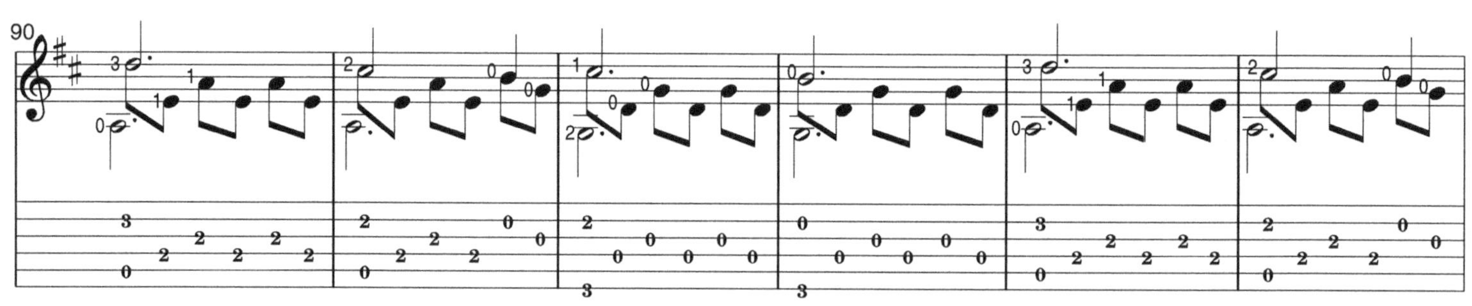
90

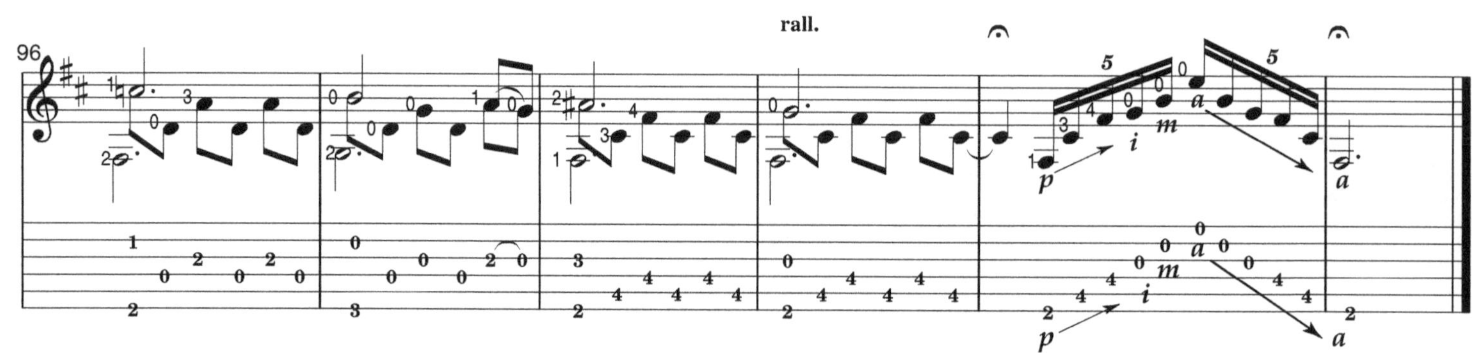
96
rall.

Milonga

del Recuerdo

GRADE NIVEL 7

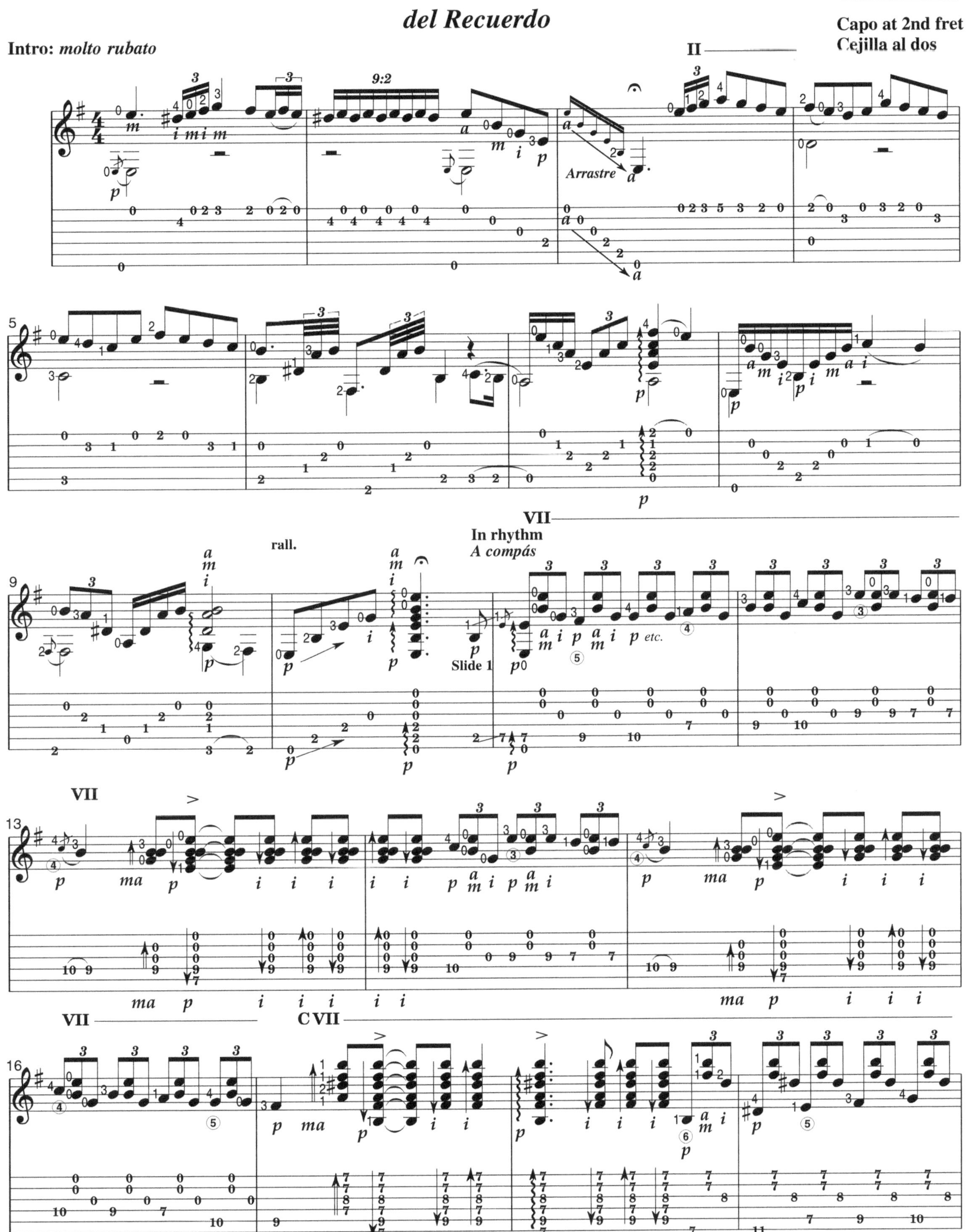

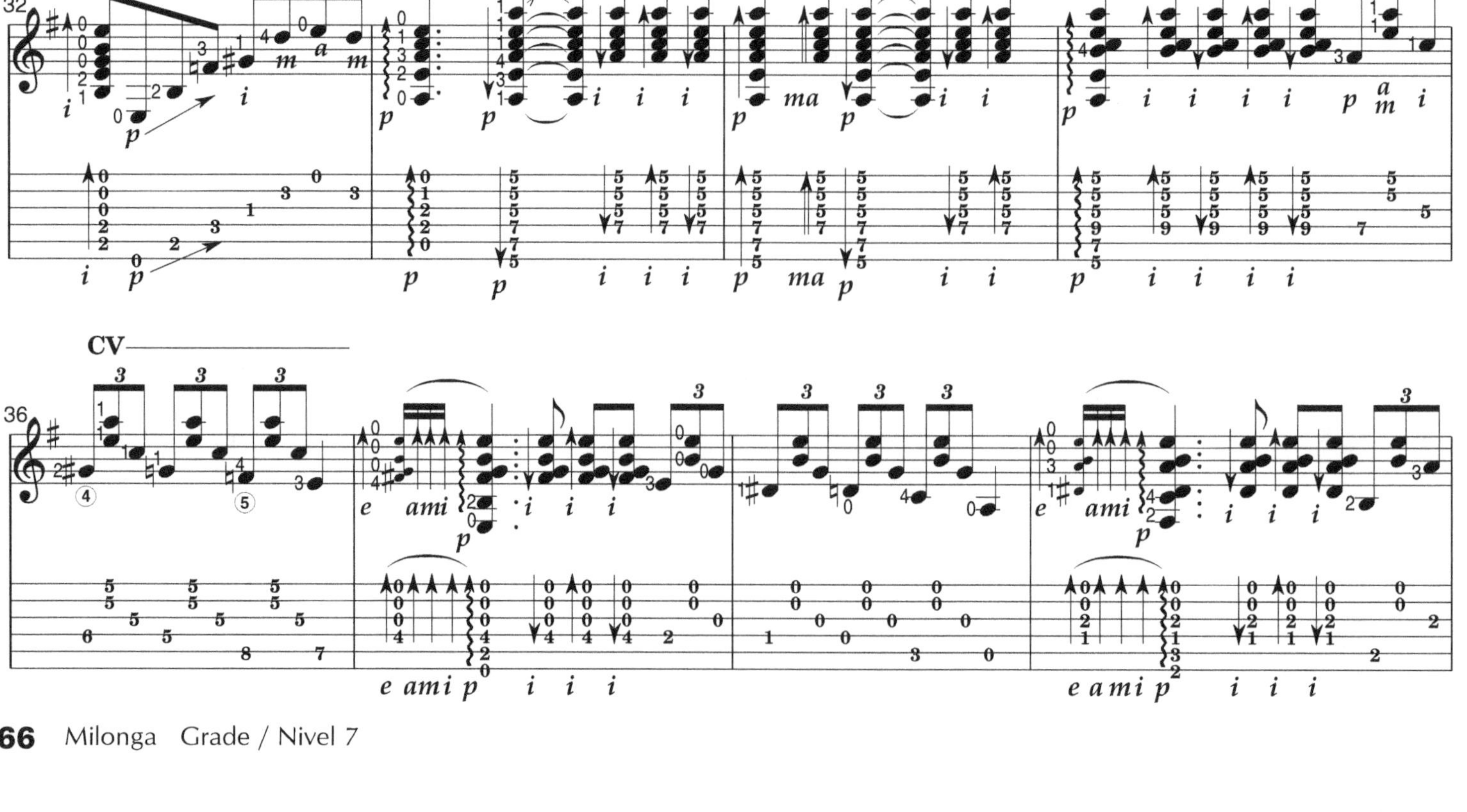
CV
CV

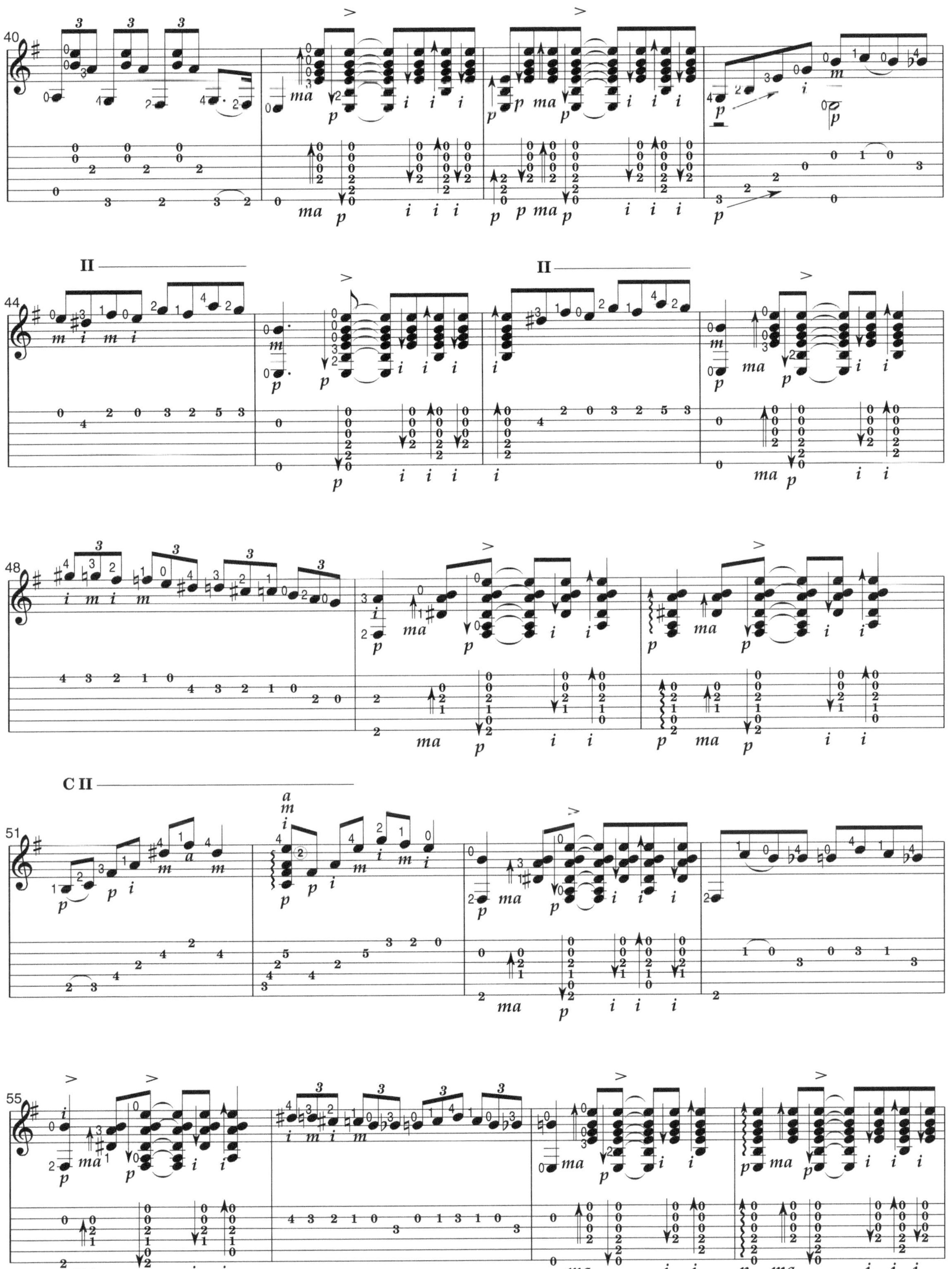
II
II
C II

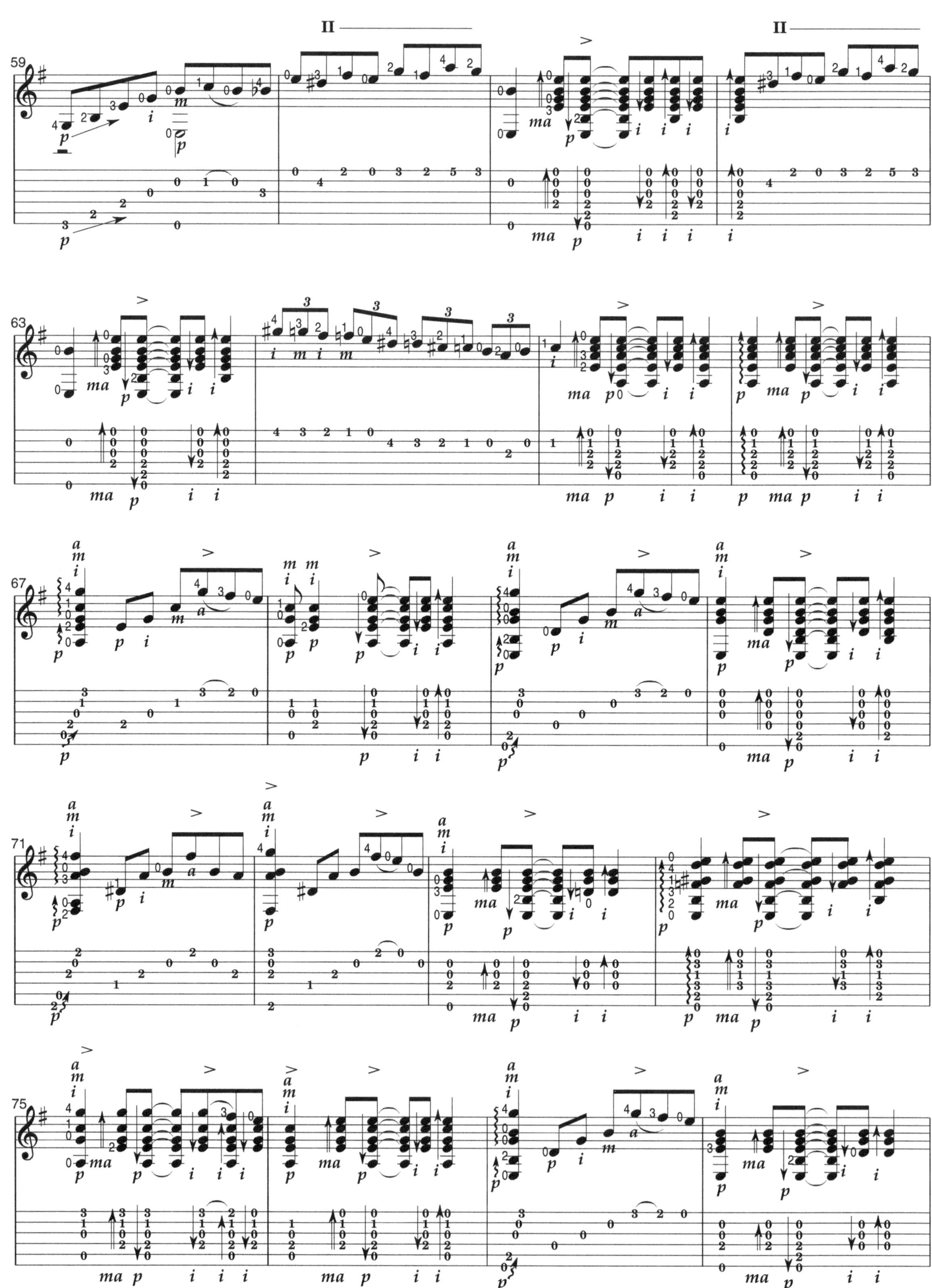
II
II

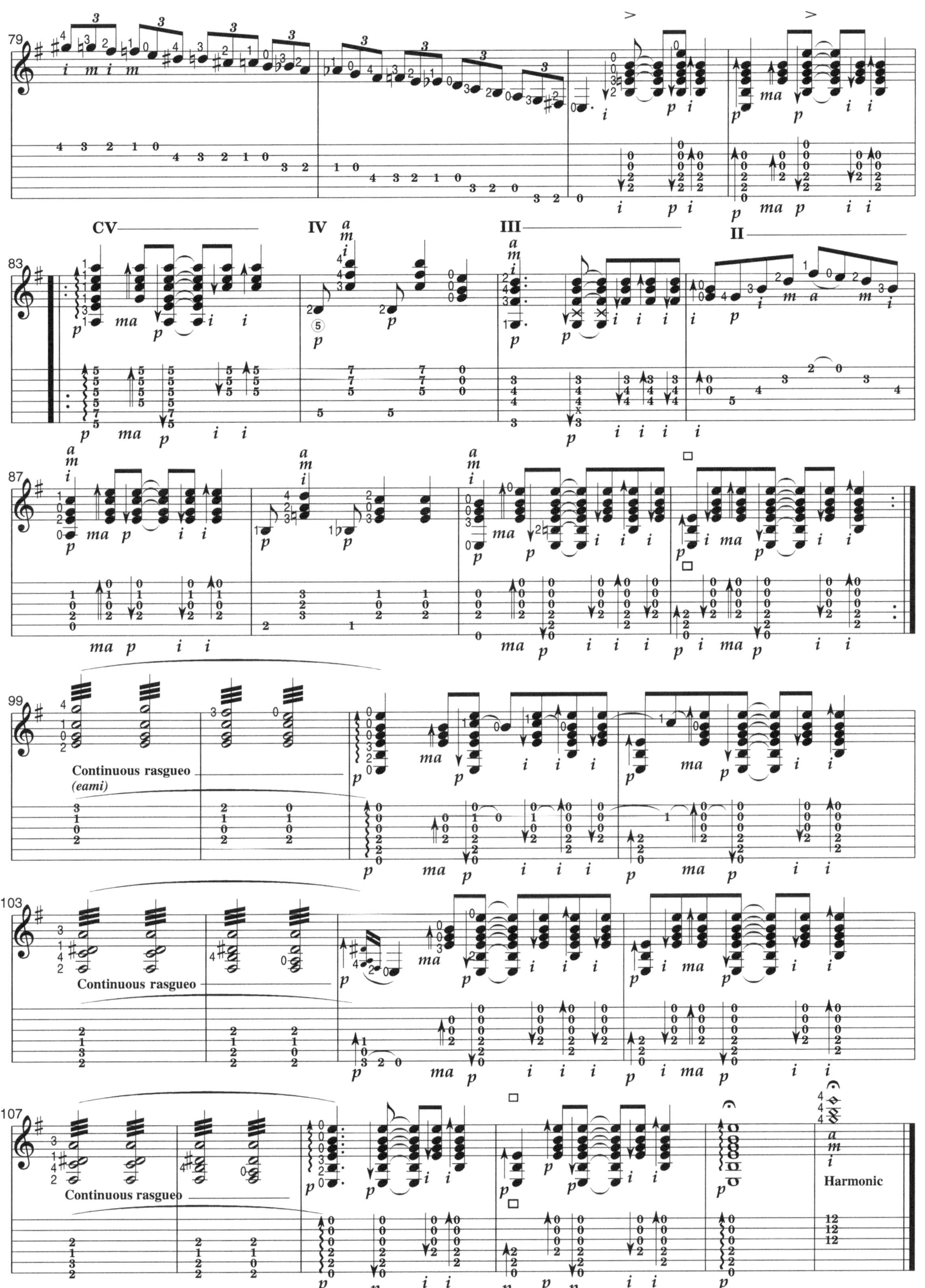

CV
IV
III
II
Continuous rasgueo
(eami)
Continuous rasgueo
Continuous rasgueo
Harmonic

Tangos

Capo at 3rd fret
Cejilla al tres

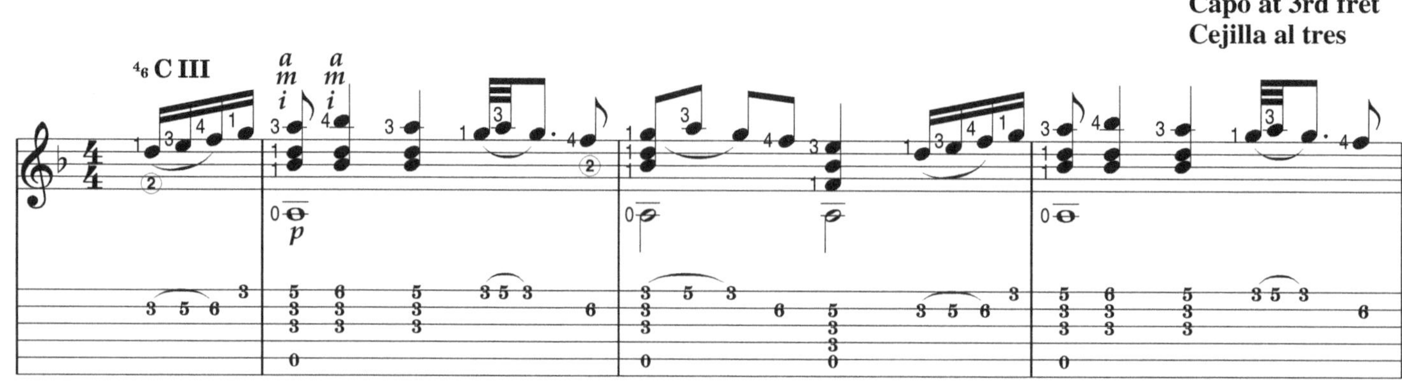

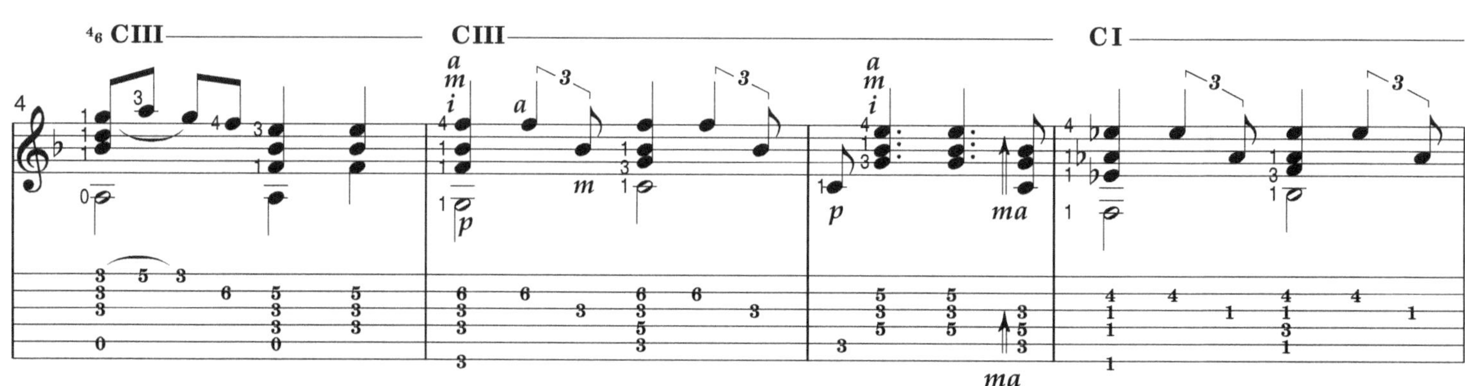

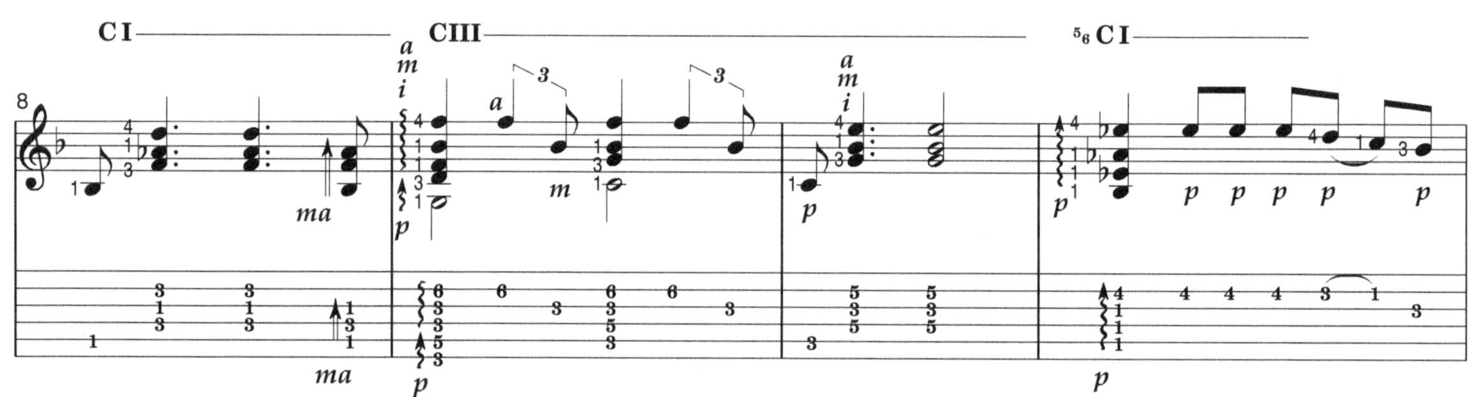

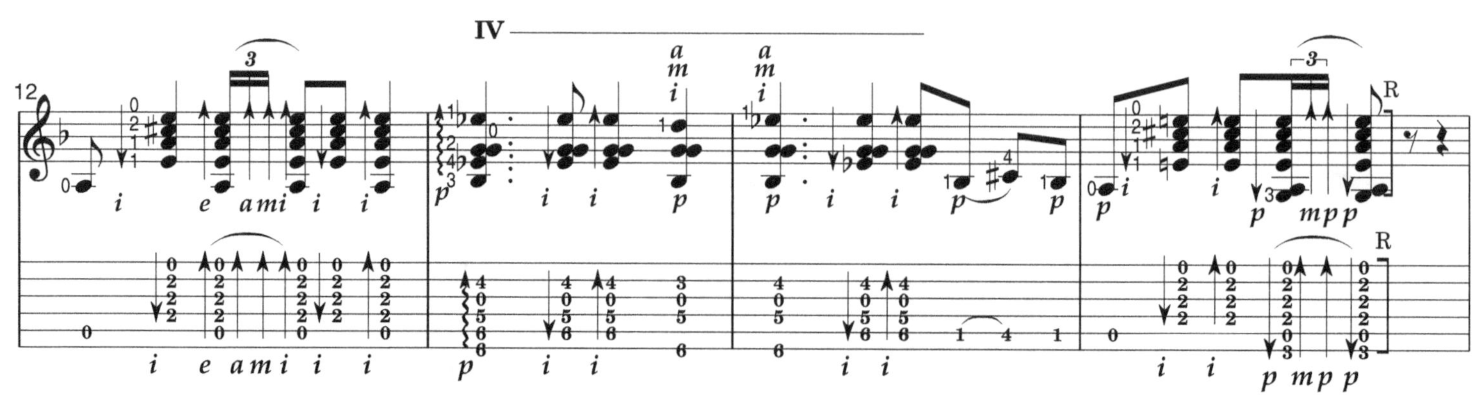

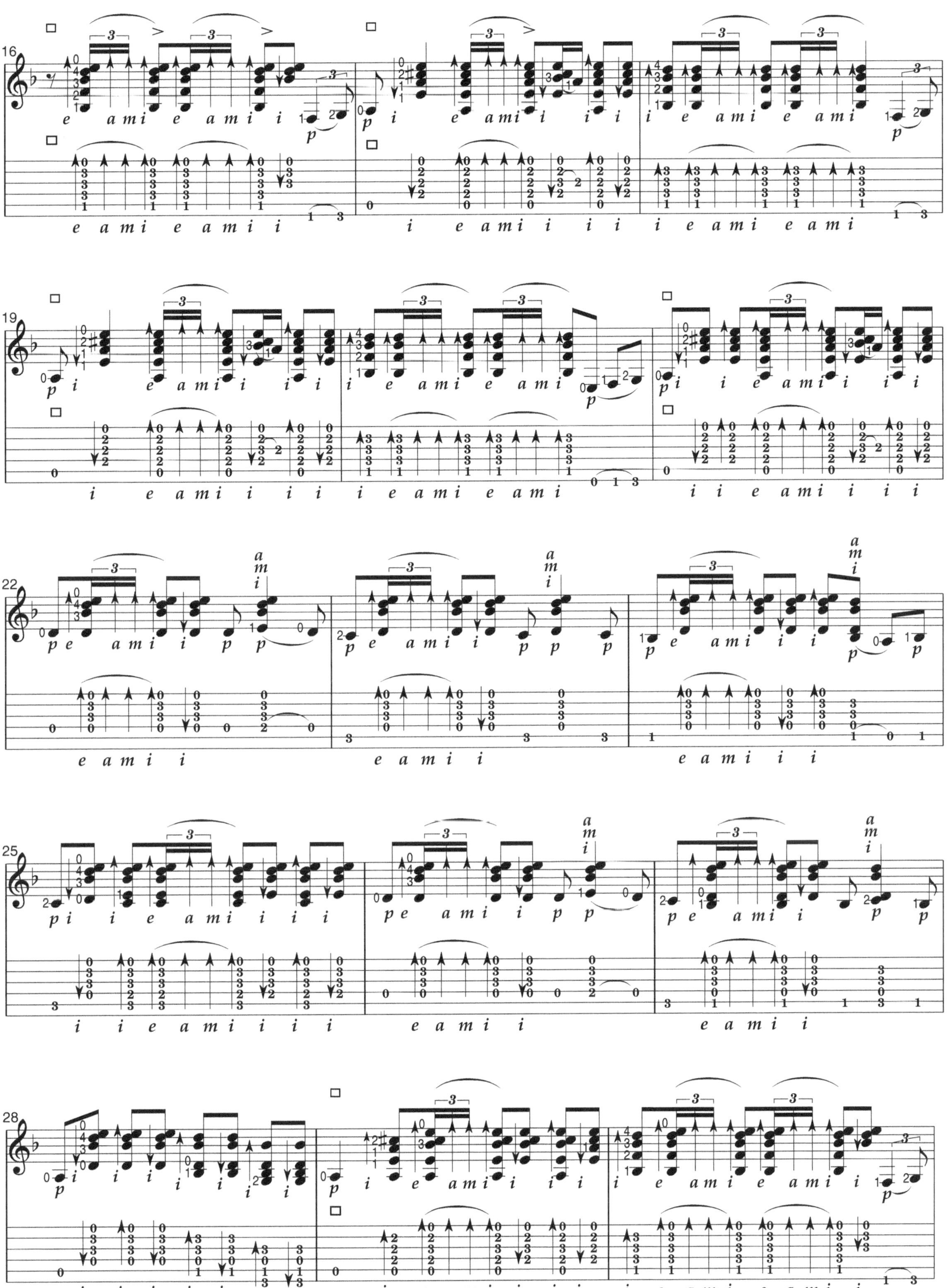

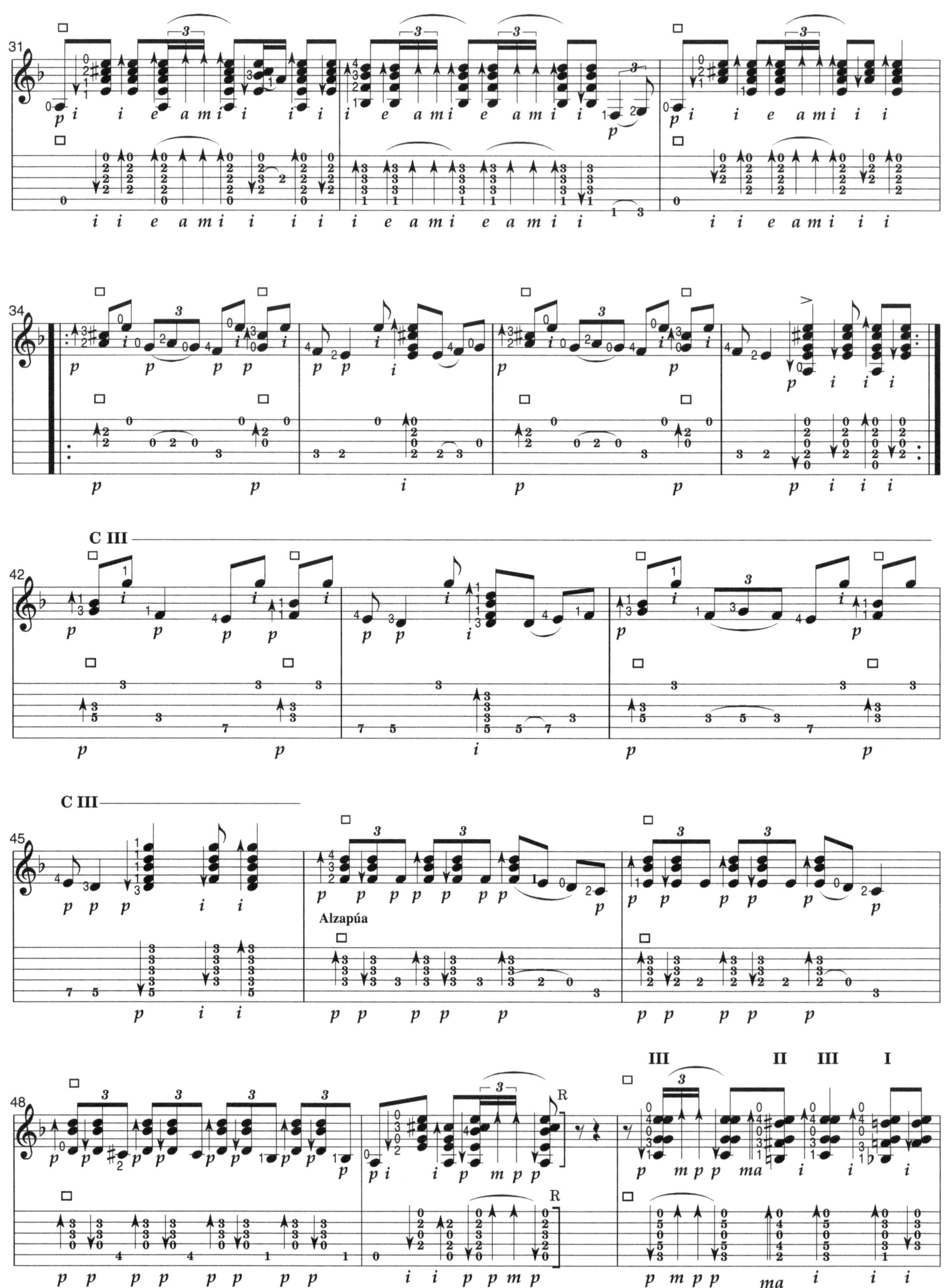
C III
C III
Alzapúa
III
II
III
I
R
R

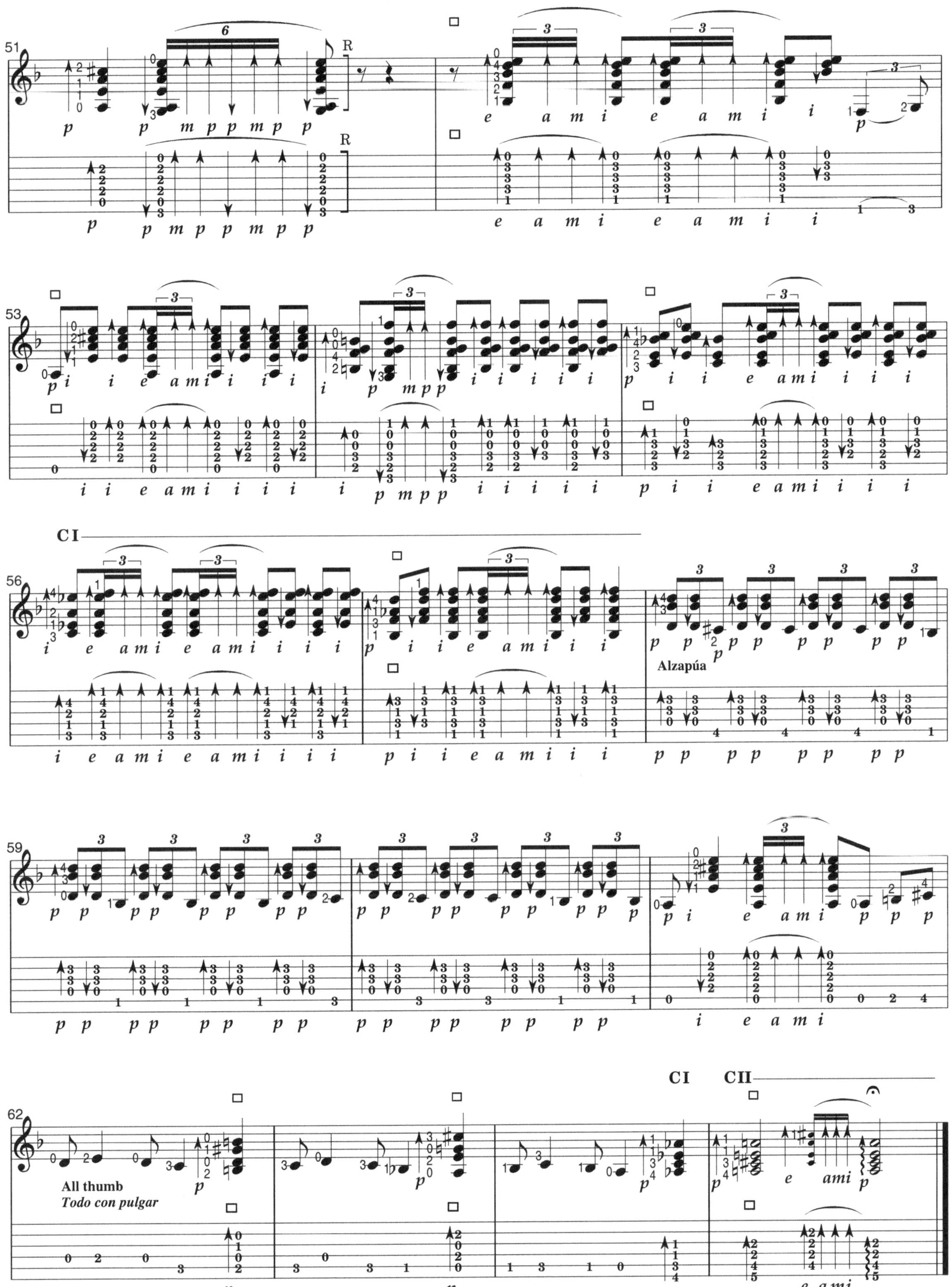

R
R
CI
Alzapúa
All thumb
Todo con pulgar
CI
CII

GRADE NIVEL 7

Zambra Mora

Tune 6th string to D
Sexta cuerda = Re

No capo
Sin cejilla

Introduction : toque libre

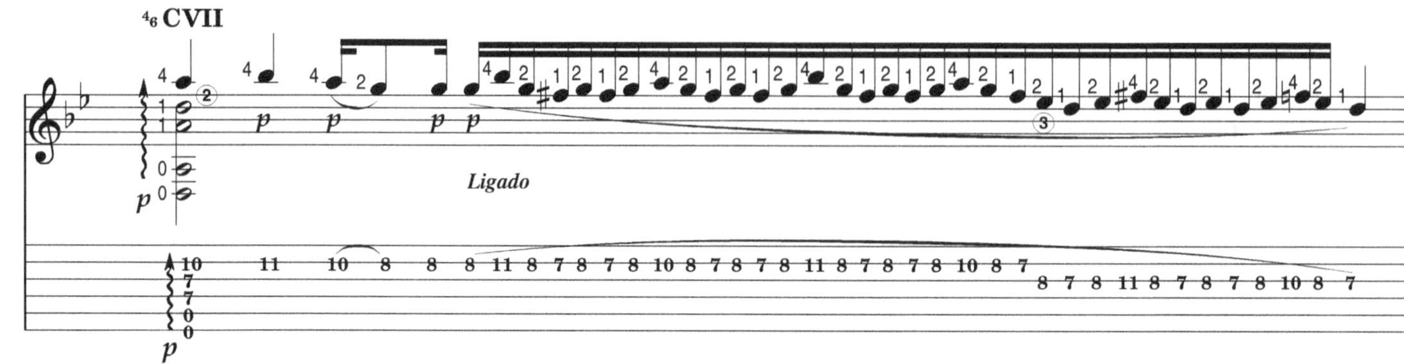

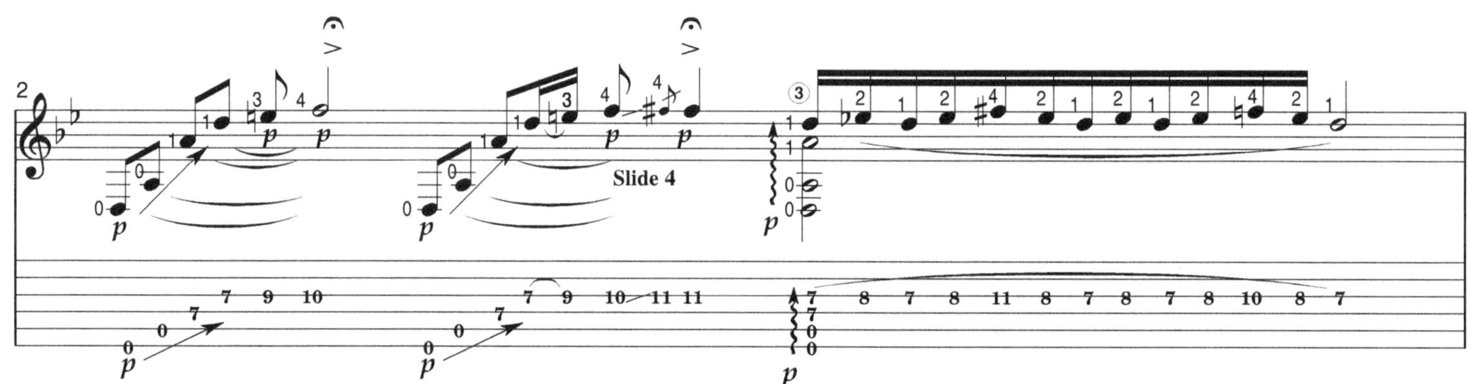

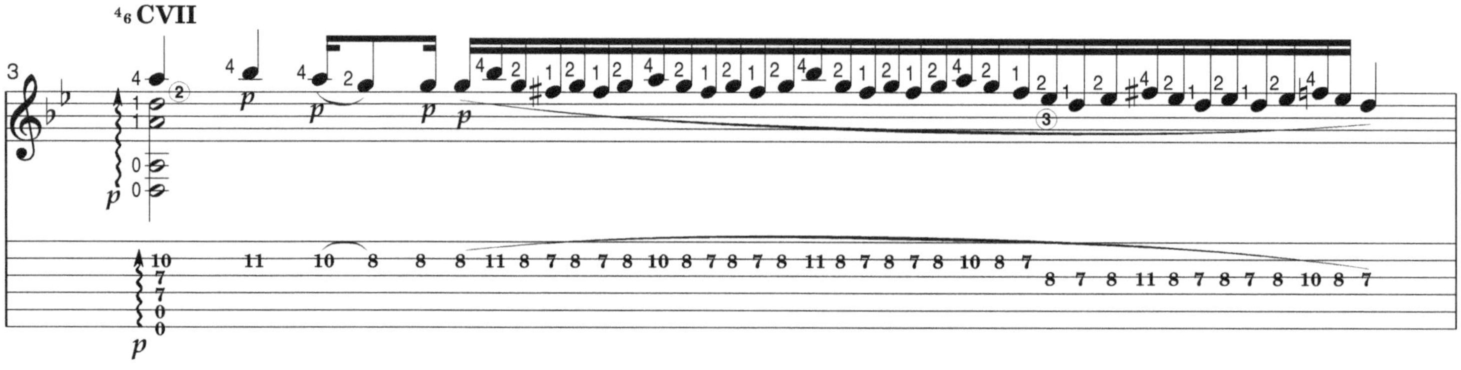

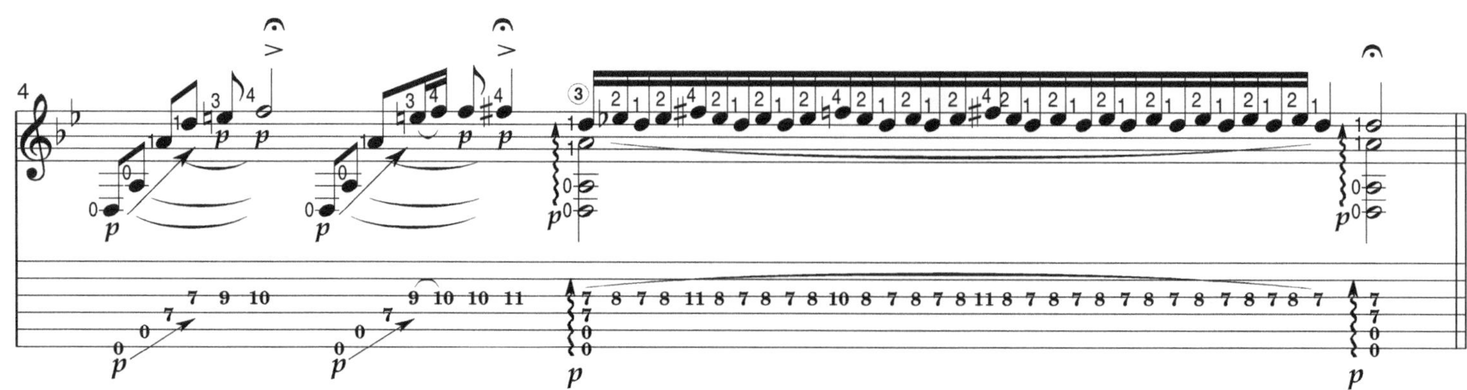

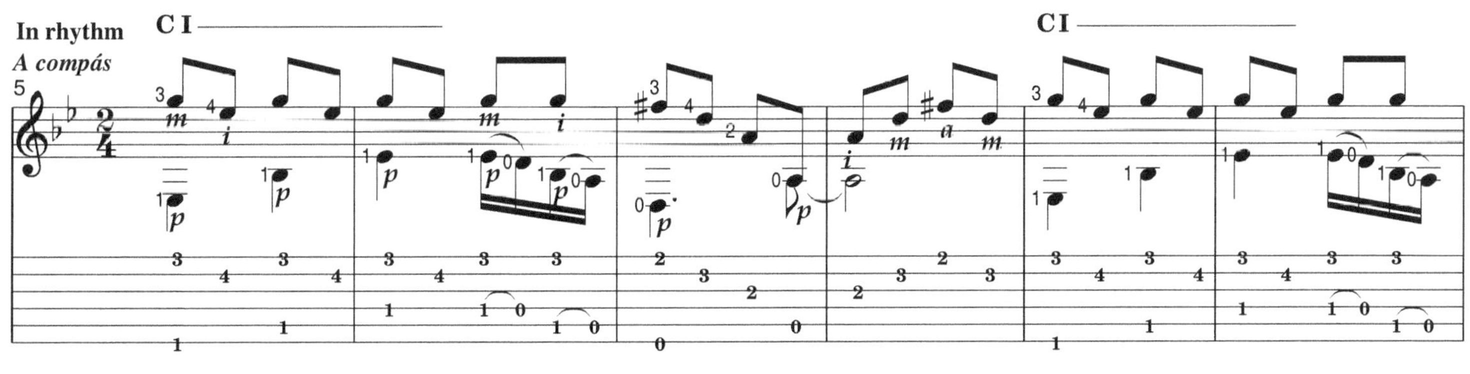
In rhythm
A compás
C I
C I

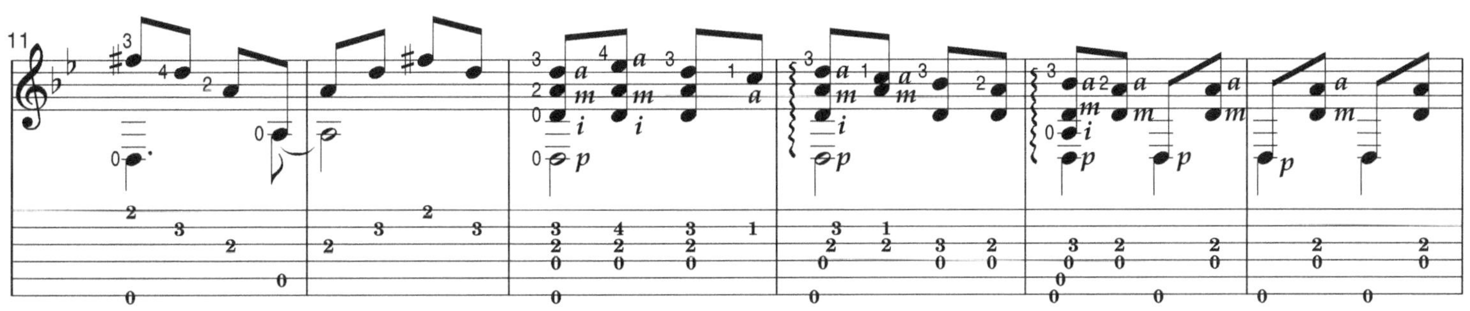

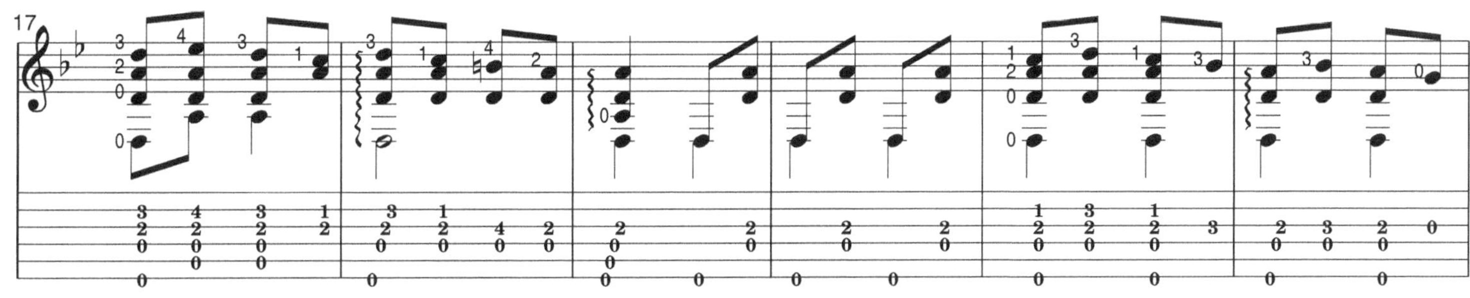

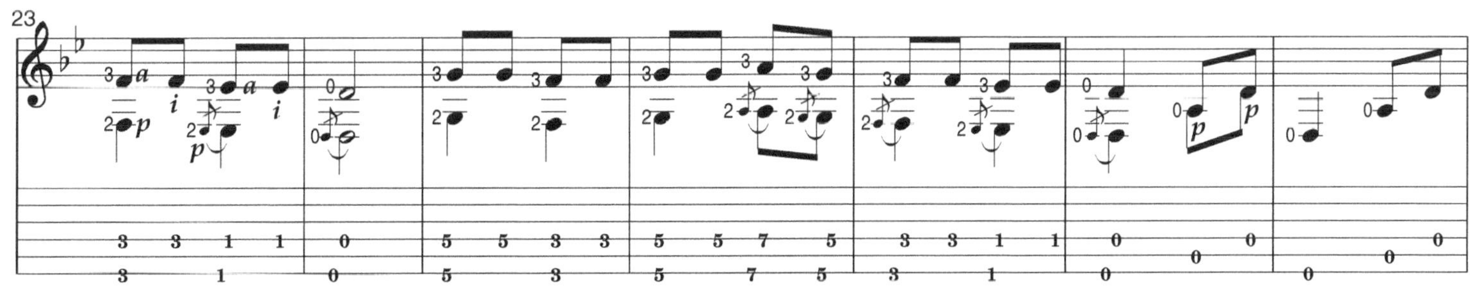

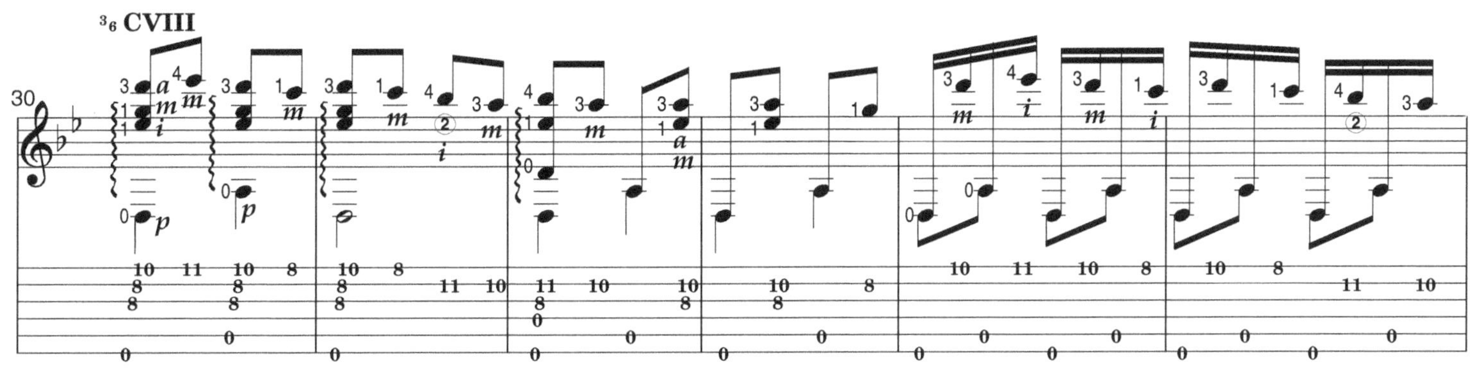
CVIII

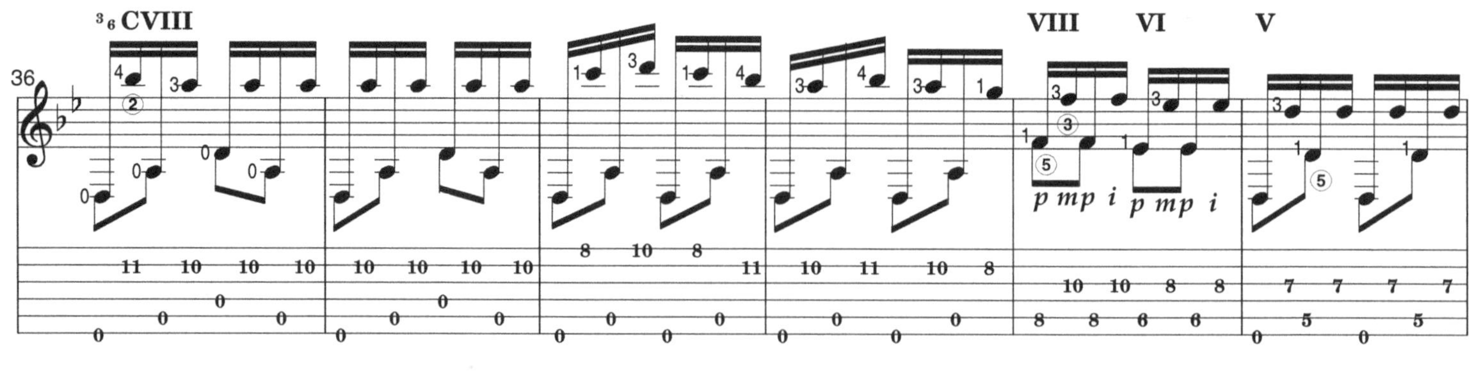

CVIII
VIII
VI
V
p mp i p mp i

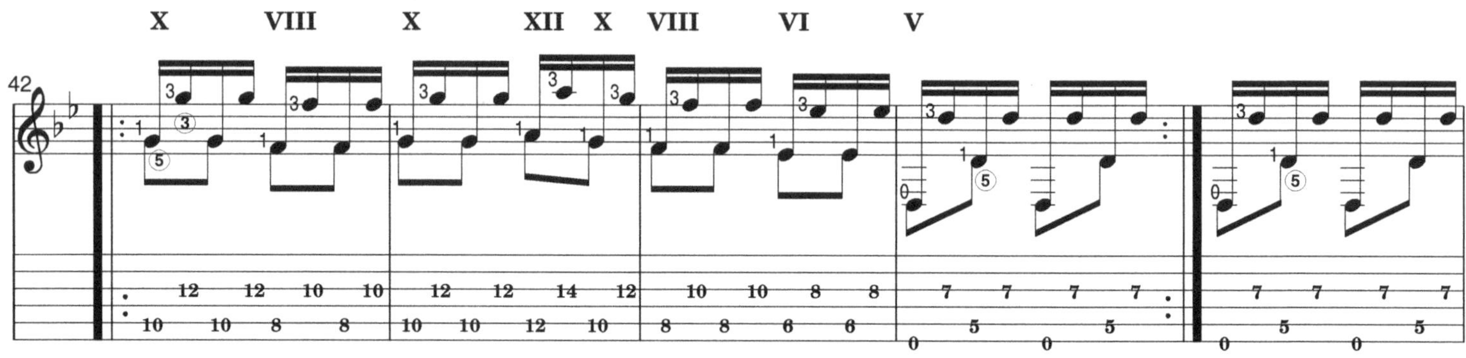

X
VIII
X
XII
X
VIII
VI
V

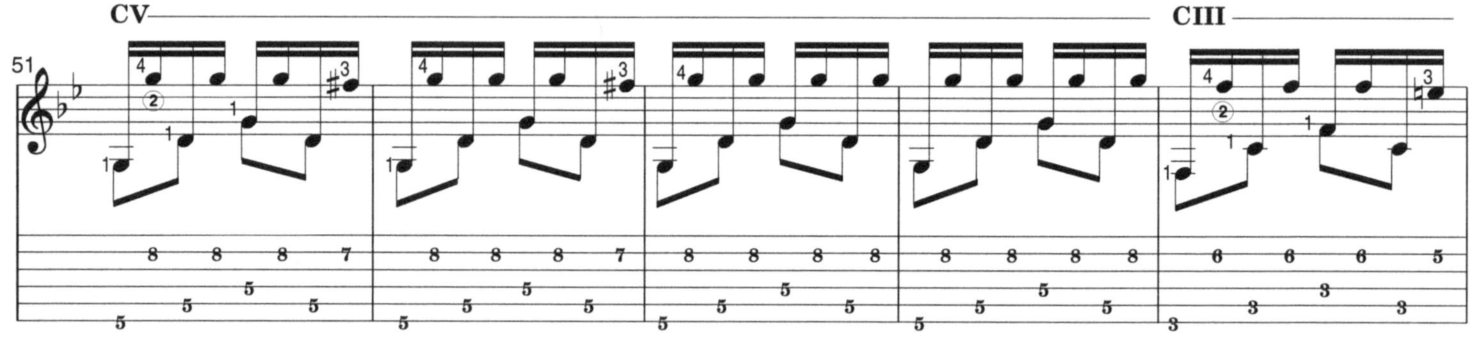

CV
CIII

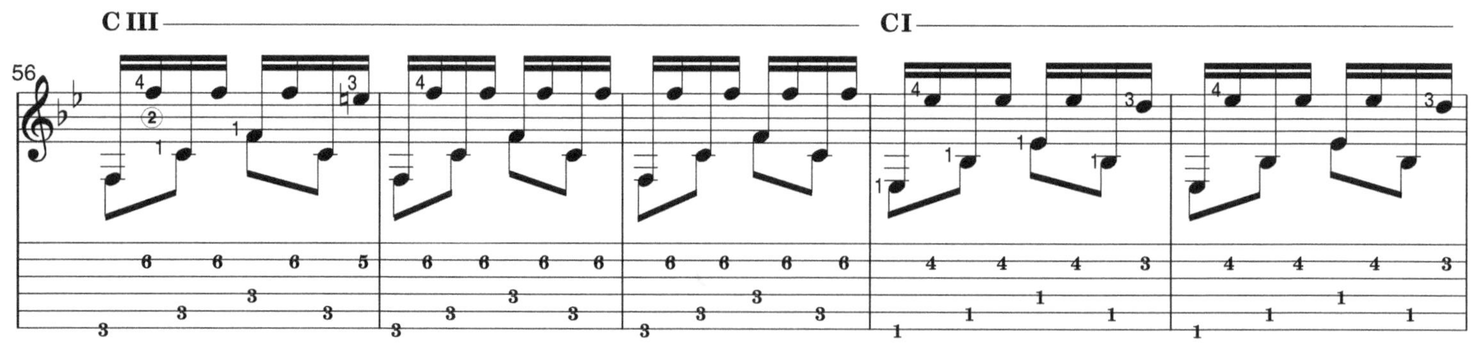

C III
CI

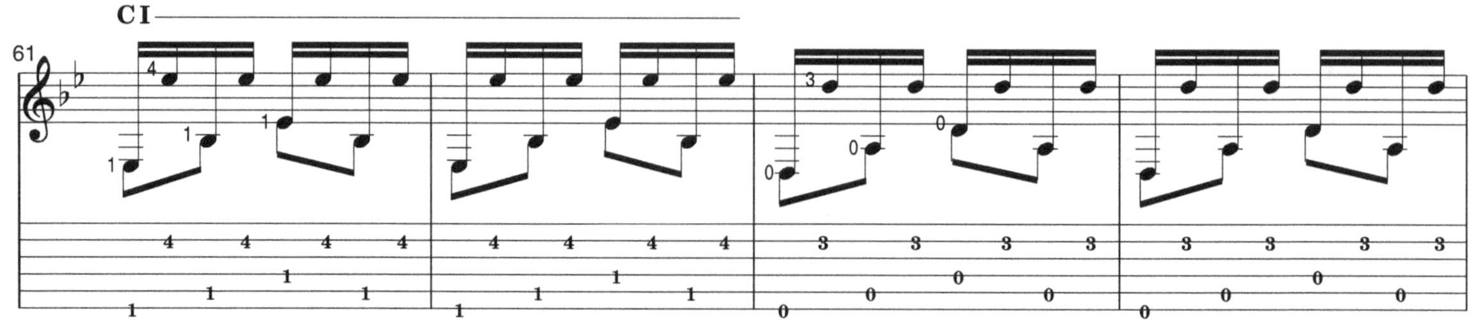

CI

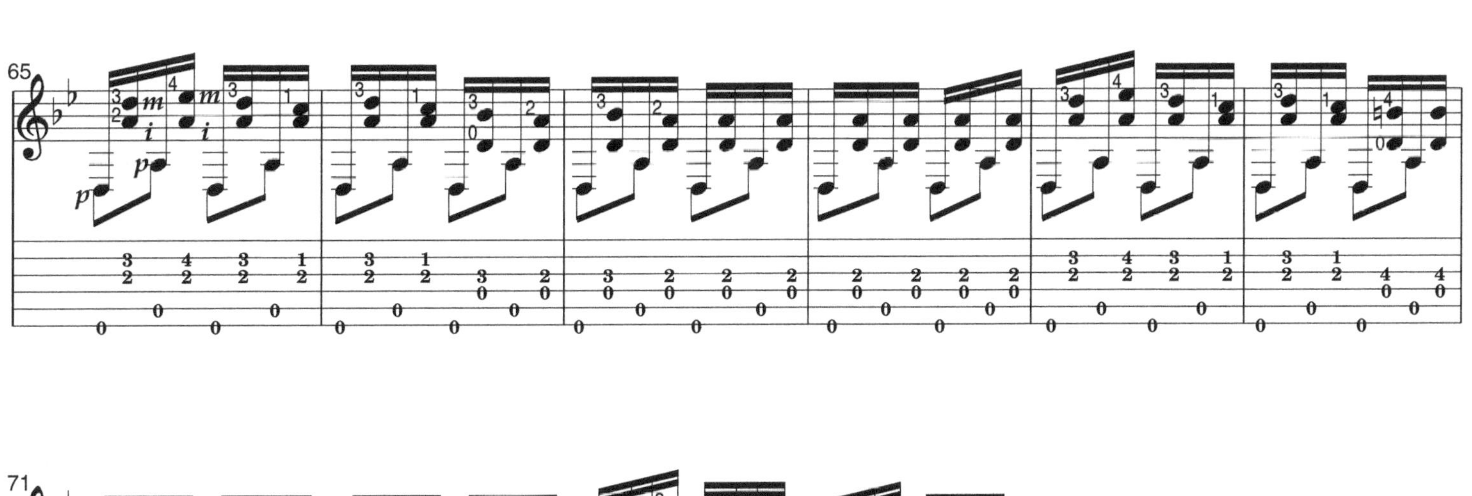
65
p
p
i
m
i
m

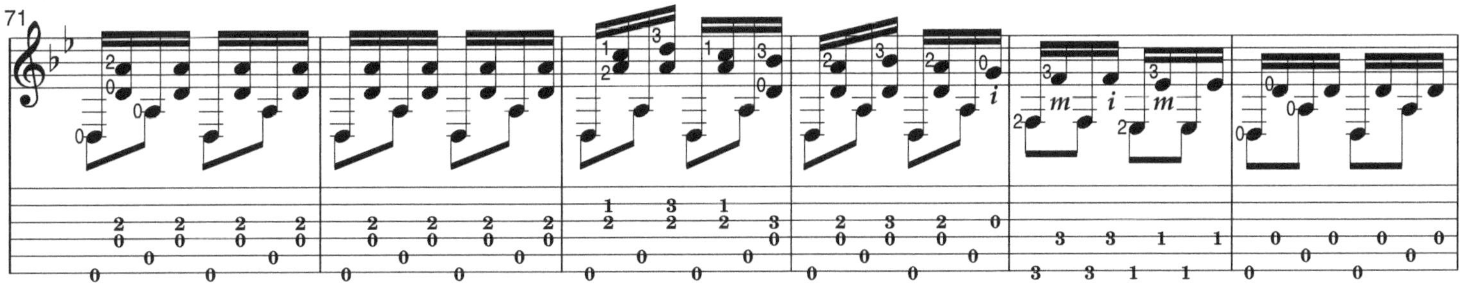
71
m
i
m
i

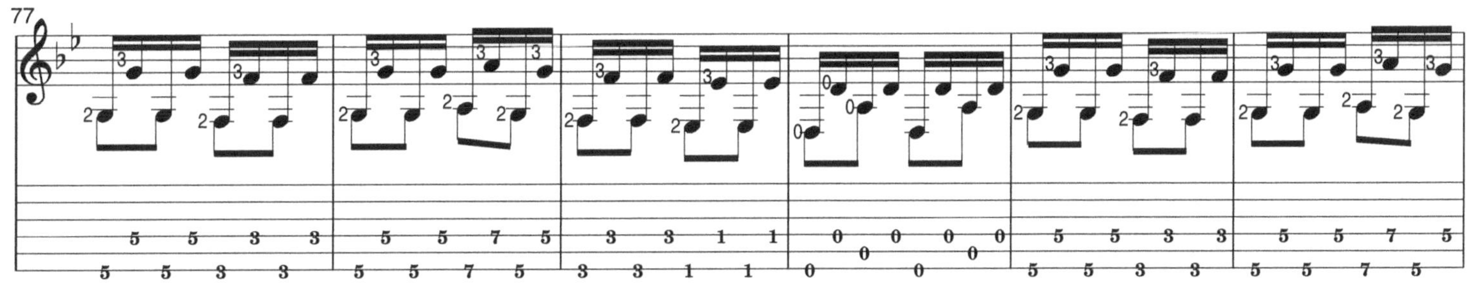
77

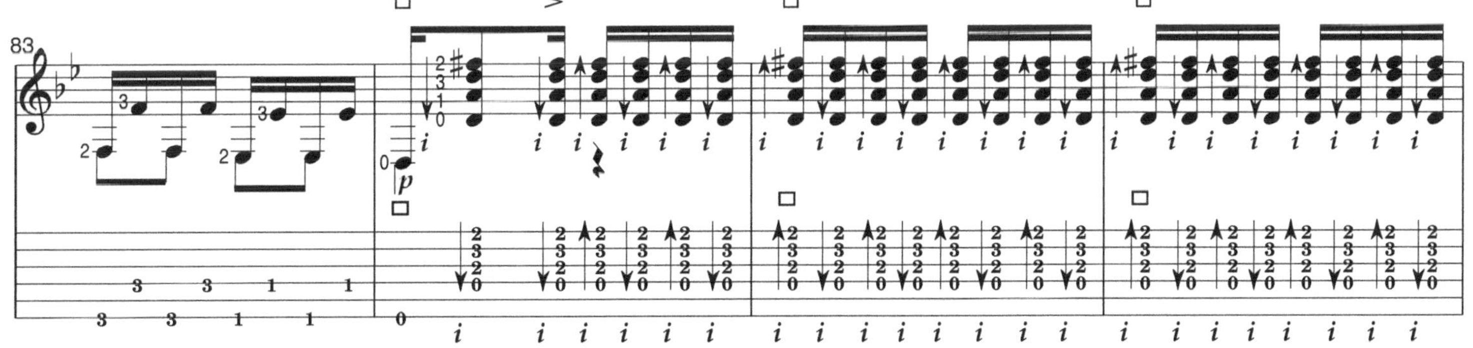
83
p

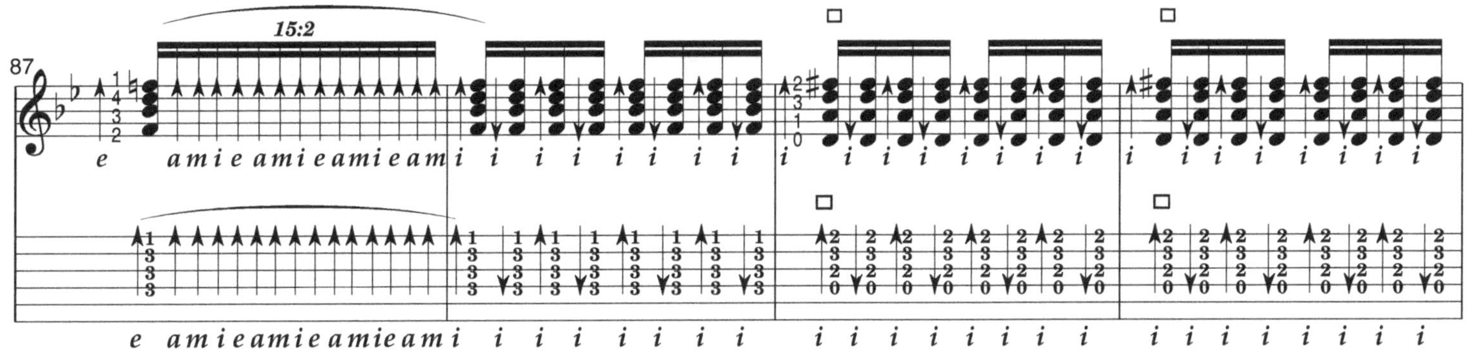
87
15:2
e ami e ami e ami e ami

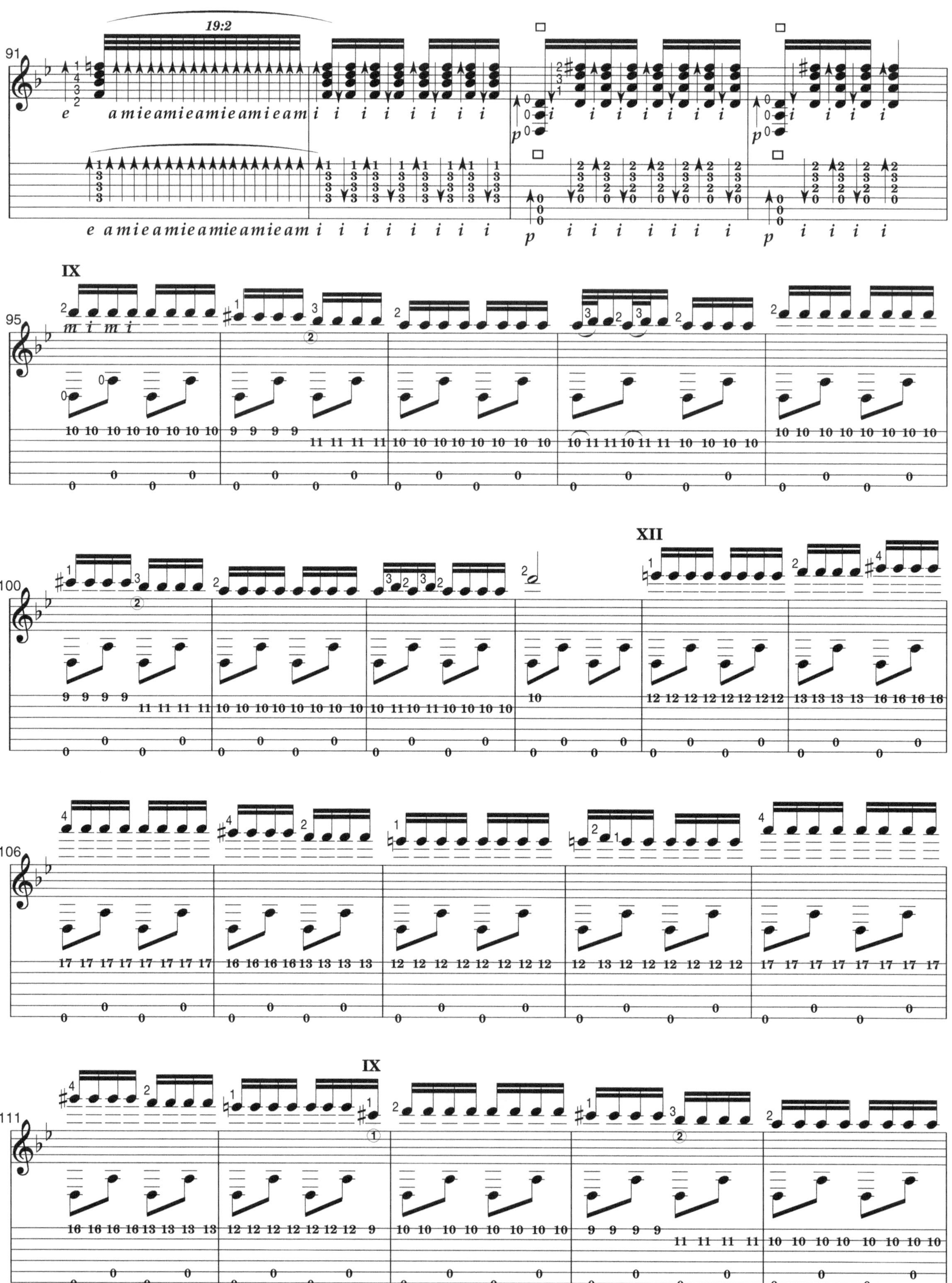
91
19:2
e amieamieamieamieam i i i i i i i i
p i i i i i i i
p i i i
e amieamieamieamieam i i i i i i i i
p i i i i i i i
p i i i i
IX
95
m i m i
100
XII
106
111
IX

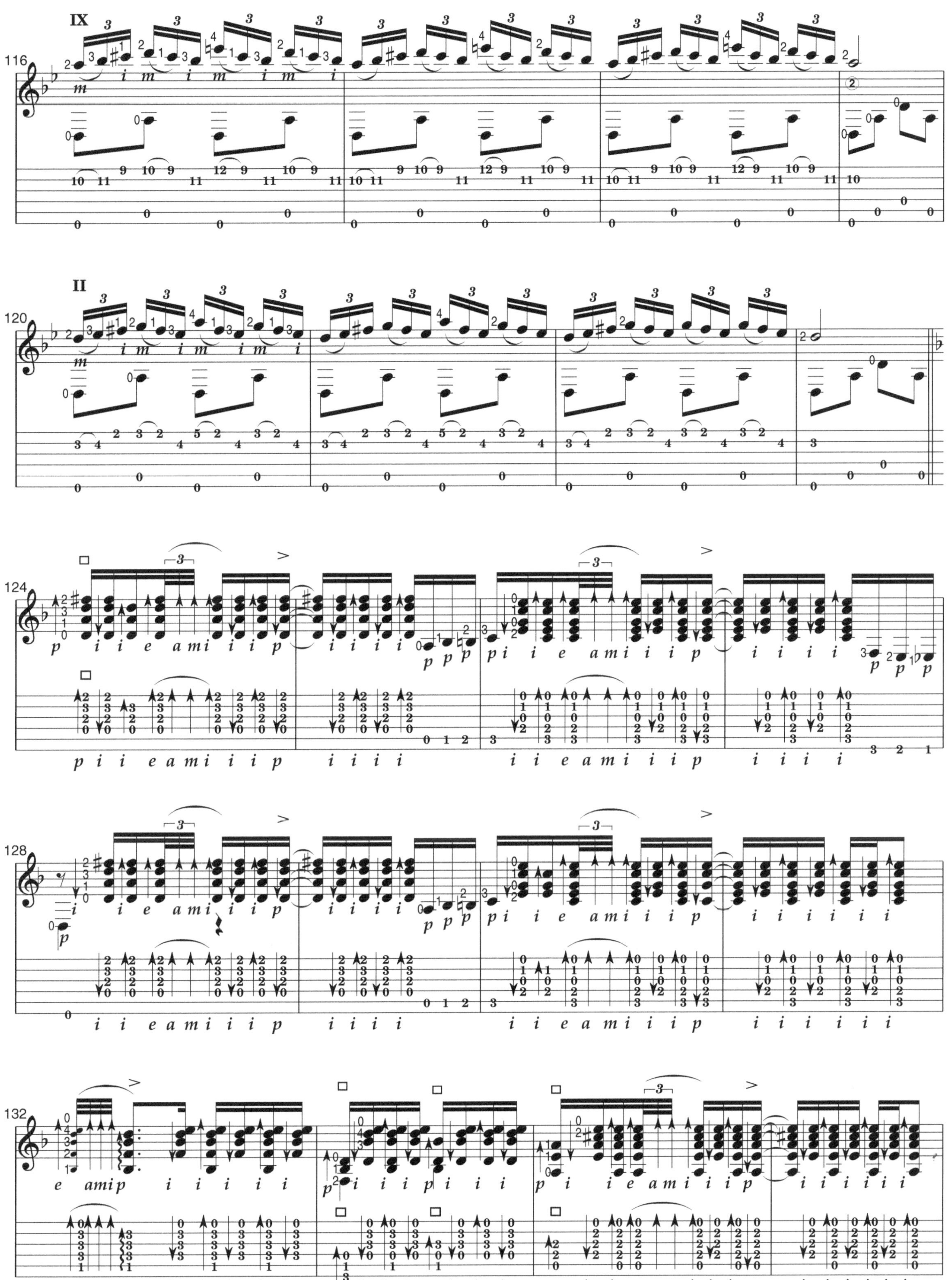
IX
II

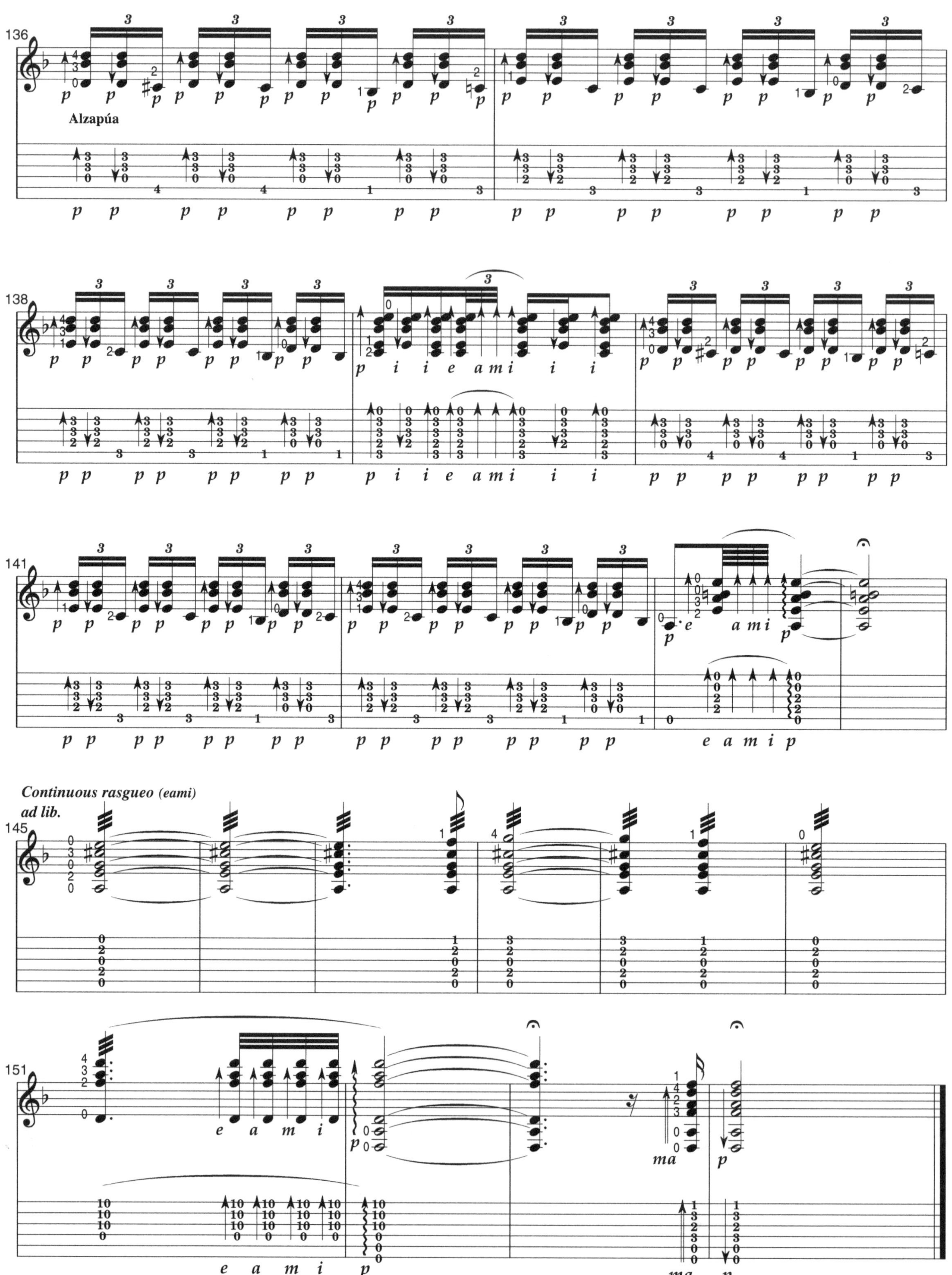
Alzapúa
Continuous rasgueo (eami)
ad lib.

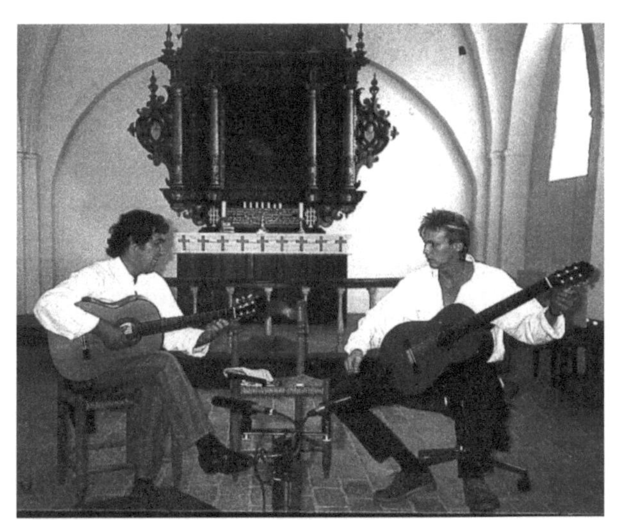

Grabación con/Recording with Kaare Norge, Denmark.

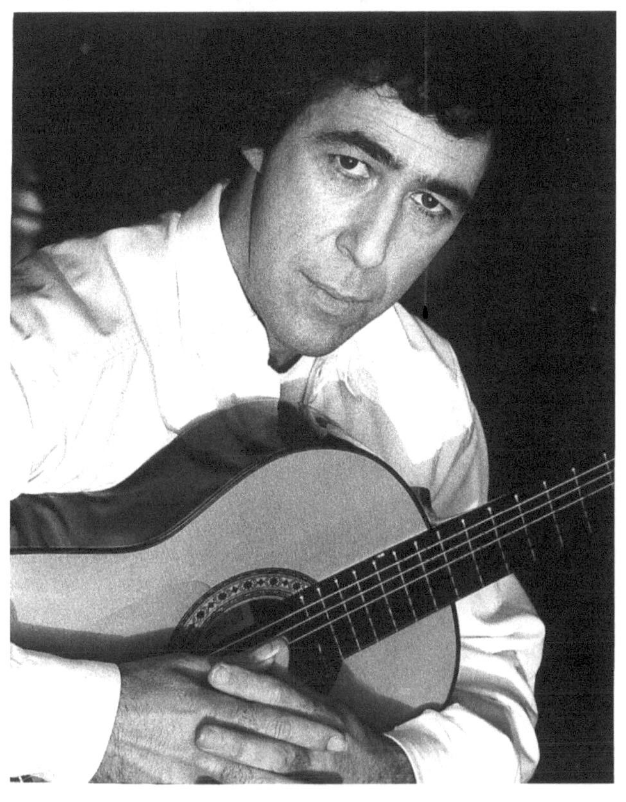

Con guitarra 'negra' de (with rosewood guitar by) Faustino Conde, 1985.

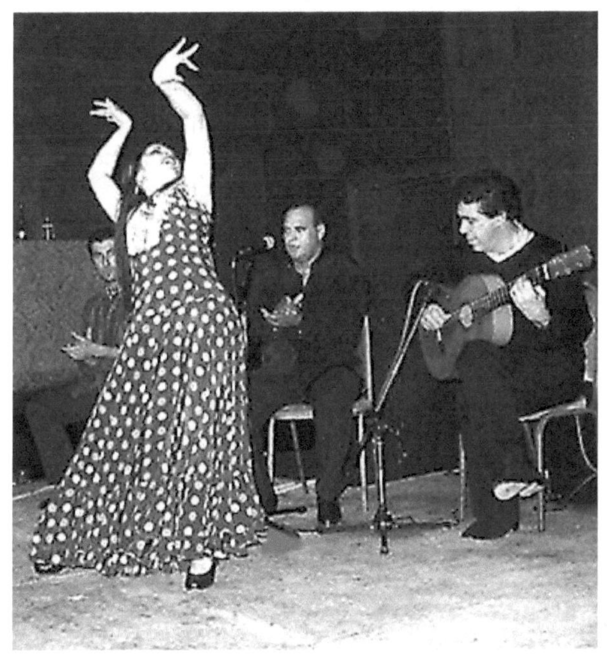

Carmen Moncada (bailaora), Antonio Aparecida (cantaor).

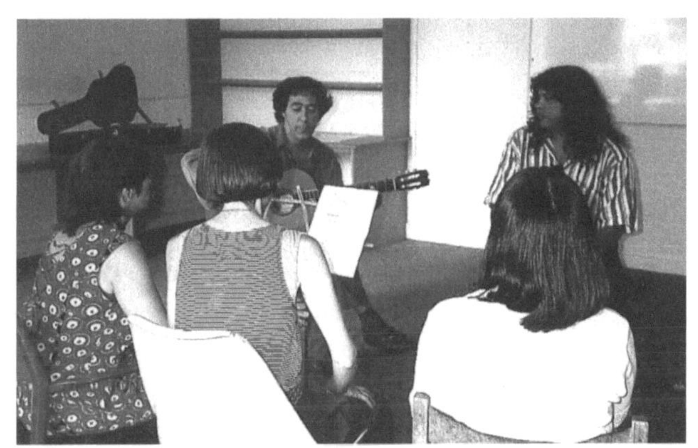

Un curso de cante/A course for flamenco singing with cantaor jerezano, Manuel Malena, Dartington International Summer School.

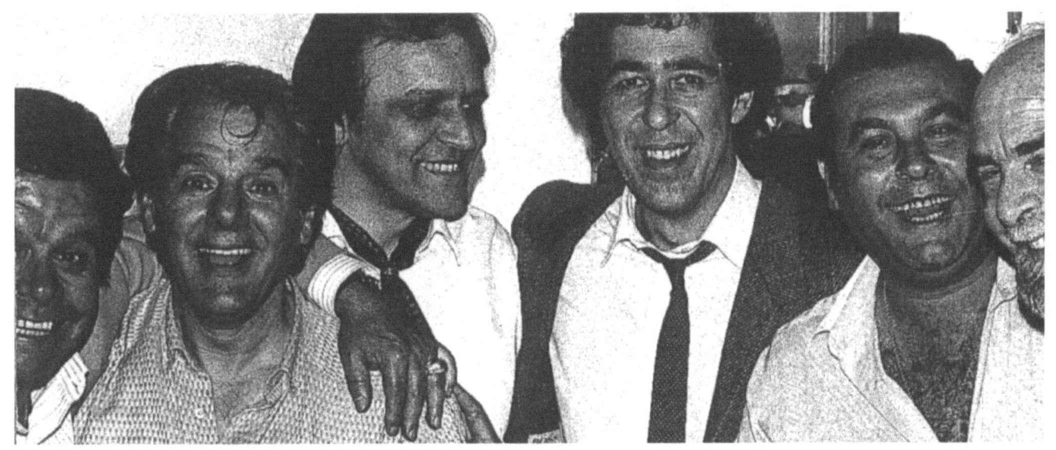

Con/With Rogelio de Málaga, Chano Lobato, Marcos, Paco del Gastor, Phil Slight durante/during una fiesta.

PLAYING NOTES GRADE 8

SOLEÁ DE RICARDO **P. 84 AUDIO TRACK 15**

Manuel Serrapí, 'El Niño Ricardo' (d.1974), was one of the great geniuses of the flamenco guitar, whose playing has now become part of the bedrock of the art of today. Two solos based on his uniquely melodic and powerful style are included in this grade. The seventh position is maintained for much of the solo. It has been notated throughout in the same 3/4 time as other examples of this basic *palo*, but there is a striking 6/8 accentuation alternating with 3/4 in some measures of the first *falseta*, reminiscent of Seguiriyas. The sustained use of the seventh position (relative to the capo at the 1st fret) makes this a difficult piece to play cleanly and strongly, but it is well worth the effort. How many guitarists today can compose *falsetas* of such memorably enduring merit?

3 SEVILLANAS **P. 88 AUDIO TRACK 16**

Three more Sevillanas from Sabicas are given a contemporary *aire* by the introductory *rasgueo* passages which include some more examples of the use of slides in the left hand to sound the notes.

SOLEÁ POR MEDIO (ESENCIA) **P. 94 AUDIO TRACK 17**

A traditional form of this *palo* was included in Grade 4. This solo is an original composition (from the *El Alquimista* album). There is a long stretch for the fourth finger in the opening measures, which is facilitated by the capo at the 3rd fret. *Rasgueo* passages and *alzapúa* help to maintain the driving impetus of the rhythm.

RONDEÑA (AURORA) **P. 98 AUDIO TRACK 18**

Don Ramón Montoya is acknowledged as the maestro who developed the Rondeña as a brilliant guitar solo whose unique sound largely derives from the re-tuning of the third and sixth strings. The G is lowered to F sharp and the bass E to D. The key signature has three sharps. The tonality is built on the Phrygian mode based on C sharp. In this original composition (from the *Luna Negra* program) much of the music is in *toque libre*, without bar-lines, so that the notation can only be approximate, but there are three passages in regular rhythm. The first of these is a *trémolo* melody (from line 12 in the notation). The second is brief (from bar 51). The third (from measure 66) is in the 6/8 rhythm of the Rondeñas canasteras, a song-form related to Verdiales, which was brilliantly featured by the late great singer Rafael Romero (following Juan Martín's suggestion to use this tuning), and by Antonio Aparecida on the *Arte Flamenco Puro* album.

RUMBA NOSTÁLGICA **P. 108 AUDIO TRACK 19**

Ricardo Molina and Antonio Mairena, authors of *Mundos y Formas del Cante Flamenco* (1971) and fierce defenders of what they believe is the gypsy tradition of true Flamenco, dismiss the 'rumbas flamencas' in their final paragraph as 'of little artistic interest and with scant Andalusian flavour'. Such a harsh view would not be accepted by the many who find in this form the most accessible and popular rhythm of flamenco today. The flamenco rumba has certainly helped to broaden the appeal of flamenco to an international audience, but it can become too dominant, at the expense of the more traditional and musically richer *palos*. This original composition for guitar (again from the *El Alquimista* program) shows it can offer rather more flamenco values than Molina and Mairena recognise. The piece is in the key of E minor which gives it a darker and more mysterious quality than the major keys. The technical difficulty of the solo lies particularly in the rhythmic passages in higher positions and the *alzapúa* sequences, which will require a lot of practice to play at the correct speed and with appropriate rhythmic emphasis.

SERRANAS DE RICARDO **P. 115 AUDIO TRACK 20**

Played in the Phrygian mode based on E rather than the A of Seguiriyas, whose *compás* is the same, the Serranas have a deeper sound. Their name and the content of their traditional lyrics indicate an origin, possibly less gypsy-influenced than the Seguiriyas, in the mountainous regions of Andalucía, especially in the old bandit-country around Ronda. Not many guitarists play the *palo* as a solo today, but it has a solemn magnificence in this magisterial version by Niño Ricardo. The 7th position is again favoured.

BULERÍAS (WITH METRONOME) **P. 122 AUDIO TRACK 21**

The solo shows how original *falsetas* and *rasgueo* variations can be incorporated into the traditional form. It is played at quite a modest pace to aid understanding of the rhythm (and also because the maximum tempo available on the metronome used here is 208 beats per minute). In performance, particularly with dancing, the tempo may reach 250 or more. The syncopated beginning with modern chords shows how the counted 12 beats of the *compás* relate to the notation. The metronome's bell is heard on beats 6 and 12 throughout.

NOTAS SOBRE EL TOQUE NIVEL 8

SOLEÁ DE RICARDO **P. 84 AUDIO TEMA 15**

Manuel Serrapí, 'El Niño Ricardo' (fallecido en 1974), fue uno de los grandes genios de la guitarra flamenca, cuyo toque se ha hecho una parte de los cimientos del arte de hoy. Este nivel incluye dos solos basados en su únicamente melódico e impactante estilo. La mayor parte del solo está en la séptima posición. La notación escribe la música en el mismo compás de 3 por 4 que se usa en otros ejemplos de este palo básico, pero hay una acentuación sorprendente en 6 por 8, alternando con 3 por 4, en algunas barras de la primera falseta, que recuerda las Seguiriyas. El uso continuo de la séptima posición (en relación con la cejilla al uno) crea un solo difícil de tocar limpio y con fuerza, pero vale la pena. ¿Cuántos guitarristas de hoy podrían componer falsetas de un mérito tan memorable y perdurable?

3 SEVILLANAS **P. 88 AUDIO TEMA 16**

Tres Sevillanas más de Sabicas adquieren un 'aire' contemporáneo con los pasajes iniciales de rasgueo, que incluyen algunos ejemplos más del uso de glisandos para la mano izquierda.

SOLEÁ POR MEDIO (ESENCIA) **P. 94 AUDIO TRACK 17**

Una forma tradicional de este palo se incluyó en el nivel 4. Este solo es una composición original (del álbum *El Alquimista*). El dedo 4 tiene que estirarse mucho en las barras iniciales, pero la cejilla al tres facilita ésto. Los pasajes de rasgueo y de alzapúa ayudan a mantener el ímpetu dinámico del ritmo.

RONDEÑA (AURORA) **P. 98 AUDIO TEMA 18**

Todo el mundo reconoce a Don Ramón Montoya como el maestro quien desarrolló la Rondeña como solo brillante de guitarra. Debe su único sonido, en mayor parte, al reafinar de la tercera y sexta cuerdas. La tercera está bajada a **fa** sostenido, y la sexta de **mi** a **re**. La notación del tono tiene tres sostenidos. La tonalidad se construye en el modo frigio basado en **do** sostenido. En esta composición original (del programa *Luna Negra*) una gran parte de la música está en la forma de *toque libre*, sin líneas entre las barras, así que la notación puede ser sólo aproximada, pero hay tres pasajes *a compás*, en ritmo regular. El primero de éstos es una melodía de trémolo (desde la línea 12 de la notación). El segundo es corto (desde la barra 51). El tercero (desde la barra 66) tiene el compás de 6 por 8 de las Rondeñas canasteras. El gran cantaor Rafael Romero, ya difunto, interpretó fenomenalmente este palo (por una sugerencia de Juan Martín en la afinación ya mencionada) relacionado con los Verdiales, así como Antonio Aparecida en el álbum *Arte Flamenco Puro*.

RUMBA NOSTÁLGICA **P. 108 AUDIO TEMA 19**

Ricardo Molina y Antonio Mairena, autores de *Mundos y Formas del Cante Flamenco* (1971) y feroces defensores de lo que creen ser la tradición gitana del verdadero flamenco, rechazan las rumbas flamencas en su párafo final como 'de poco interés artístico y de escaso sabor andaluz'. Una opinión tan áspera no puede ser aceptada por las muchas personas quienes encuentran en este palo el ritmo más asequible y popular de hoy. Claro, la rumba flamenca ha ayudado a popularizar el flamenco para un público internacional, pero puede dominar demasiado, en detrimento de palos más tradicionales que tienen más riquezas musicales. Esta composición original de guitarra (otra vez del álbum *El Alquimista*) demuestra que el palo puede ofrecer más valores flamencos que reconocen Molina y Mairena. El solo está en el tono de **mi** menor, que le da una cualidad más oscura y misteriosa que los tonos mayores. La dificultad técnica del solo está particularmente en los pasajes rítmicos en las posiciones más altas y en las secuencias de alzapúa, que requieren mucha práctica para tocarlas a la velocidad correcta y con apropiado énfasis rítmico.

SERRANAS DE RICARDO **P. 115 AUDIO TEMA 20**

Tocadas en el modo frigio basado en **mi** en lugar del **la** de Seguiriyas (que tienen el mismo compás), las Serranas tienen un sonido más bajo. Su nombre y el contenido de sus letras tradicionales señalan un origen, posiblemente menos gitano que el de las Seguiriyas, en las sierras de Andalucía, especialmente en el campo de los bandoleros alrededor de Ronda. Hoy día no hay muchos tocaores que presenten este palo como solo de guitarra, pero tiene una magnificencia solemne en esta versión magistral del Niño Ricardo. Otra vez la séptima posición se favorece.

BULERÍAS (CON METRÓNOMO) **P. 122 AUDIO TEMA 21**

El solo demuestra como falsetas originales y variaciones de rasgueo pueden ser incorporadas en la forma tradicional. Se toca a una velocidad bastante moderada para ayudar la comprensión del ritmo (y también porque la velocidad máxima del metrónomo usado aquí es 208 golpes al minuto). En una actuación, particularmente con el baile, el tempo puede alcanzar a 250 o más. El principio sincopado con acordes modernos demuestra cómo el contado compás de 12 golpes está relacionado con la notación. La campanita del metrónomo se oye en los golpes 6 y 12 desde el principio hasta el final.

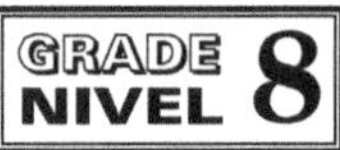

Soleá

de Ricardo

Capo at 1st fret
Cejilla al uno

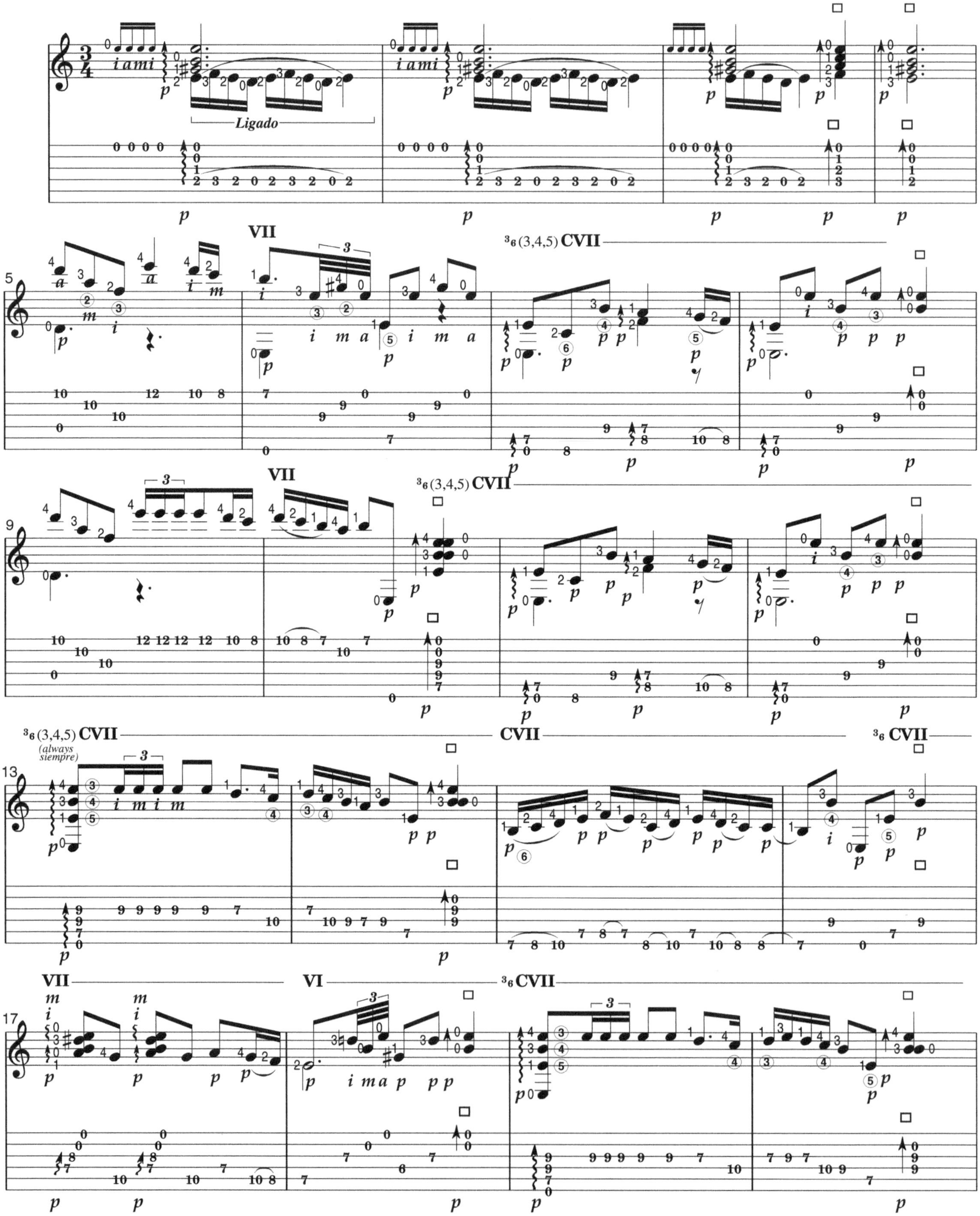

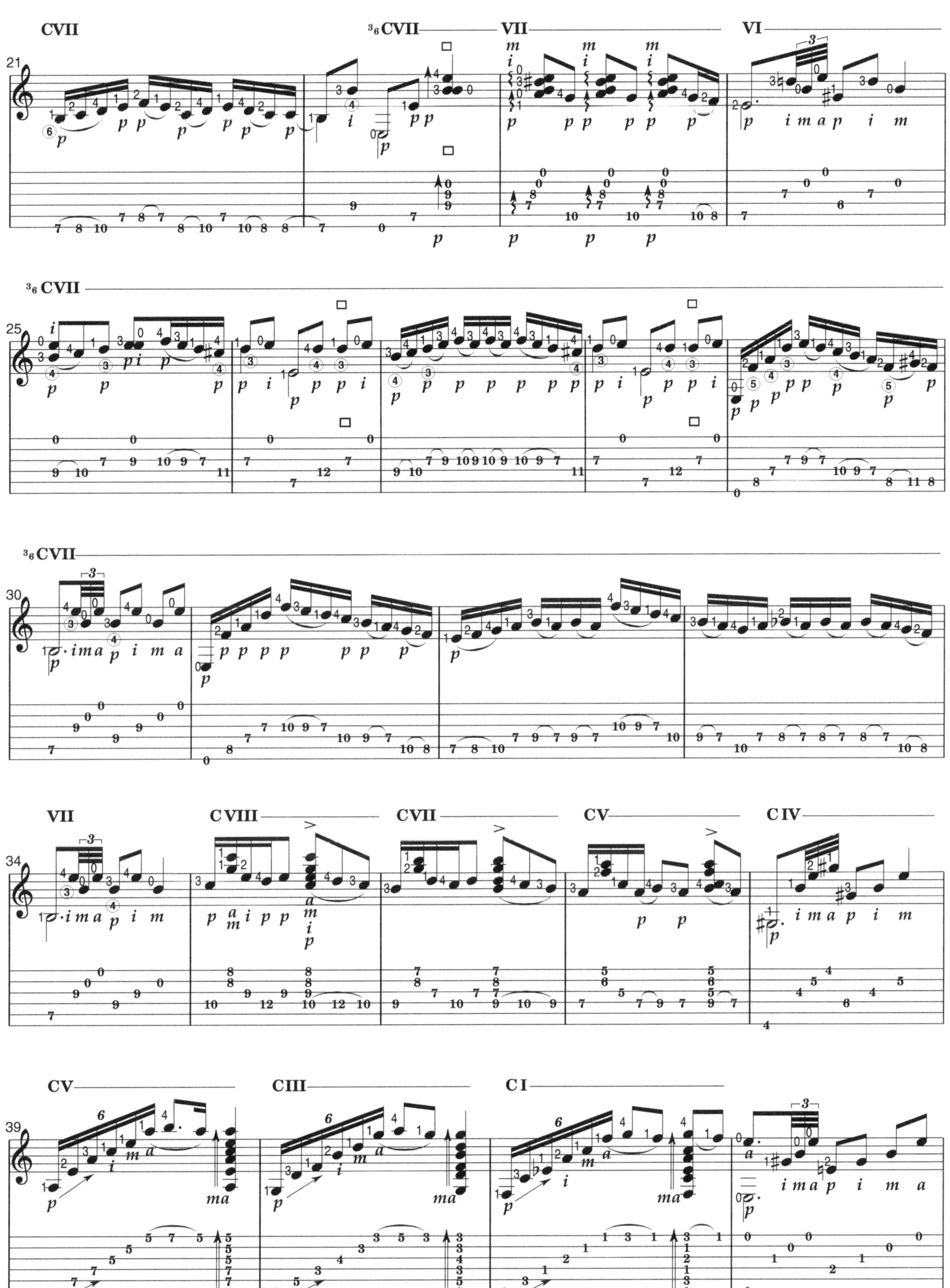
CVII
$^{3}_{6}$CVII
VII
VI
$^{3}_{6}$CVII
$^{3}_{6}$CVII
VII
CVIII
CVII
CV
CIV
CV
CIII
CI

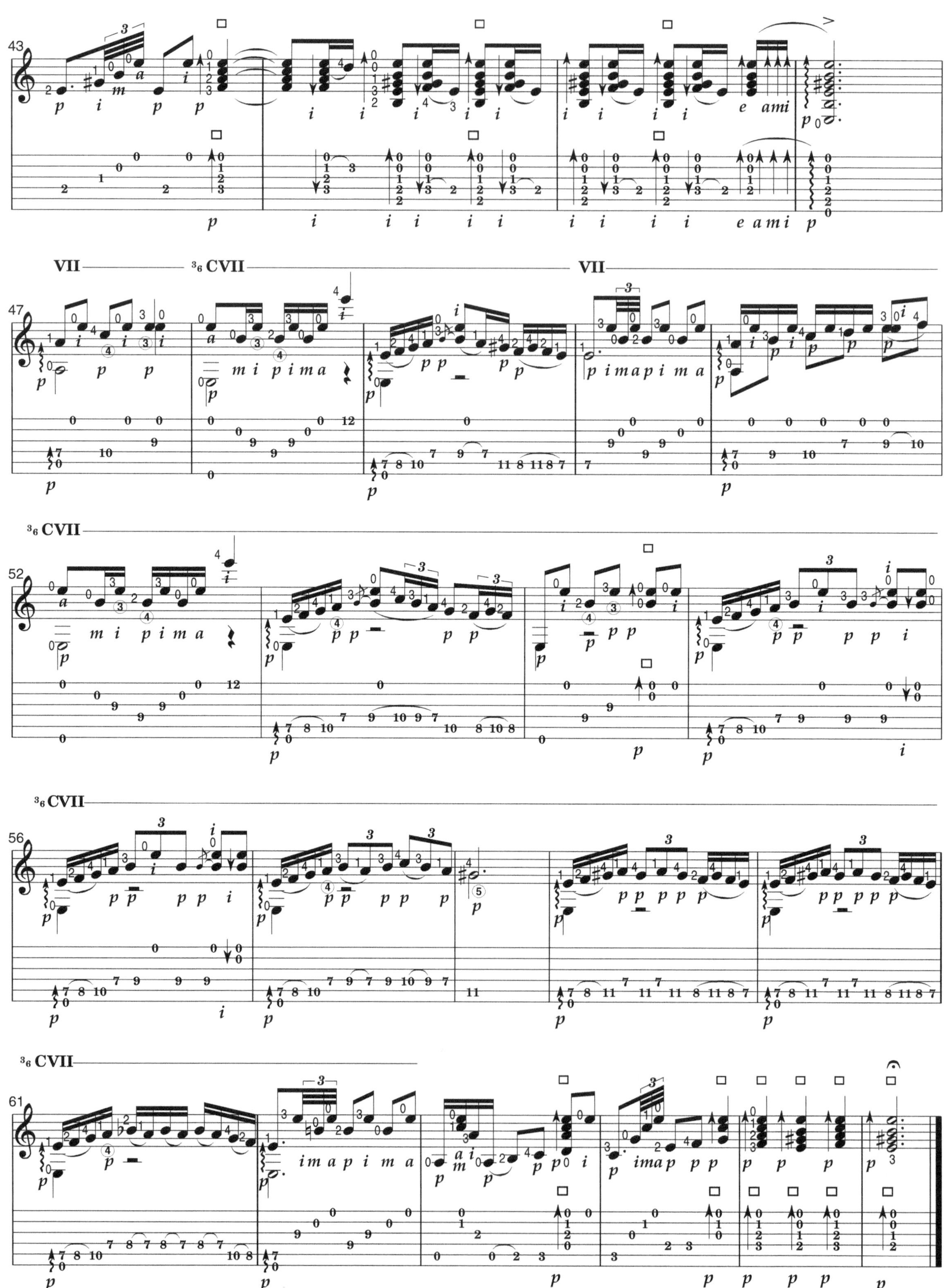
VII
CVII

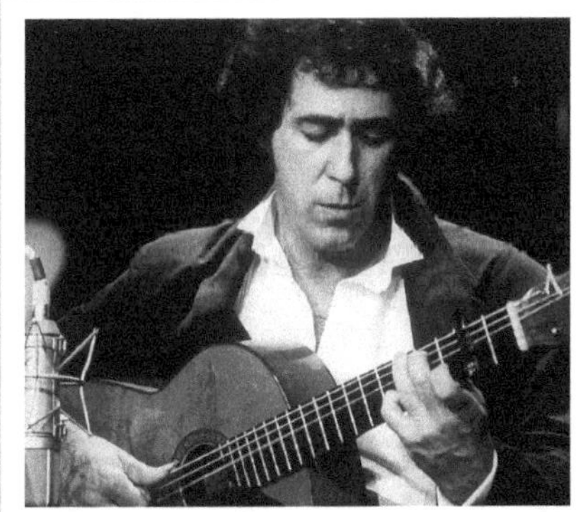

Montreux Jazz Festival 1985.

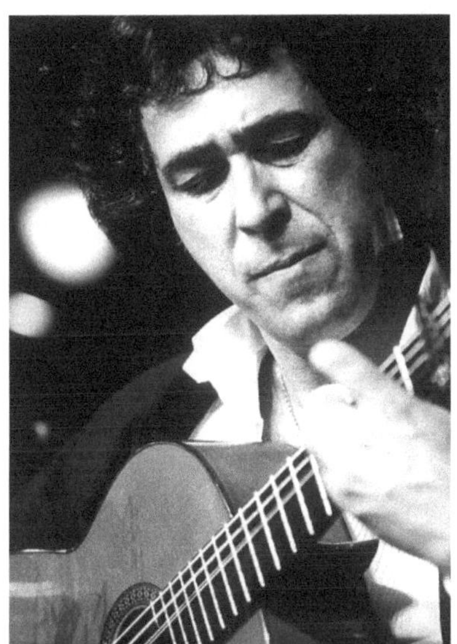

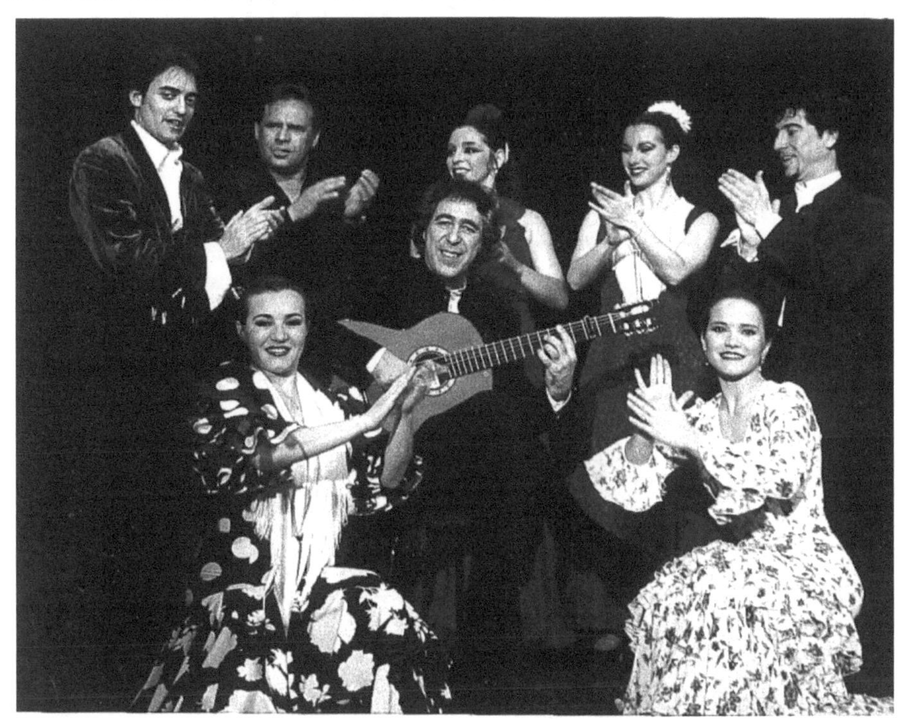

David Morales (bailaor), Antonio Aparecida (cantaor), Raquel de Luna (bailaora), Sonia (bailaora). Salvador Moreno 'El Tigre' (bailaor), Las Hermanas Ecijanas (cantaoras y bailaoras) during a tour of/ durante una gira de Andalucía, 2001.

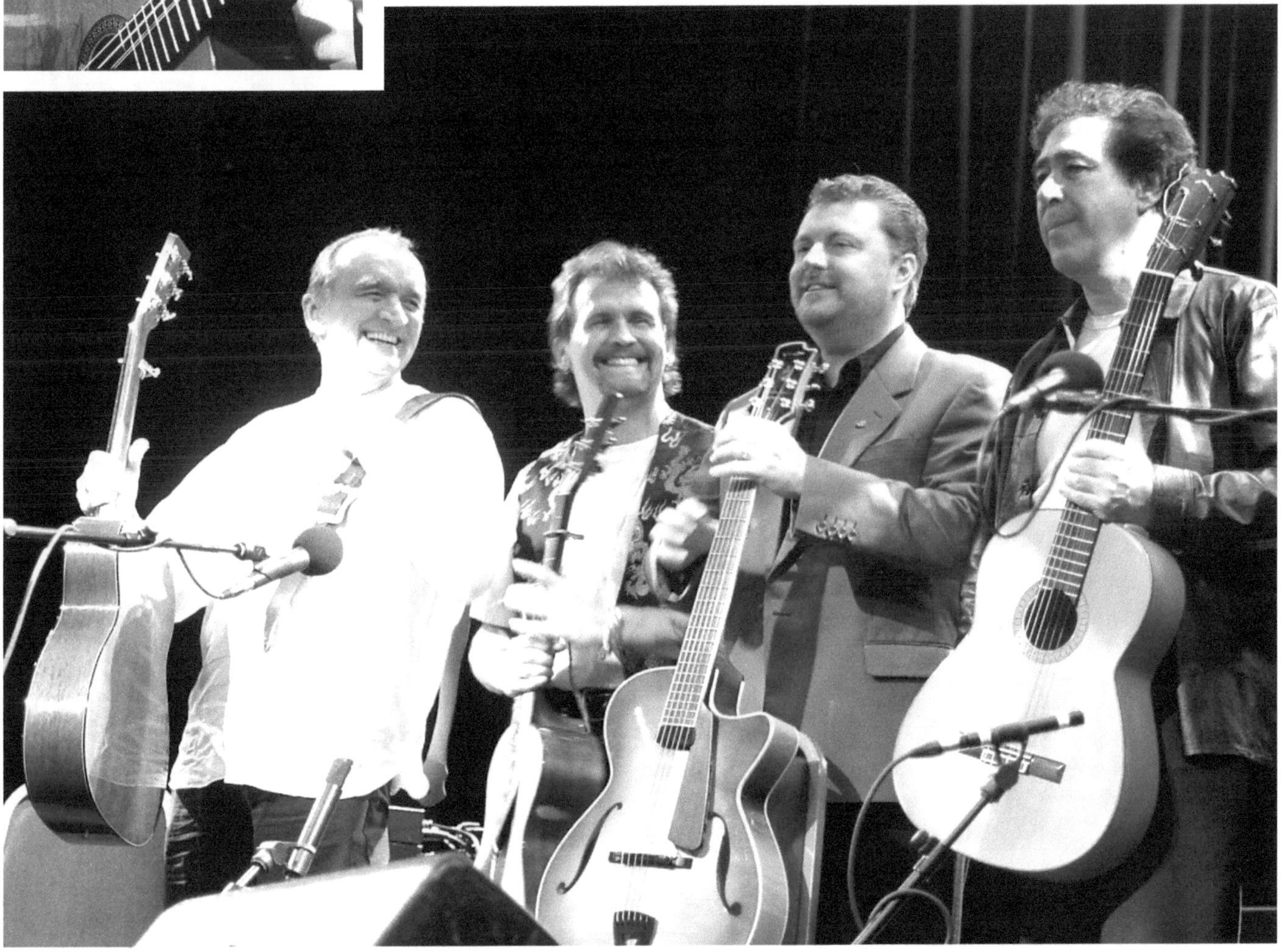

'The Four Martins' - Martin Carthy (folk), Martin Simpson (folk and blues), Martin Taylor (jazz), Juan Martín (flamenco). Wales 2003.

GRADE NIVEL 8

3 Sevillanas

Sevillana 1

Capo at 2nd fret
Cejilla al dos

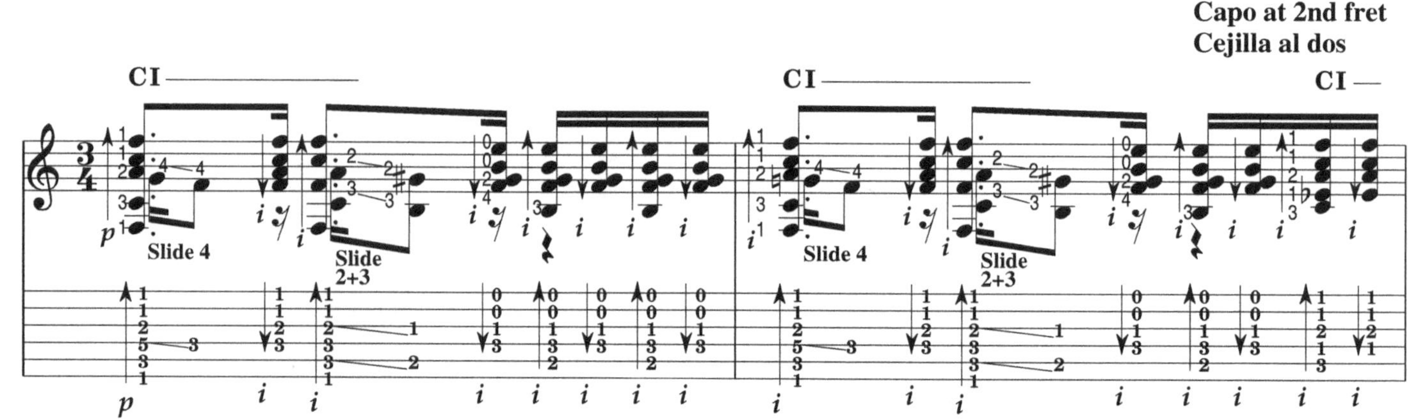

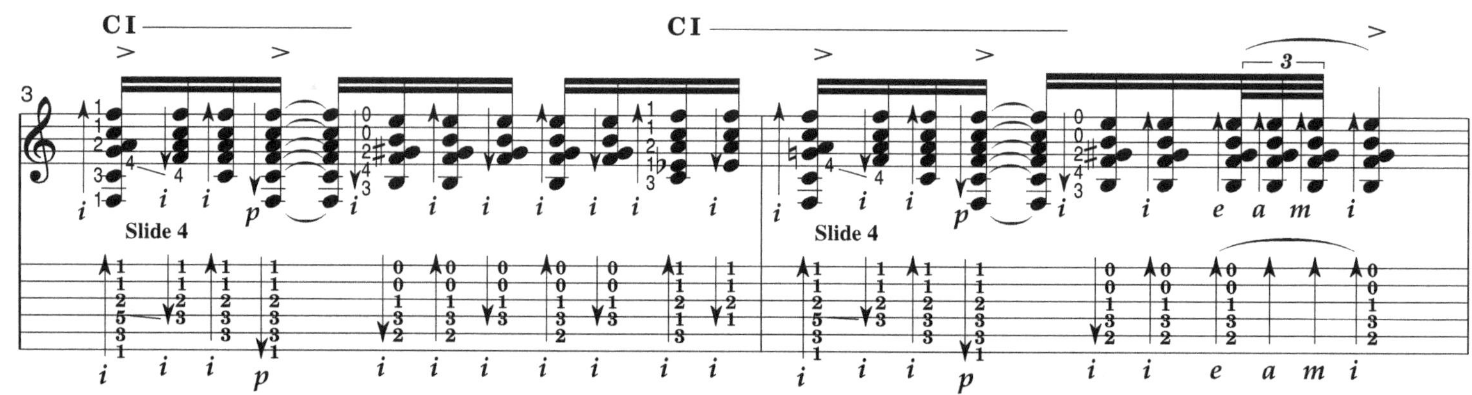

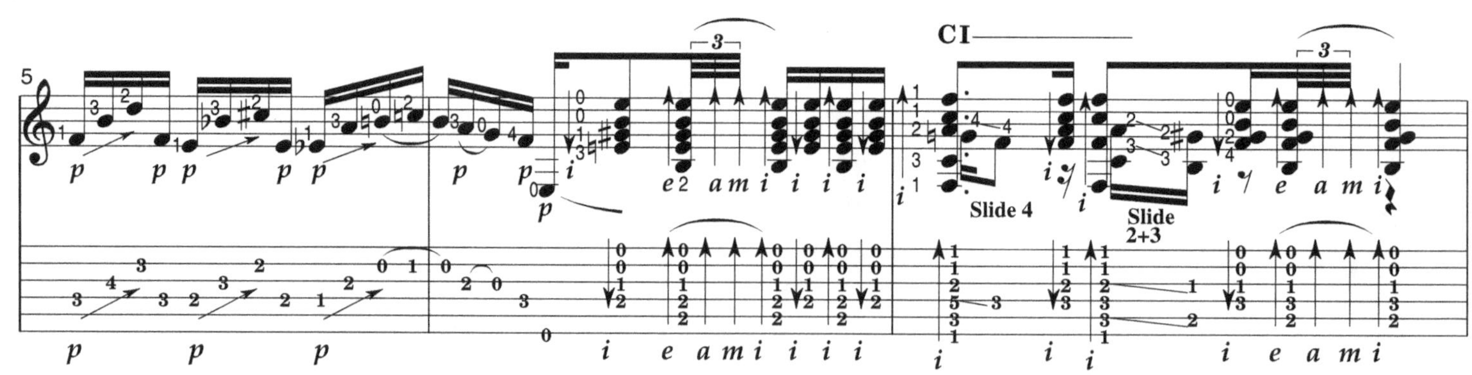

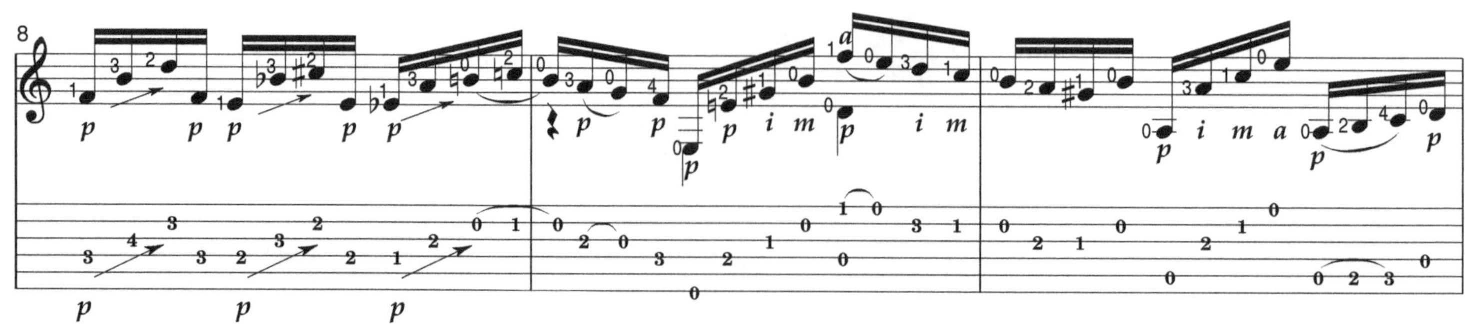

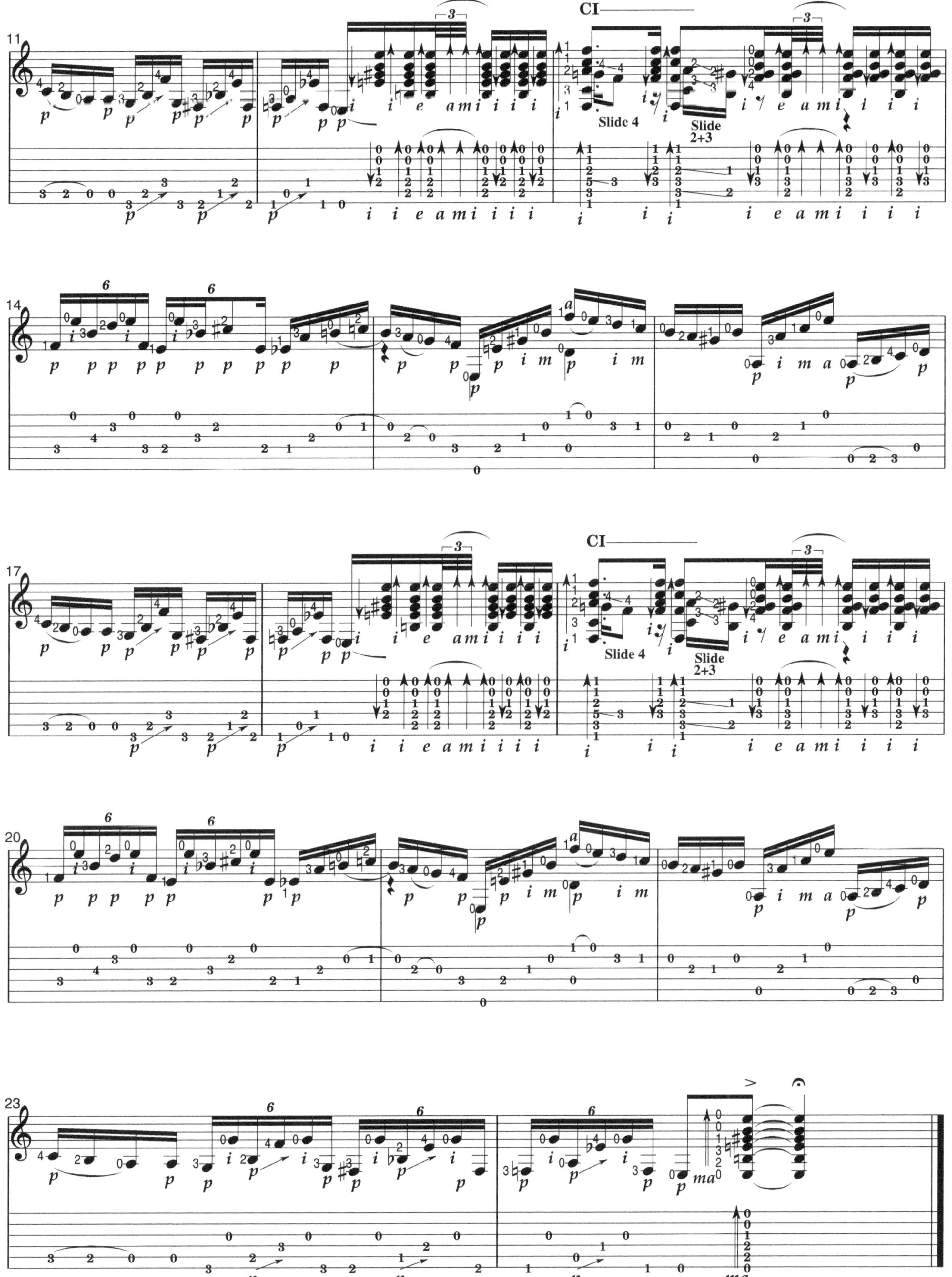
CI
Slide 4
Slide
2+3
CI
Slide 4
Slide
2+3

Sevillana 2

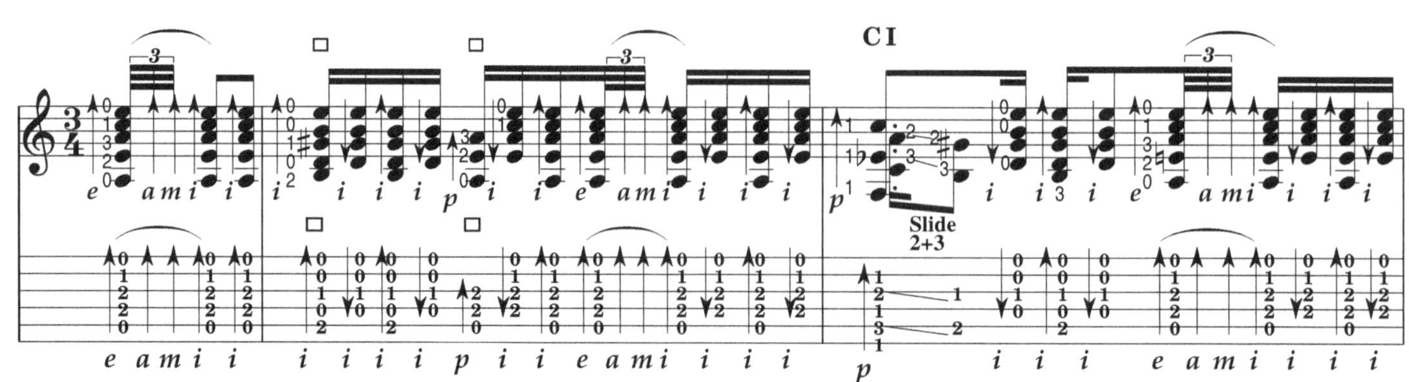

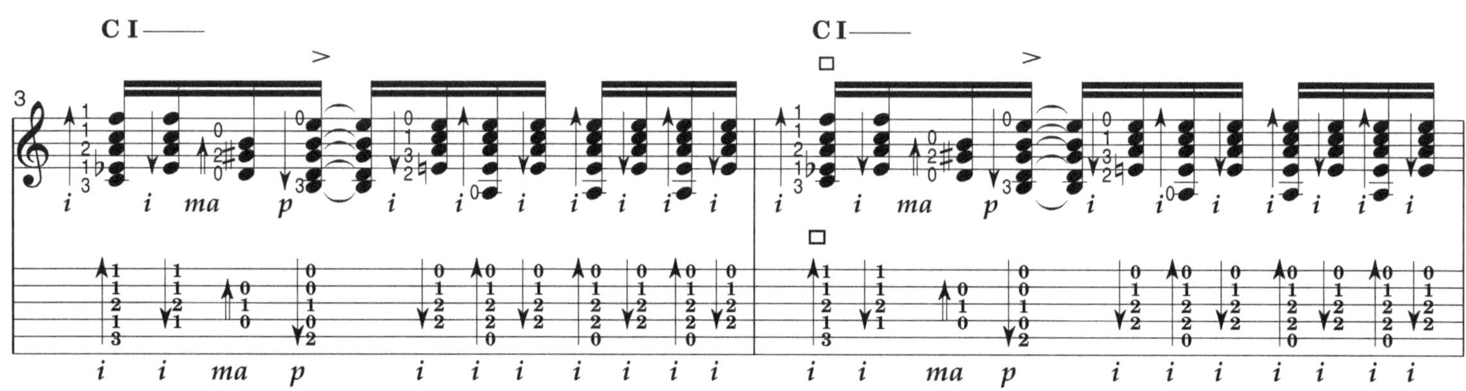

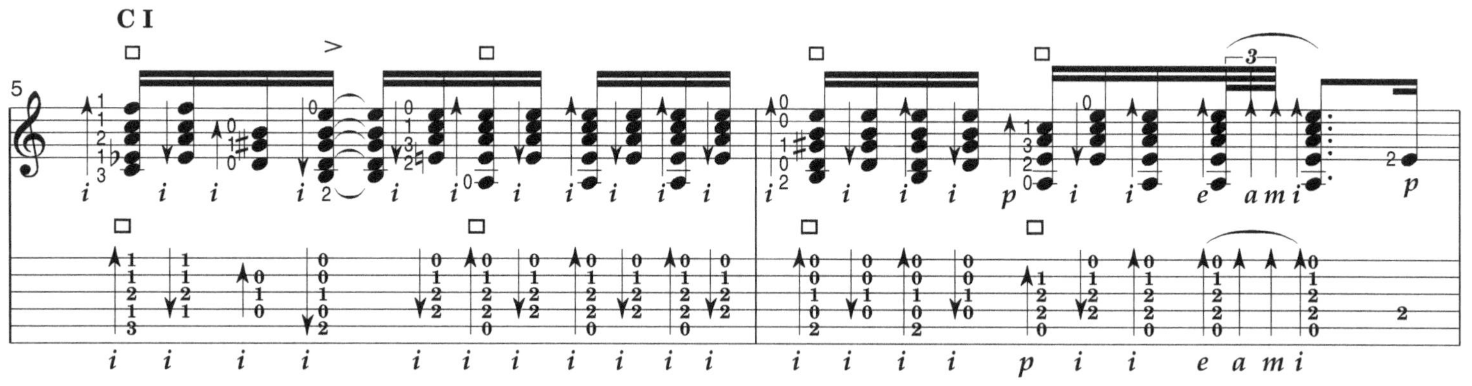

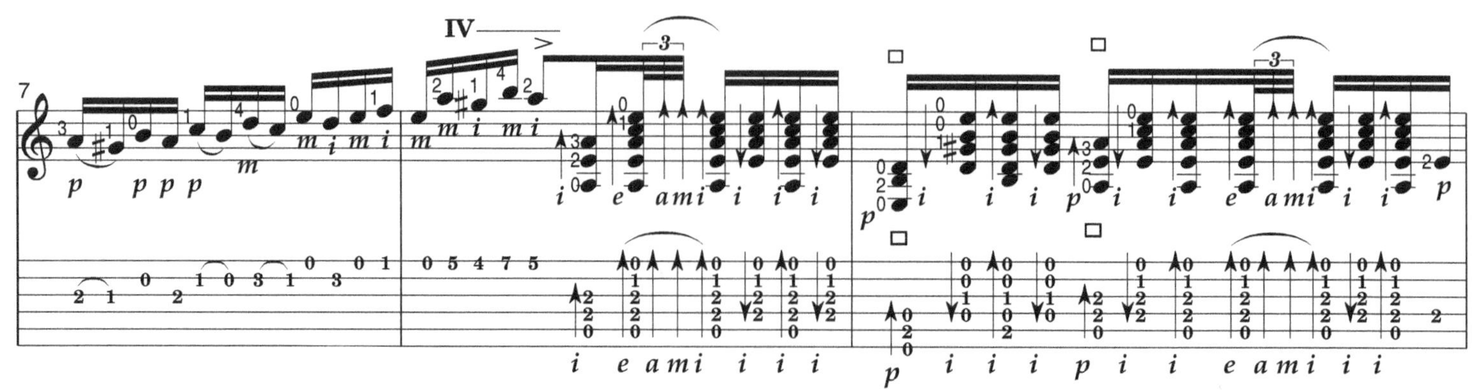

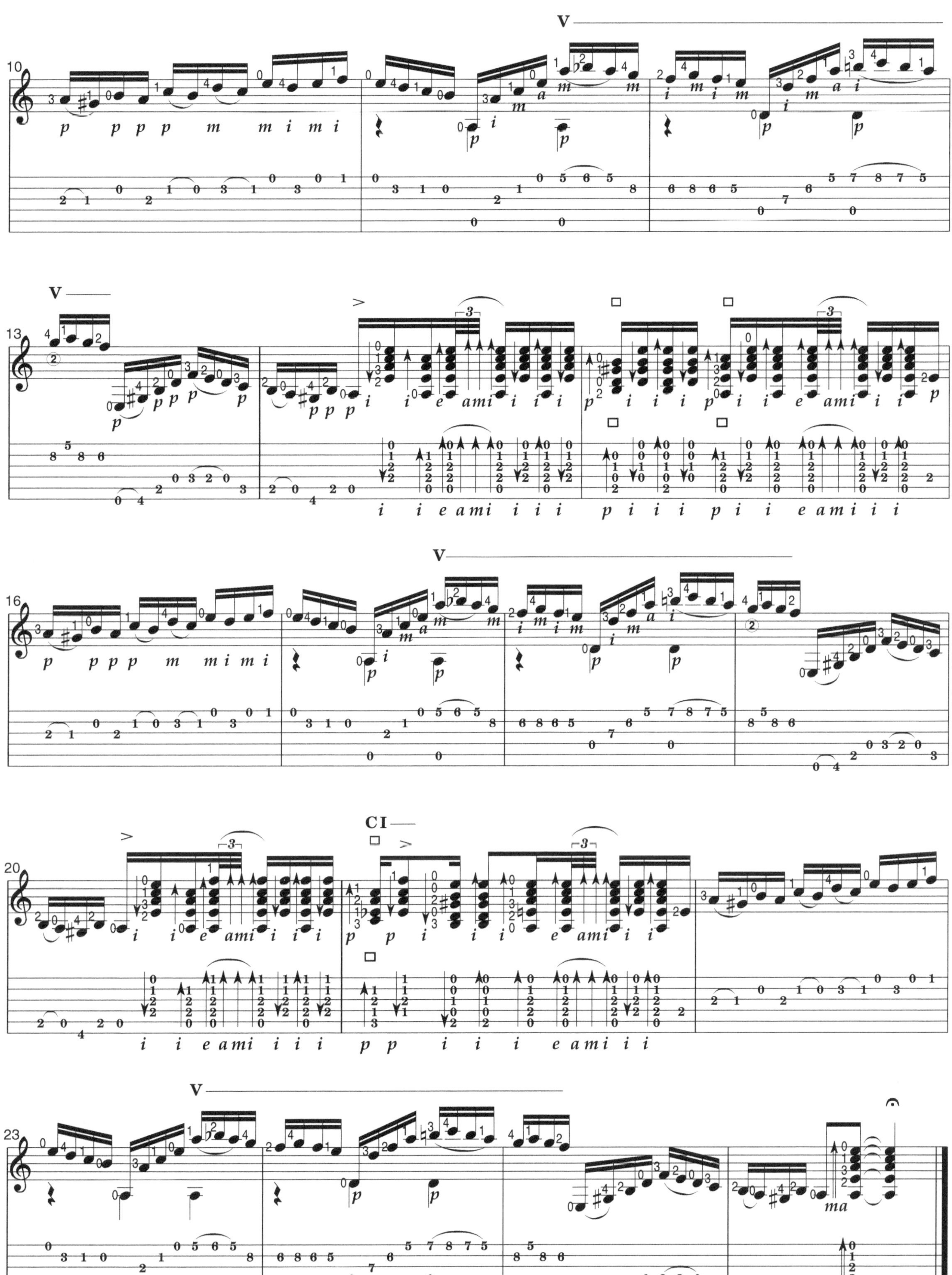

Sevillana 3

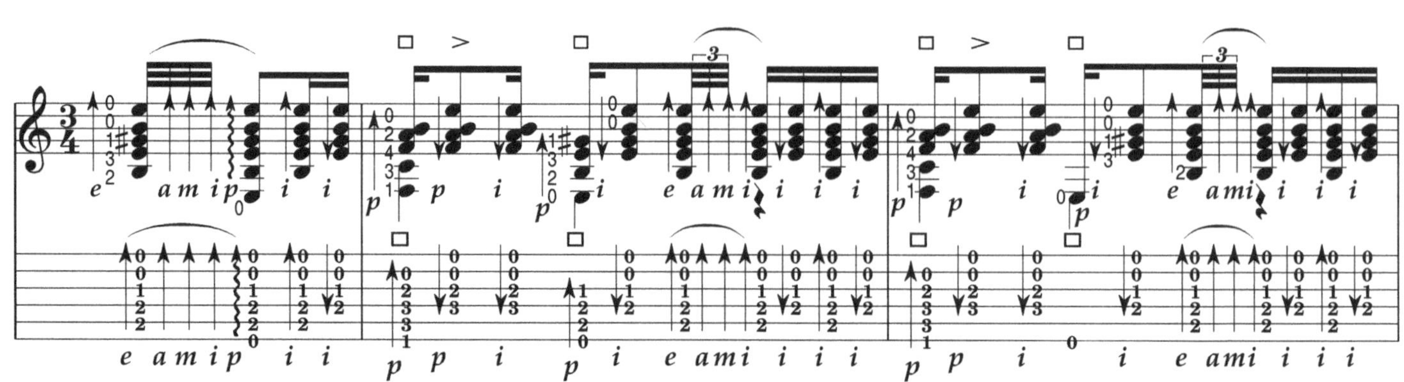

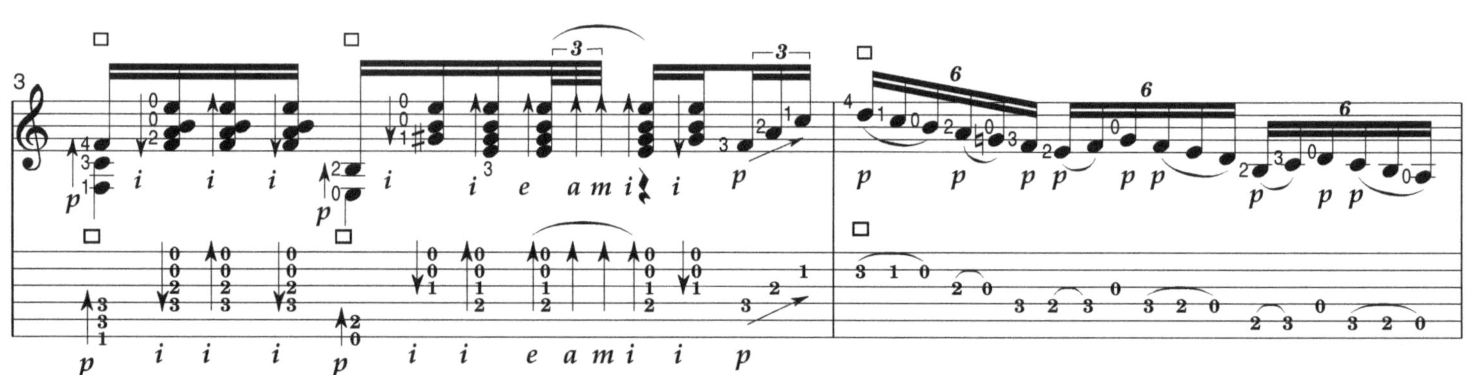

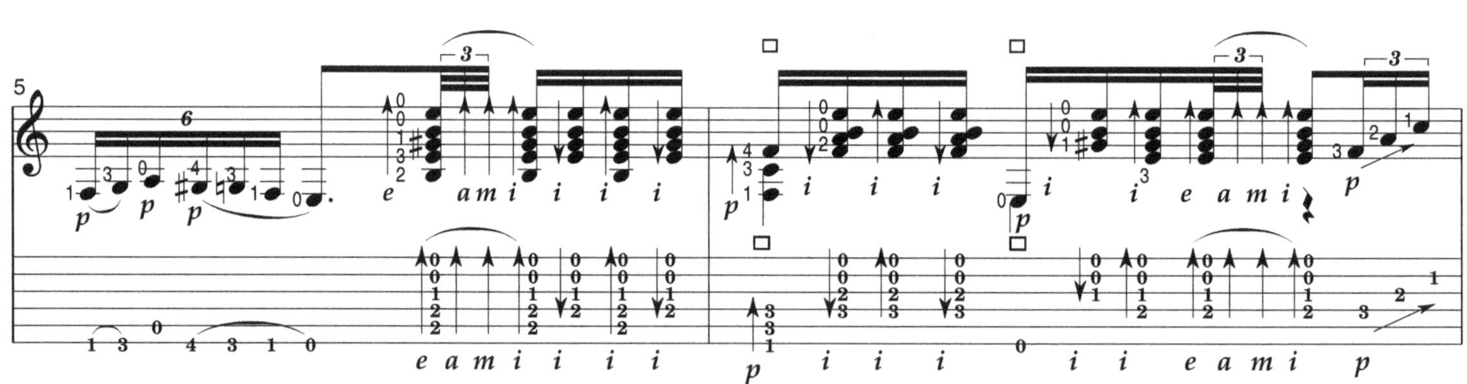

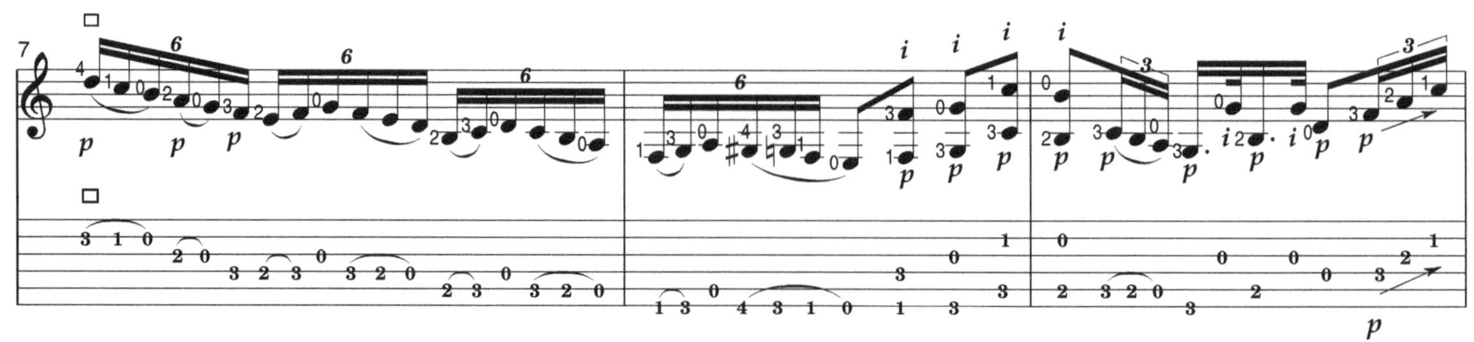

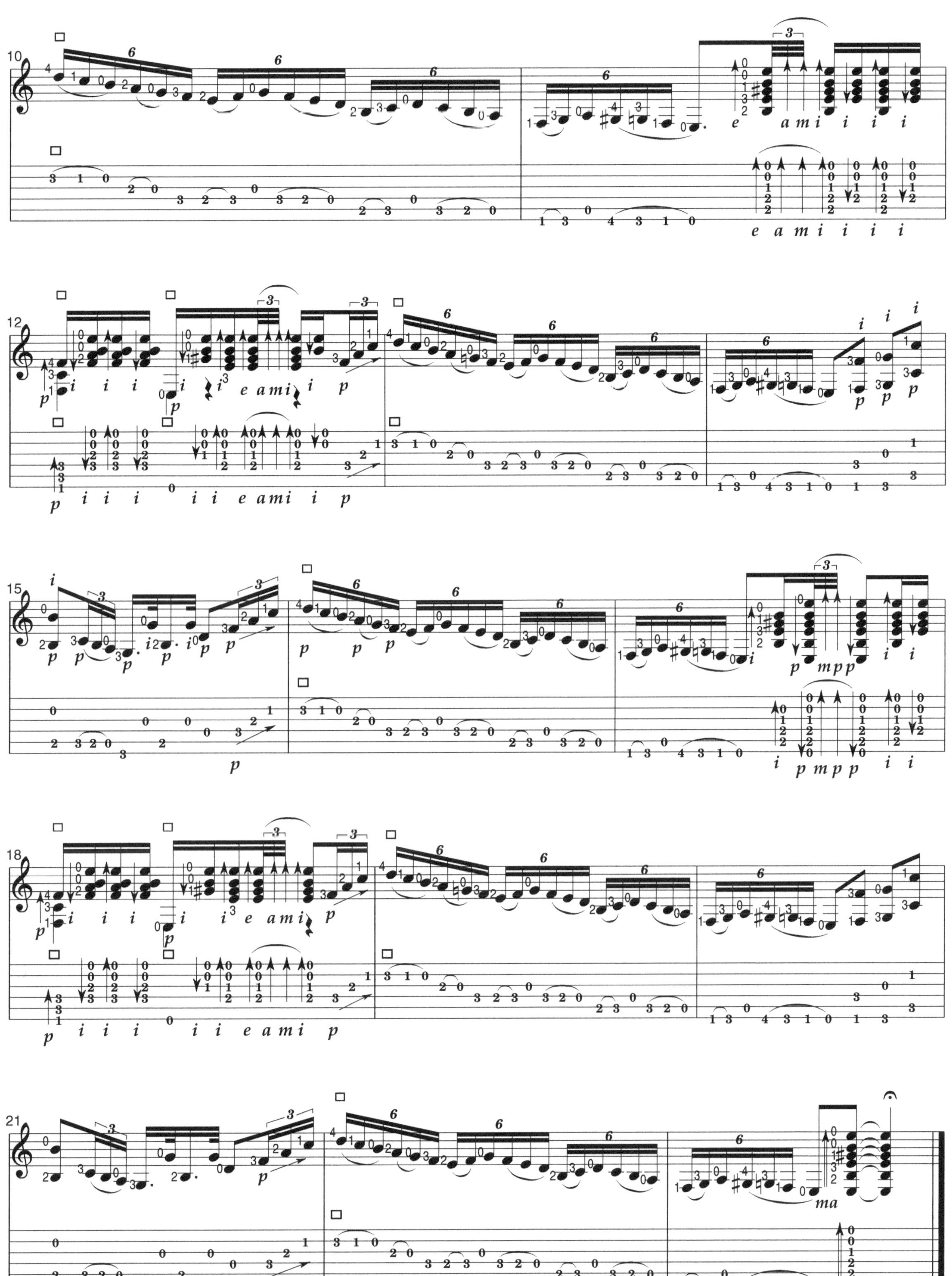

Soleá por medio

Esencia

Capo at 3rd fret
Cejilla al tres

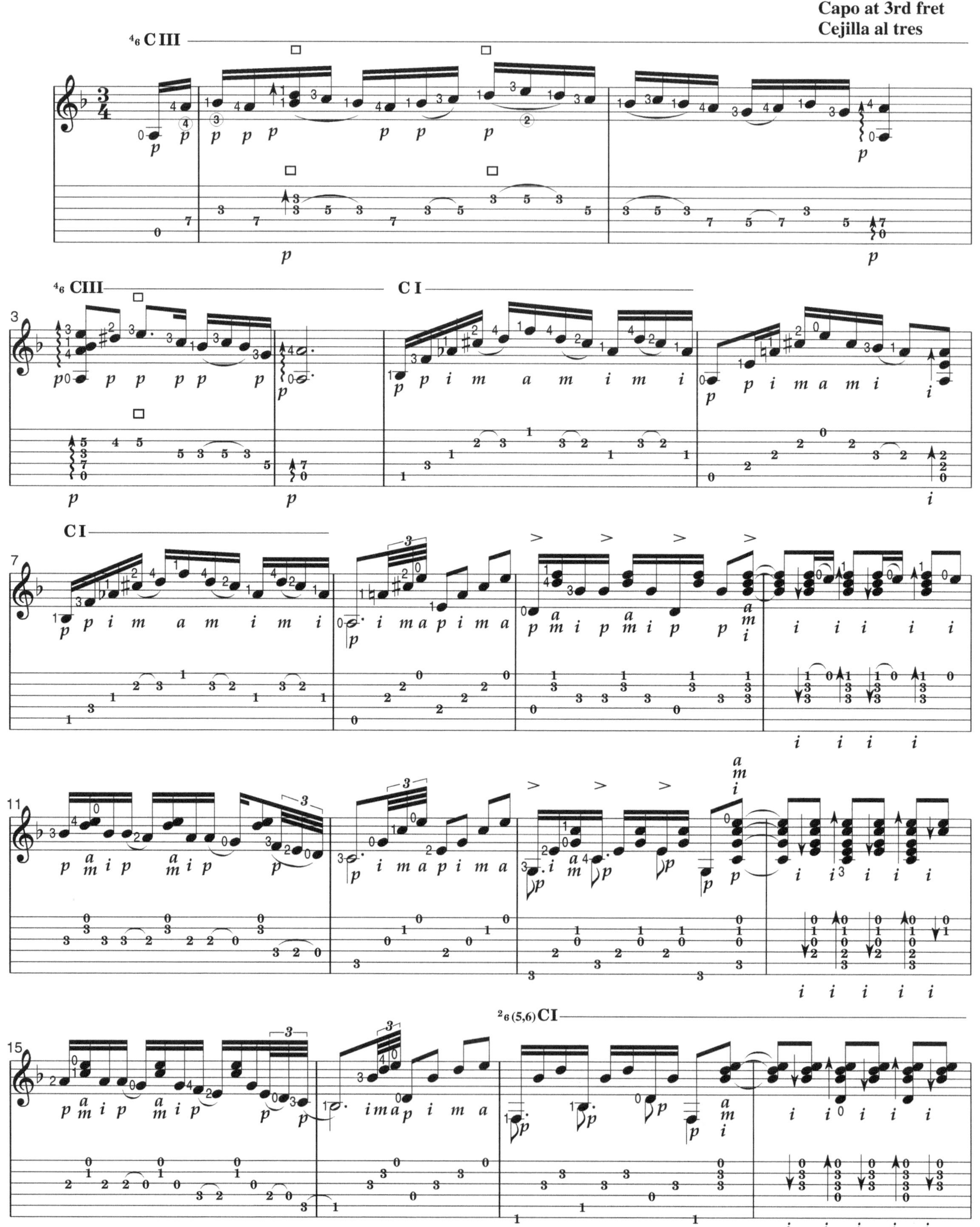

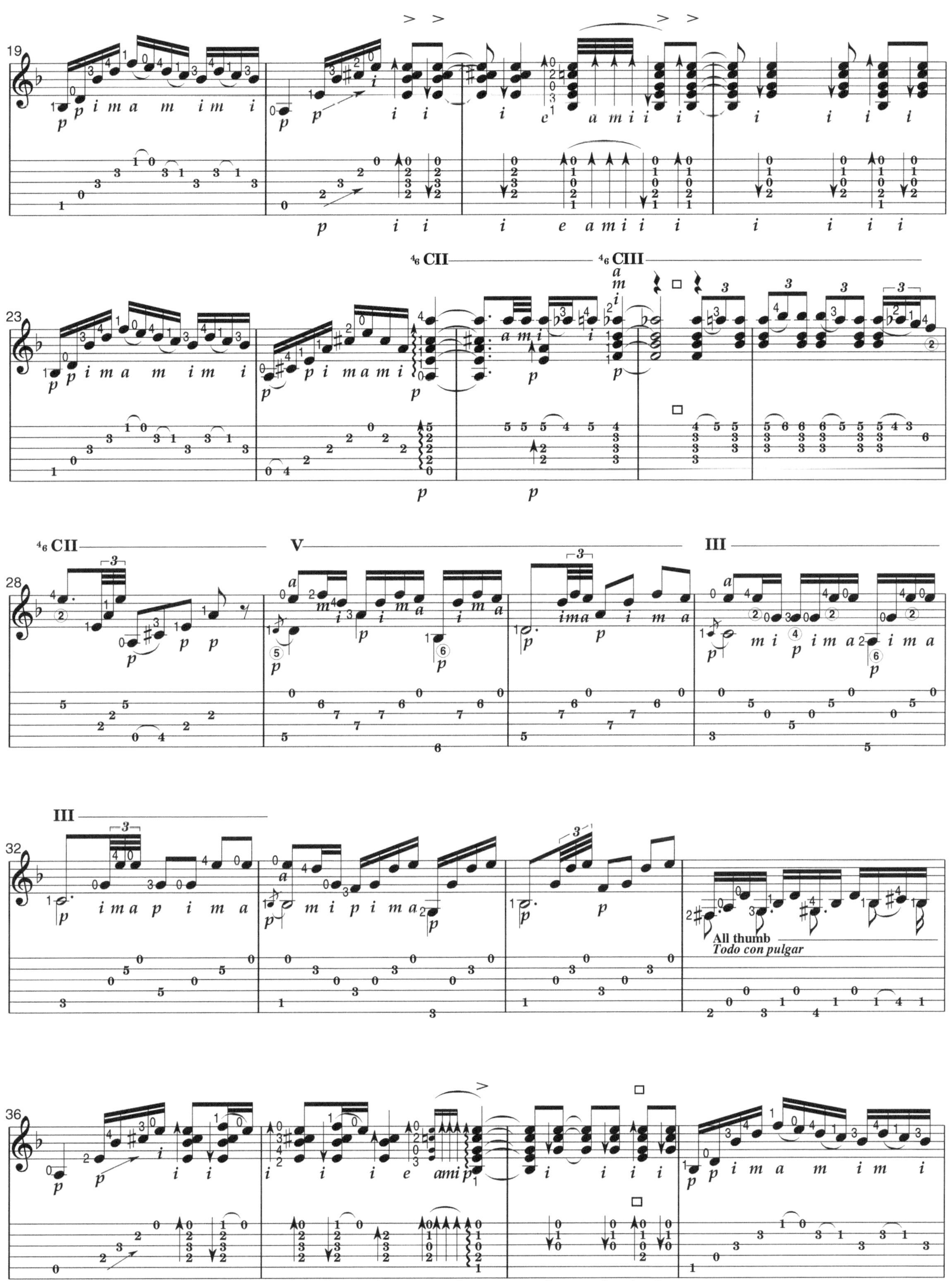
All thumb
Todo con pulgar

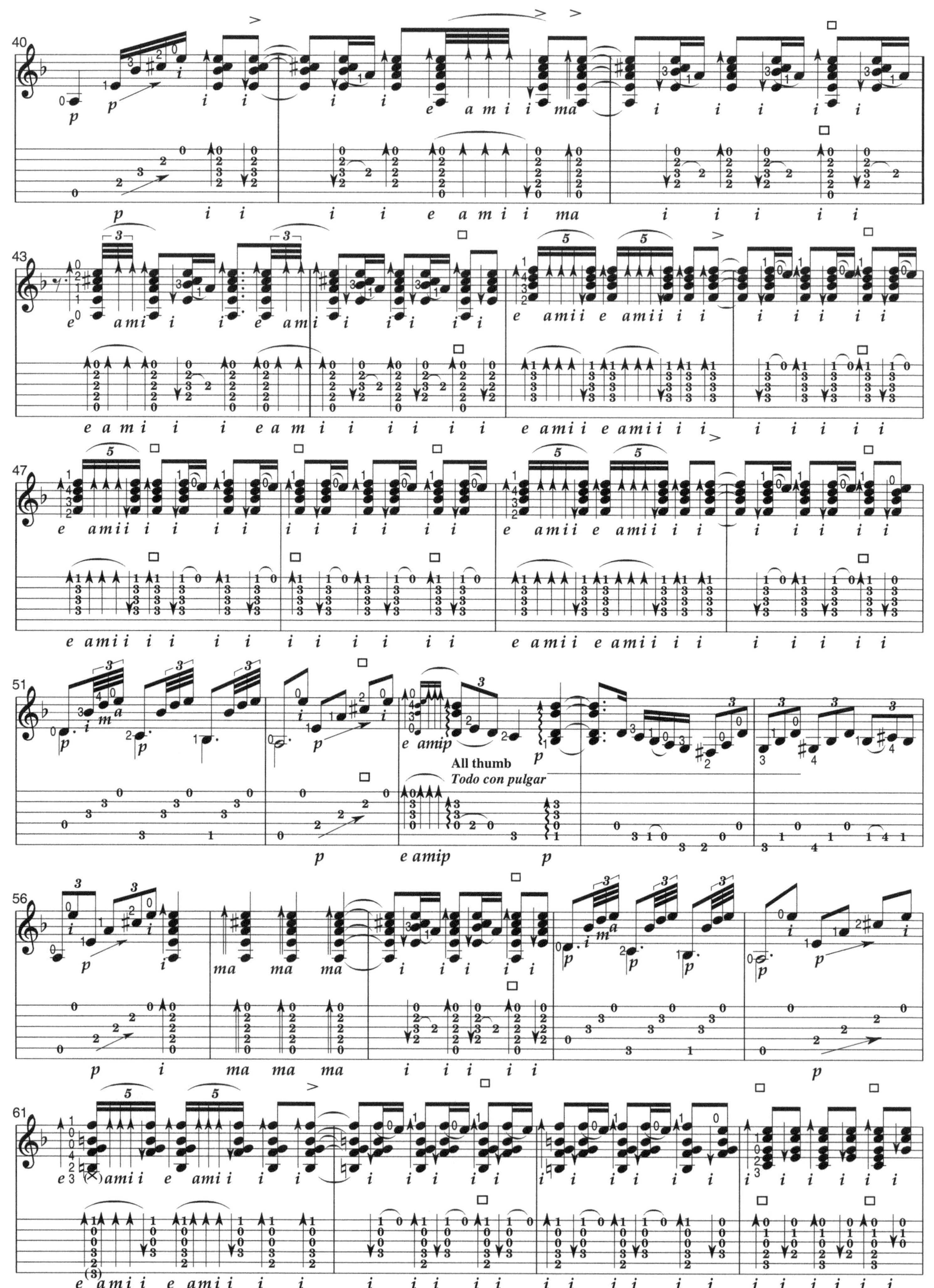
All thumb
Todo con pulgar

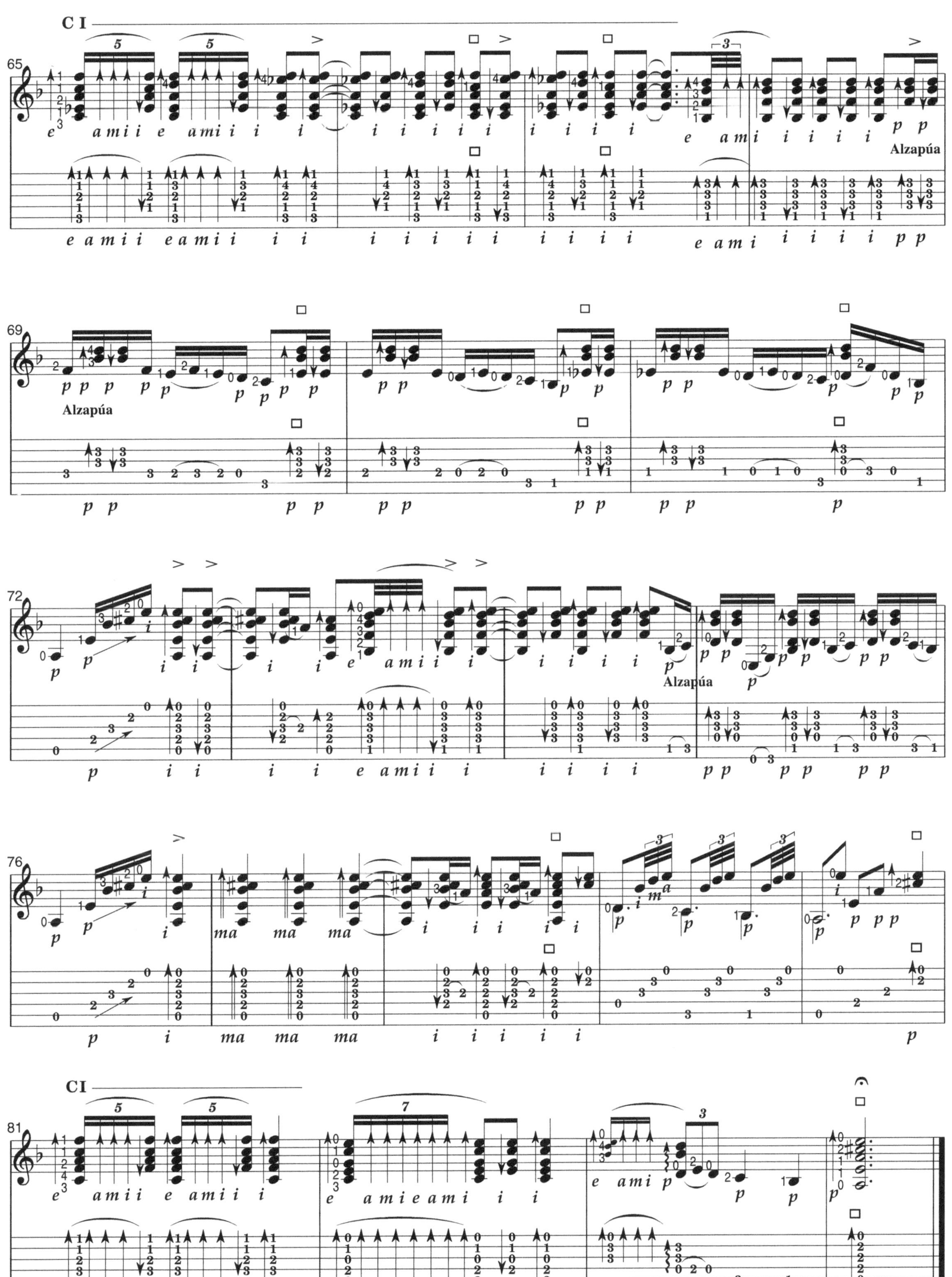
C I
Alzapúa
Alzapúa
Alzapúa
CI

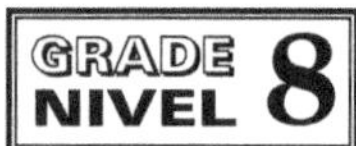

Rondeña

Aurora

3rd string = F♯
6th string = D

3ª cuerda = Fa sostenido
6ª cuerda = Re

Capo at 2nd fret
Cejilla al dos

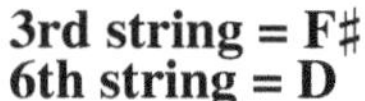

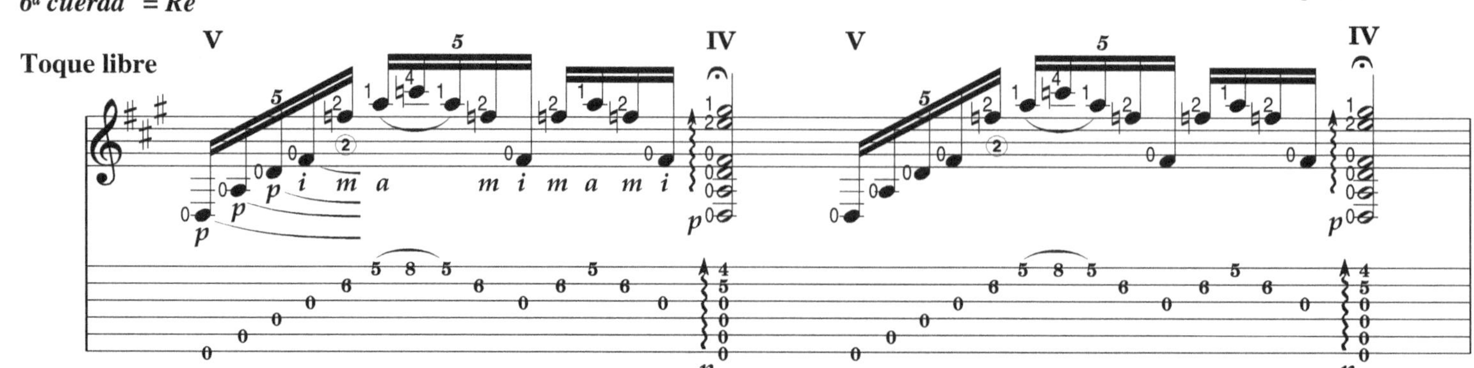

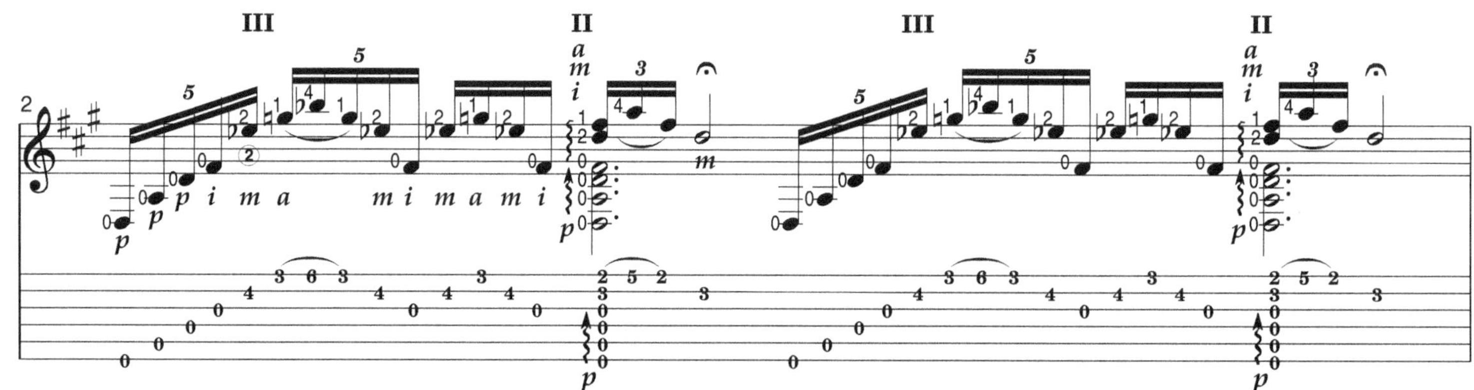

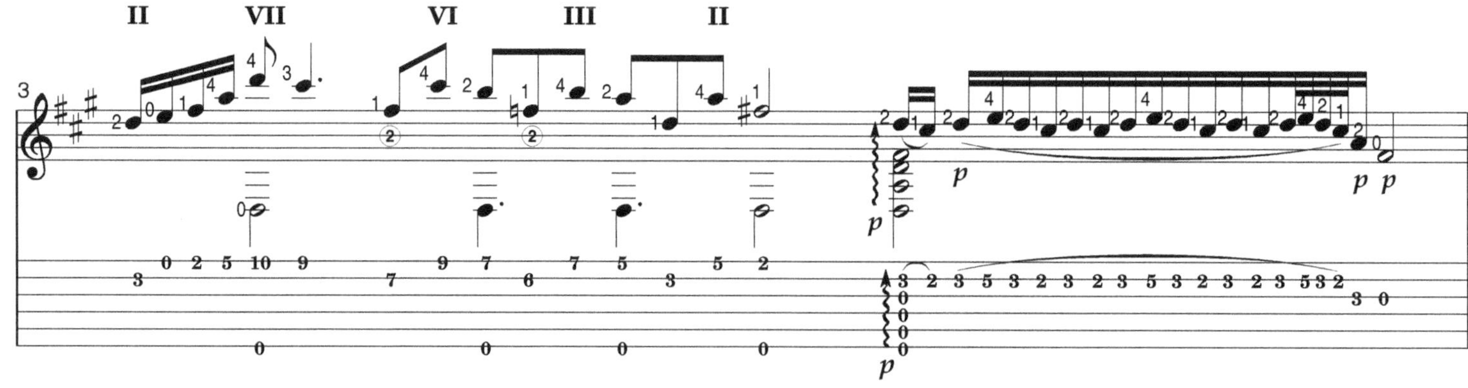

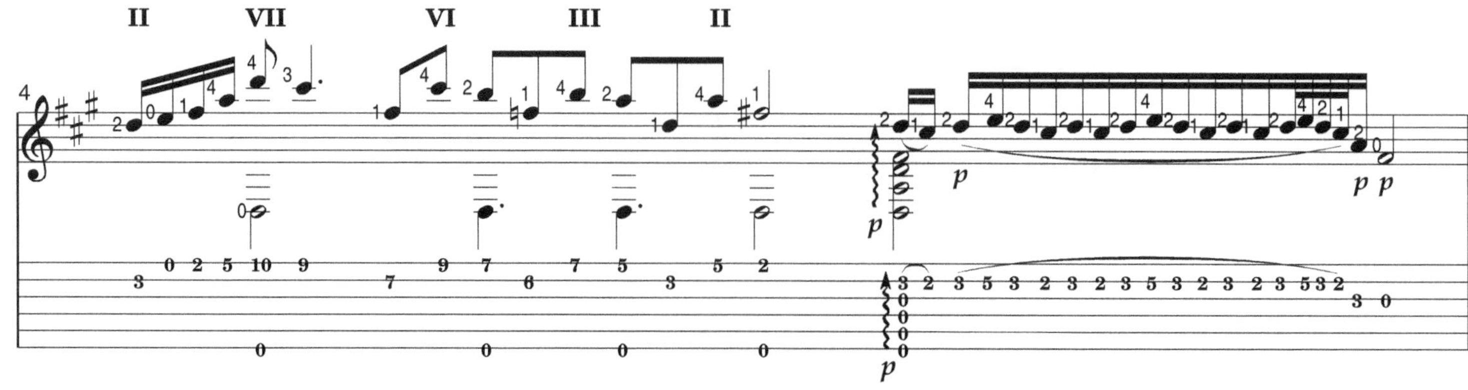

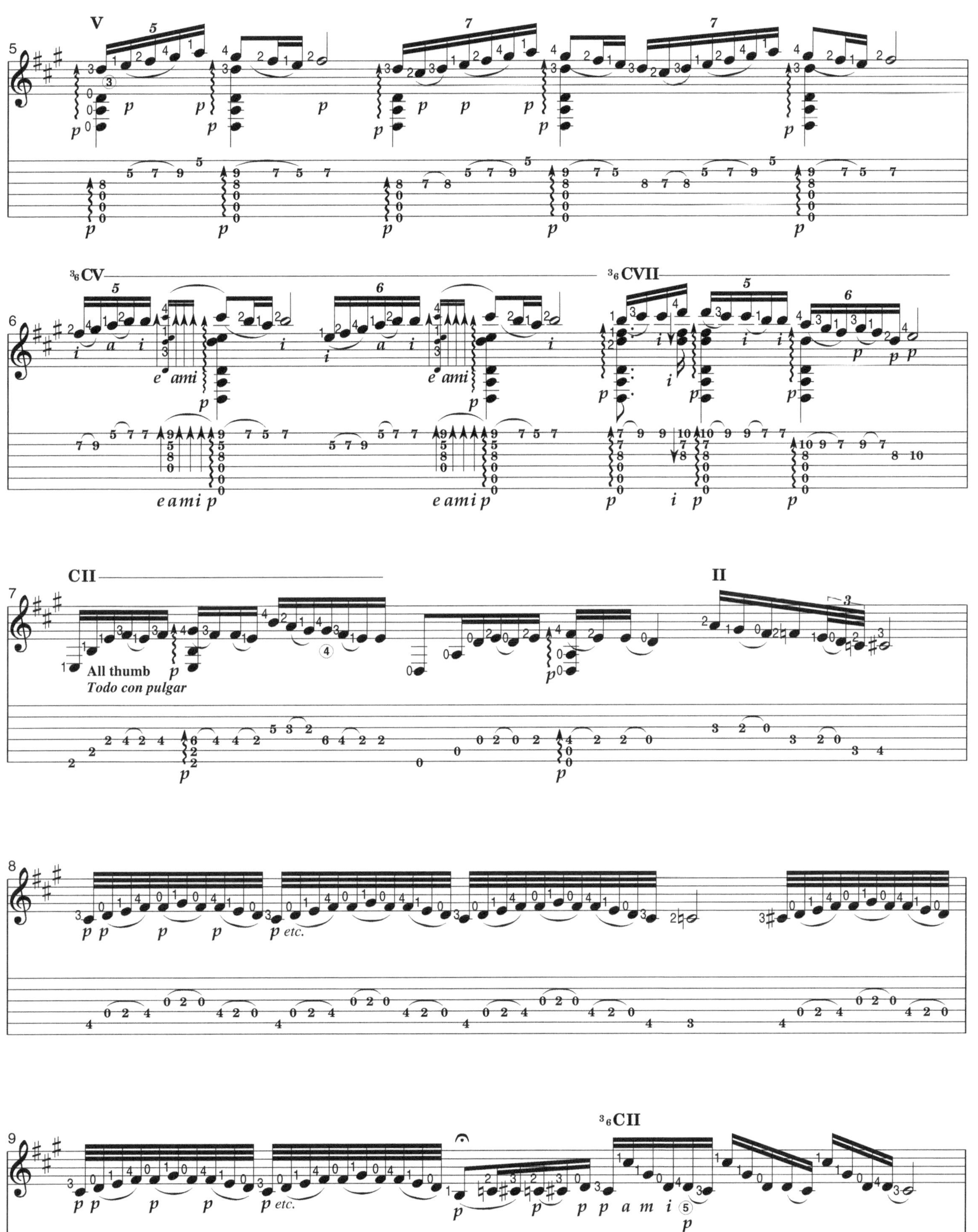
All thumb
Todo con pulgar

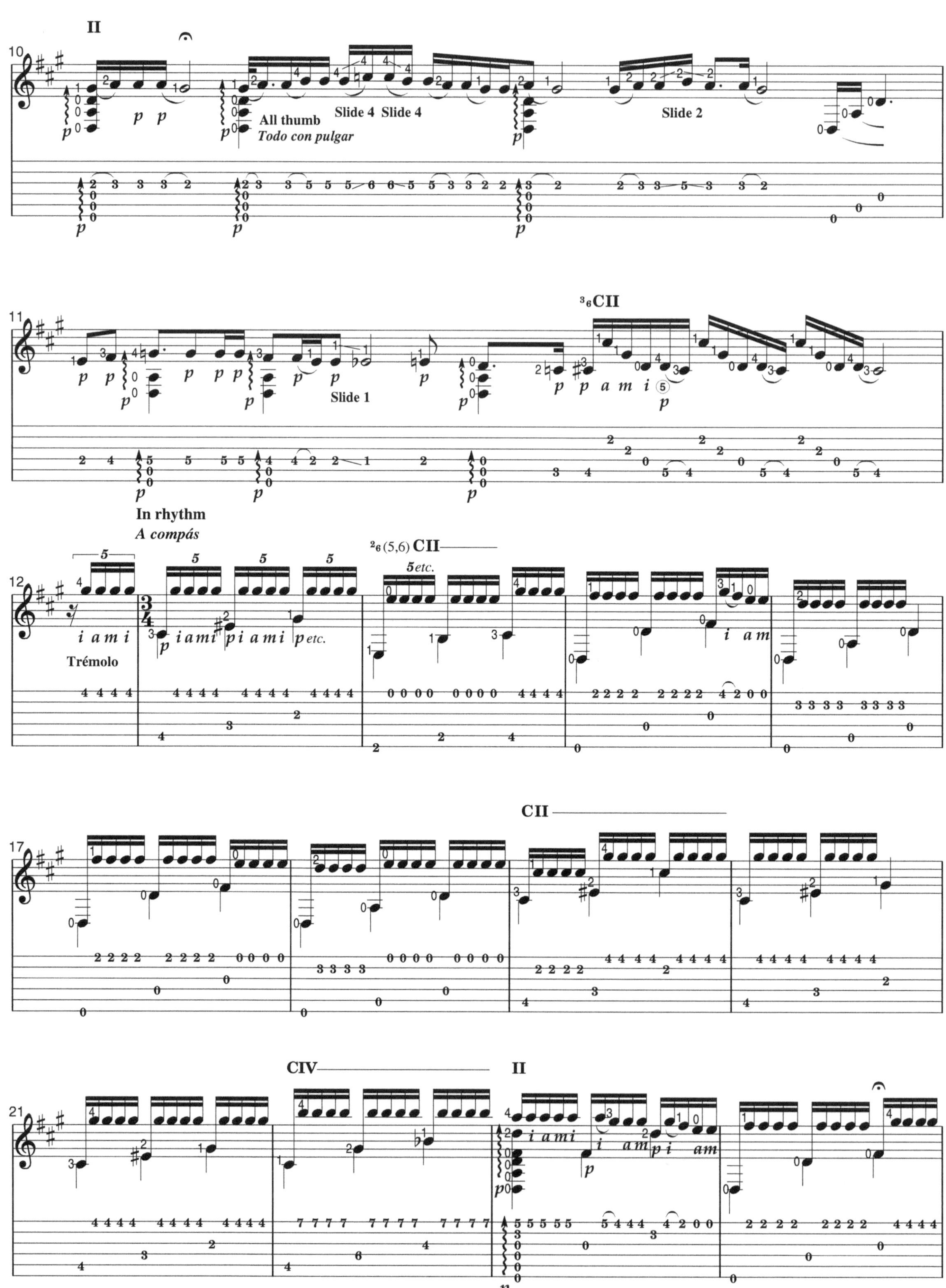
II
All thumb
Todo con pulgar
Slide 4
Slide 4
Slide 2
Slide 1
In rhythm
A compás
Trémolo
CII
CIV

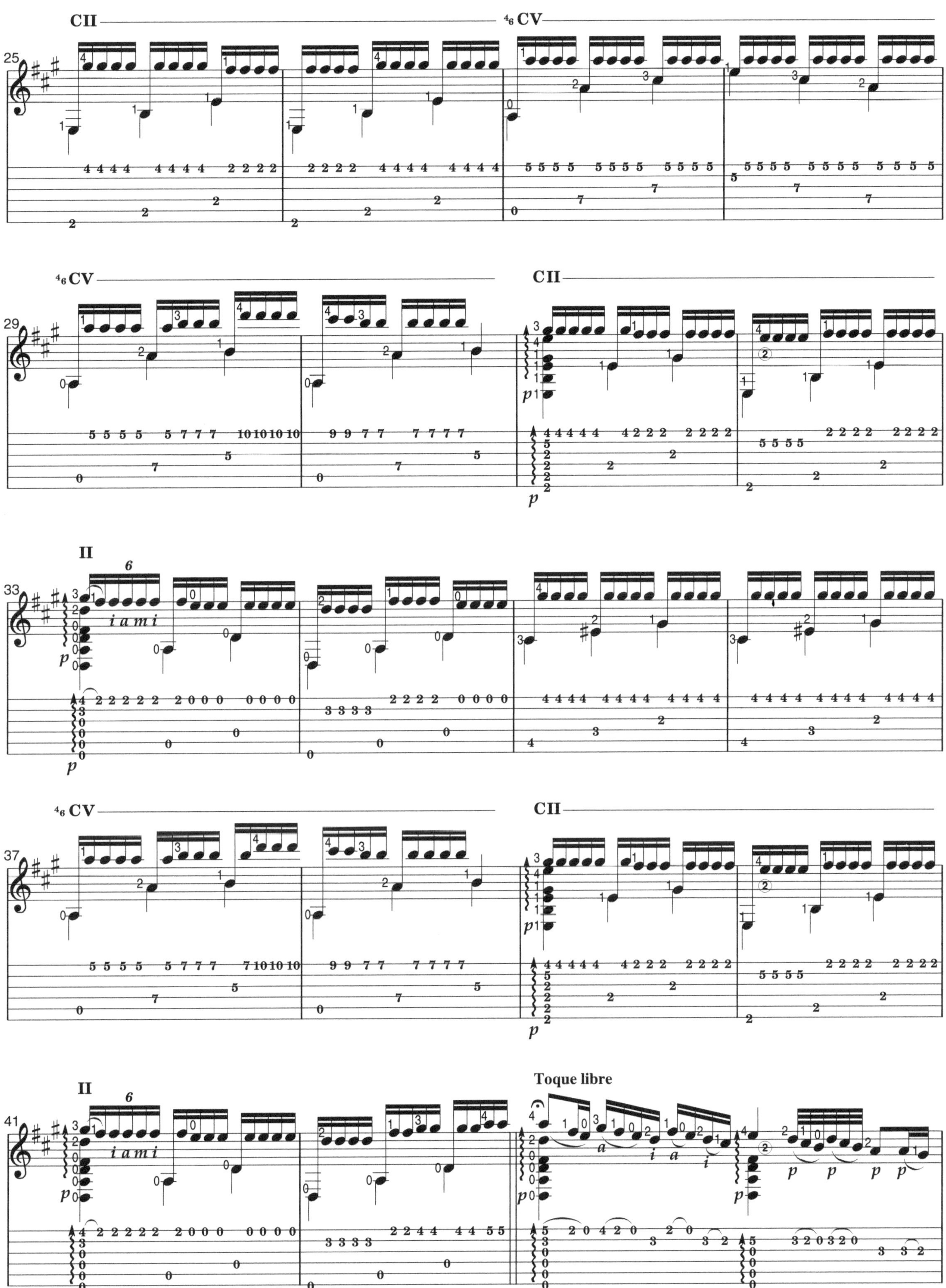
CII
CV
CII
II
i a m i
Toque libre

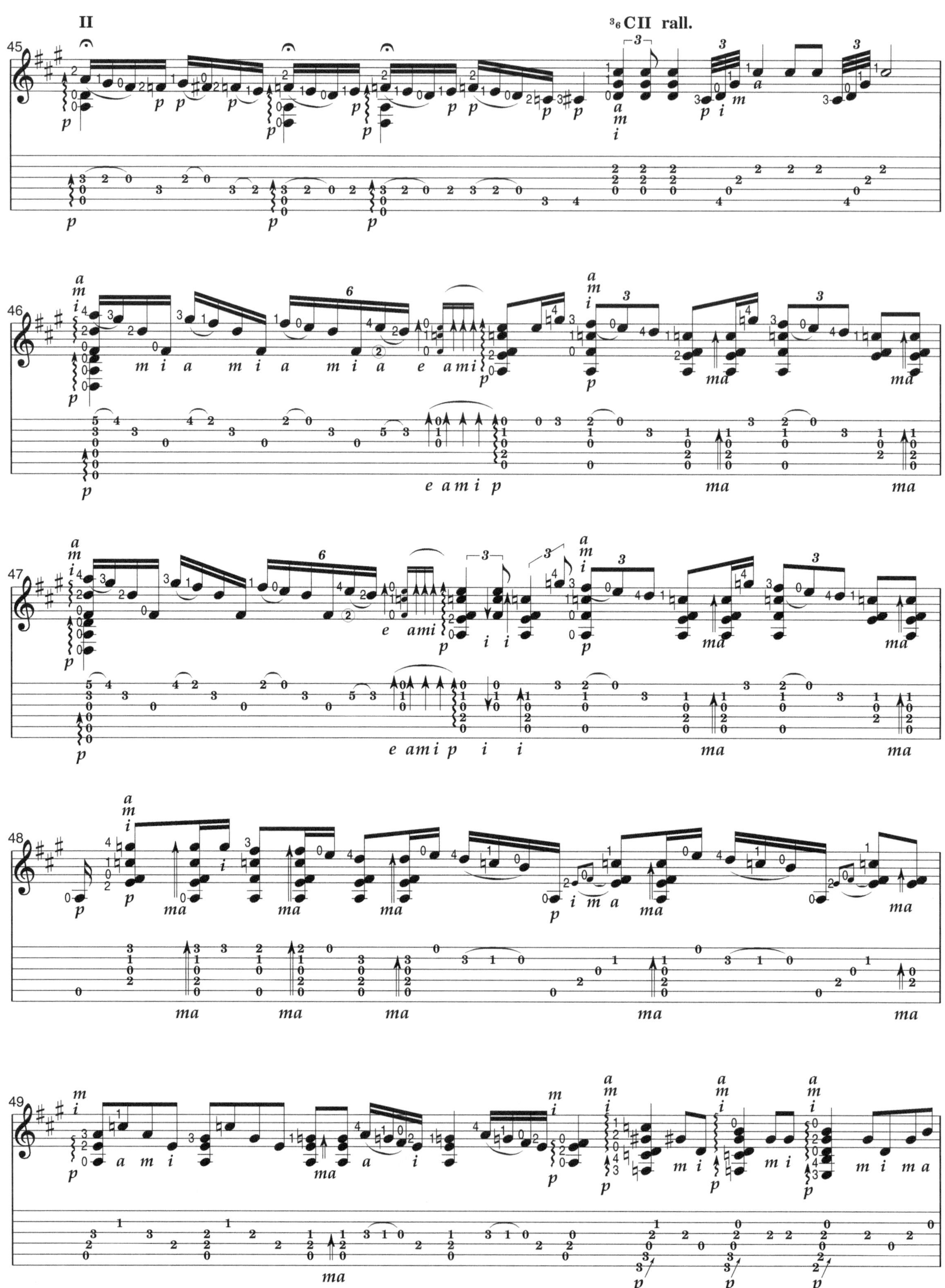
II
36 CII rall.

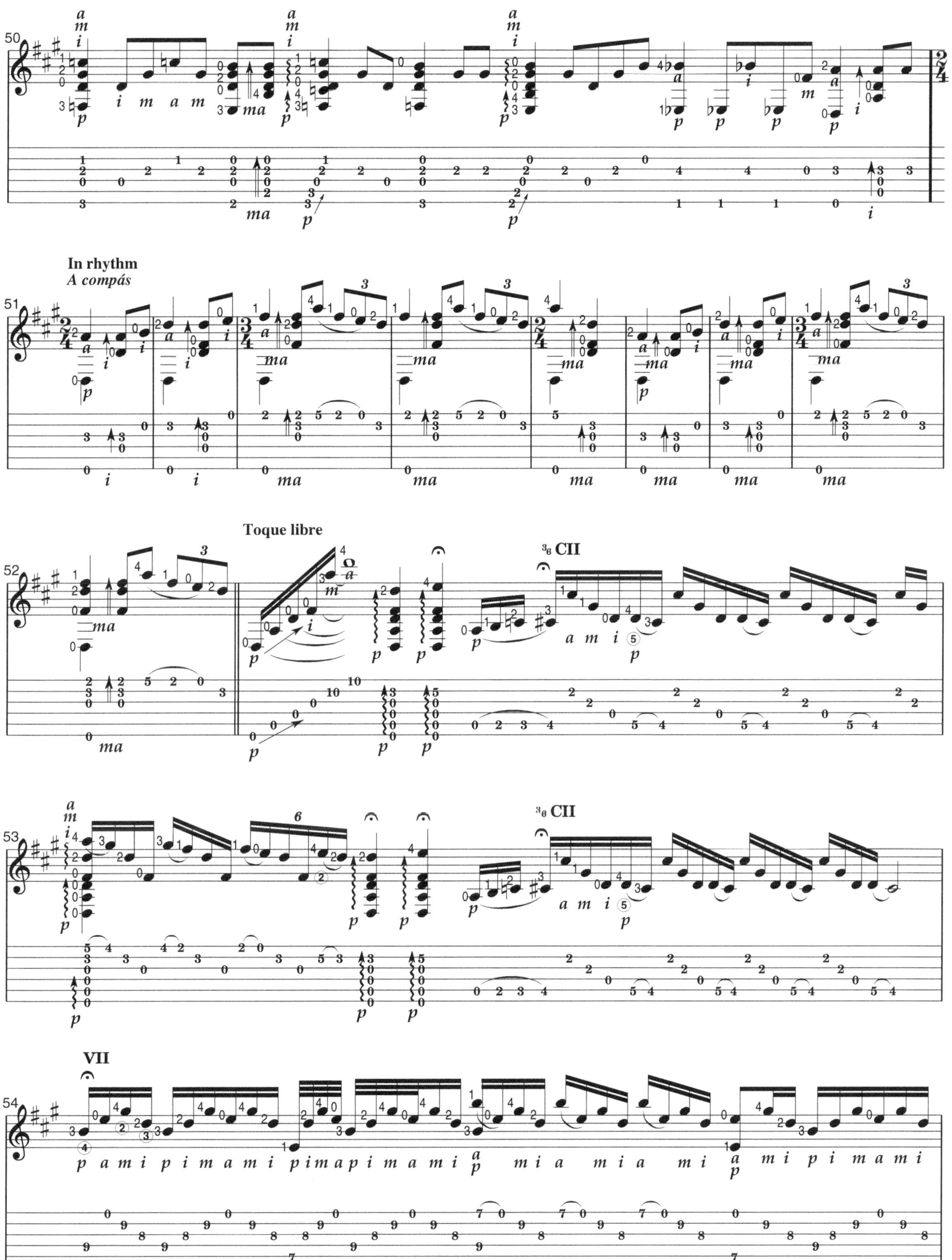
In rhythm
A compás
Toque libre
CII
CII
VII

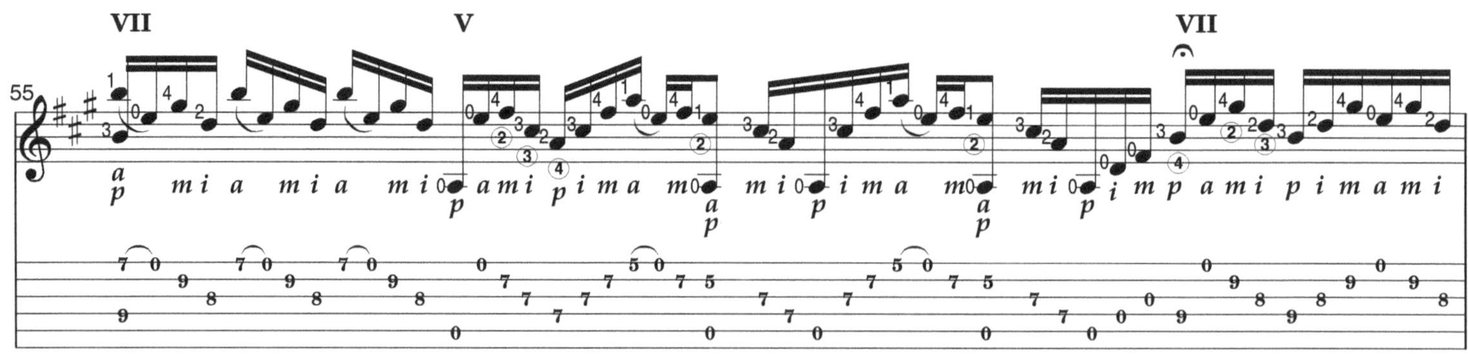
55
VII
V
VII

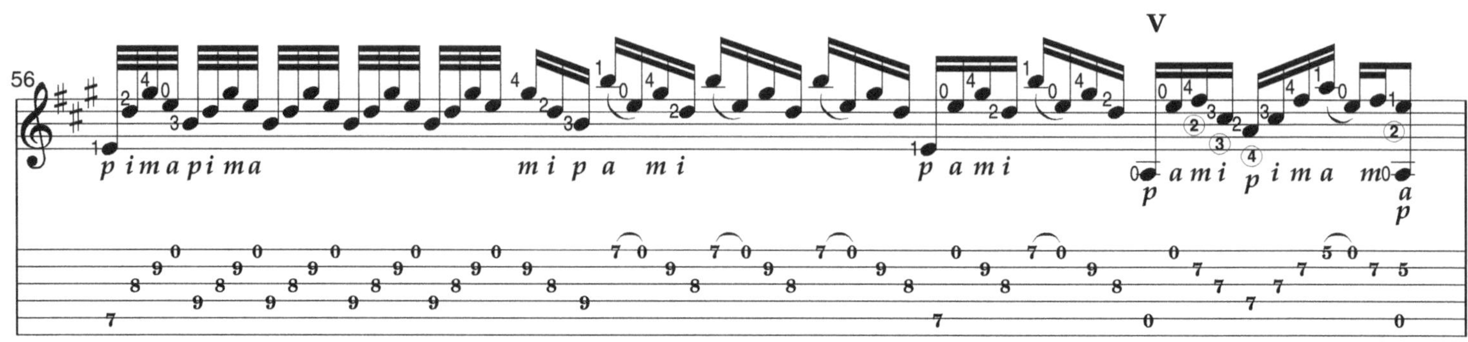
56
V

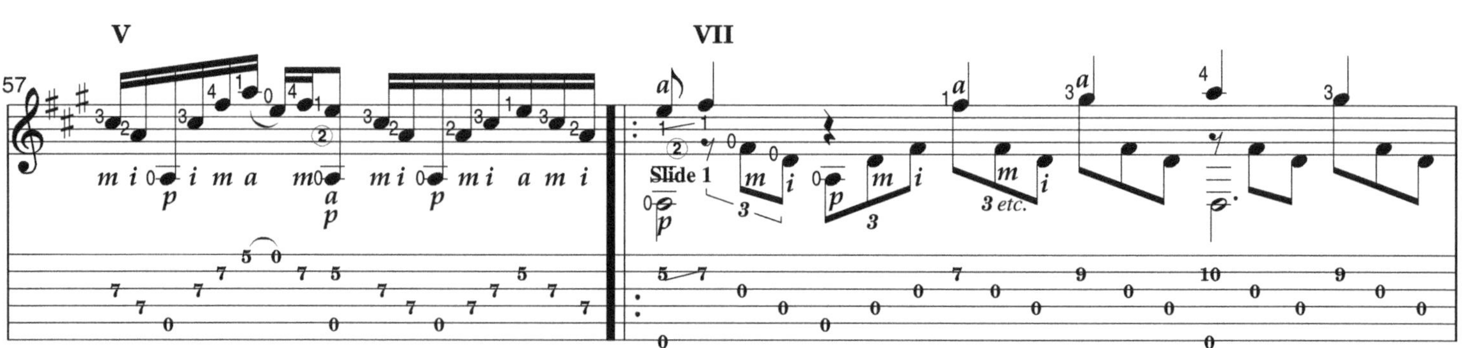
57
V
VII
Slide 1
3 etc.

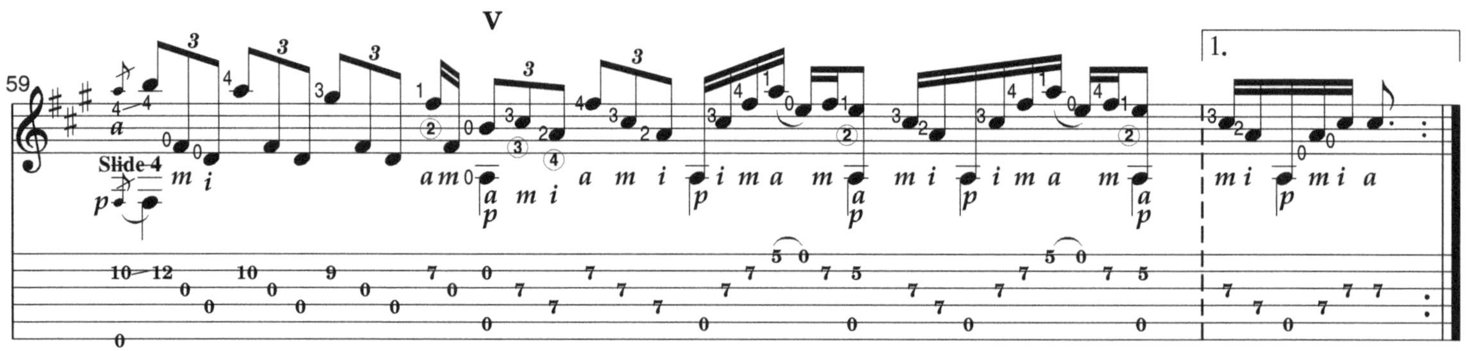
59
Slide 4
V
1.

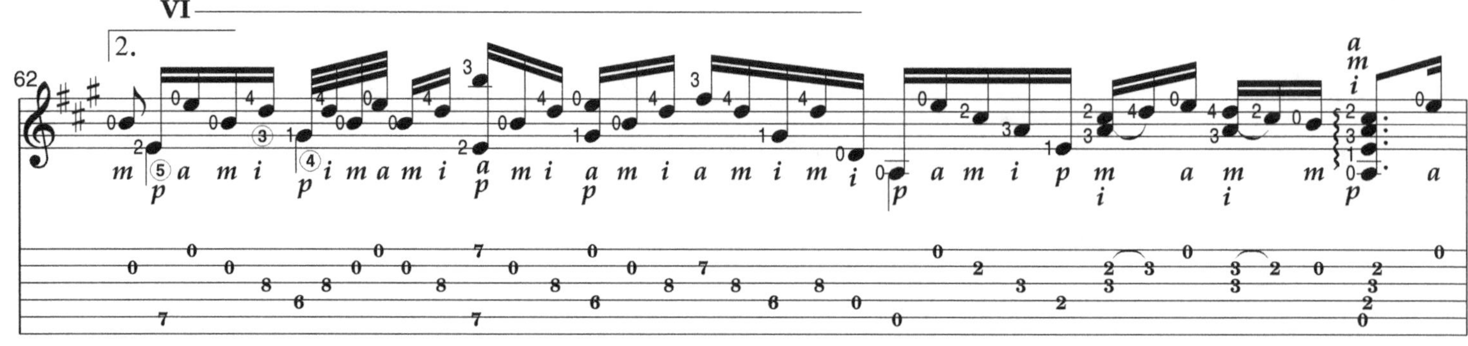
62
VI
2.

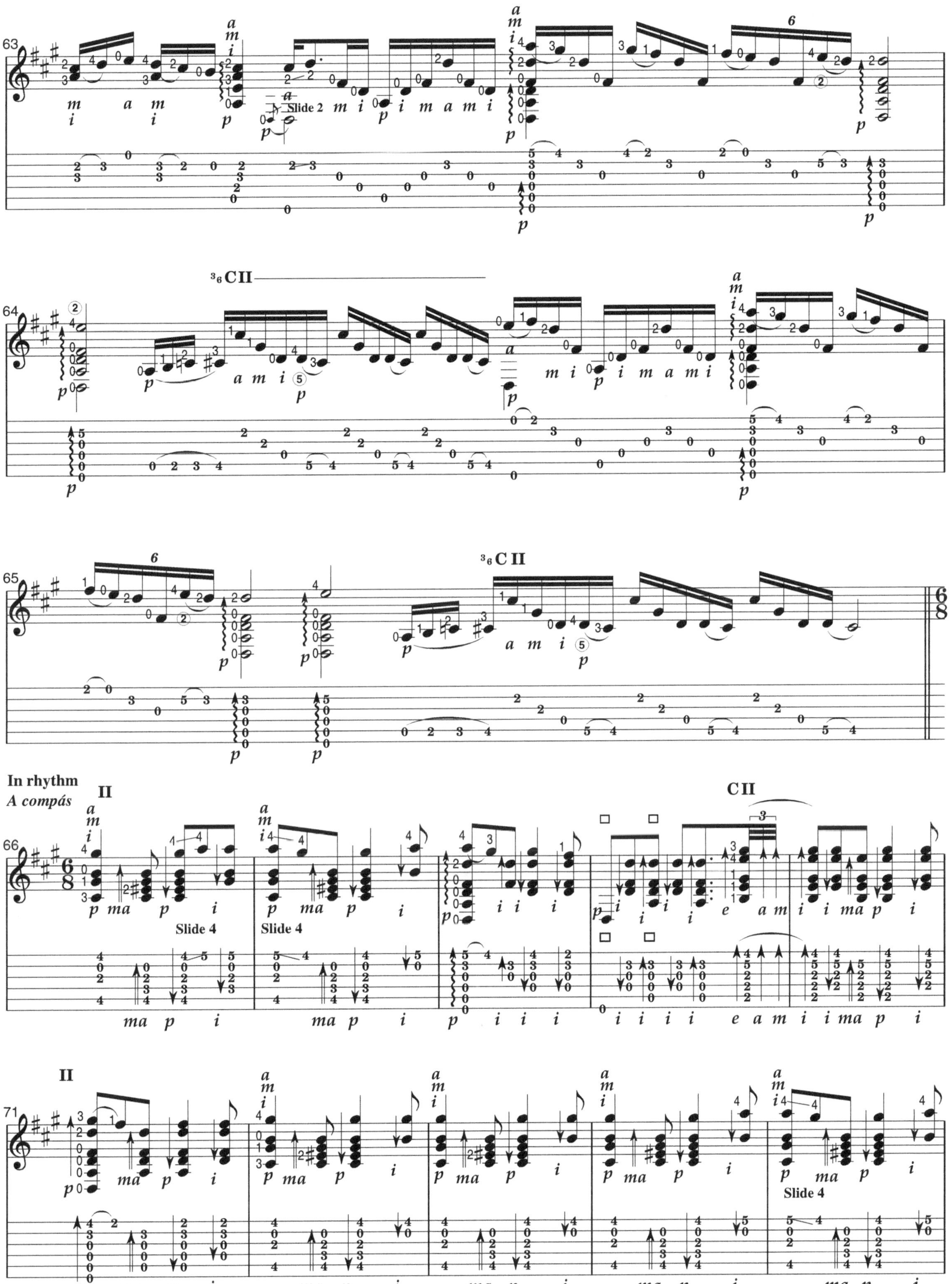
63
Slide 2
64
CII
65
CII
In rhythm
A compás
II
66
Slide 4
Slide 4
CII
71
II
Slide 4

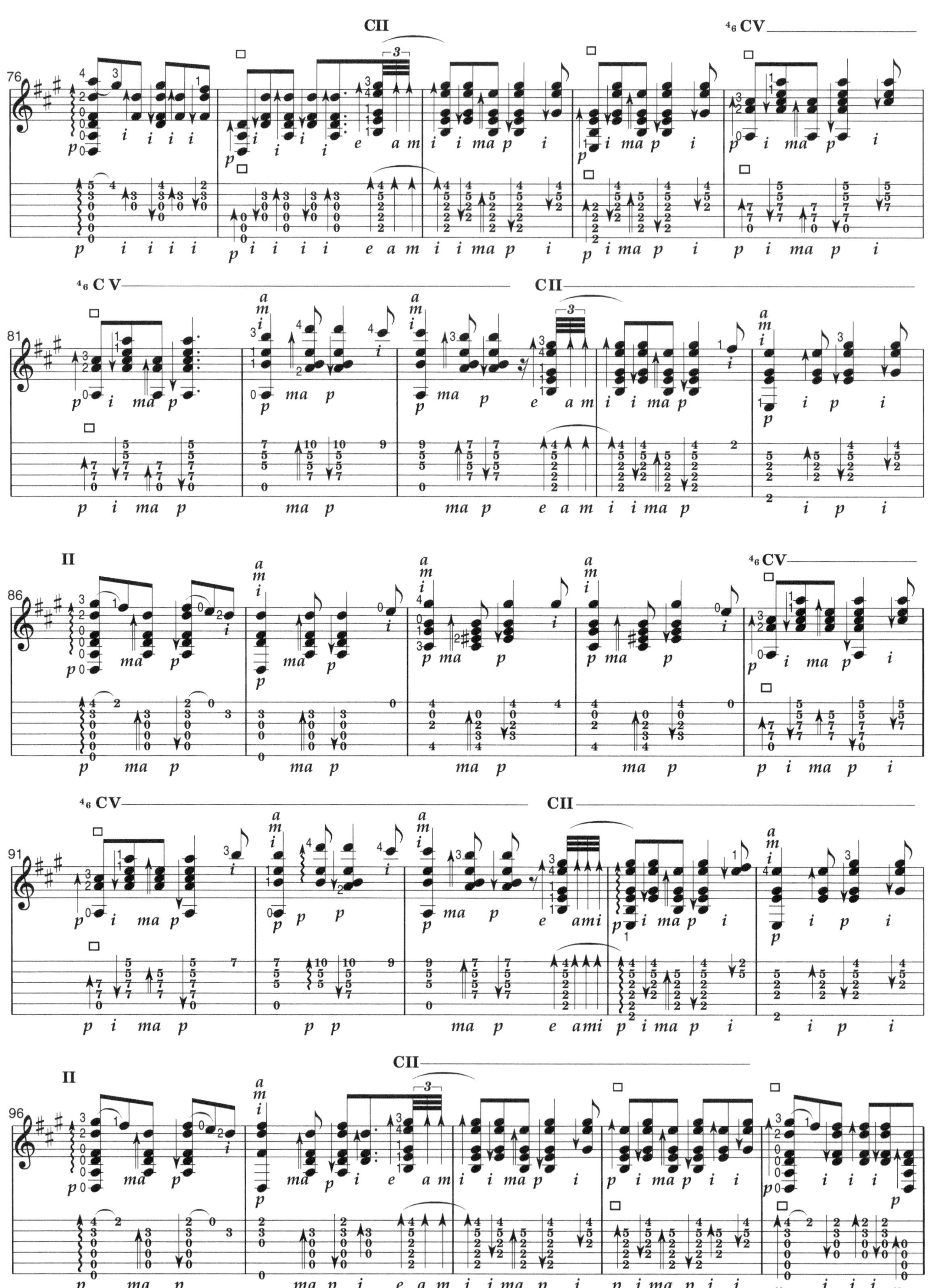

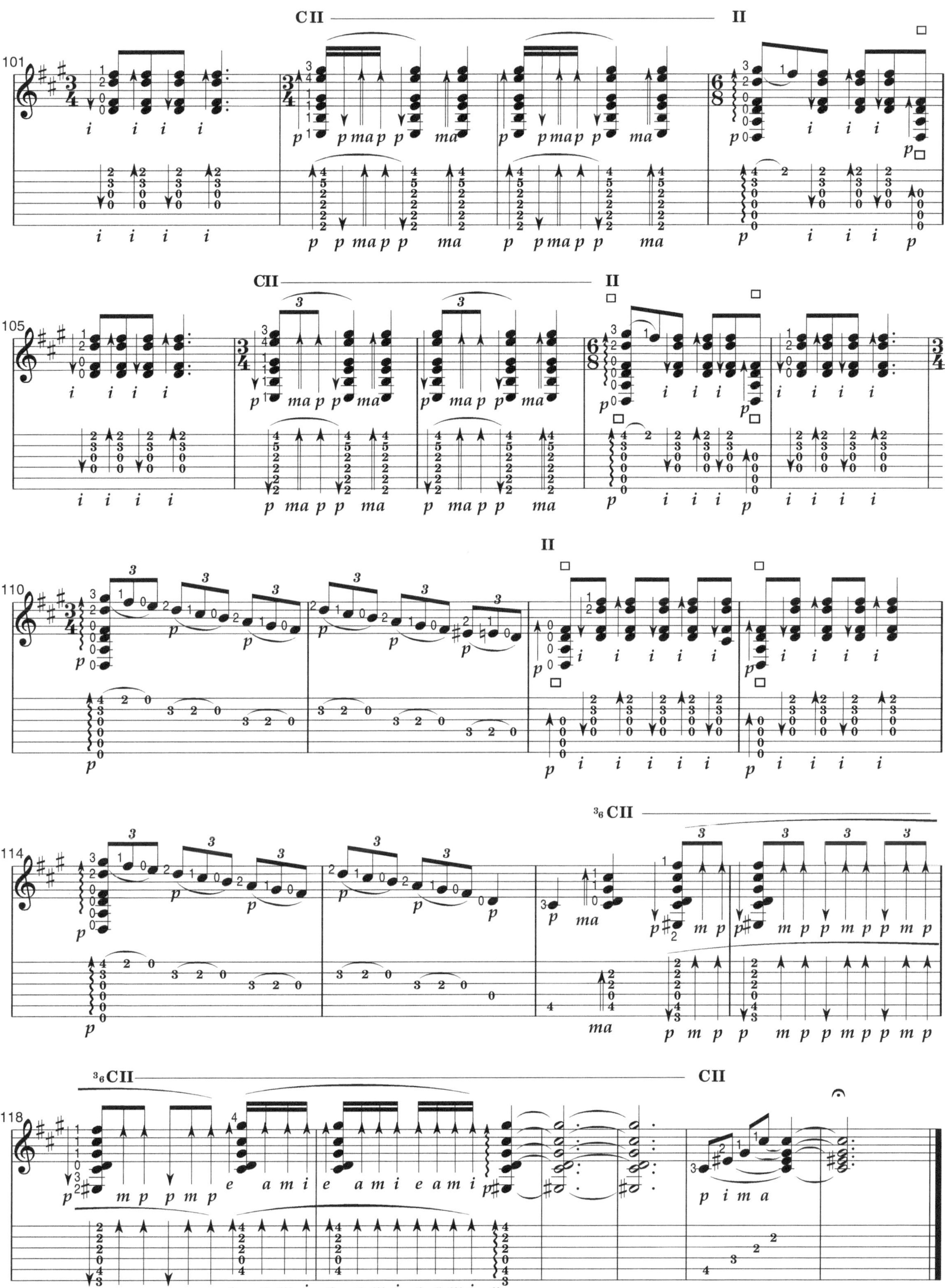
CII
II
CII
II
II
³₆CII
³₆CII
CII

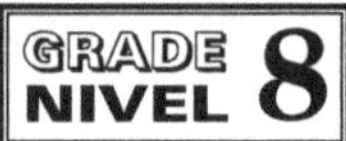

Rumba

Rumba nostálgica

Capo at 1st fret
Cejilla al uno

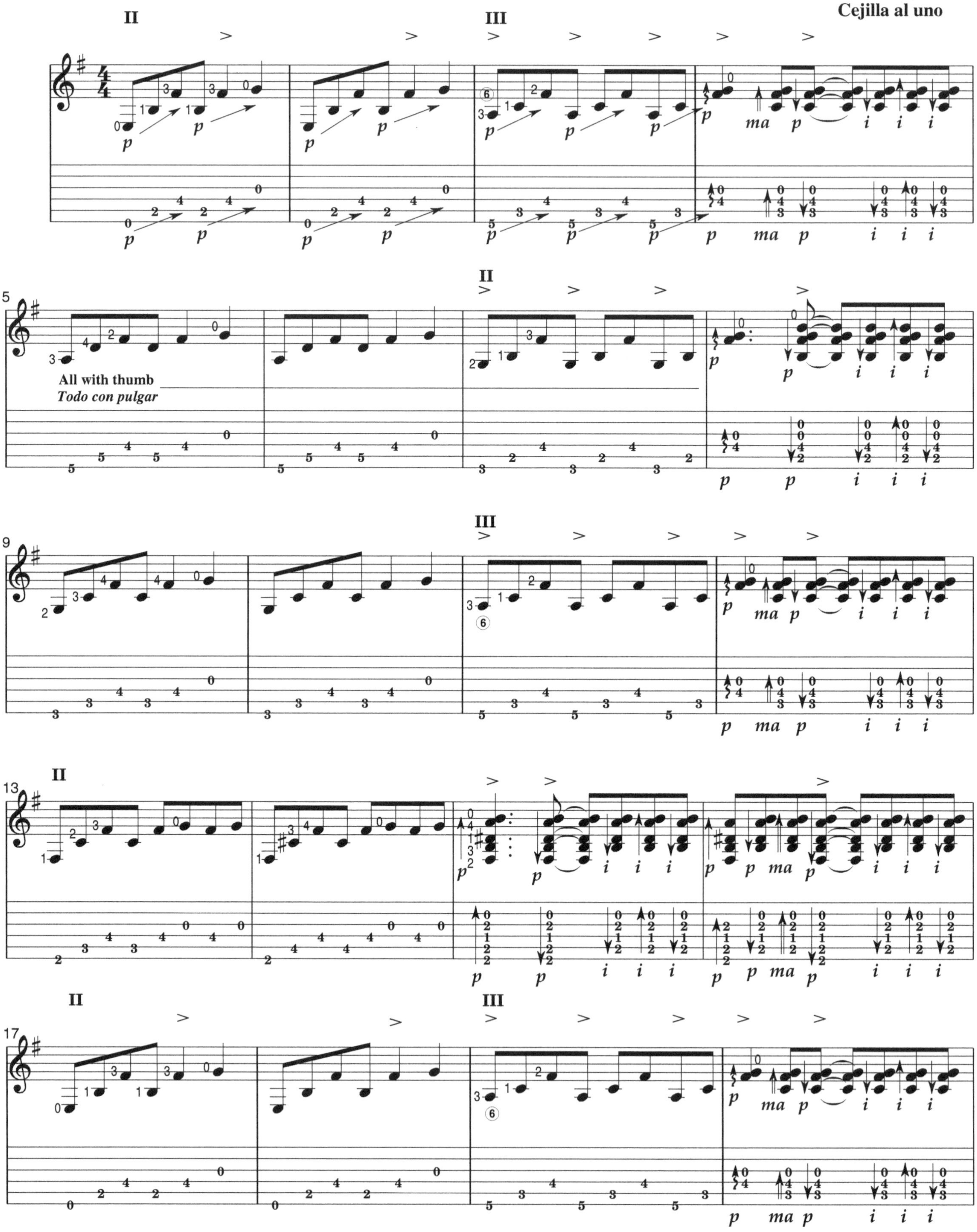

All with thumb
Todo con pulgar

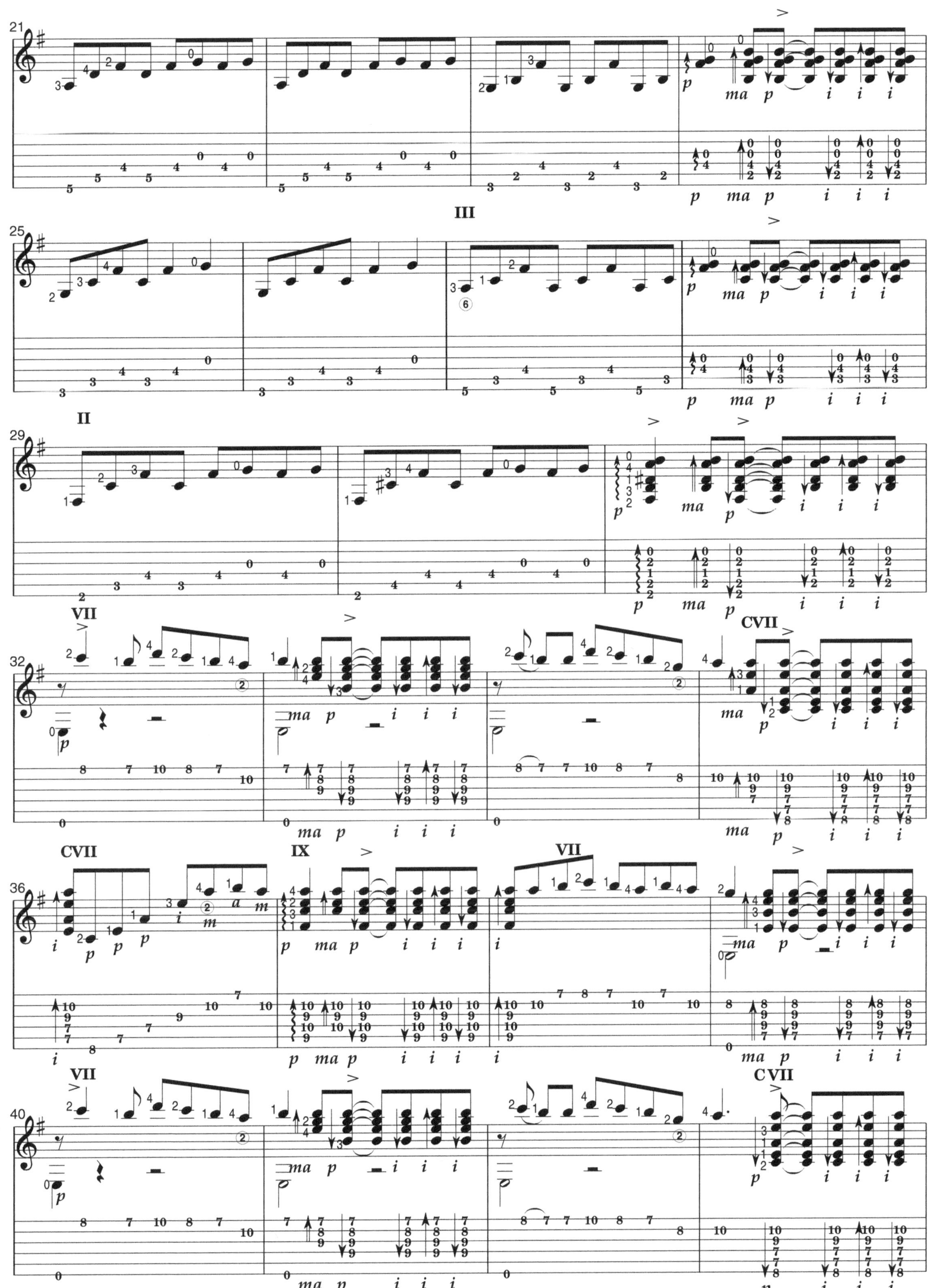

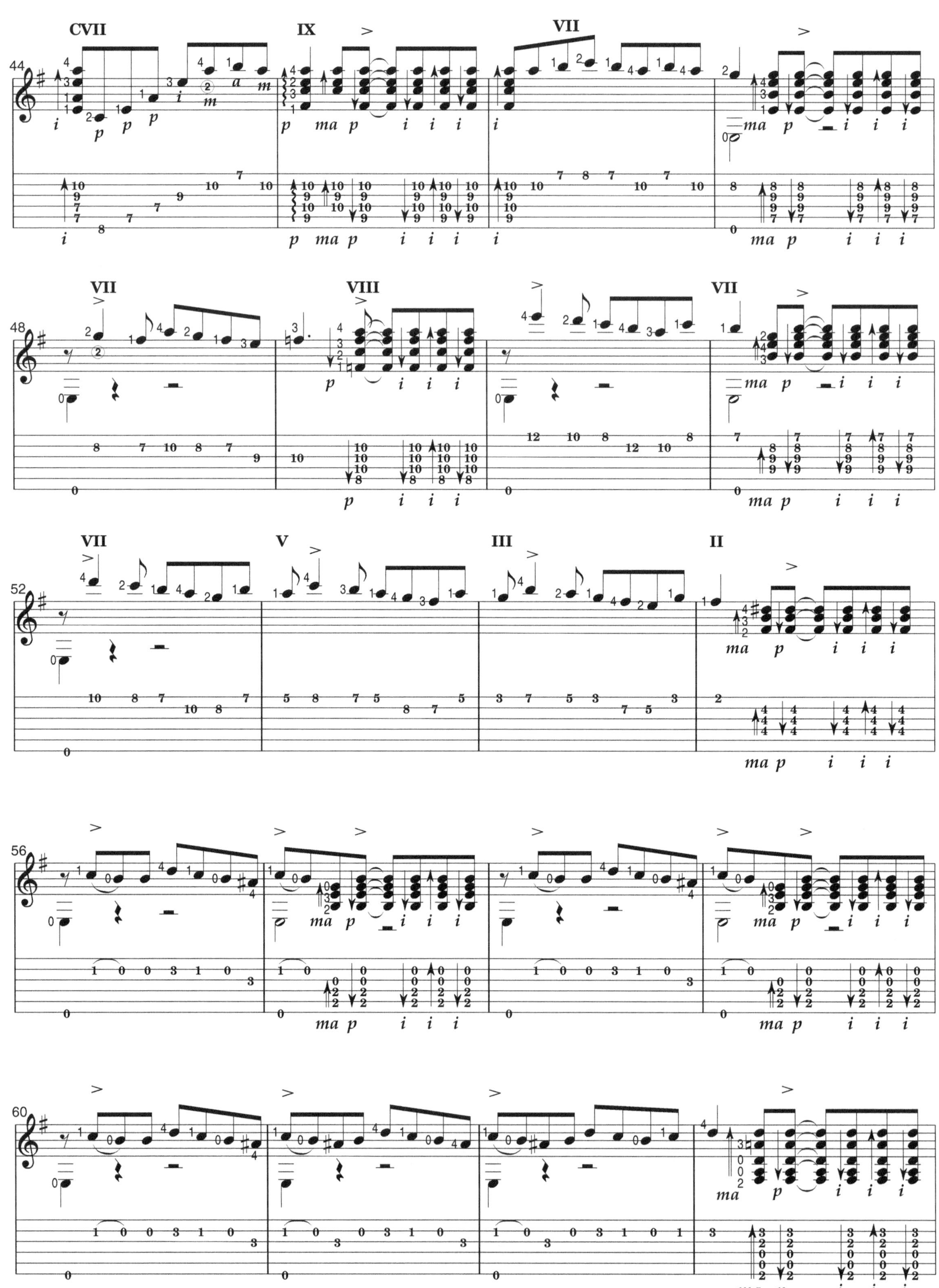
CVII
IX
VII
VIII
VII
VII
V
III
II

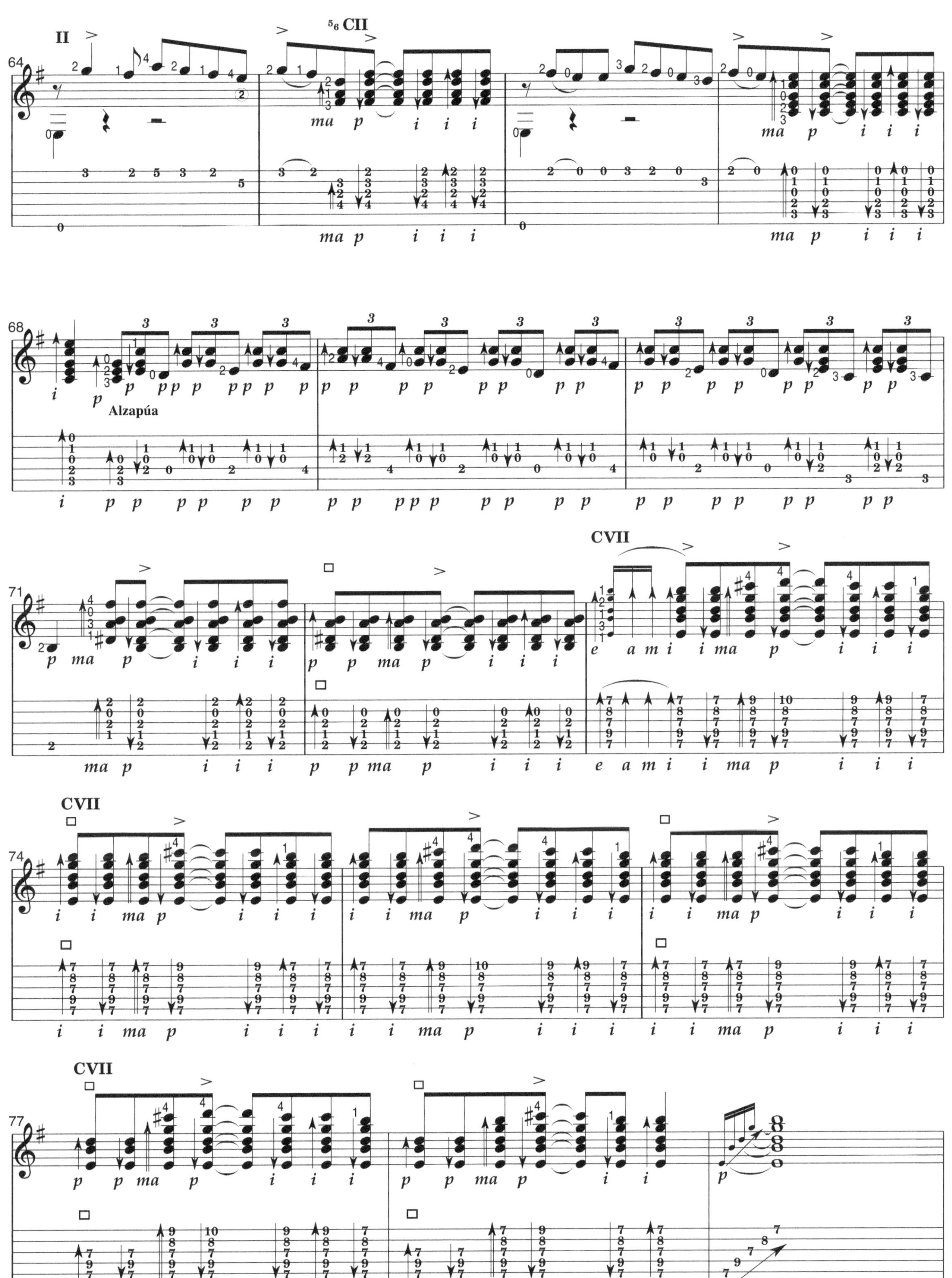
II
CII
Alzapúa
CVII
CVII
CVII

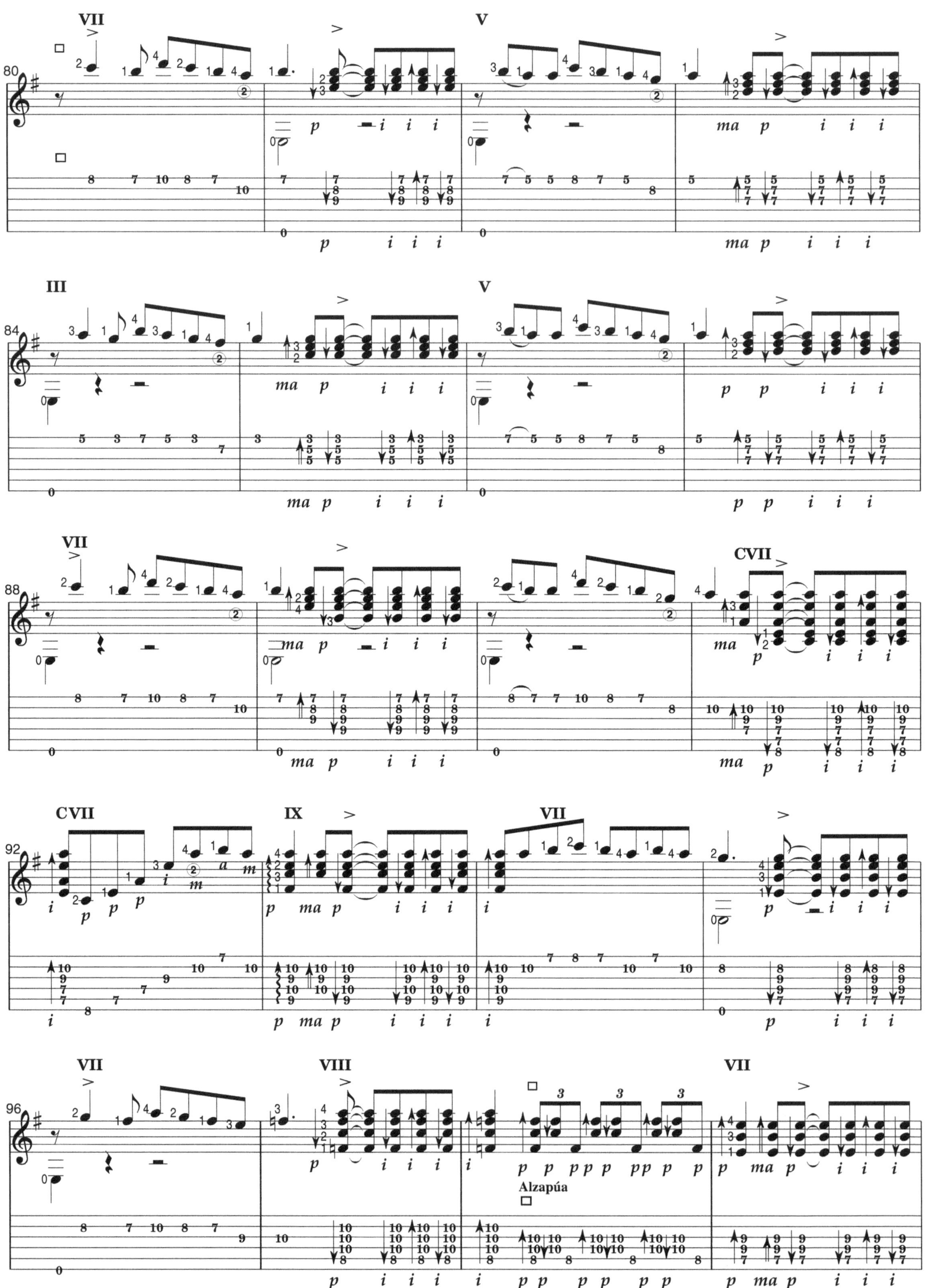
VII
V
III
CVII
IX
VIII
Alzapúa

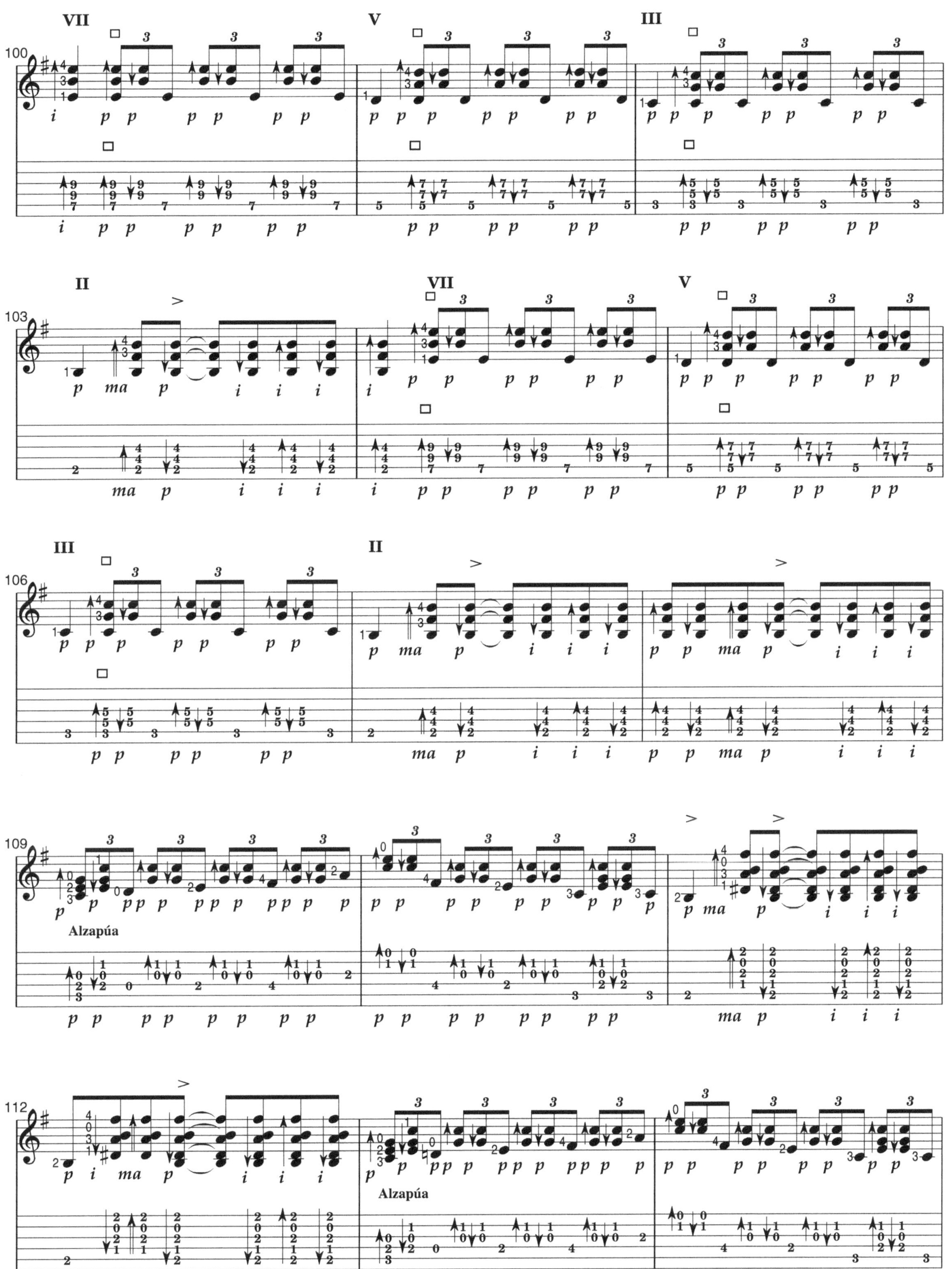
Alzapúa
Alzapúa

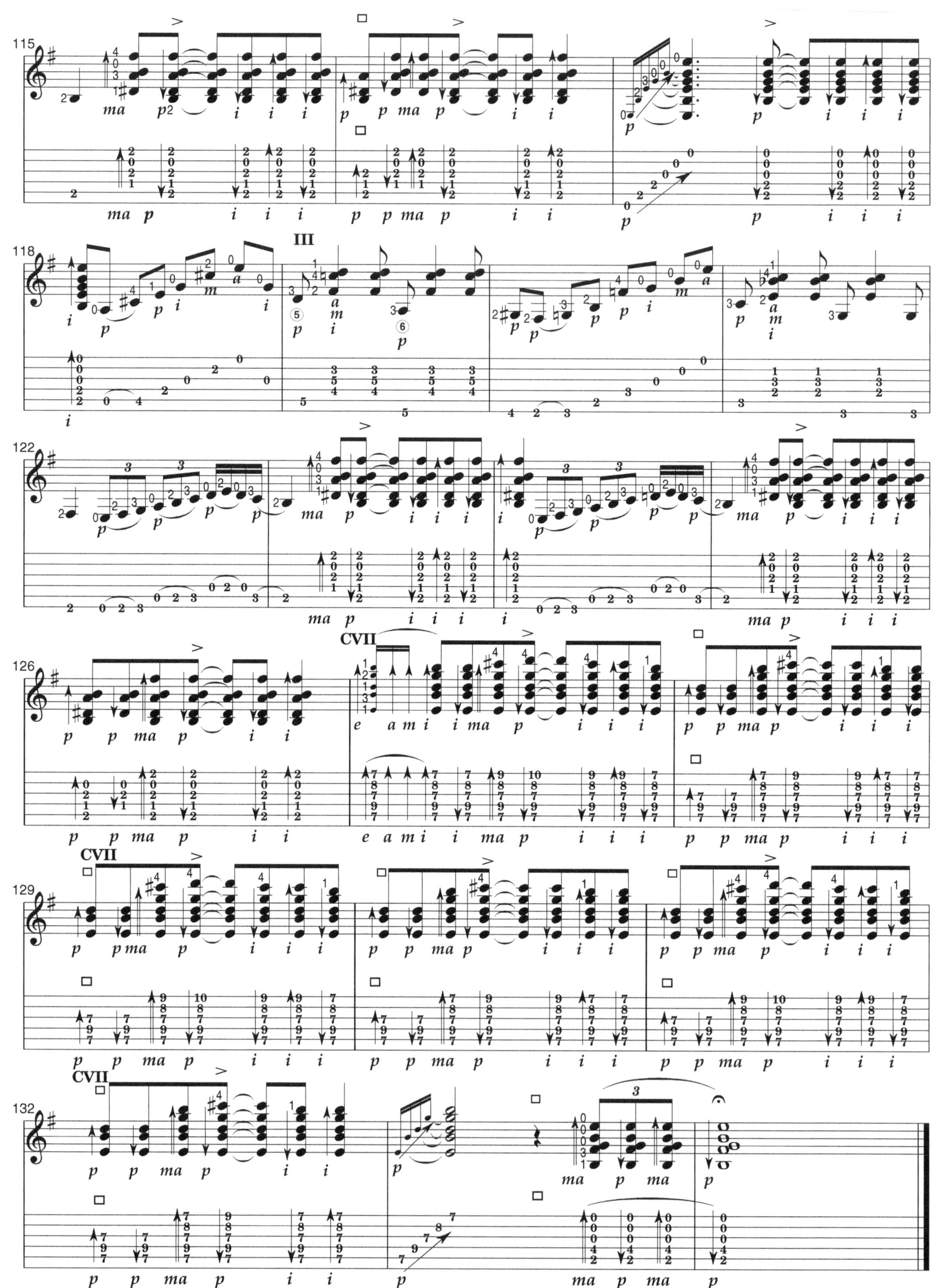
CVII

Serranas

de Ricardo

Capo at 3rd fret
Cejilla al tres

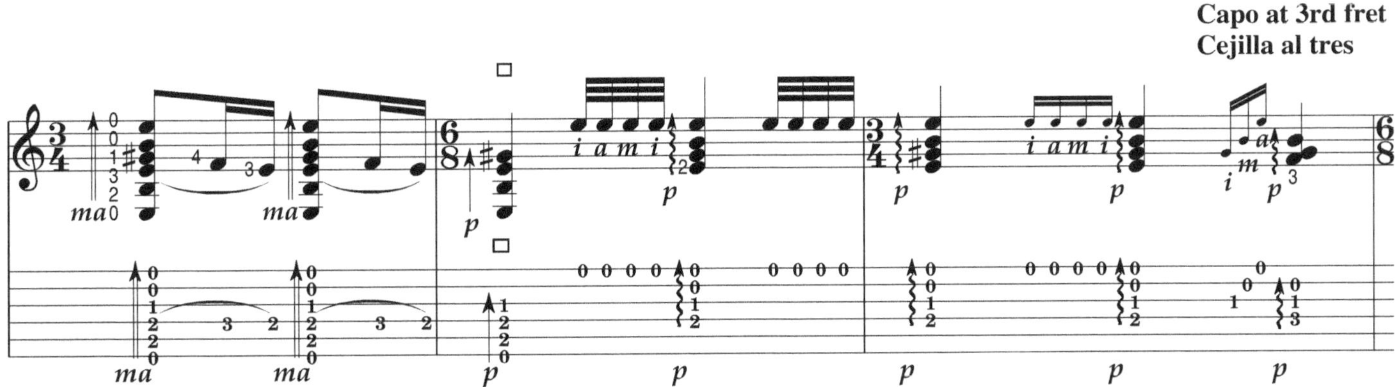

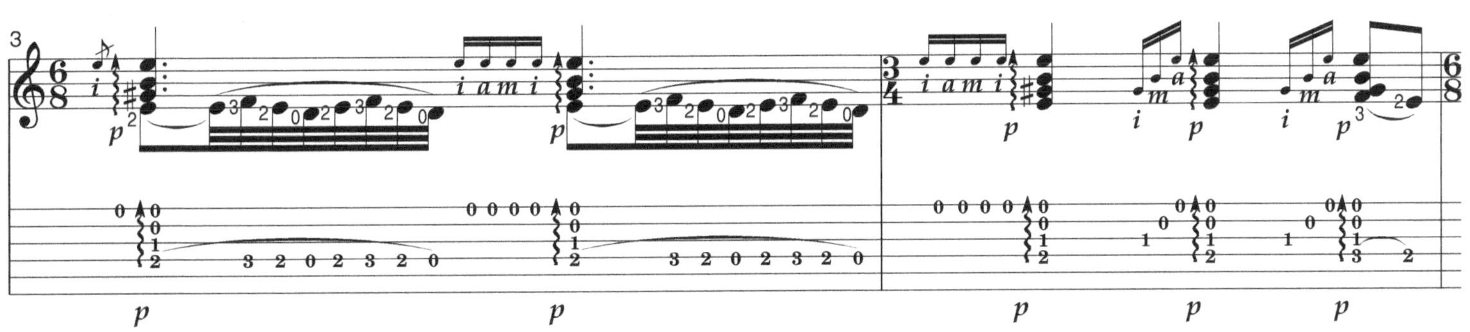

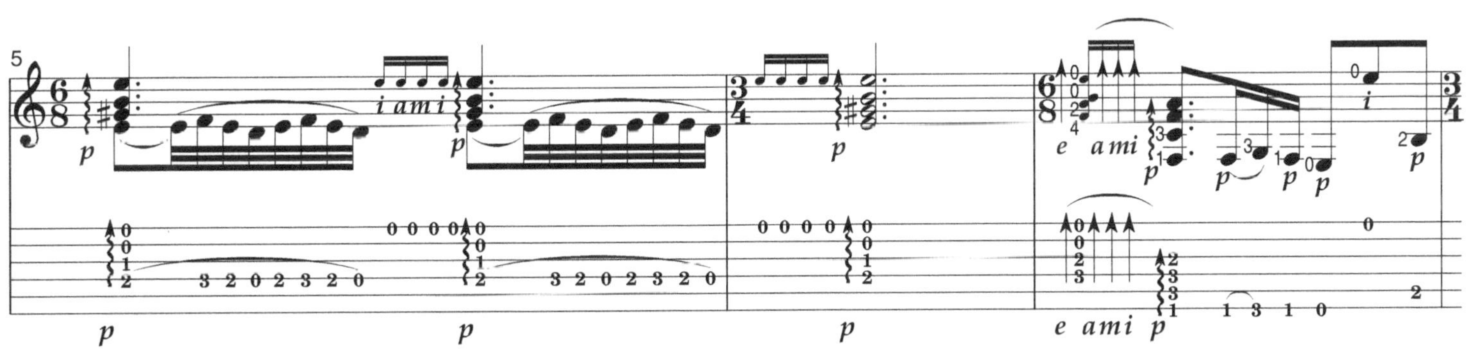

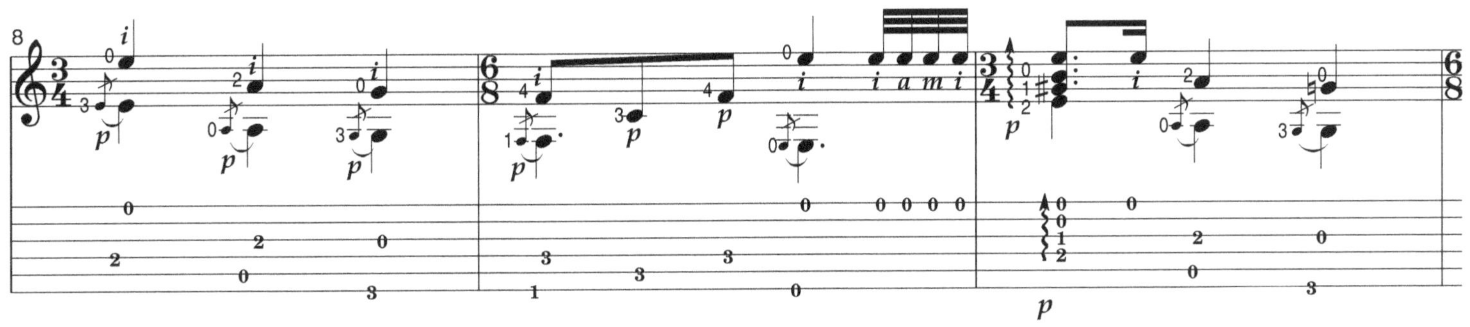

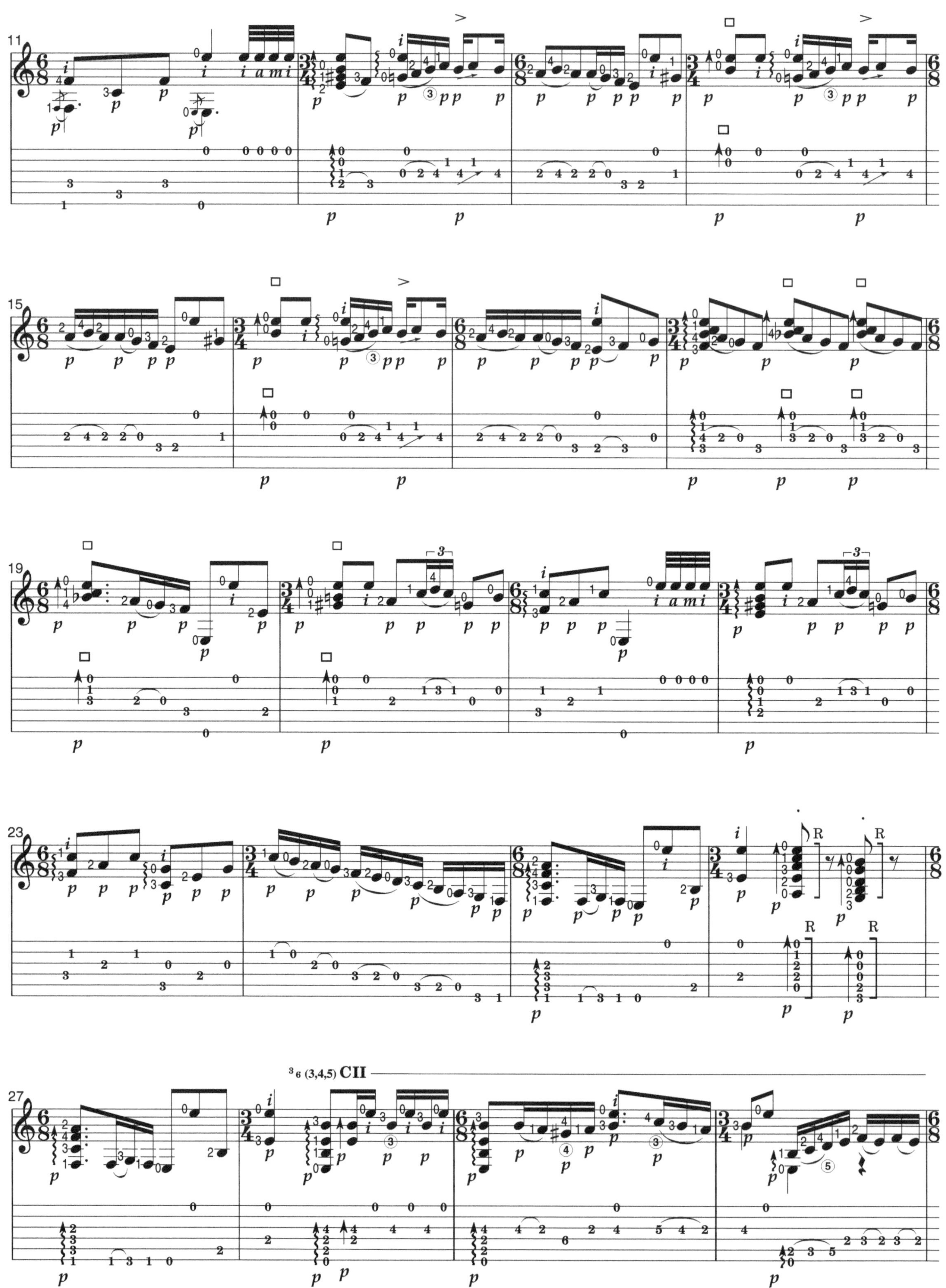
CII

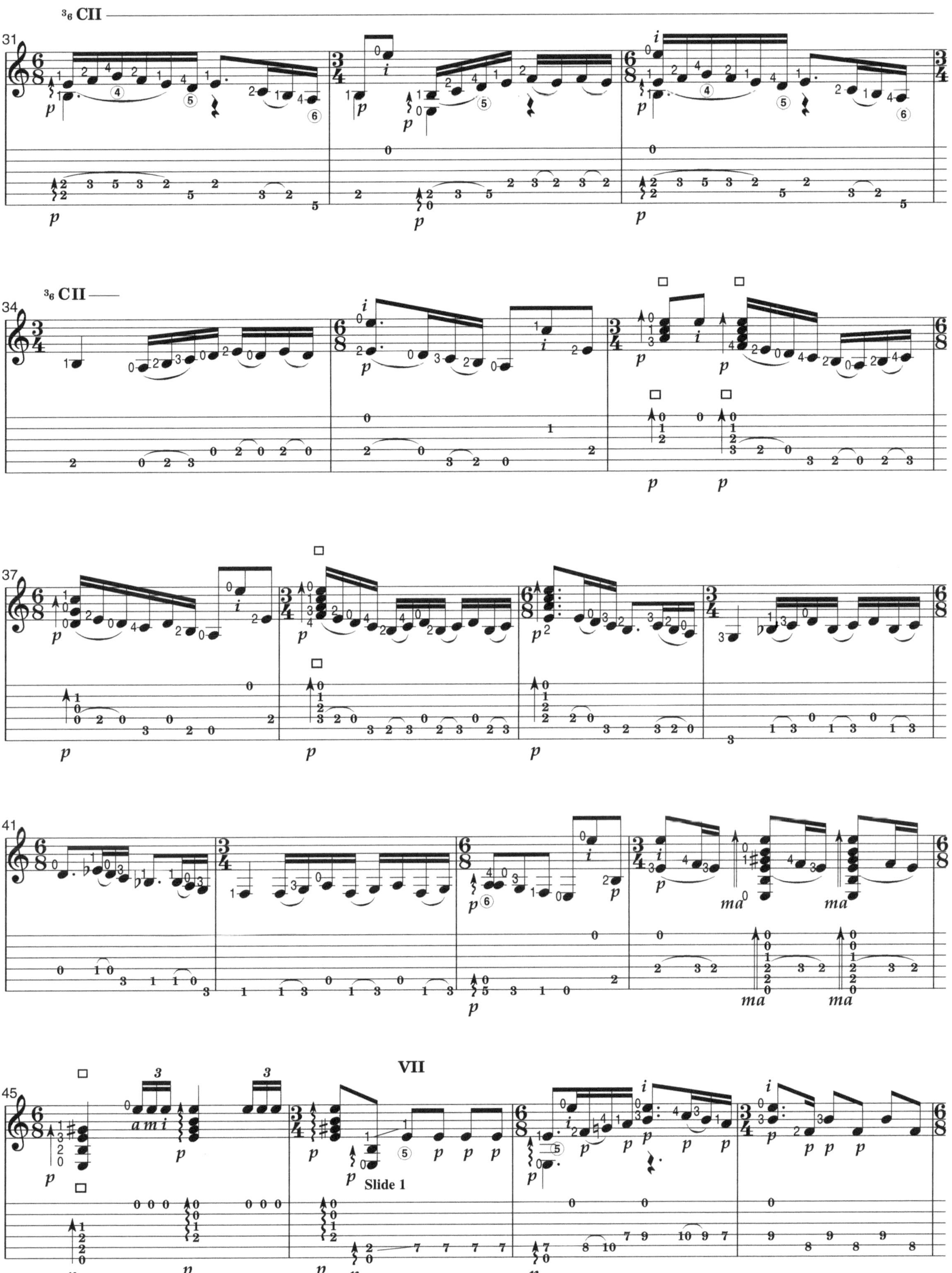
CII
CII
VII
Slide 1

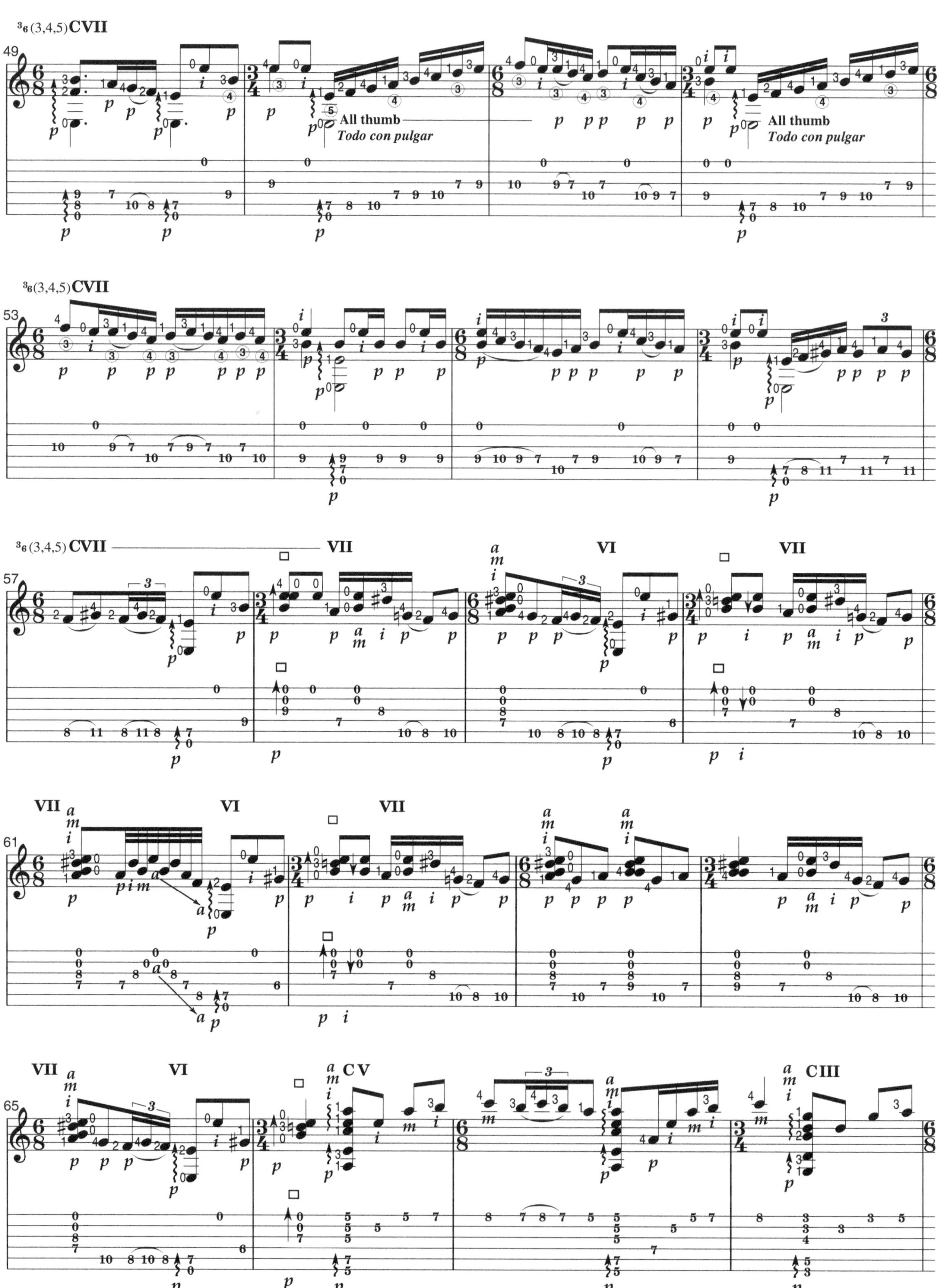

All thumb
Todo con pulgar

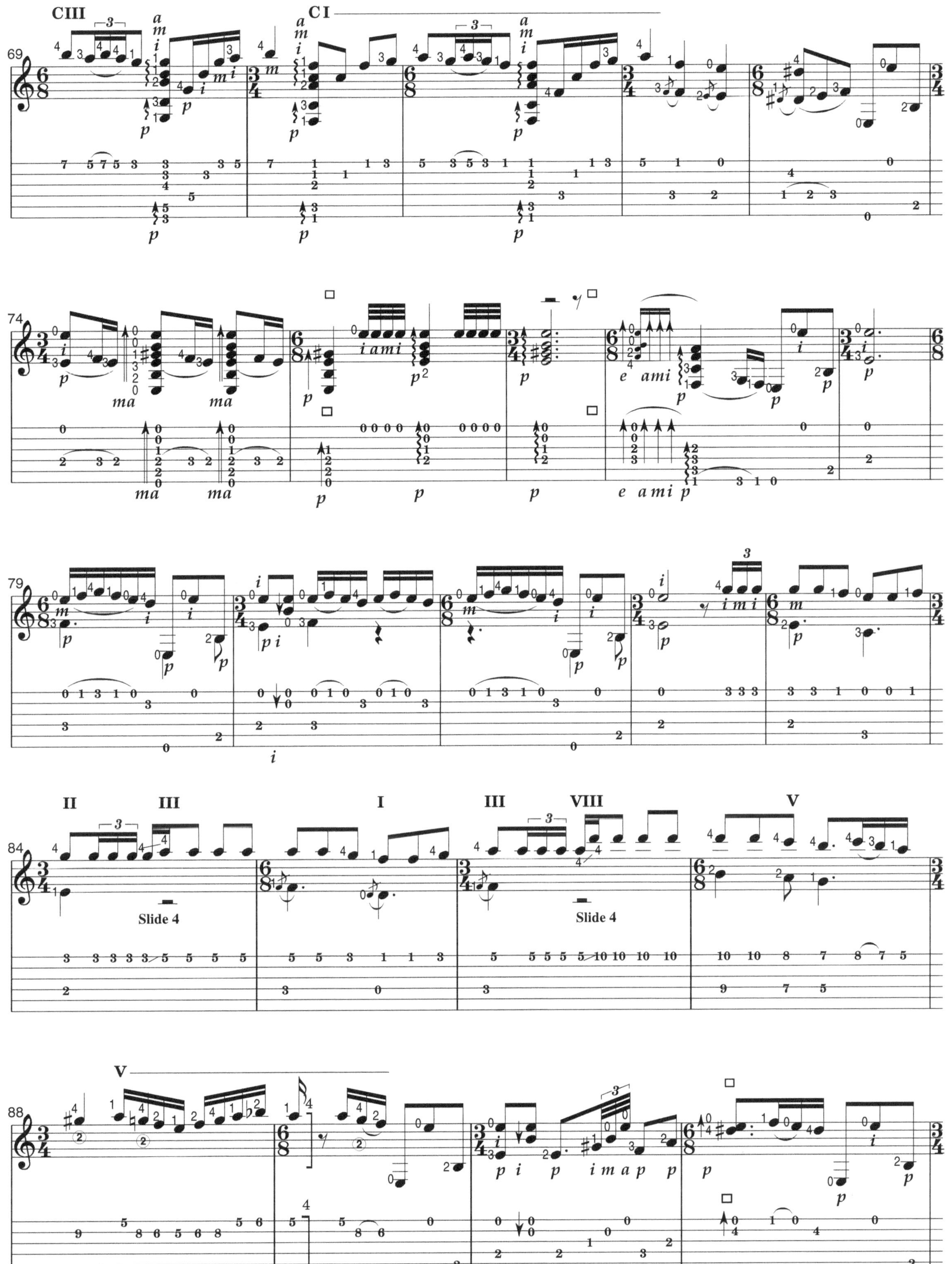
CIII
C I
Slide 4
II
III
I
III
VIII
Slide 4
V
V

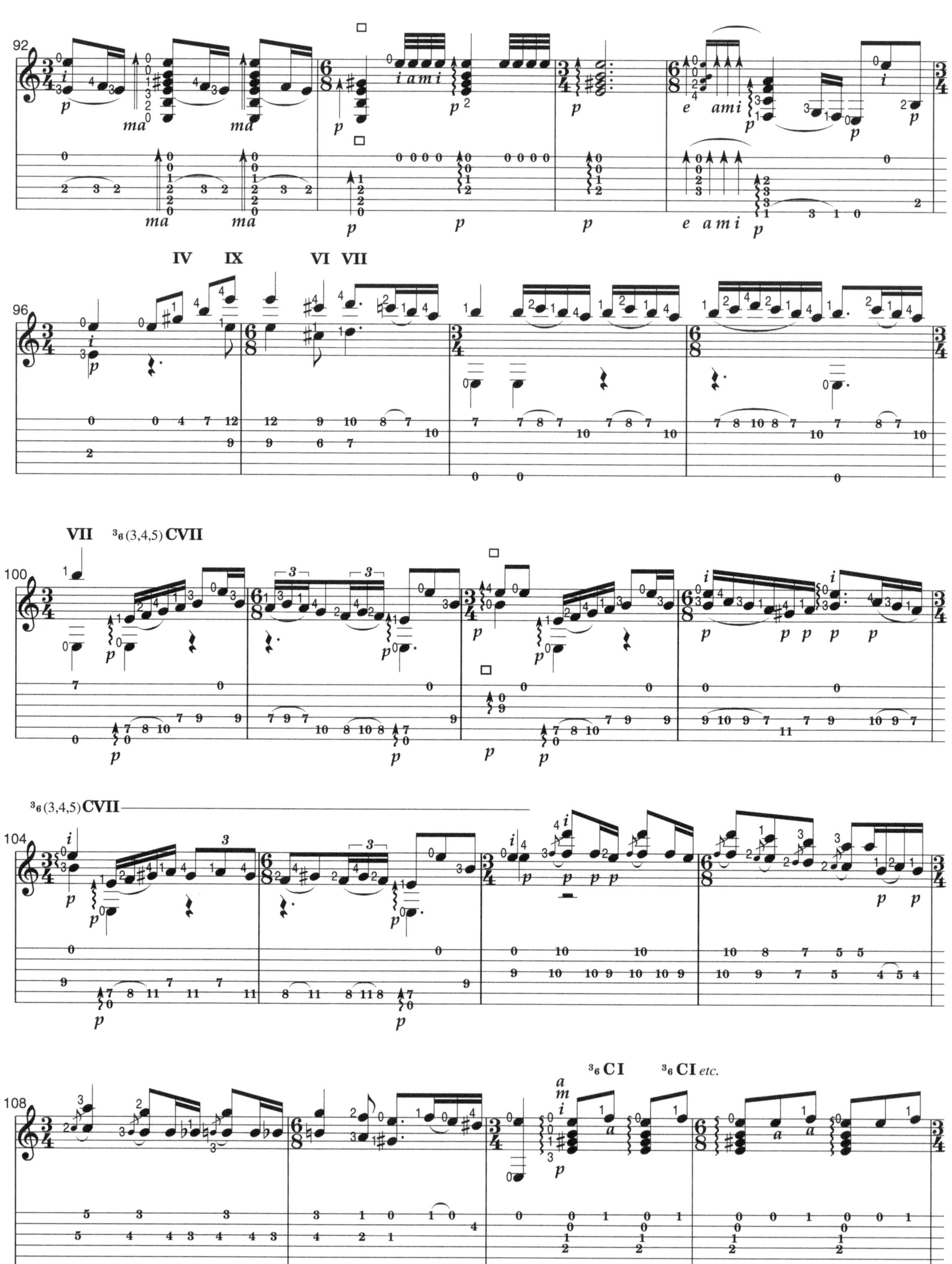

92
i a m i
e a m i
96
IV IX VI VII
100
VII ³6(3,4,5) CVII
104
³6(3,4,5) CVII
108
³6 C I
³6 C I etc.

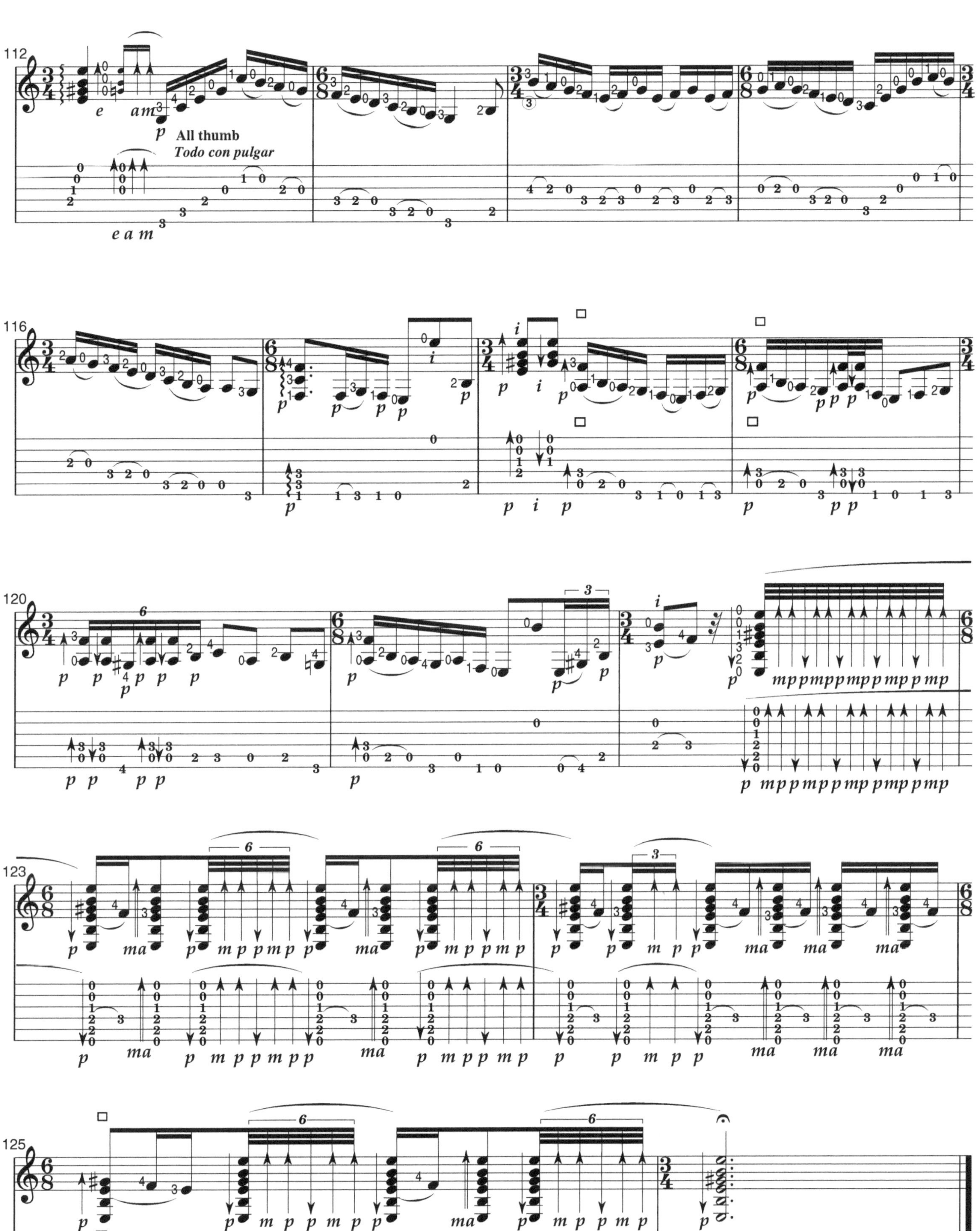
All thumb
Todo con pulgar

GRADE NIVEL 8

Bulerías

con metrónomo

Capo at 2nd fret
Cejilla al dos

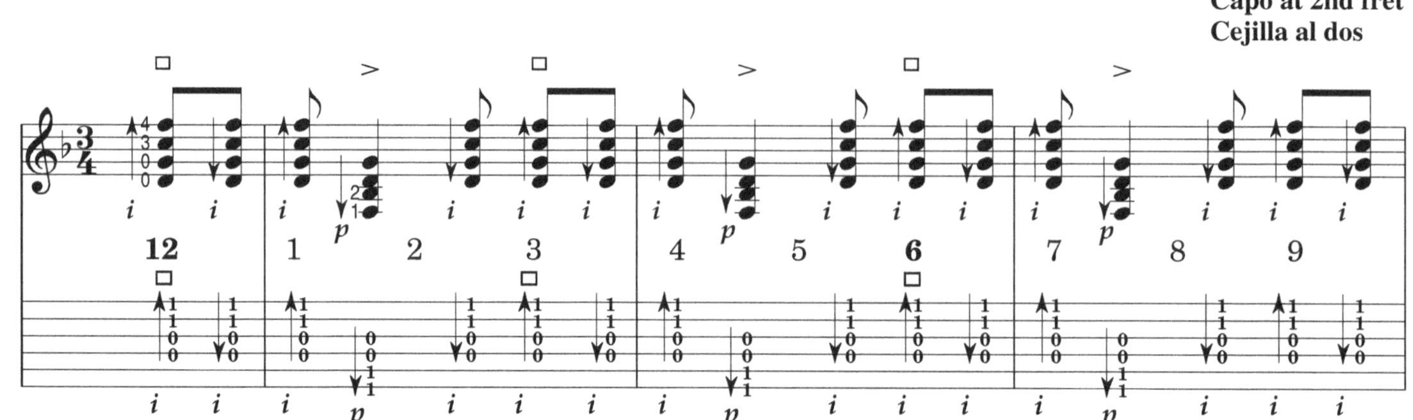

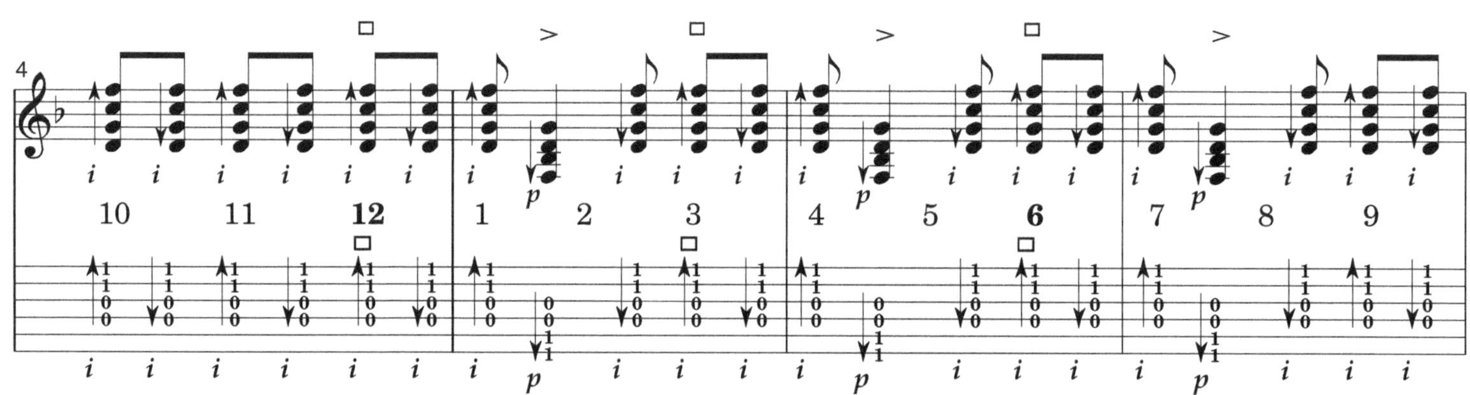

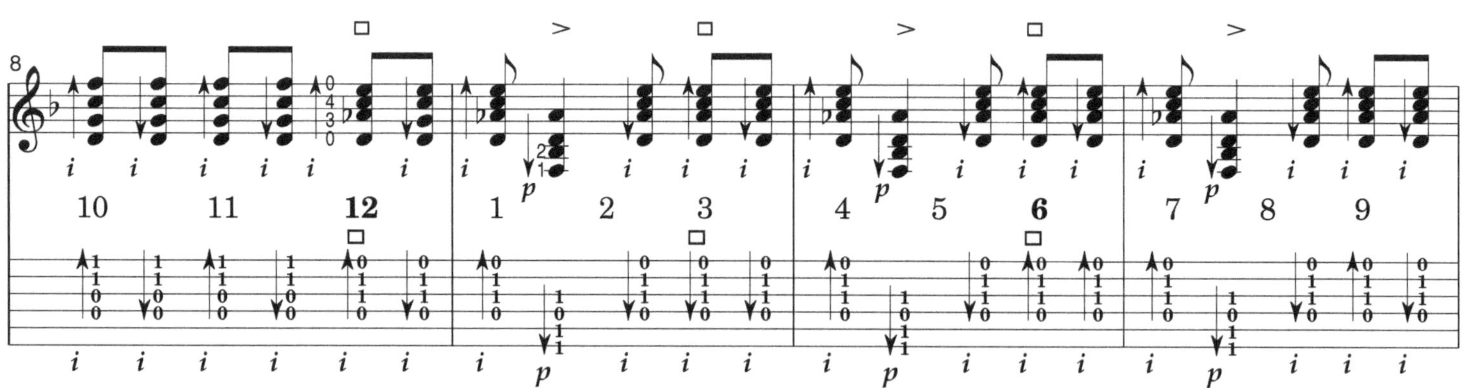

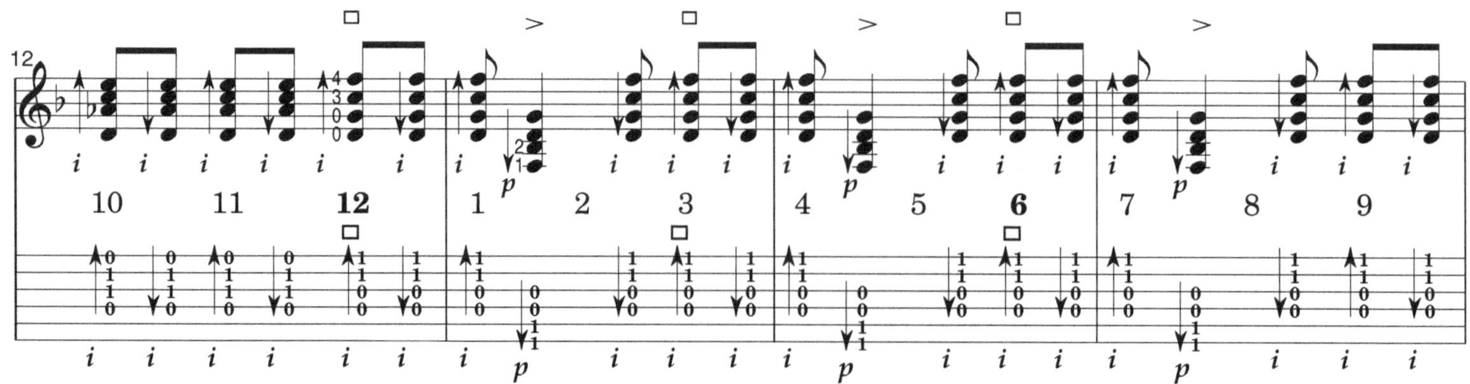

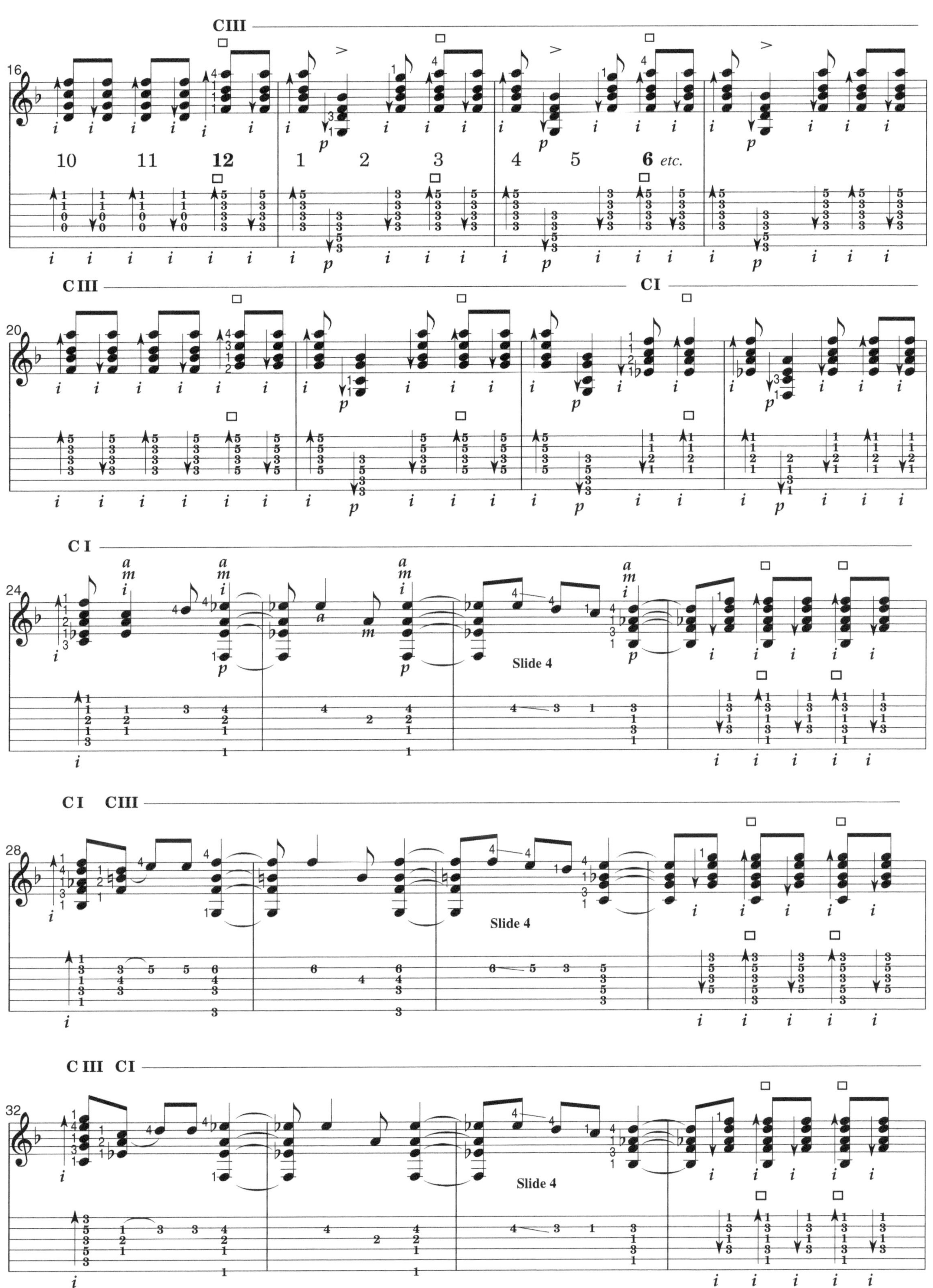
CIII
10 11 12 1 2 3 4 5 6 etc.
CIII
CI
CI
Slide 4
CI CIII
Slide 4
CIII CI
Slide 4

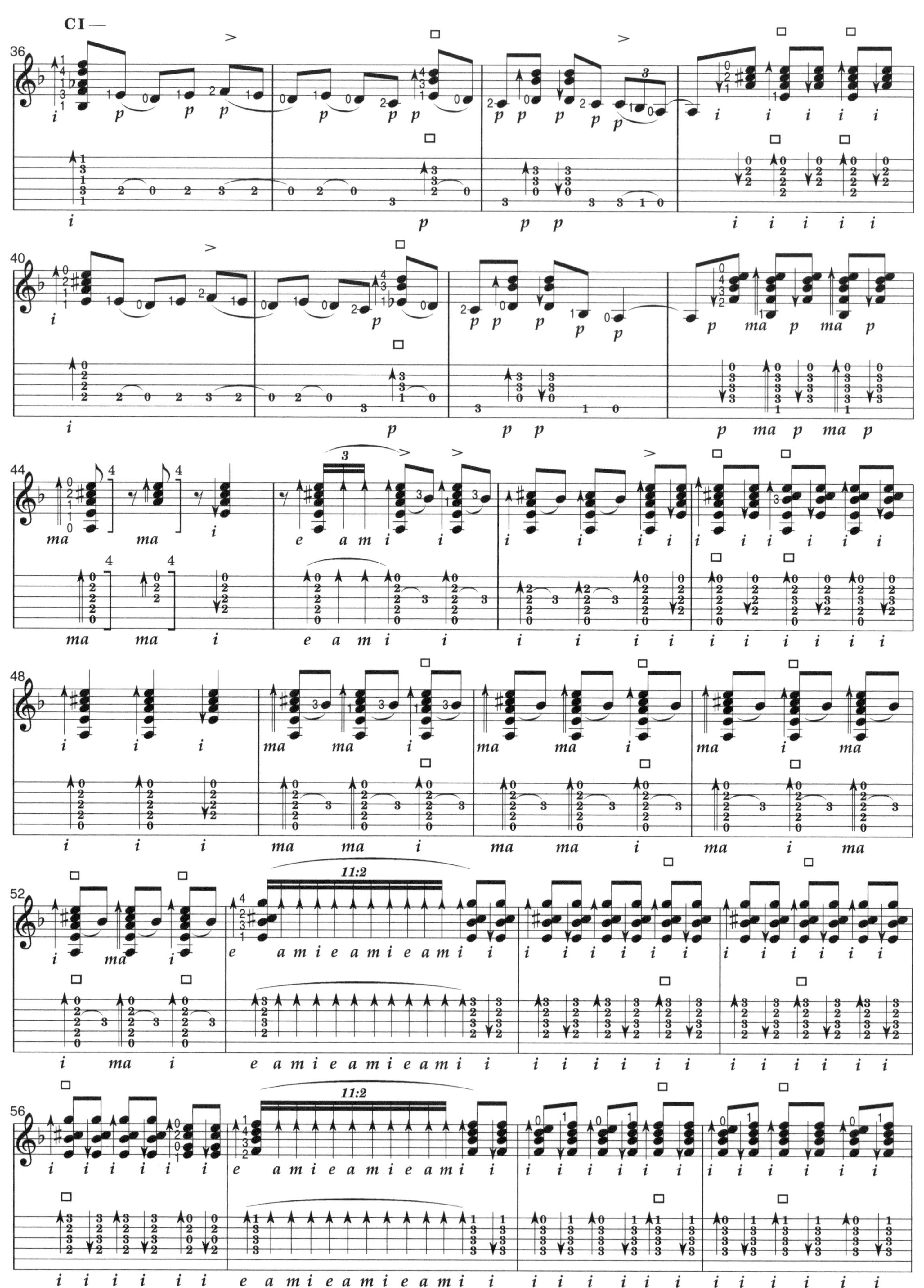
CI —
11:2
11:2

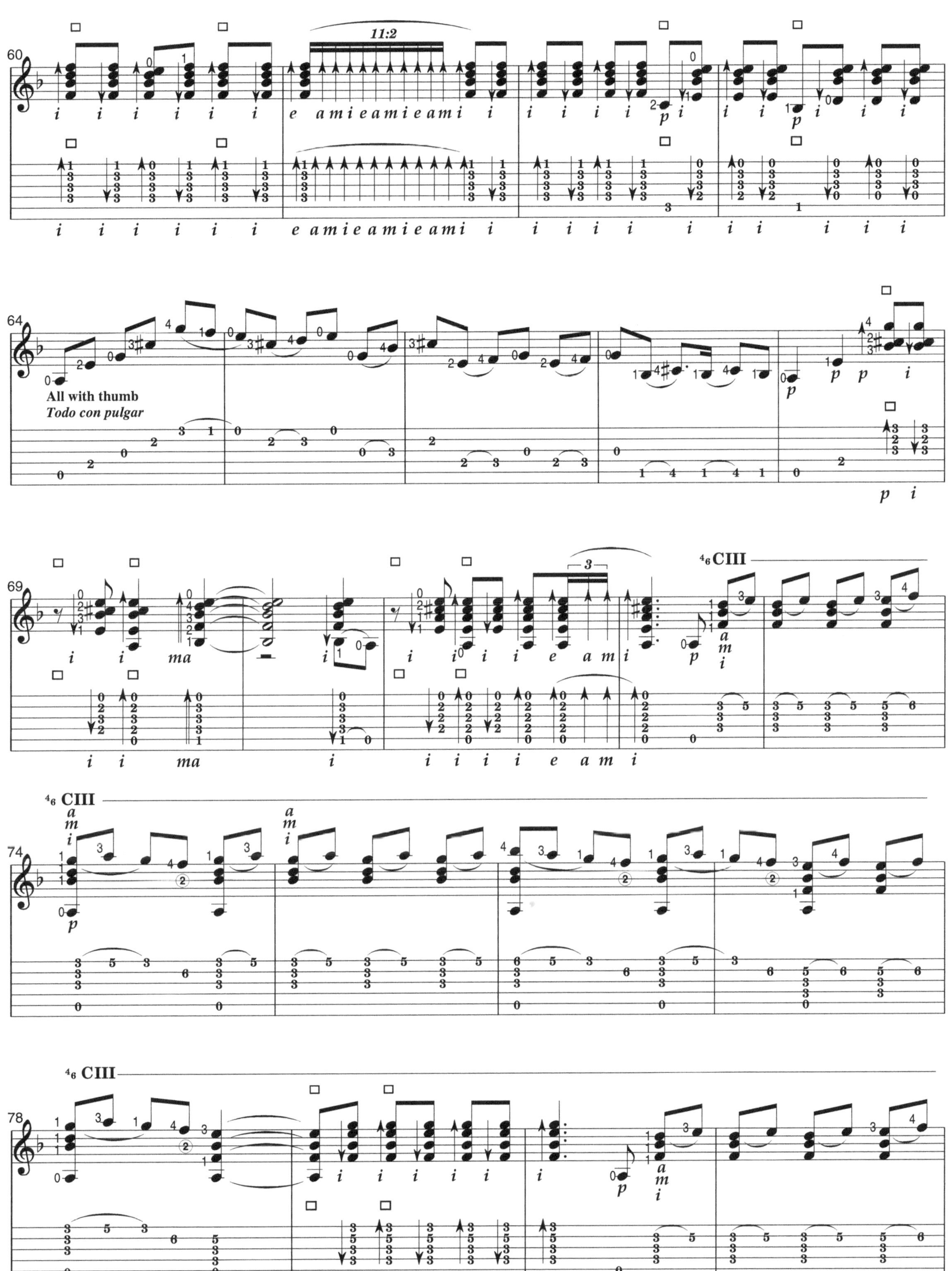
All with thumb
Todo con pulgar
CIII
CIII
CIII

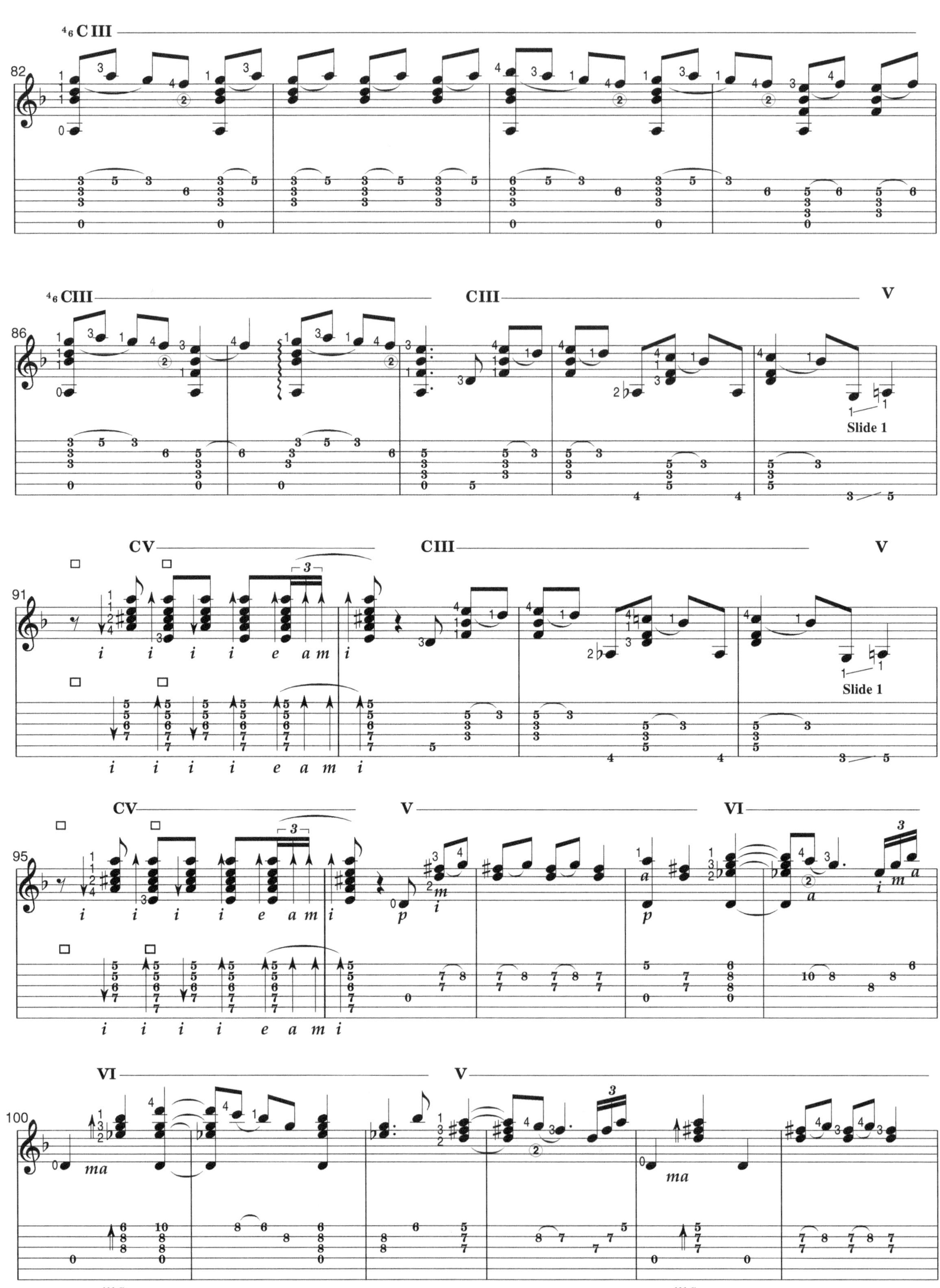
CIII
CIII
CIII
V
Slide 1
CV
CIII
V
i i i i e a m i
Slide 1
i i i i e a m i
CV
V
VI
i i i i e a m i
p
m
i
p
a
i
i i i i e a m i
VI
V
ma
ma
ma
ma

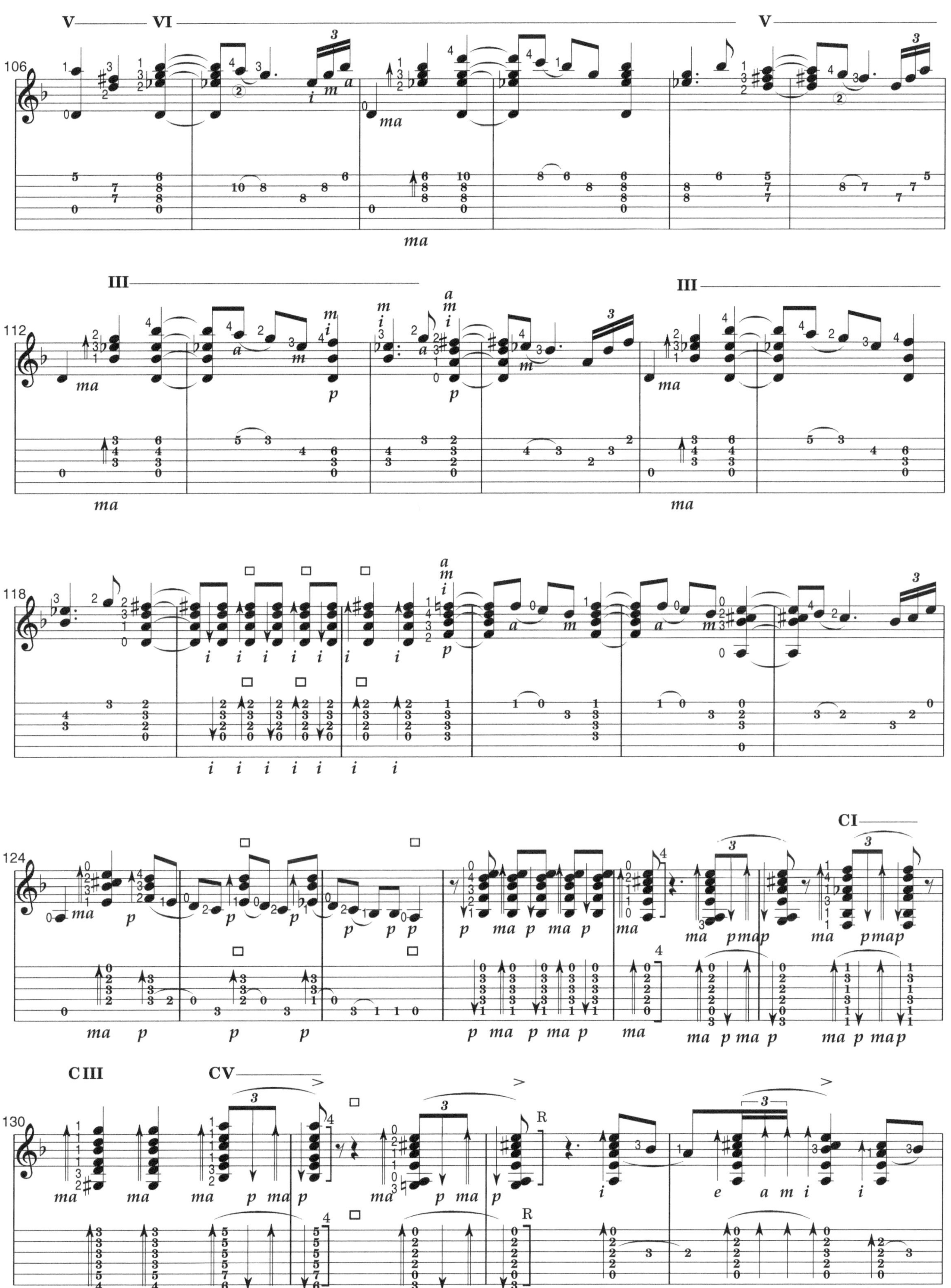
V VI V
106
III III
112
118
124
CI
CIII CV
130
R

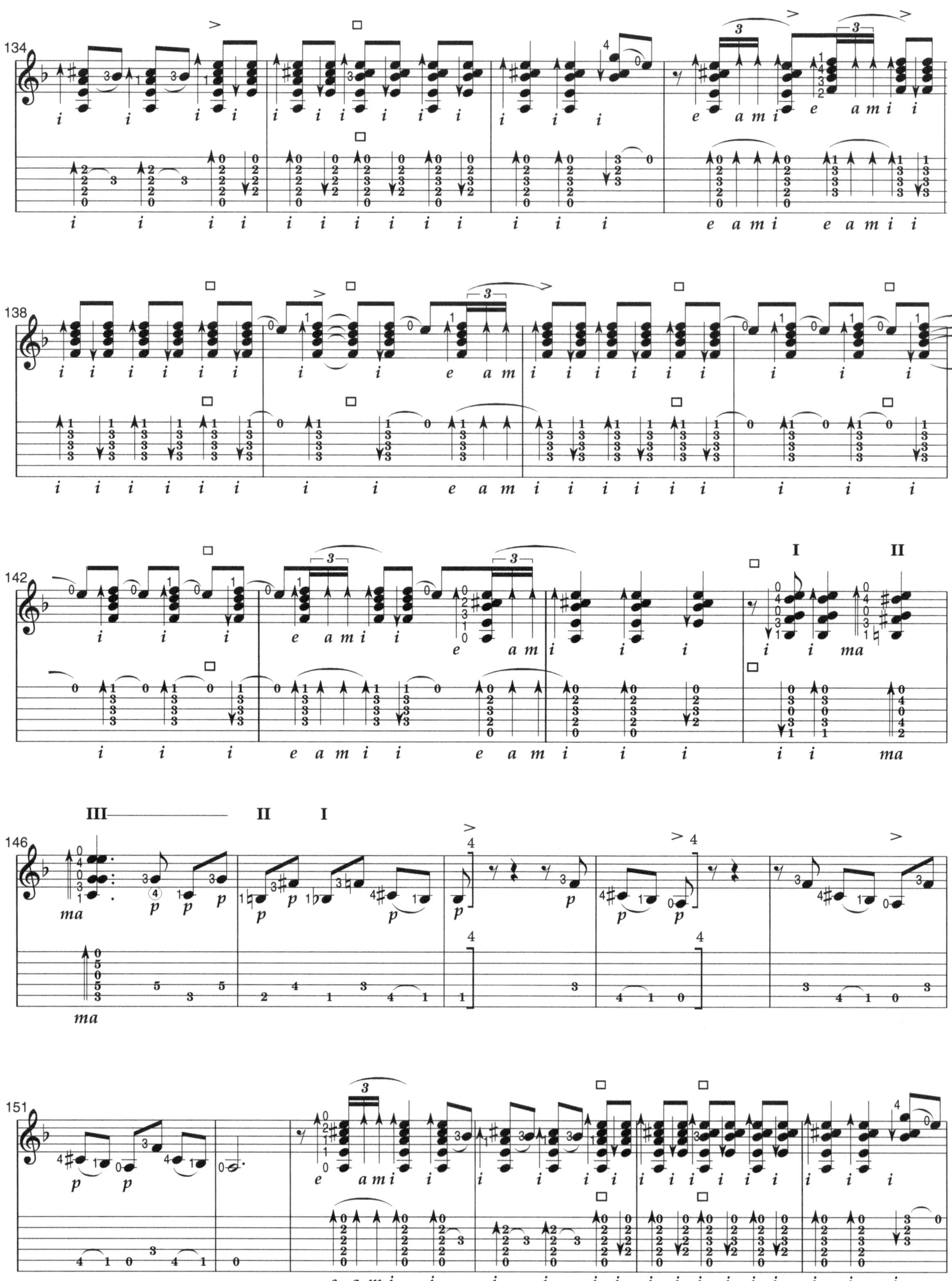
134
138
142
146
151
I
II
III
II
I

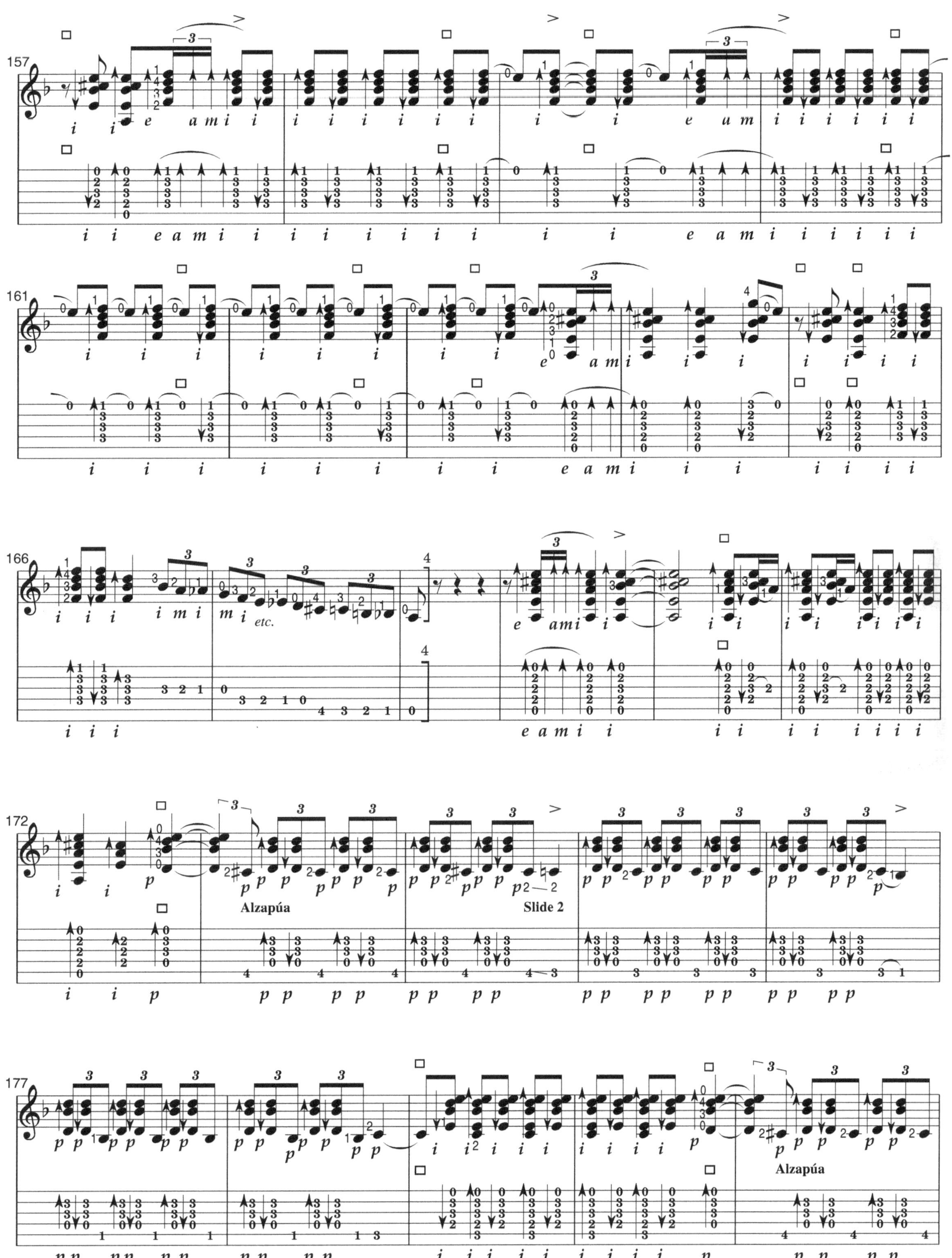

Alzapúa
Slide 2
Alzapúa
etc.

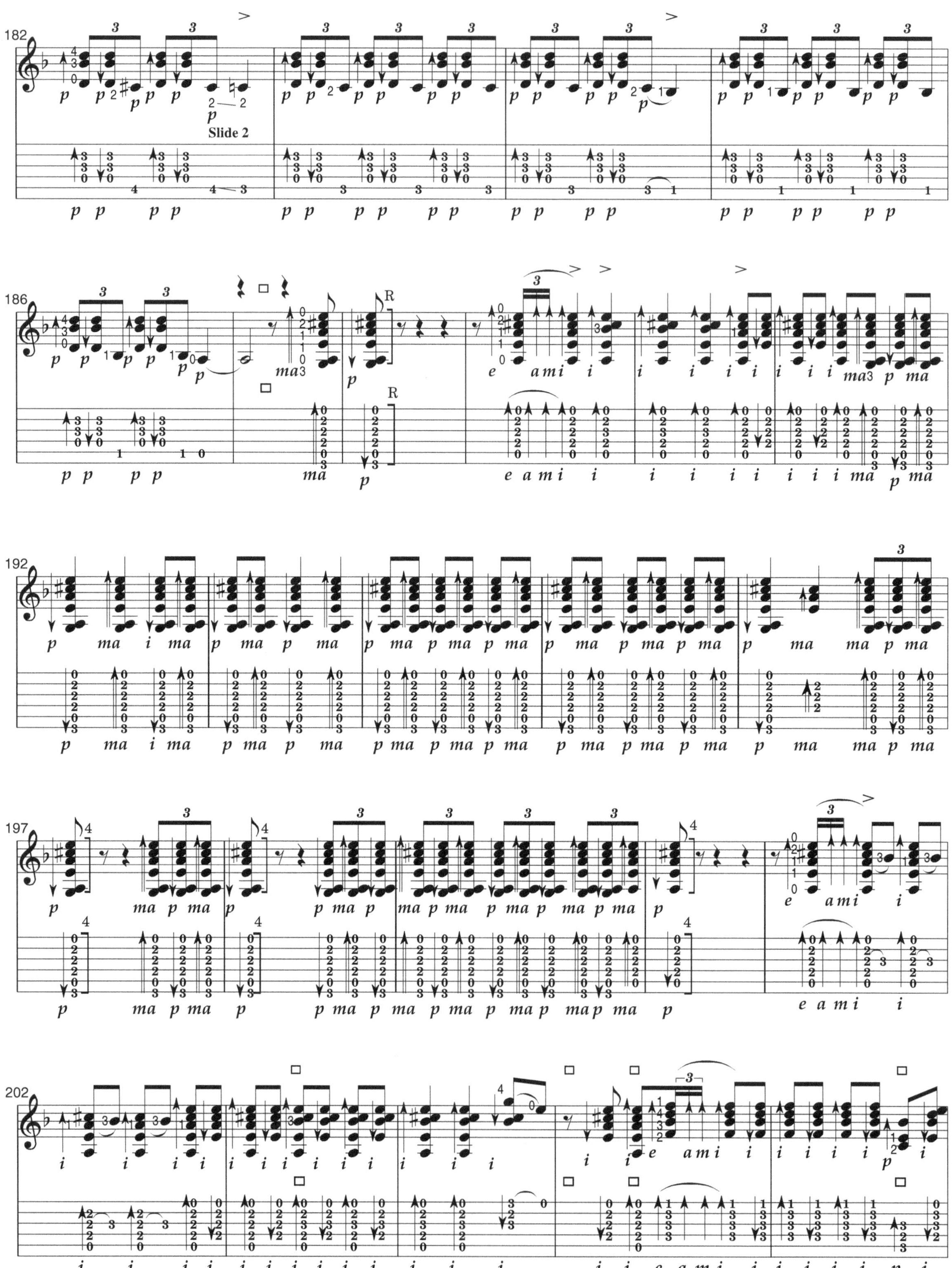

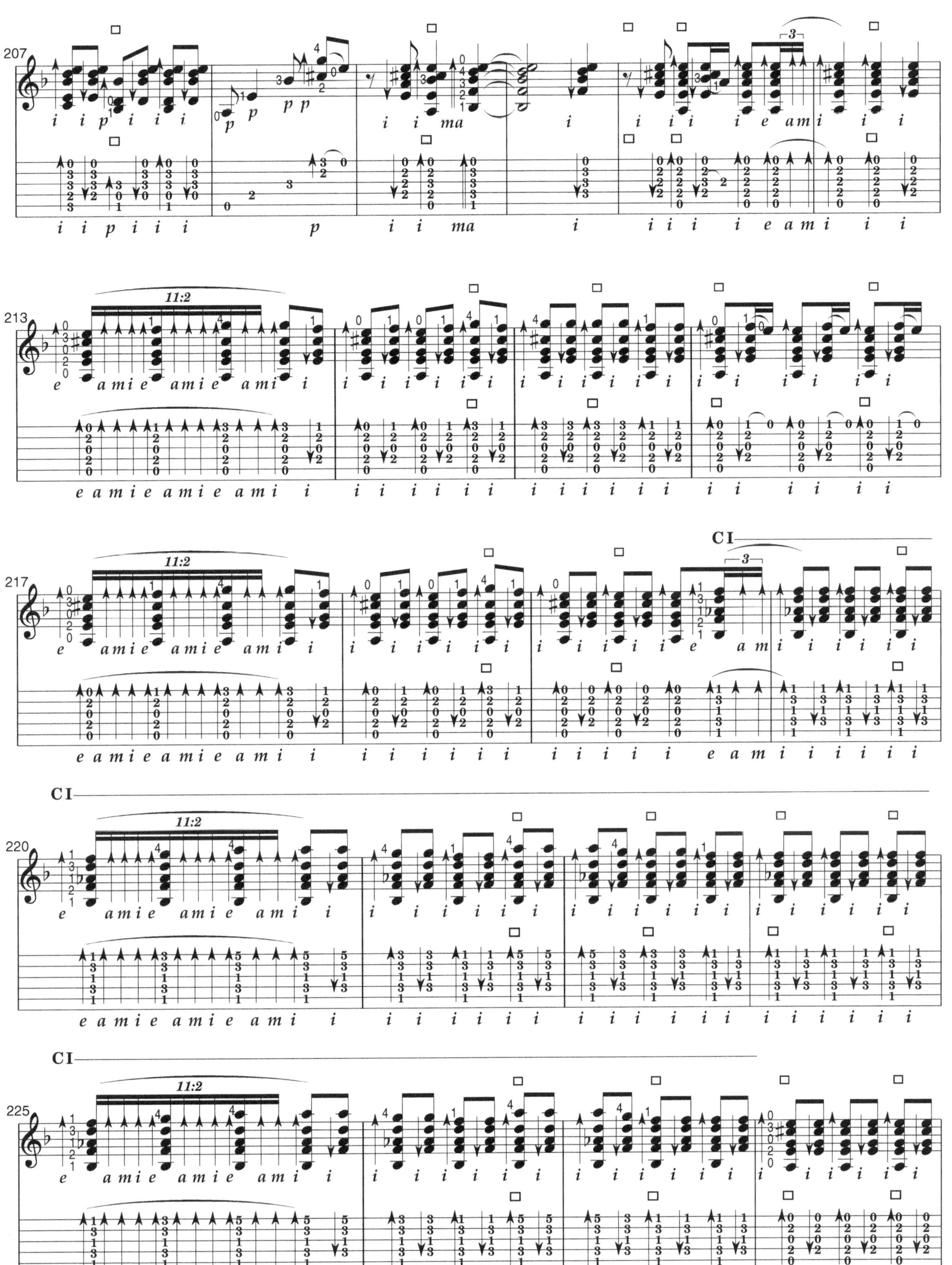
207
213
11:2
217
11:2
CI
220
11:2
CI
225
11:2
CI

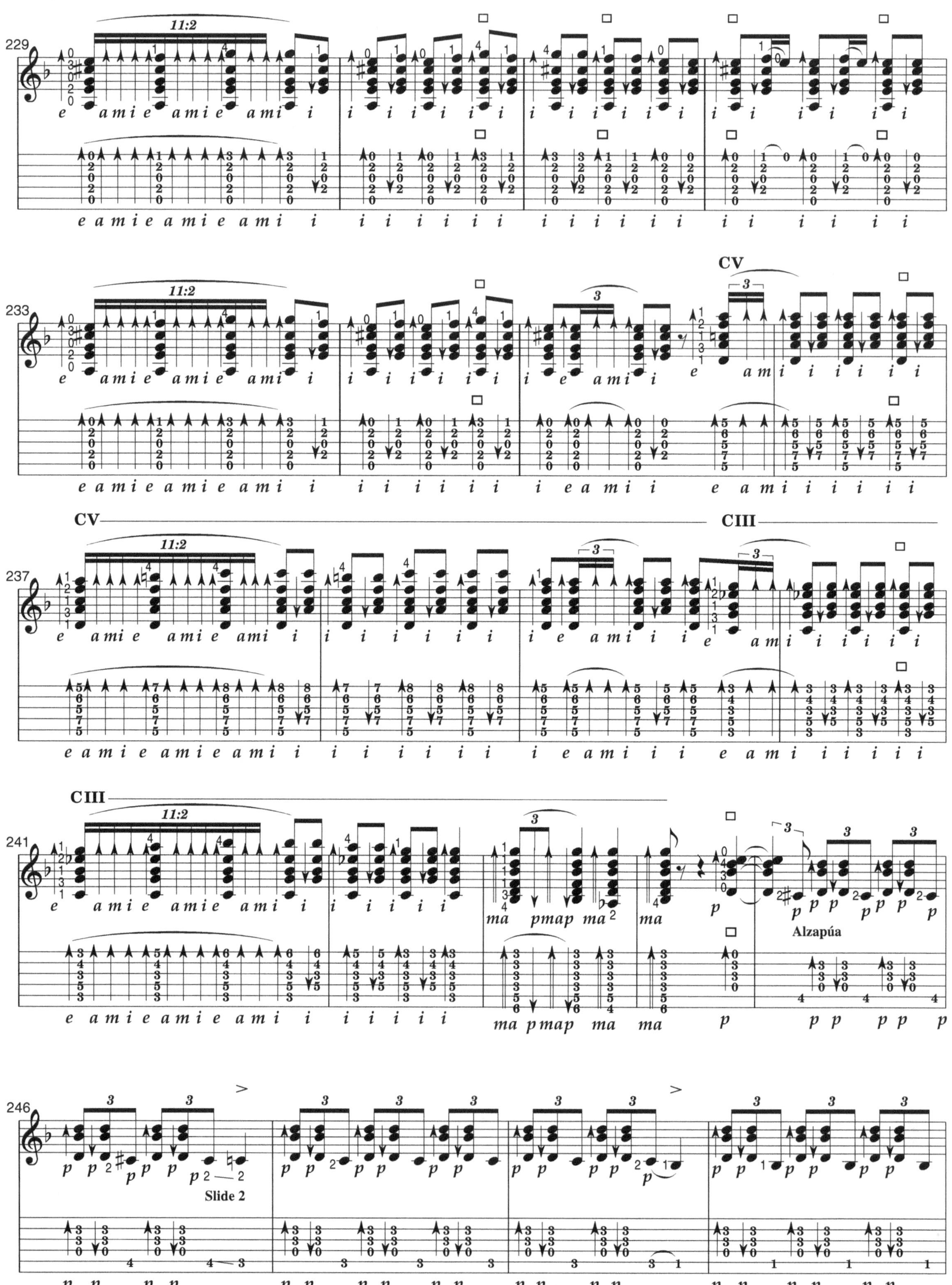
229
11:2
e ami e ami e ami i
233
11:2
CV
237
CV
CIII
241
CIII
Alzapúa
246
Slide 2

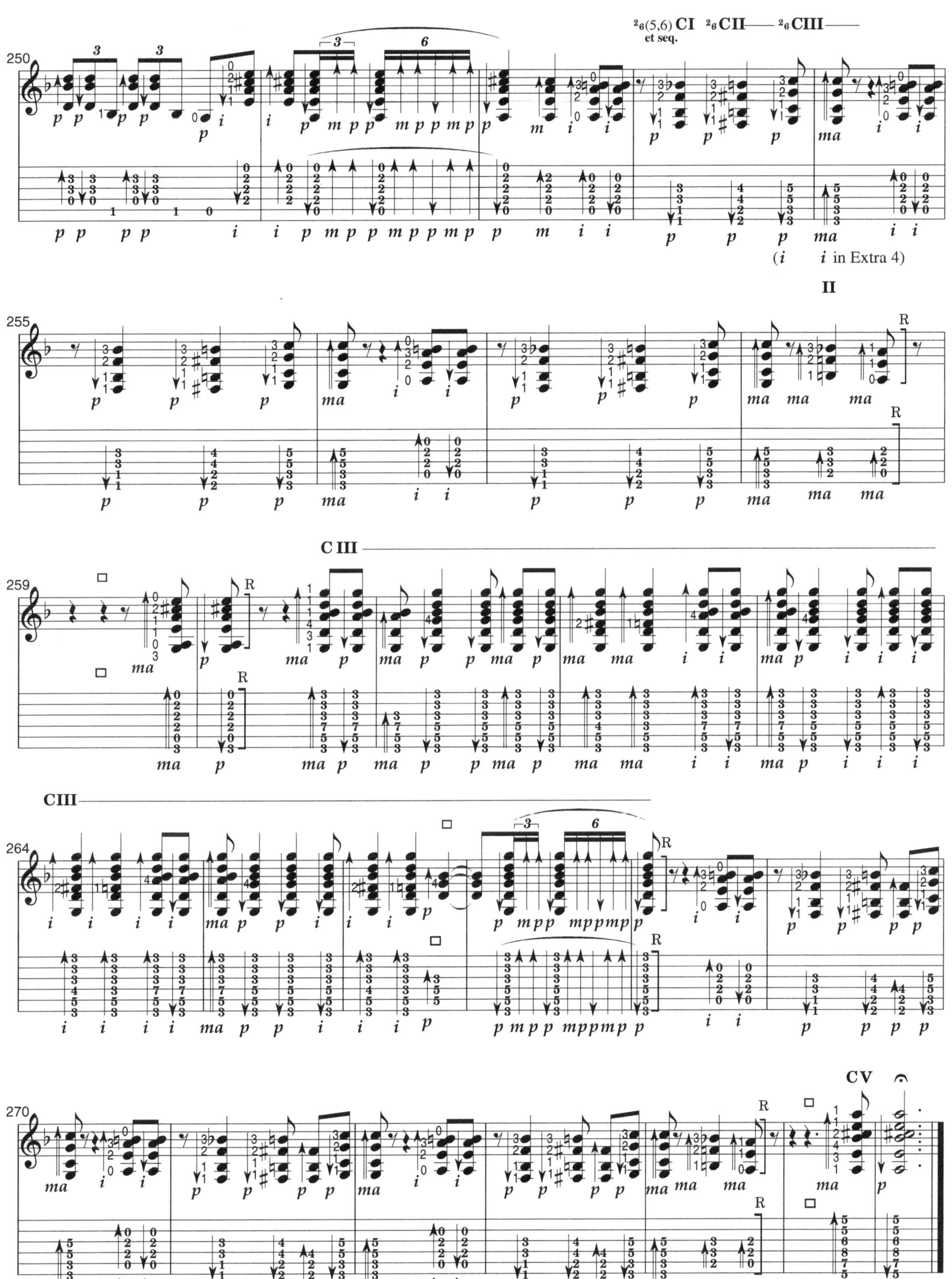

PLAYING NOTES EXTRAS

SOLEÁ FALSETA **P. 135 AUDIO TRACK 22**

The student of the flamenco guitar will need to collect *falsetas* from many sources in order to build his or her own repertoire, from which solos can be made. The versions of Soleá presented in this volume and its predecessor provide a wide variety of traditional and original material. The first two Extras on the DVD illustrate some more original material. The first of these shows a useful chord progression in its initial sequence. The concluding *rasgueo compás* has an attractive rapid arpeggio on beats 7 and 8.

SOLEÁ (RHYTHM AND FALSETA) **P. 136 AUDIO TRACK 23**

This second example begins with traditional *ligado compases* followed by *rasgueo*, and then another original *falseta* played in triplets in higher positions.

GARROTÍN DE SABICAS **P. 138 AUDIO TRACK 24**

The Garrotín is said to originate from folk-songs of the Asturias. This well-known version in C major has become a popular and tuneful solo. It presents fewer technical problems than most of the solos in this volume and might be graded at level 4. As with everything, however, it requires precision and accuracy to sound convincing, and the *picado* runs must be even and in *compás*.

BULERÍAS (RHYTHM AND FALSETAS) **P. 142 AUDIO TRACK 25**

In order not to duplicate some pages of notation, the music of the start and end of this solo has not been written a second time. Both of the missing sections can be learned from the notation of the previous solo Bulerías. The overlap between the two solos shows how material can be presented in different sequences, and this solo includes more traditional and original *falsetas* for your repertoire. The speed is slightly faster than the version played with metronome, but still quite modest to allow for easy learning.

NOTAS SOBRE EL TOQUE EXTRAS

SOLEÁ FALSETA **P. 135 AUDIO TEMA 22**

El estudiante de la guitarra flamenca tiene que reunir falsetas de muchas fuentes para recopilar su propio repertorio, y es de aquí de donde puede construir sus solos. Las versiones de Soleá presentadas en este tomo y en su predecesor proporcionan una amplia variedad de material tradicional y moderno. Los primeros dos Extras en el DVD ilustran algo más de material original. El primero de éstos muestra una progresión útil de acordes en su secuencia inicial. El último compás de rasgueo tiene un arpegio rápido bonito en los golpes 7 y 8.

SOLEÁ (RITMO Y FALSETA) **P. 136 AUDIO TEMA 23**

Este segundo ejemplo empieza con compases tradicionales de ligado seguidos por rasgueo, y entonces otra falseta original, tocada con tresillos en posiciones más altas.

GARROTÍN DE SABICAS **P. 138 AUDIO TEMA 24**

Dicen que el Garrotín se originó en canciones folklóricas de Asturias. Esta versión bien conocida en el tono de **do** mayor se ha hecho un solo popular y melodioso. Presenta menos problemas técnicos que la mayoría de los solos de este tomo y podría clasificarse por grado de dificultad en el nivel 4. Como todo, sin embargo, requiere mucha precisión y exactitud para que suene convincente, y las escalas de picado hay que ejecutarlas de forma metronómica y, pues claro, *a compás.*

BULERÍAS (RITMO Y FALSETAS) **P. 142 AUDIO TEMA 25**

Para evitar el problema de repetir algunas páginas de notación, la música del principio y del final de este solo no está escrita por segunda vez. Las dos secciones omitidas pueden aprenderse con la notación del solo anterior por Bulerías. Las partes coincidentes de los dos solos demuestran como es posible presentar material en secuencias distintas, y este solo incluye más falsetas originales para el repertorio. La velocidad es un poquito más rápida que la versión tocada con el metrónomo, pero es todavía bastante moderada para permitir un aprendizaje fácil.

Soleá A

EXTRA 1

Another falseta

Otra falseta

Capo at 2nd fret
Cejilla al dos

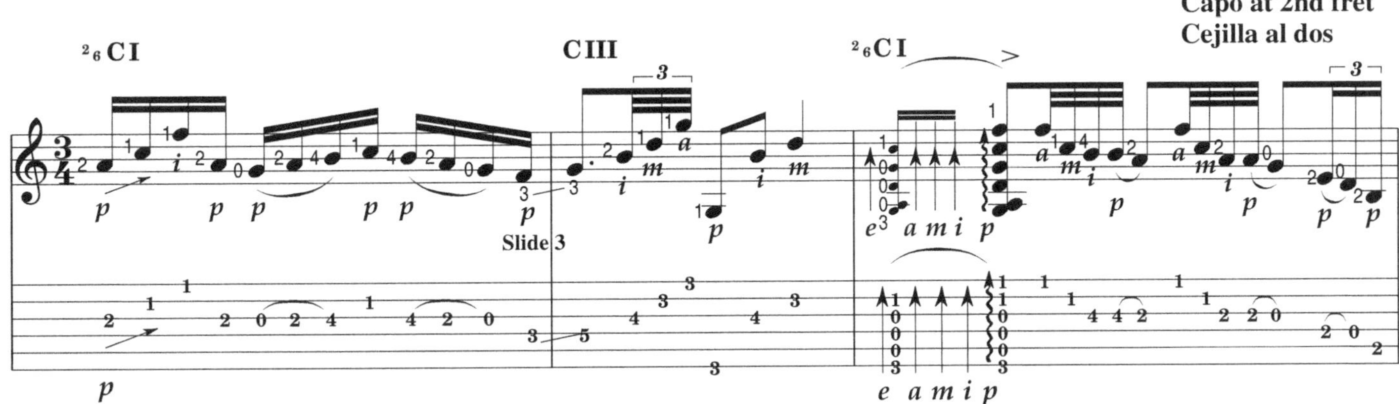

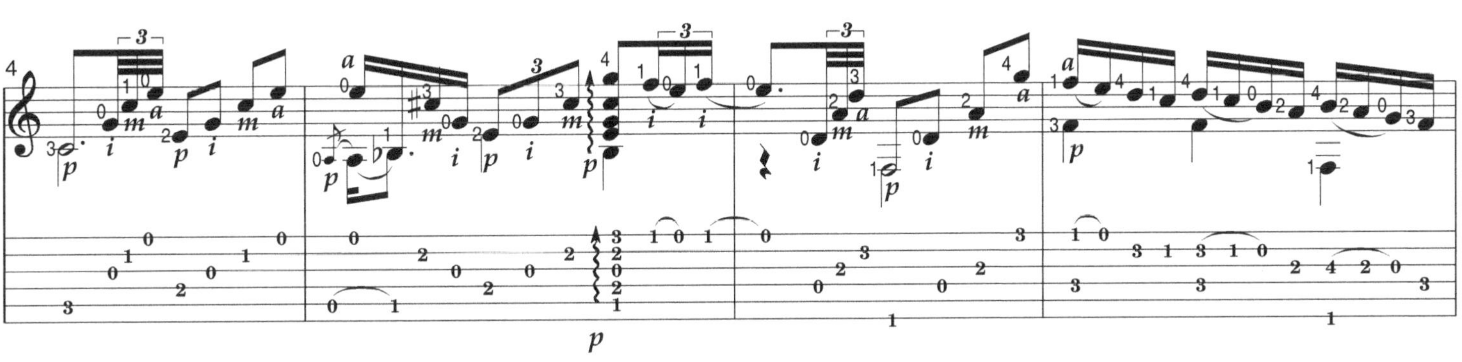

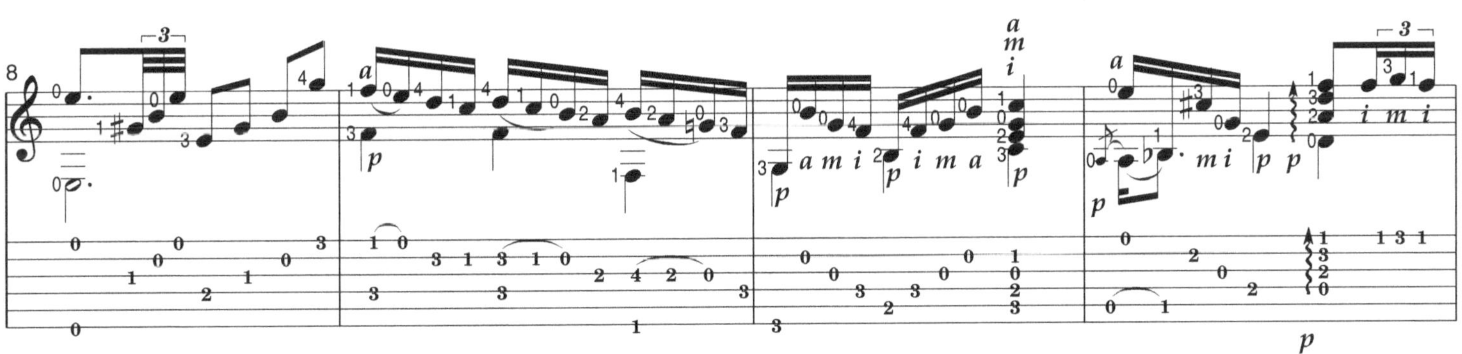

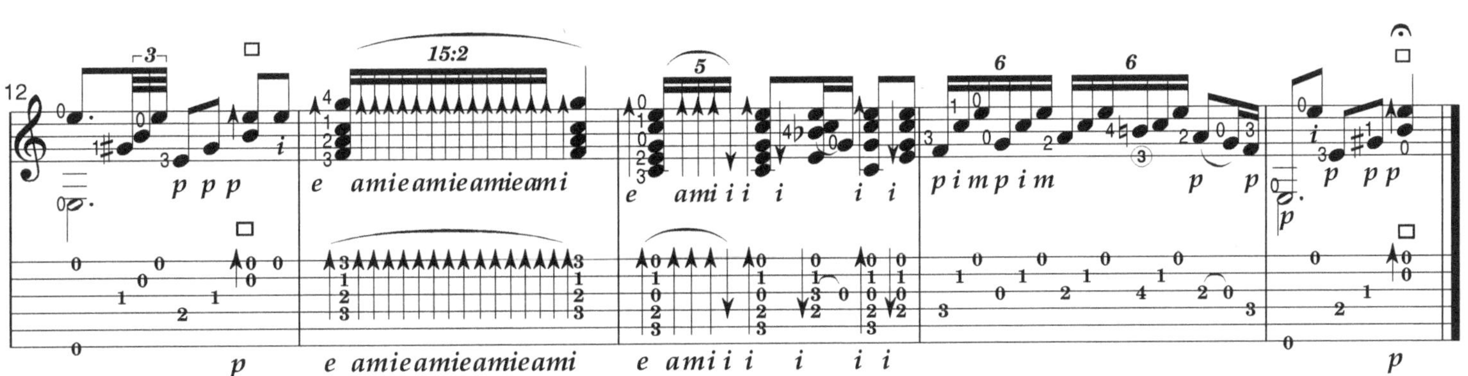

Soleá B

Ritmo y falseta

EXTRA 2

Capo at 2nd fret
Cejilla al dos

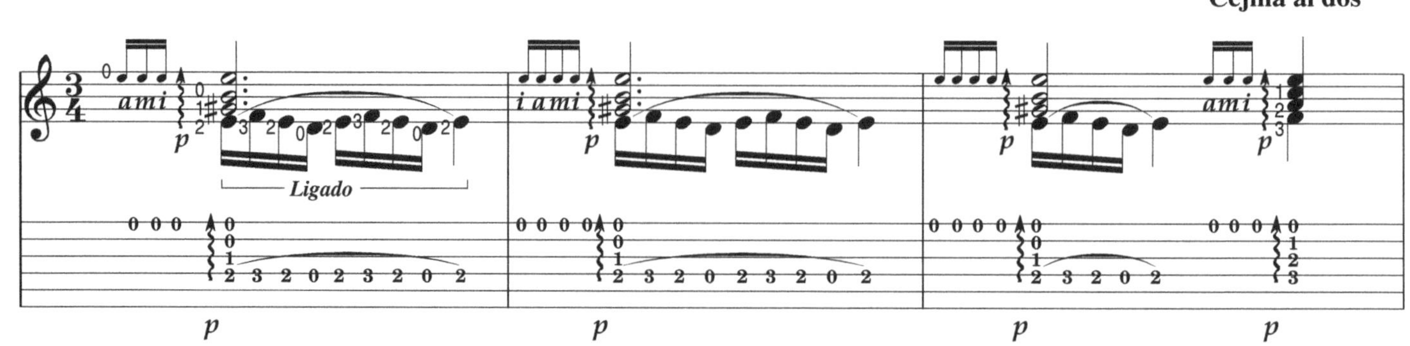

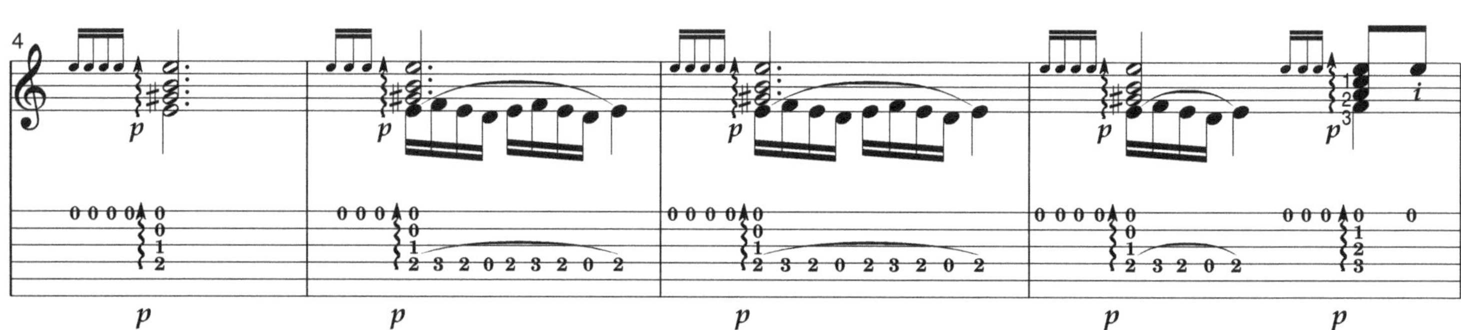

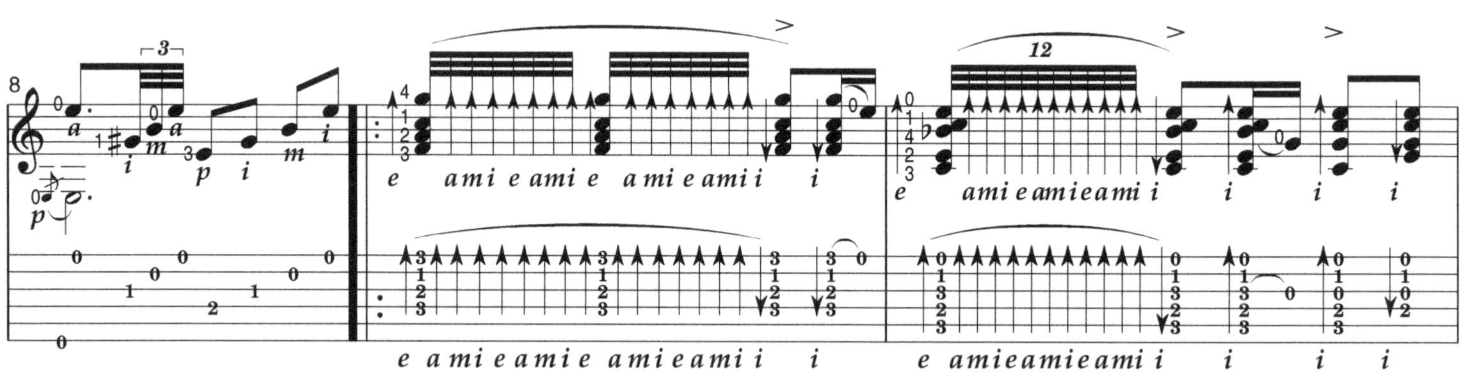

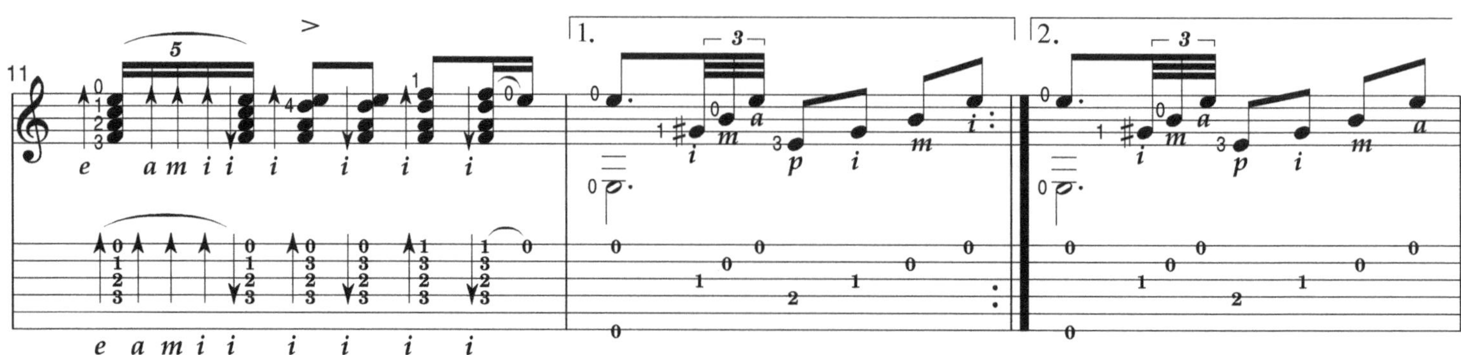

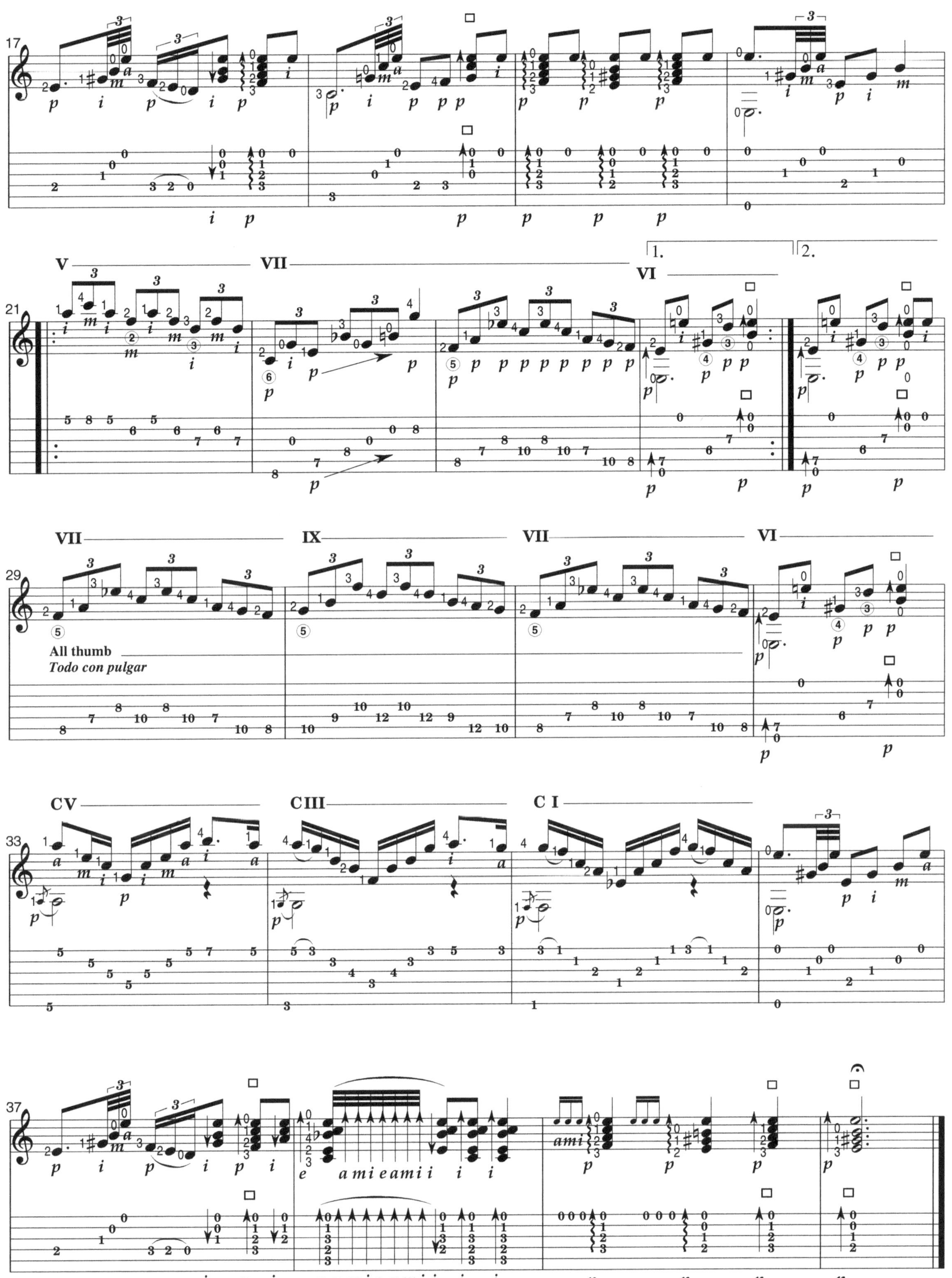
V
VII
1.
2.
VI
All thumb
Todo con pulgar
IX
CV
CIII
C I

EXTRA 3

Garrotín

de Sabicas

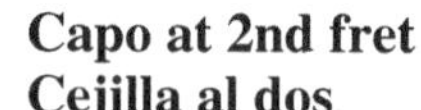

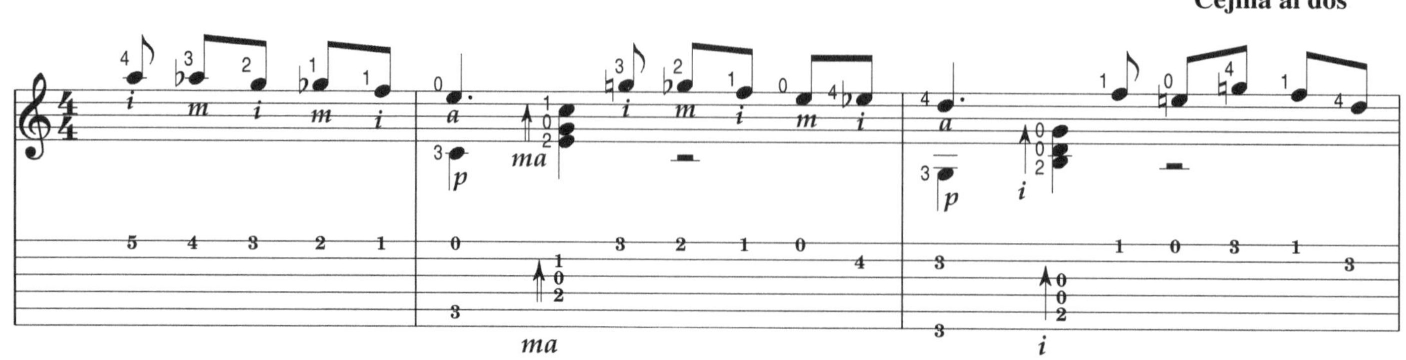

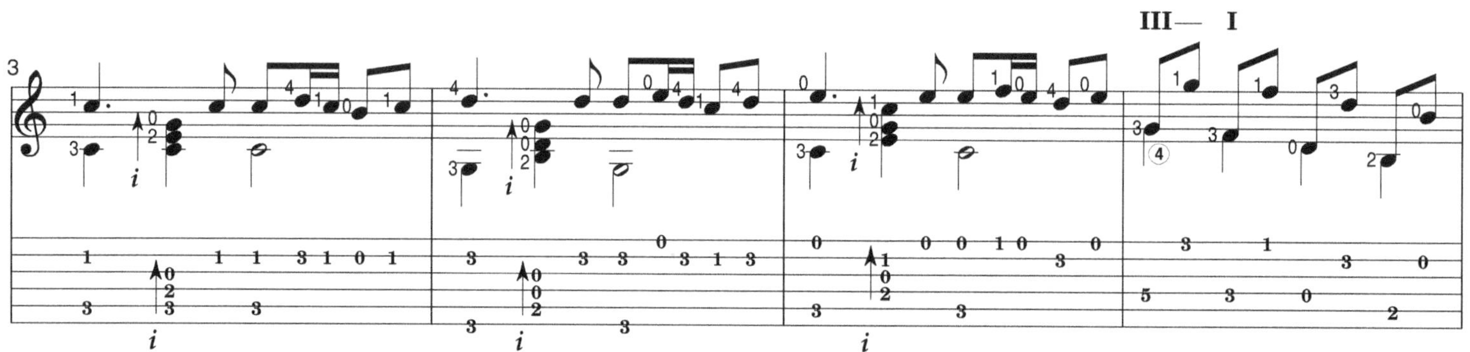

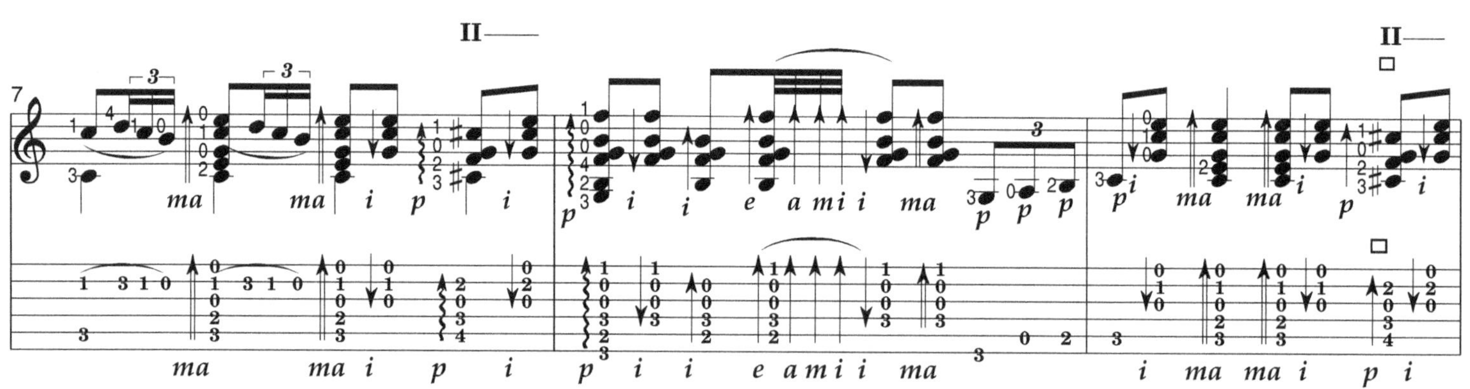

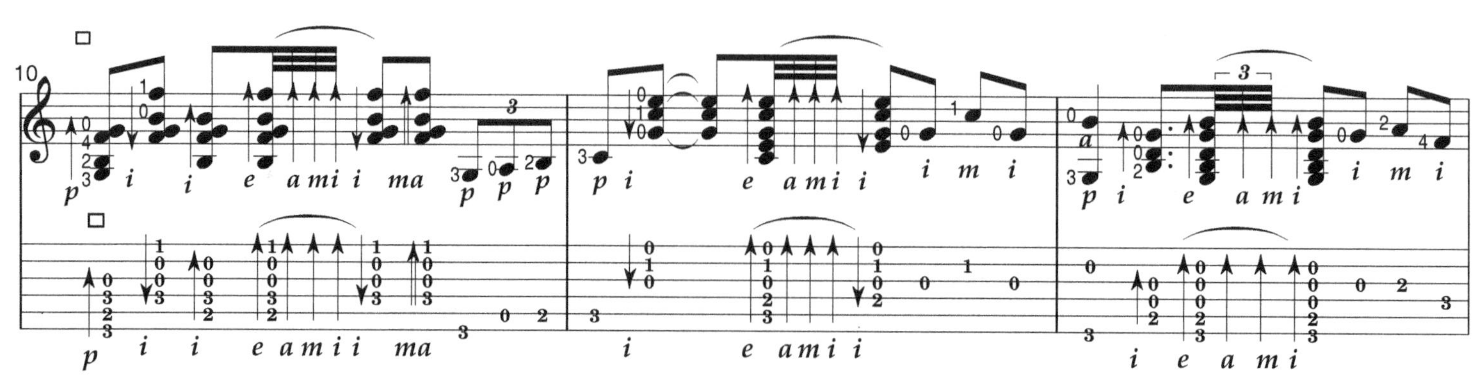

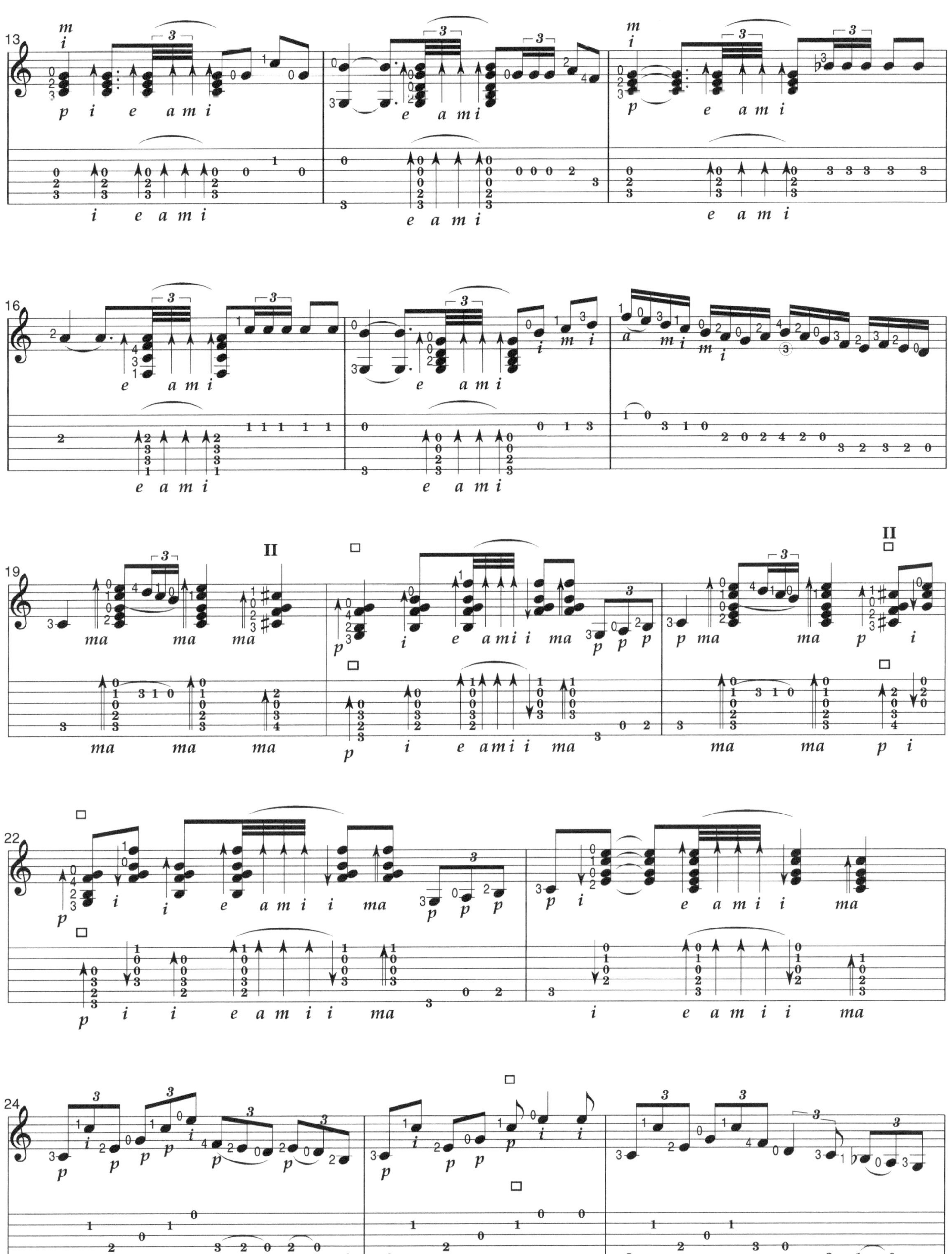
13
16
19
II
II
22
24

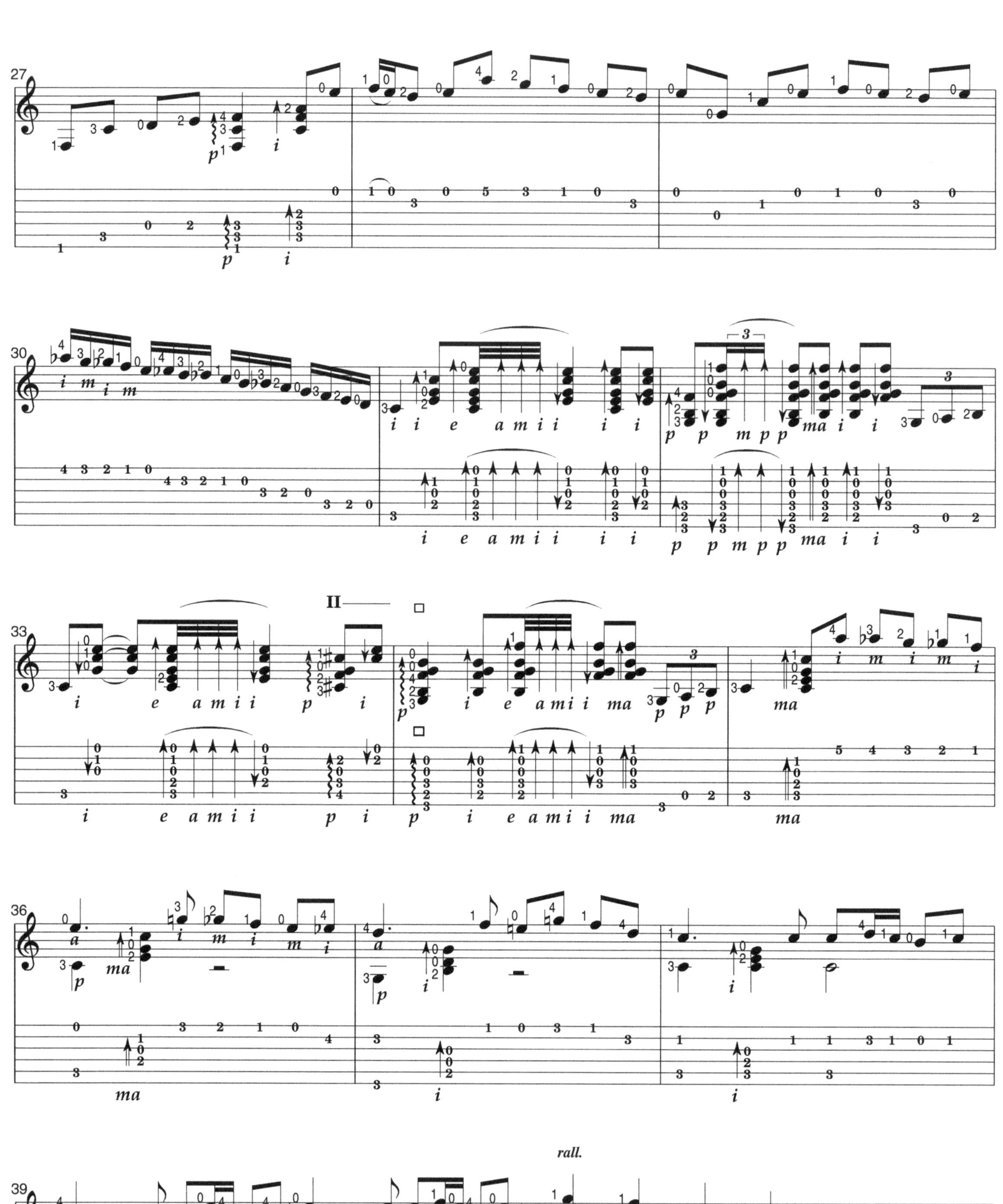
rall.

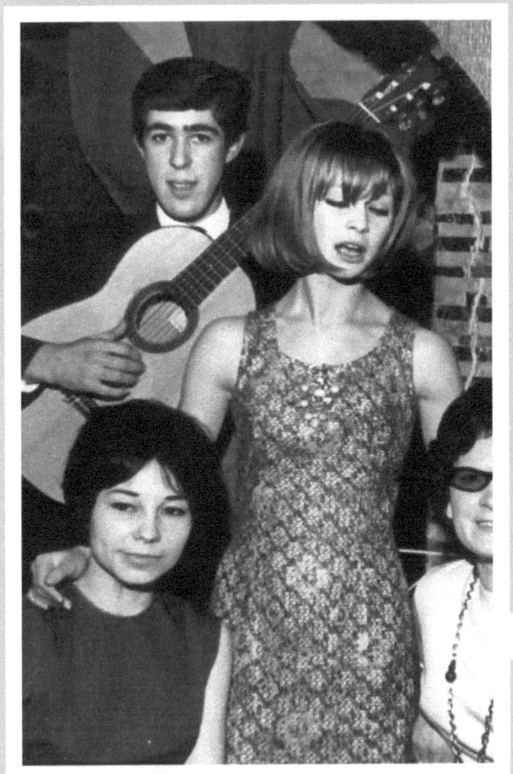

Con/With Marisol

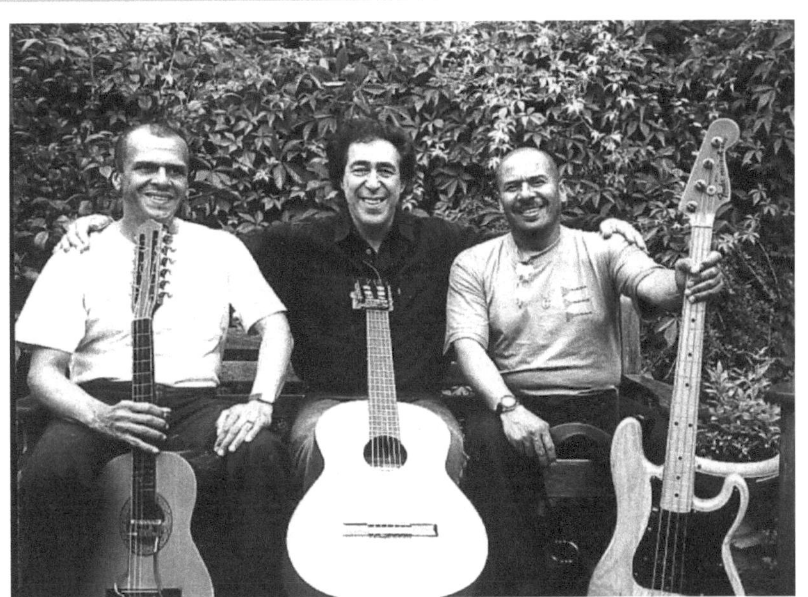

Con hermanos/With brothers Oscar ('Icaco') y/and Armando Escobar durante la grabación de/ during the recording of 'Camino Latino' album, 2002.

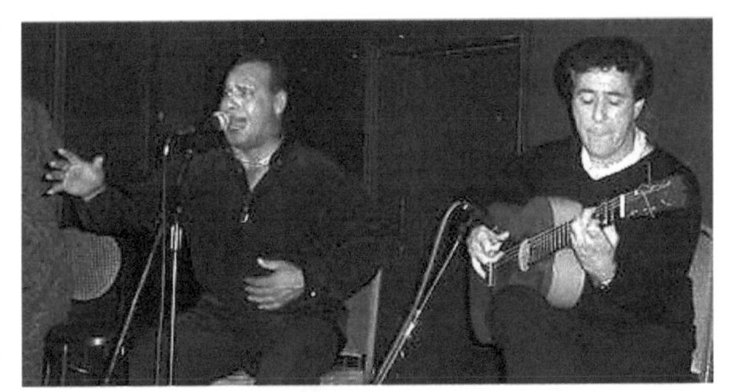

Antonio Aparecida canta por/sings 'Alegrías'.

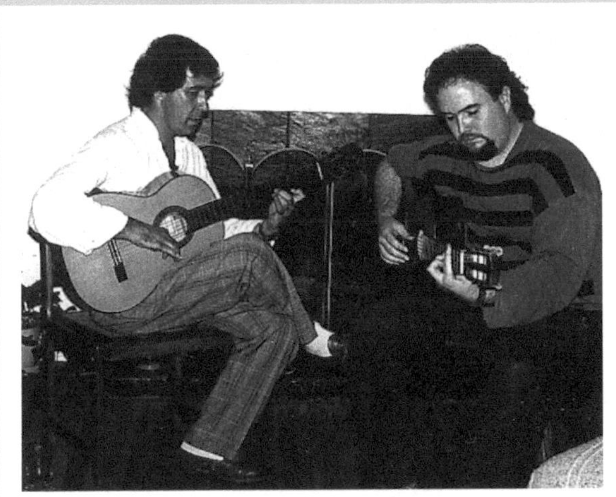

Con/With Scott Tennant
of the Los Angeles Guitar Quartet, L.A.

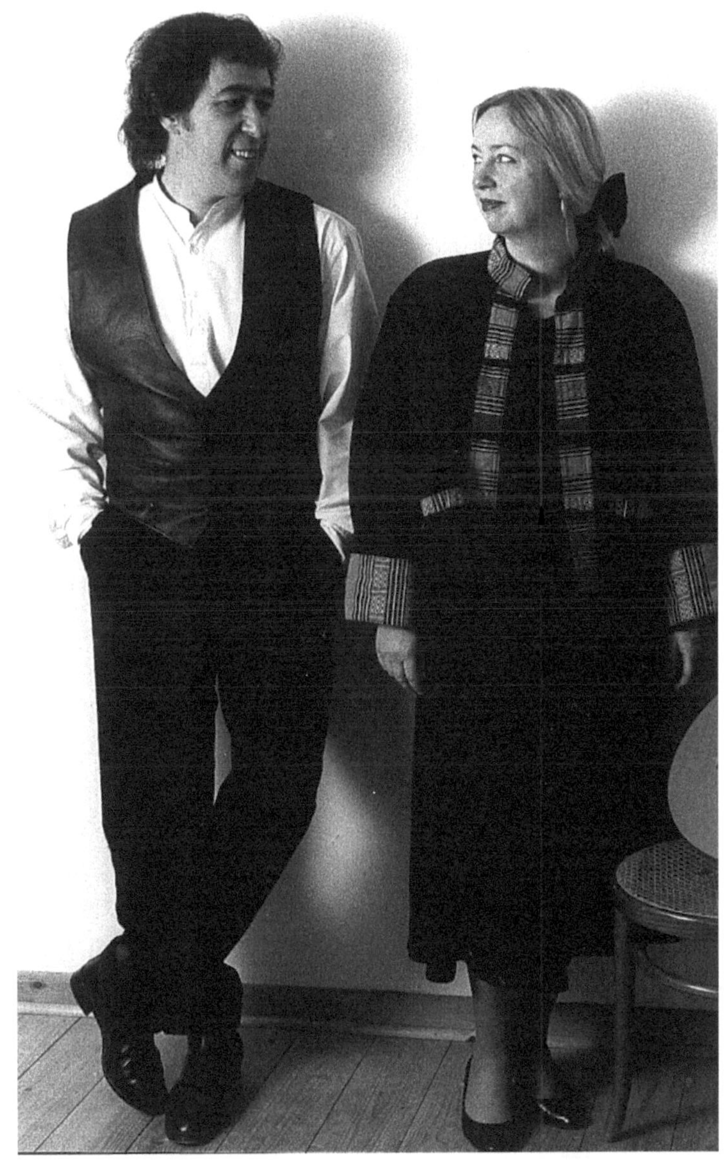

Juan and Helen Martín

Bulerías

Ritmo y falsetas

Capo at 2nd fret
Cejilla al dos

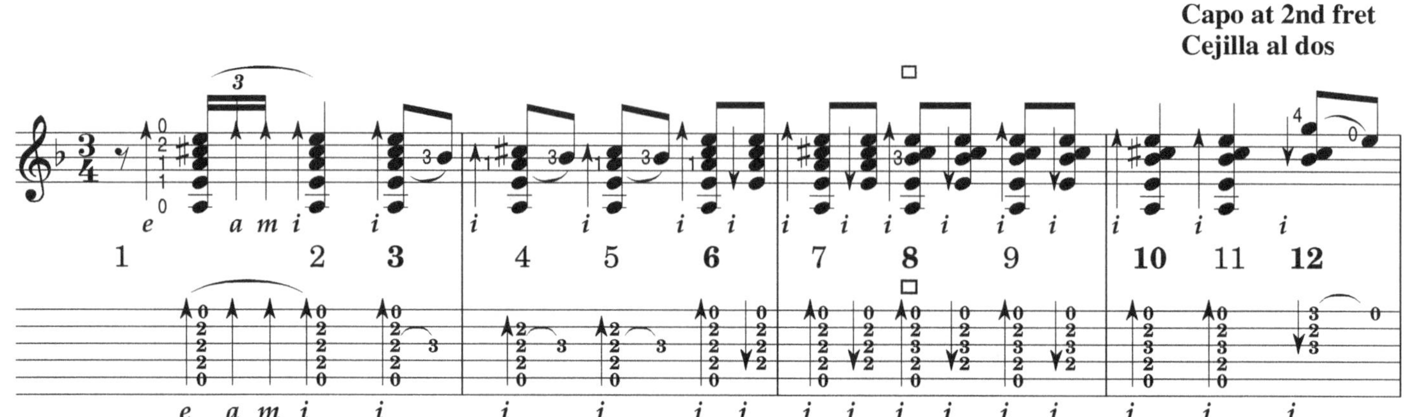

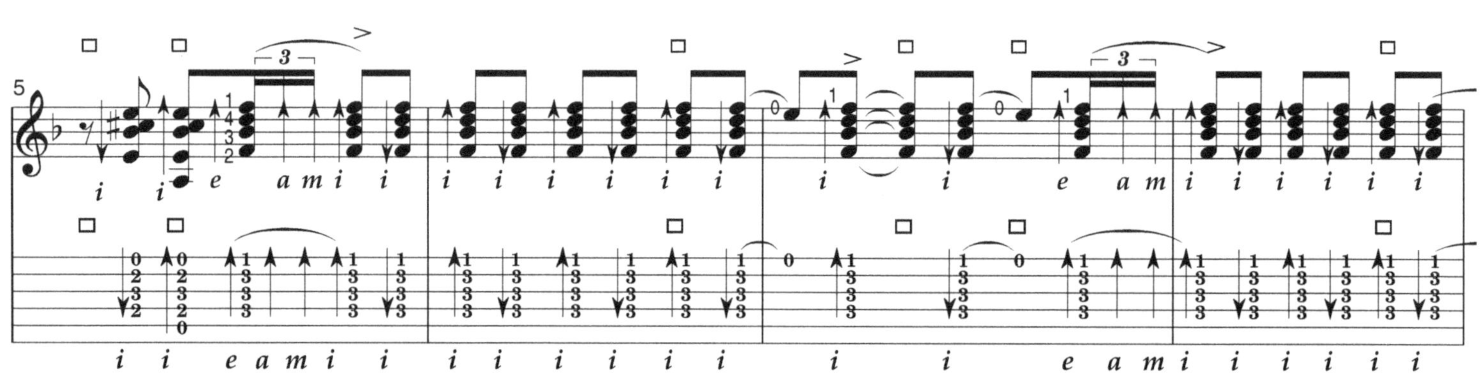

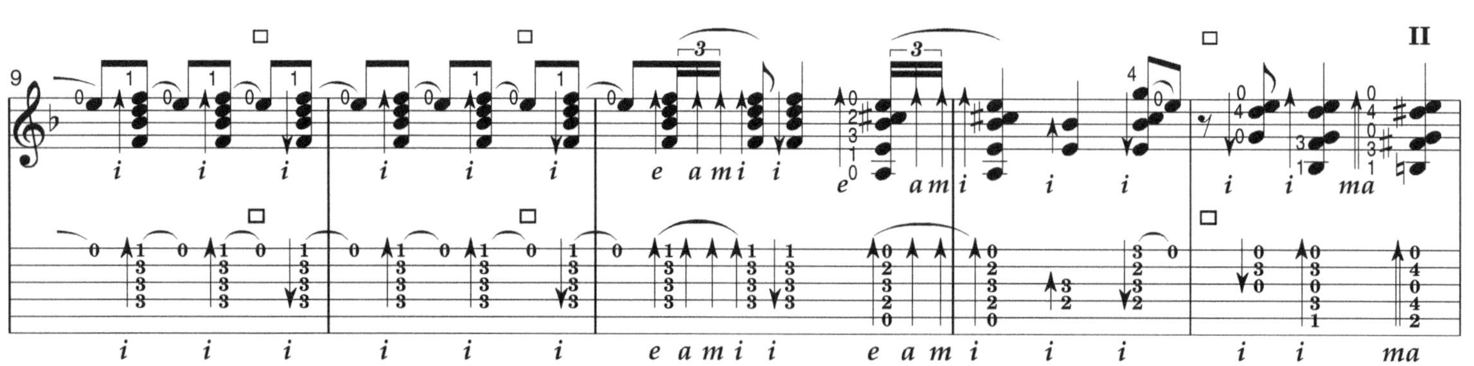

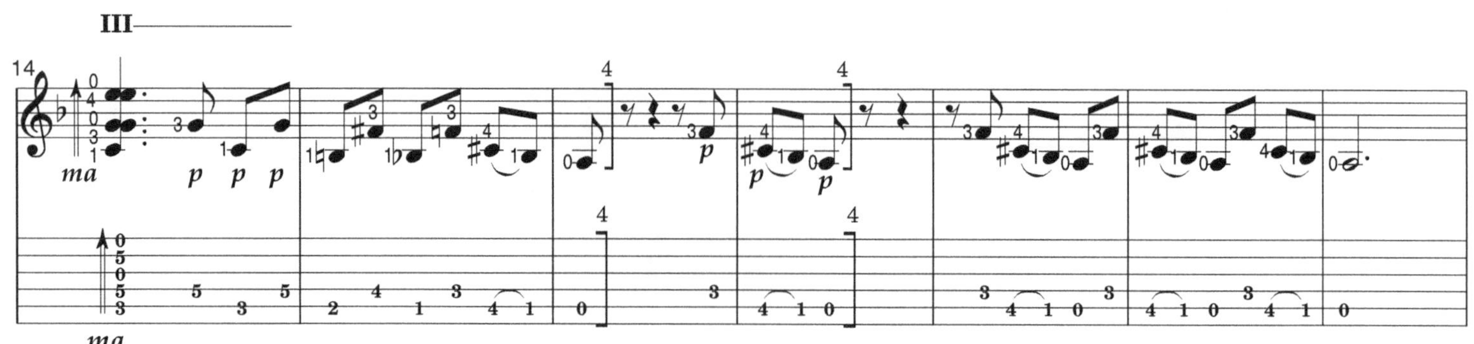

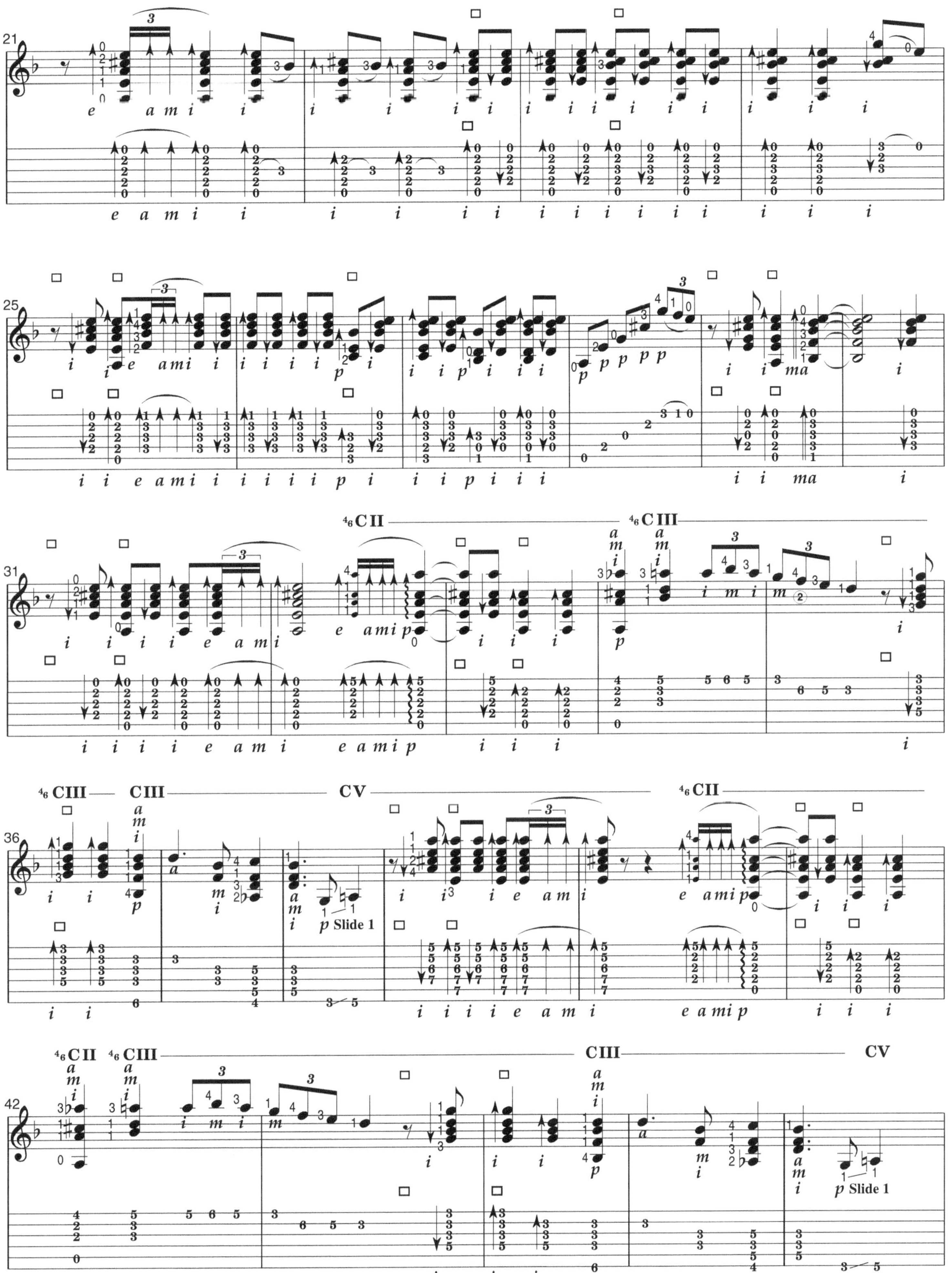

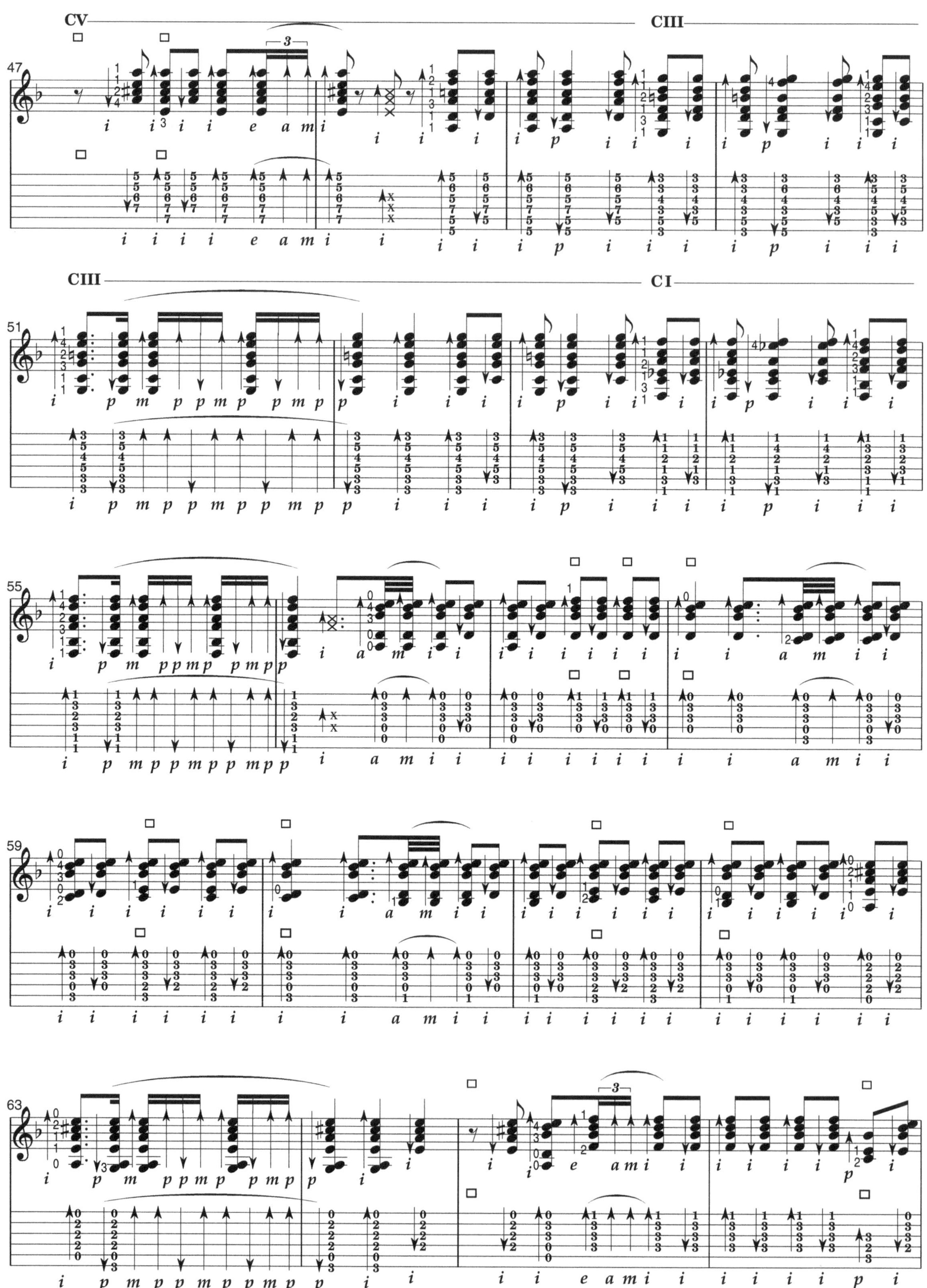

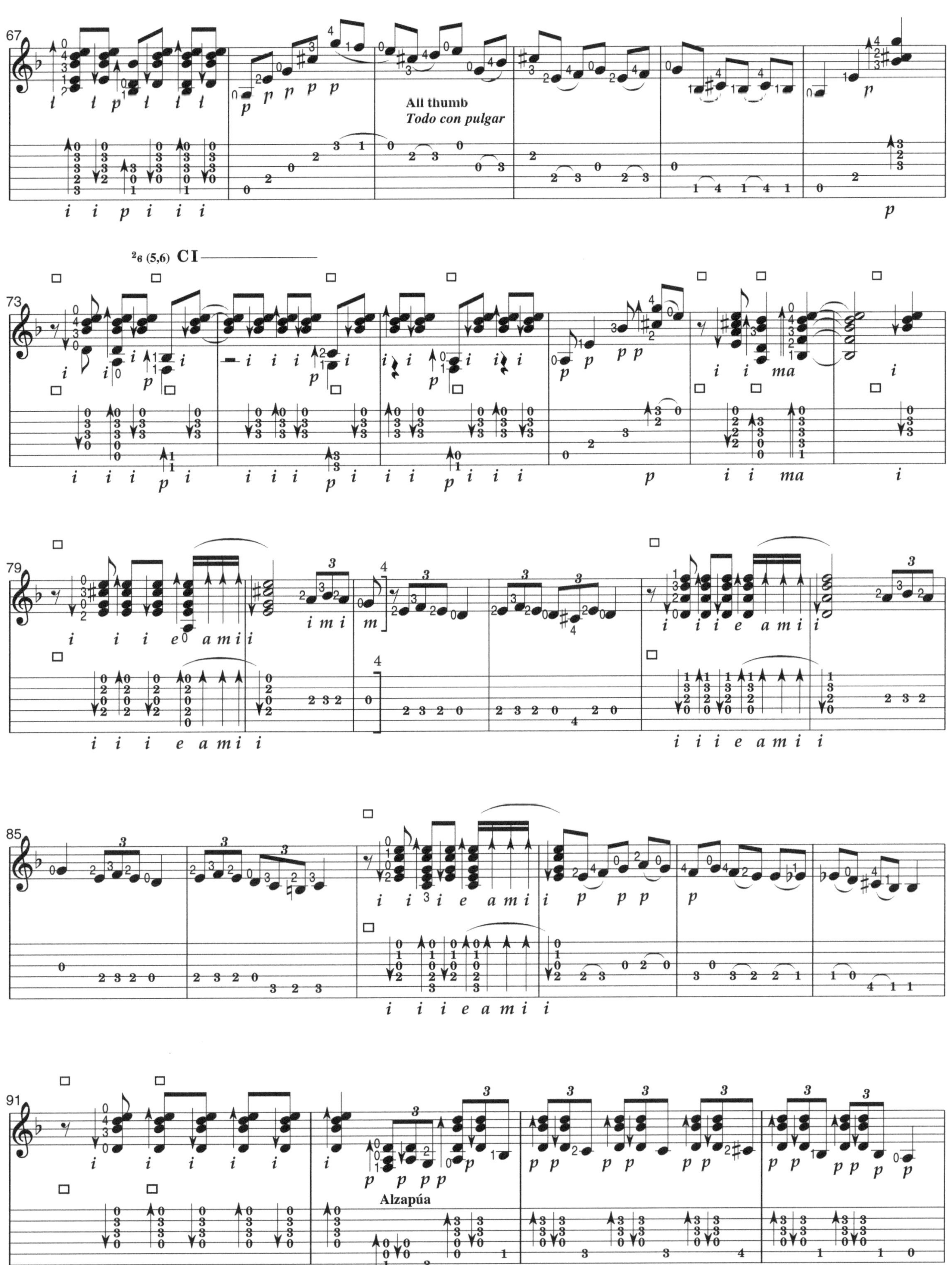
All thumb
Todo con pulgar
Alzapúa

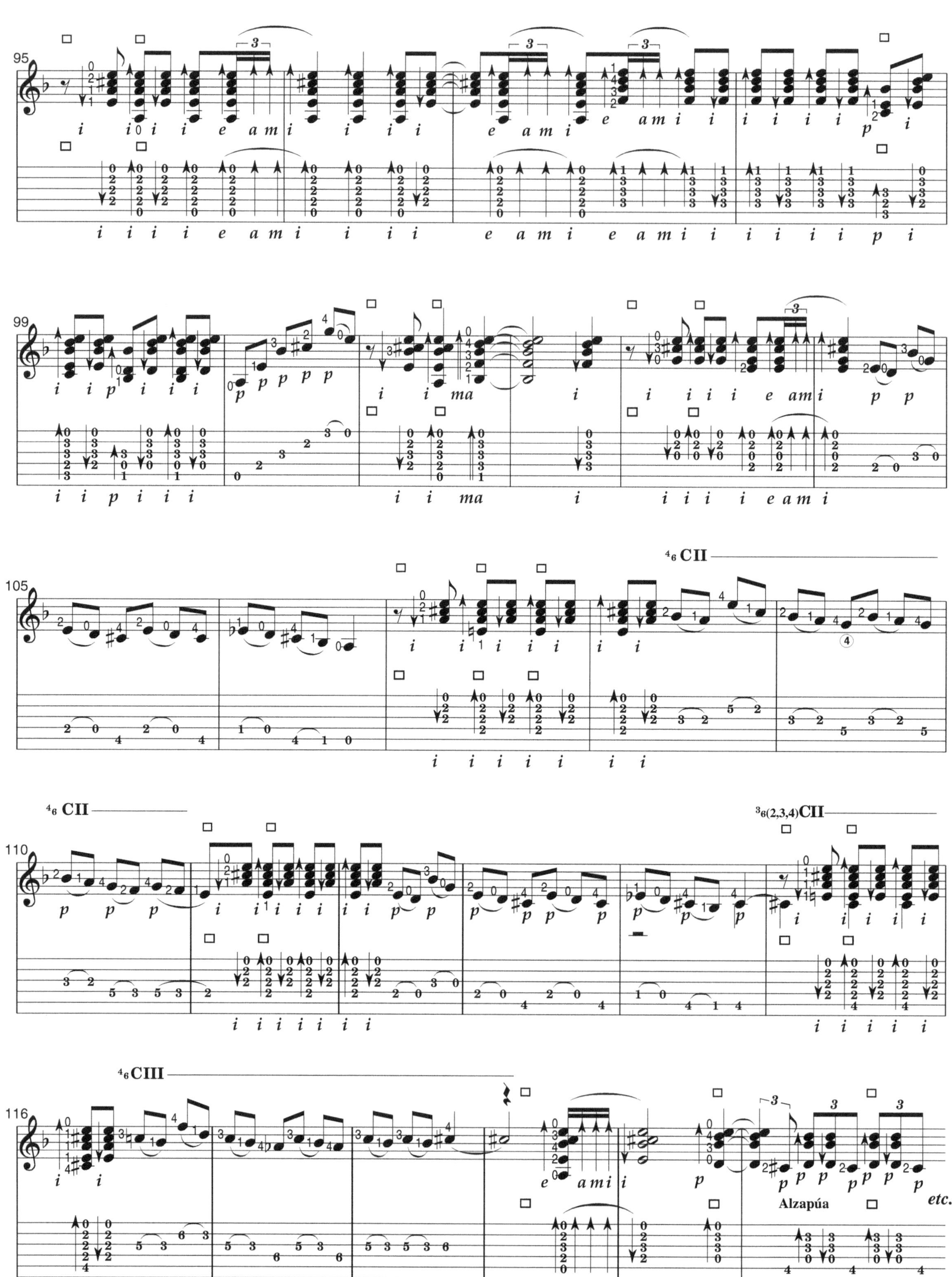

Alzapúa
etc.

TWO SOLOS ONLY IN NOTATION AND TAB

In all previous publications of Juan Martín's music, the written transcriptions have been accompanied by, or directly refer to, audio and/or video recordings of the original solos. In this way the notation serves as an aid to learning the recorded music. Such an approach has been very much in keeping with the aural tradition by which flamenco music has traditionally been learned, by direct imitation rather than through the printed page. The flamenco guitarist of today, however, is likely to meet many new challenges such as playing with musicians from classically-trained and other backgrounds in a variety of musical contexts and ensembles, so that the ability to read and write down music may be valuable skills. With this aim in view, two solos are included here which have not been recorded for this volume, though both are transcriptions of solos as played by Juan Martín.

The first solo, in the form of **Soleá**, has not been published as a recording. You will see that it includes two original *falsetas* which are recorded for this volume in the first and second Extra solos (in the case of the *falseta* from Extra Soleá A, in a form somewhat different from this written version). Other *falsetas* include one of *trémolo*.

The second, entitled **Harlequin**, is in the rhythm of the rumba. It is closely based on the guitar part of a recorded version from Juan Martín's album *Picasso Portraits* which presents flamenco in a contemporary idiom with the participation of some eminent jazz- rock musicians, including Simon Phillips (drums) and Tony Hymas (keyboards). In the written score here there is a repetition of the final *alzapúa* passage not heard on the record, but otherwise the solo closely follows the recorded version, including repeats.

DOS SOLOS SOLAMENTE EN NOTACIÓN Y CIFRA

En todas publicaciones anteriores de la música de Juan Martín las transcripciones escritas han sido acompañadas por, o se refieren directamente a, grabaciones de audio o de video (o de los dos) de los solos originales. De esta manera, la notación sirve de facilitar el aprendizaje de la música grabada. Tal método sigue muy bien la tradición auditiva del flamenco de aprender la música por imitación más que por la página impresa. Es probable, sin embargo, que el guitarrista flamenco de hoy se encuentre con muchos desafios nuevos, como tocando con músicos clásicamente educados o de otros ambientes en diversos contextos y conjuntos, así que la capacidad de leer y escribir la música puede ser una habilidad valiosa. Con este objetivo, hay dos solos incluidos aquí que no son grabados para este tomo, aunque los dos son transcripciones de solos tocados por Juan Martín.

El primer solo, por **Soleá**, no se ha publicado como grabación. Verá que incluye dos falsetas originales grabadas en este tomo en el primero y segundo solos Extra (la falseta de Soleá Extra A está un poco diferente de esta versión escrita). Otras falsetas incluyen una de trémolo.

El segundo, que se titula **Arlequín**, tiene el compás de rumba. Se basa exactamente en la parte de guitarra de una versión grabada en el álbum *Picasso Portraits* de Juan Martín. Estó presenta el flamenco en un estilo contemporáneo con la participación de algunos músicos ilustres del mundo de jazz-rock, incluyendo Simon Phillips (batería) y Tony Hymas (teclados). La partitura aquí tiene una repetición del pasaje final de alzapúa, que no se oye en el álbum, pero eso aparte el solo sigue exactamente la versión grabada, e incluye las repeticiones.

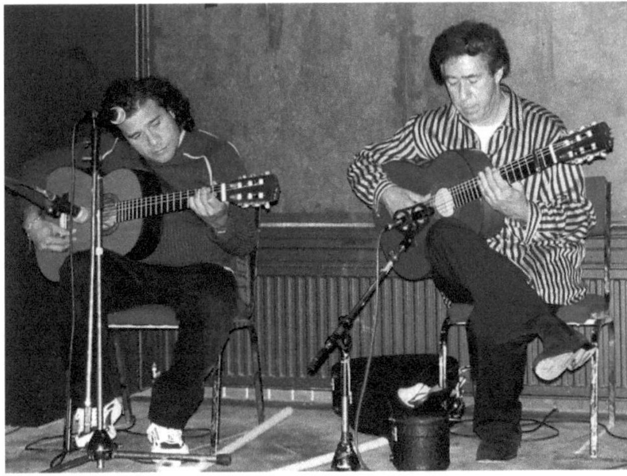

Ensayo/rehearsal. Juan con/with Antonio Fernández Torres, 'Chato Vélez', cantaor y guitarrista.

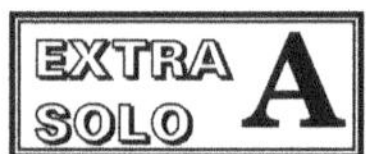

Soleá

por escrito

(Not recorded: *no grabada)*

Capo at 2nd fret
Cejilla al dos

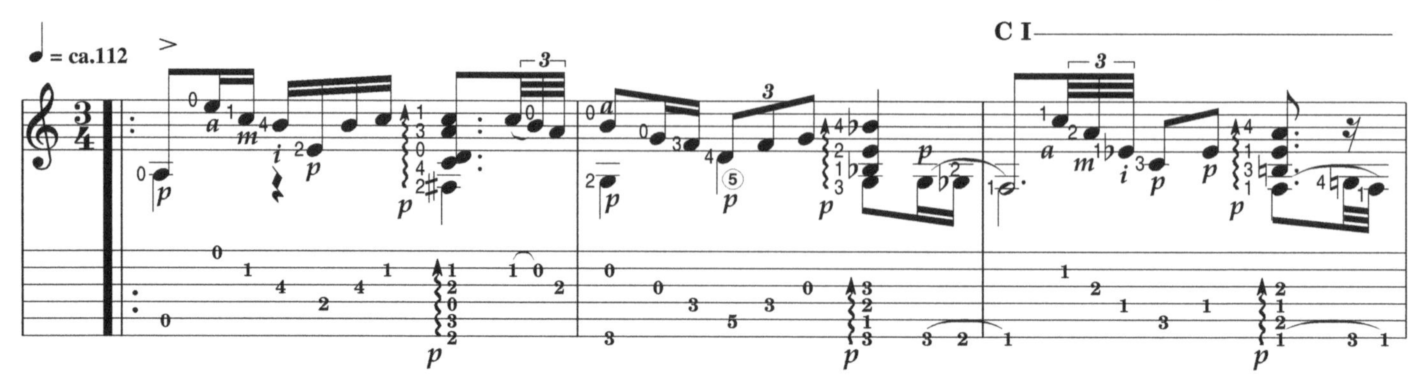

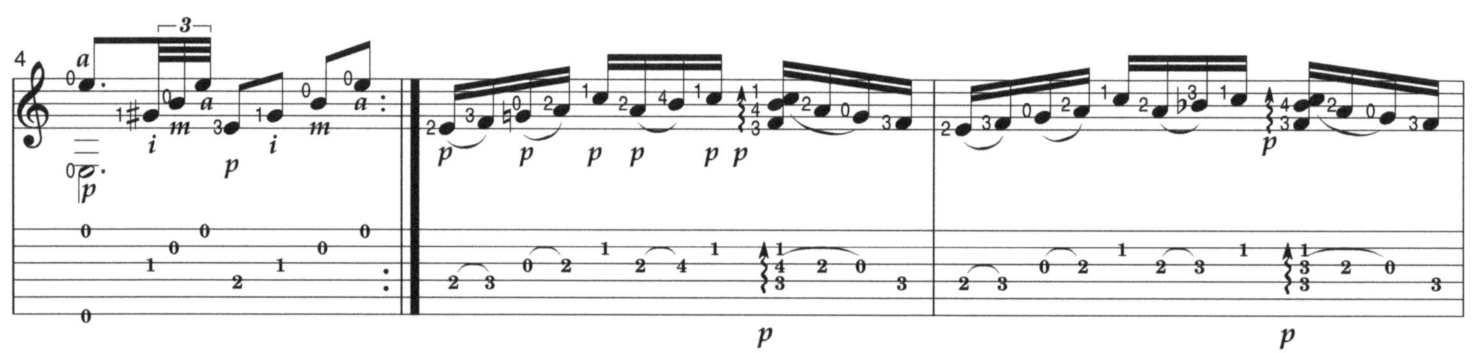

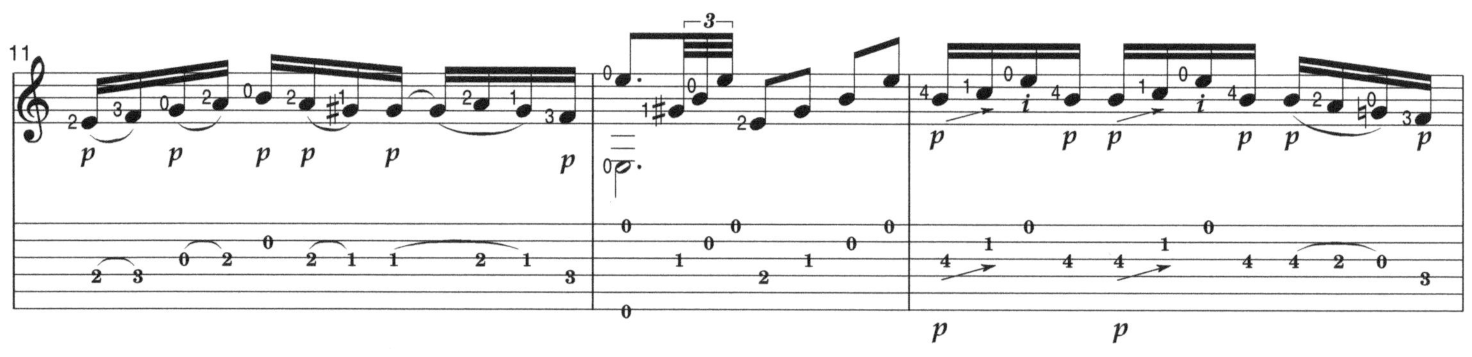

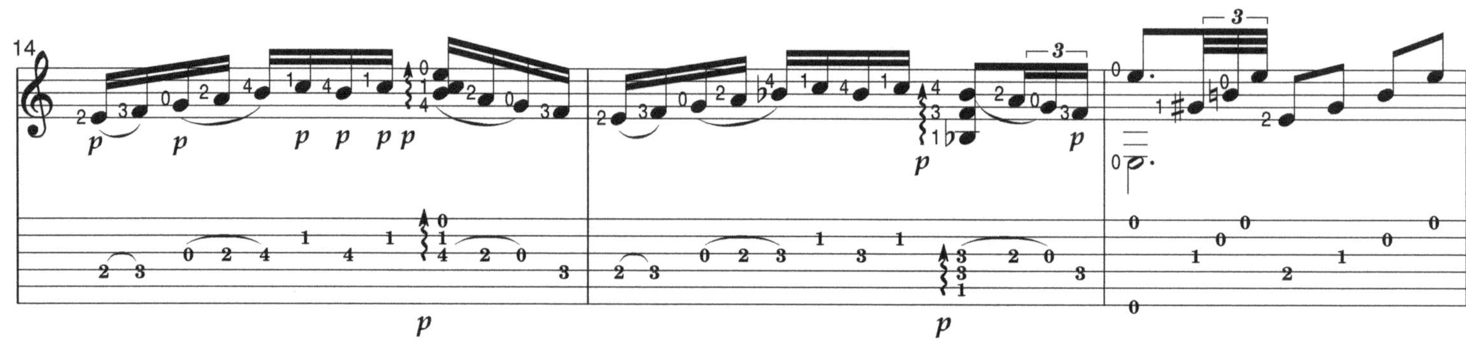

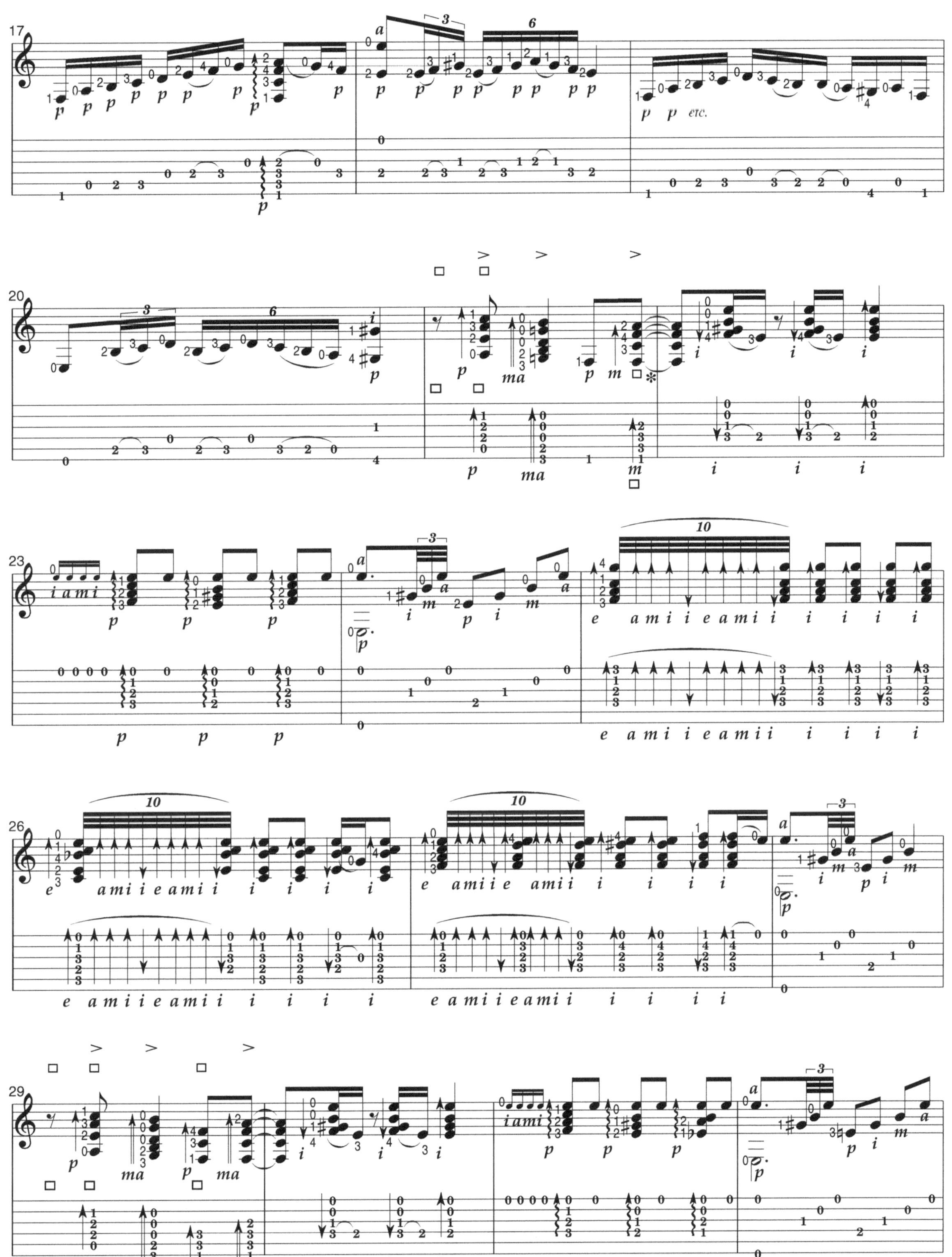

*Golpe on golpeador above the bass strings; el golpe se ejecuta en el golpeador por encima de los bordones

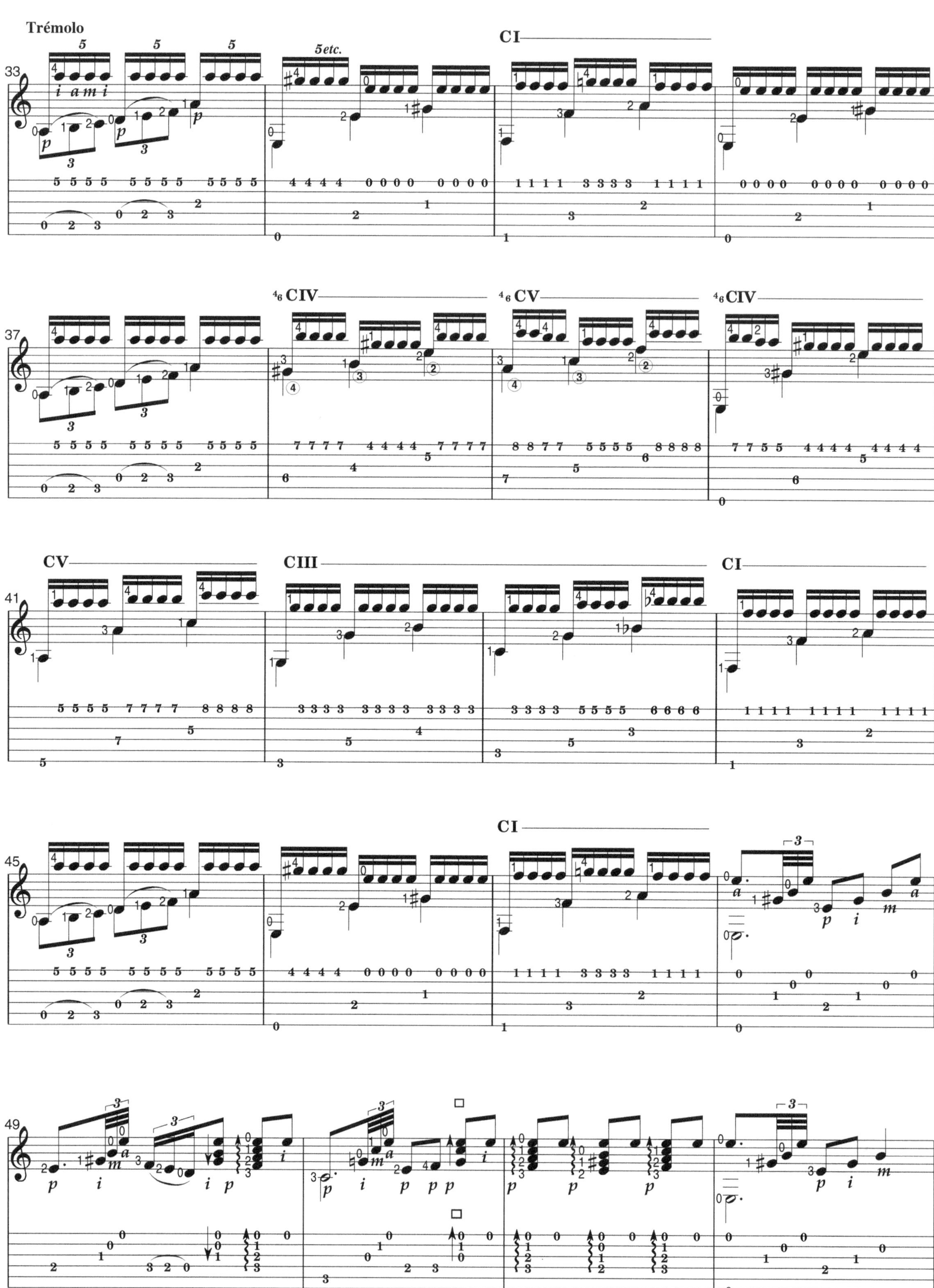
Trémolo
CI
CIV
CV
CIV
CV
CIII
CI
CI

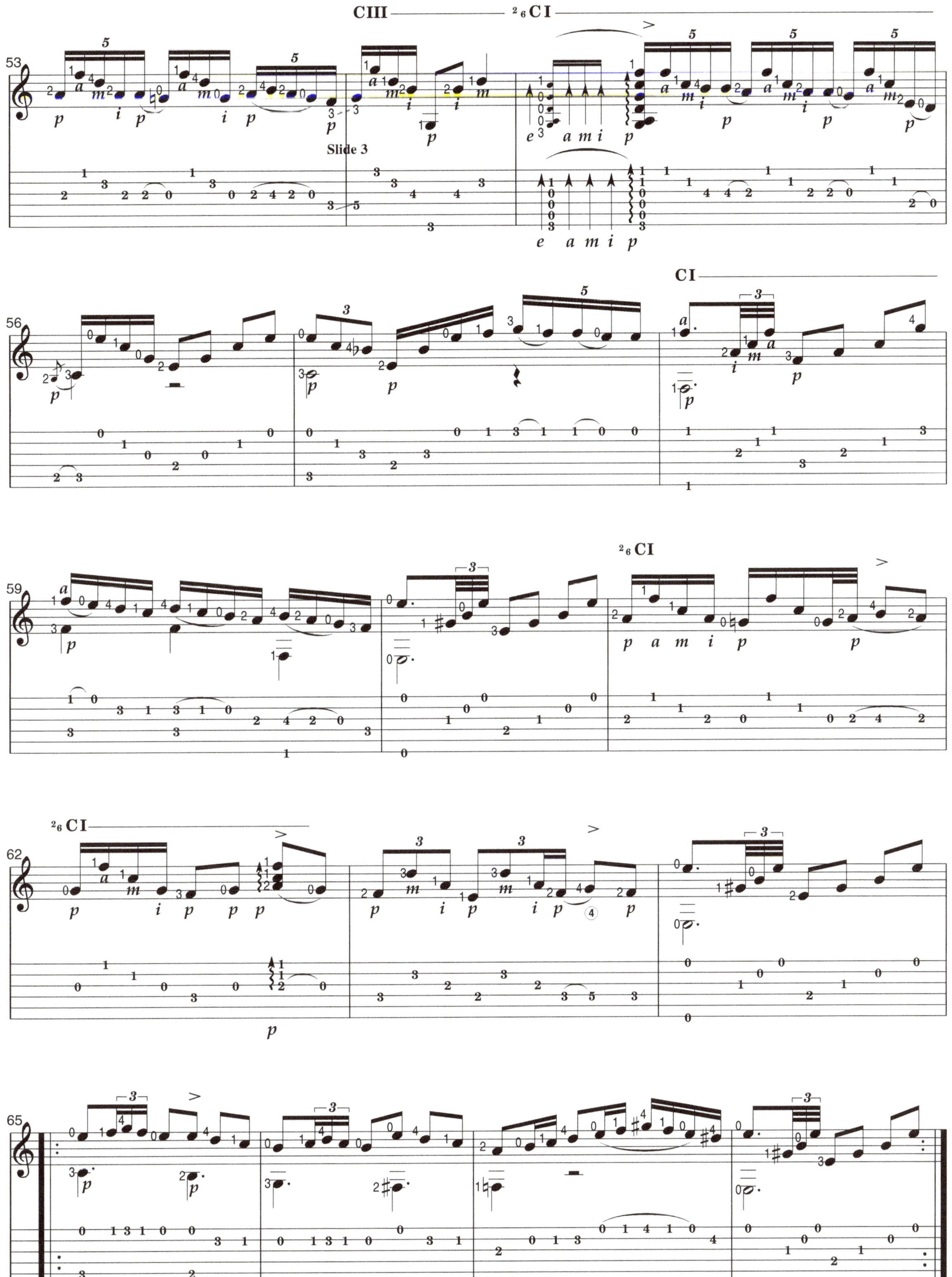
CIII
CI
Slide 3

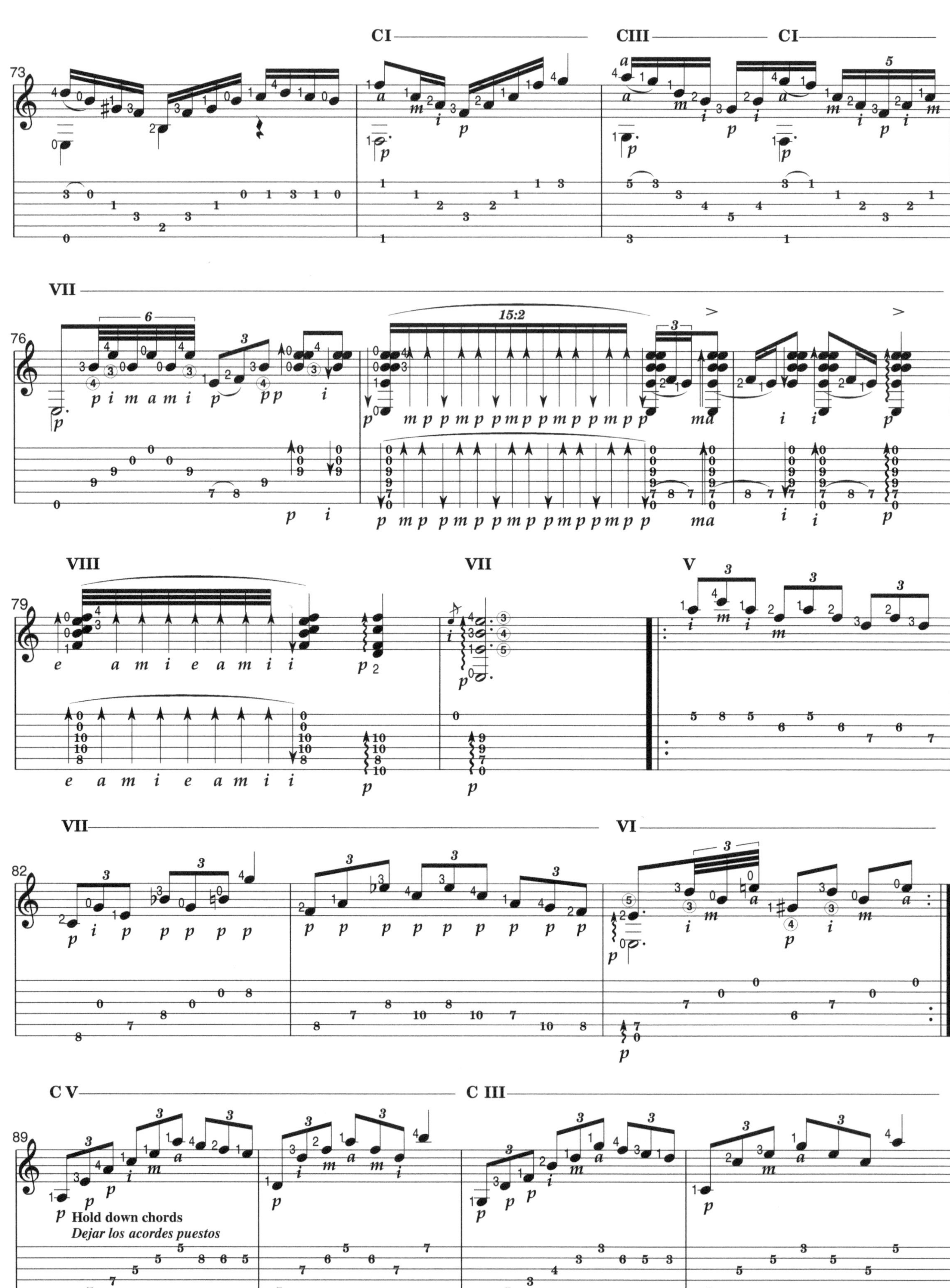

73
CI
CIII
CI
76
VII
15:2
79
VIII
VII
V
82
VII
VI
89
C V
C III
Hold down chords
Dejar los acordes puestos

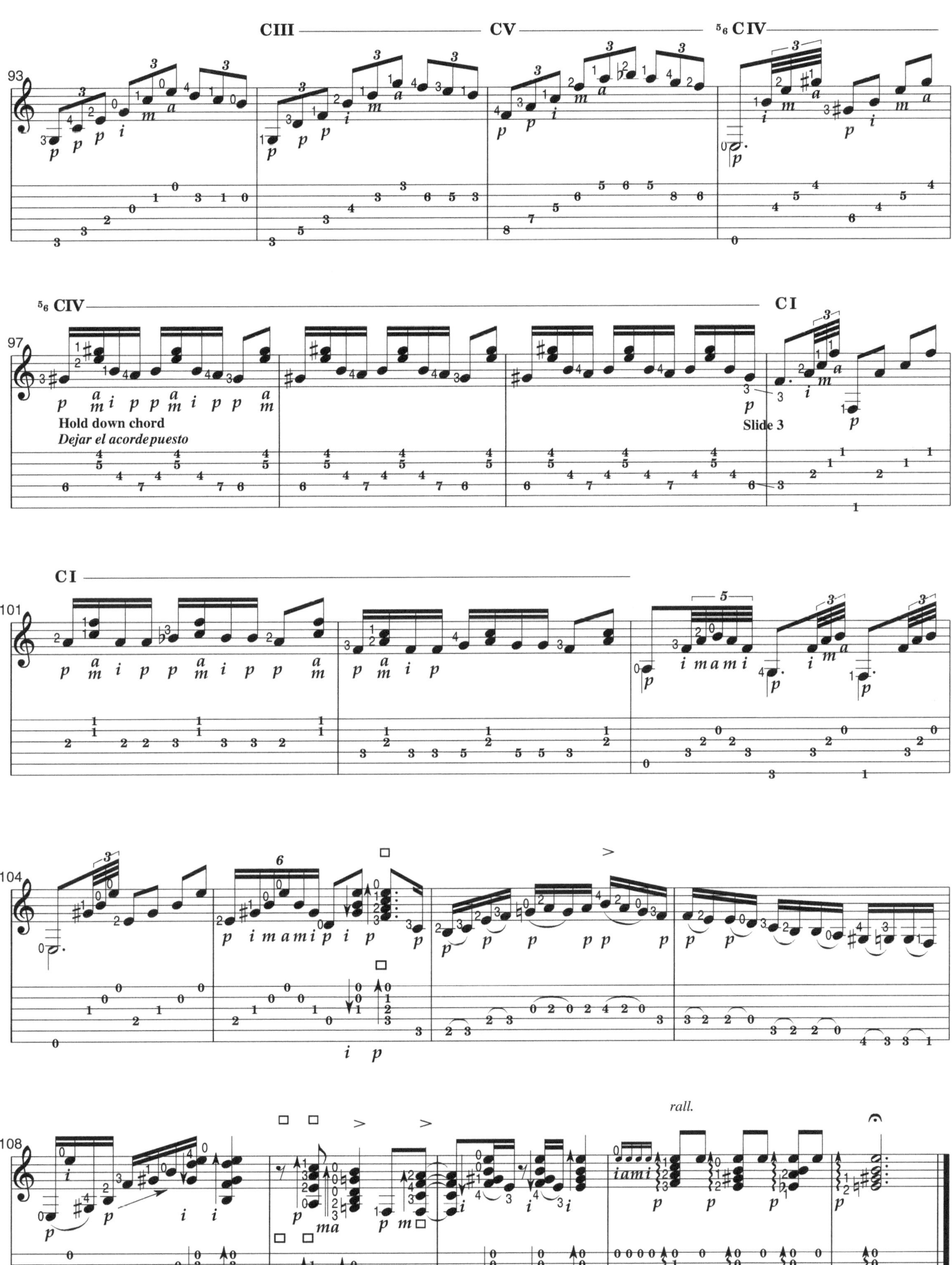
CIII
CV
CIV
Hold down chord
Dejar el acorde puesto
CI
Slide 3
rall.

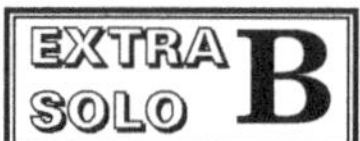

Harlequin (*Arlequín*)

Rumba

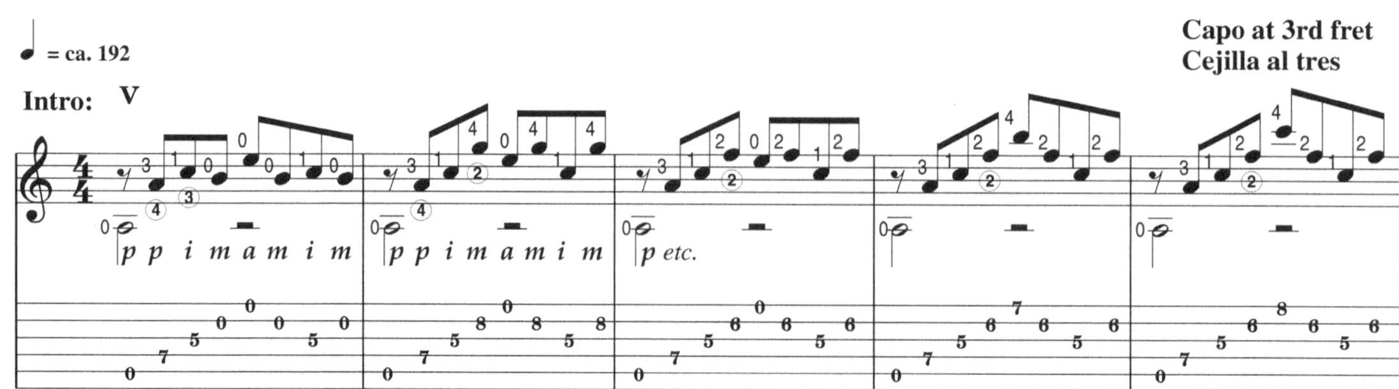

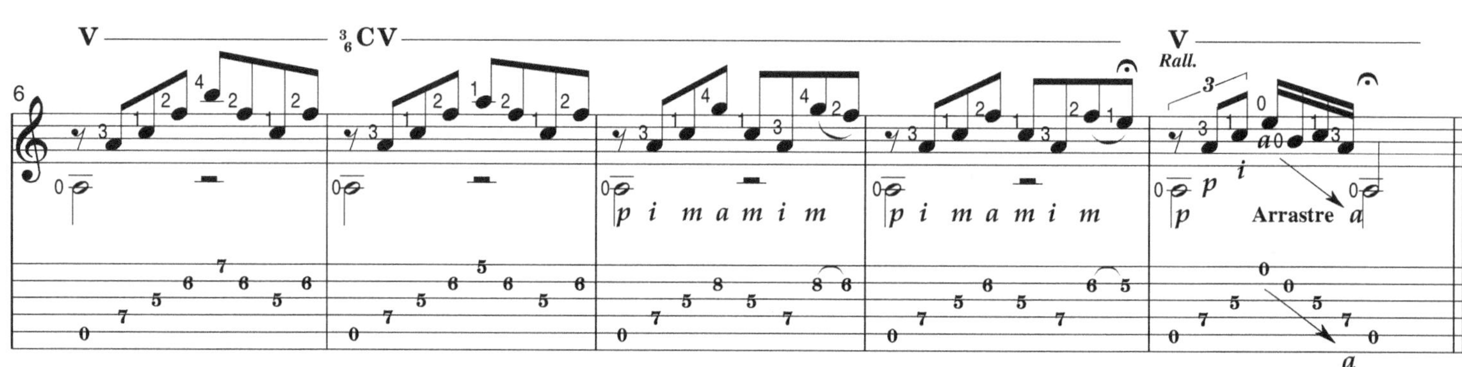

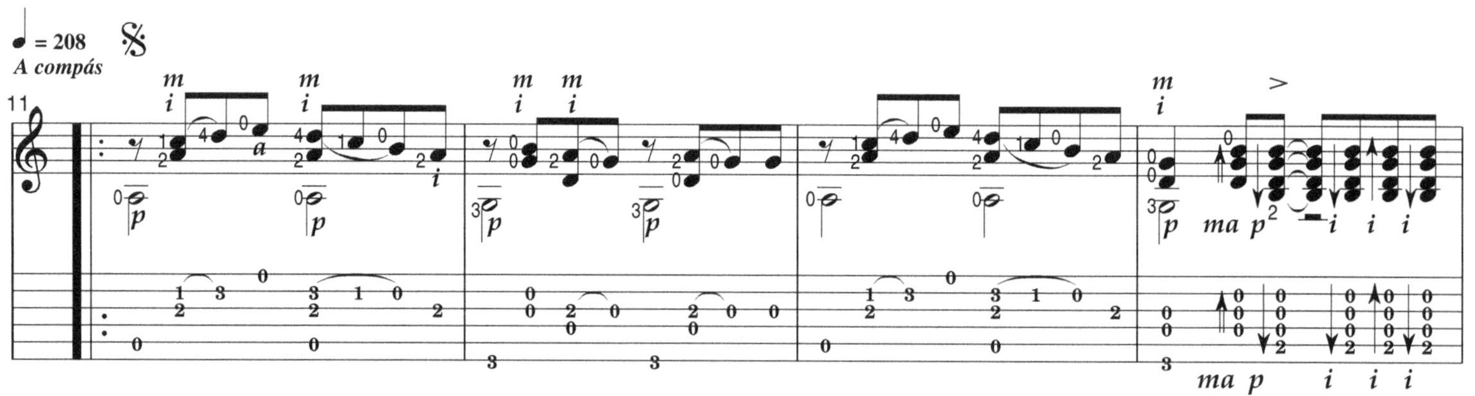

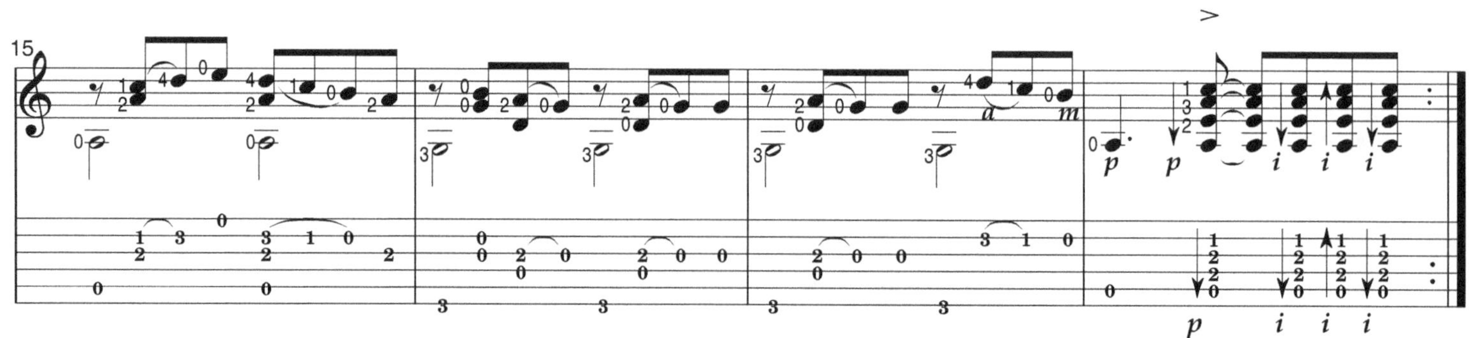

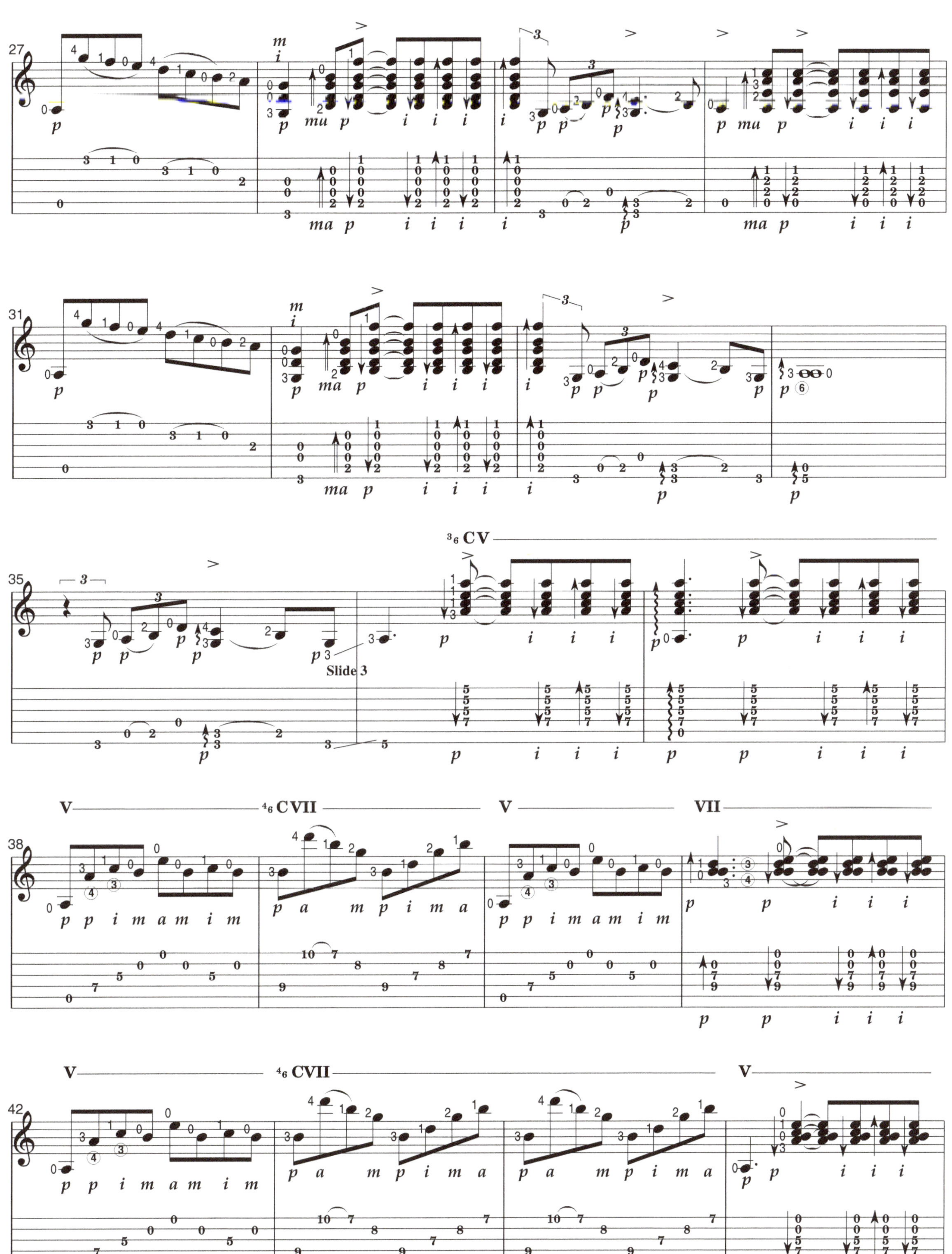

Slide 3
CV
V
CVII
VII

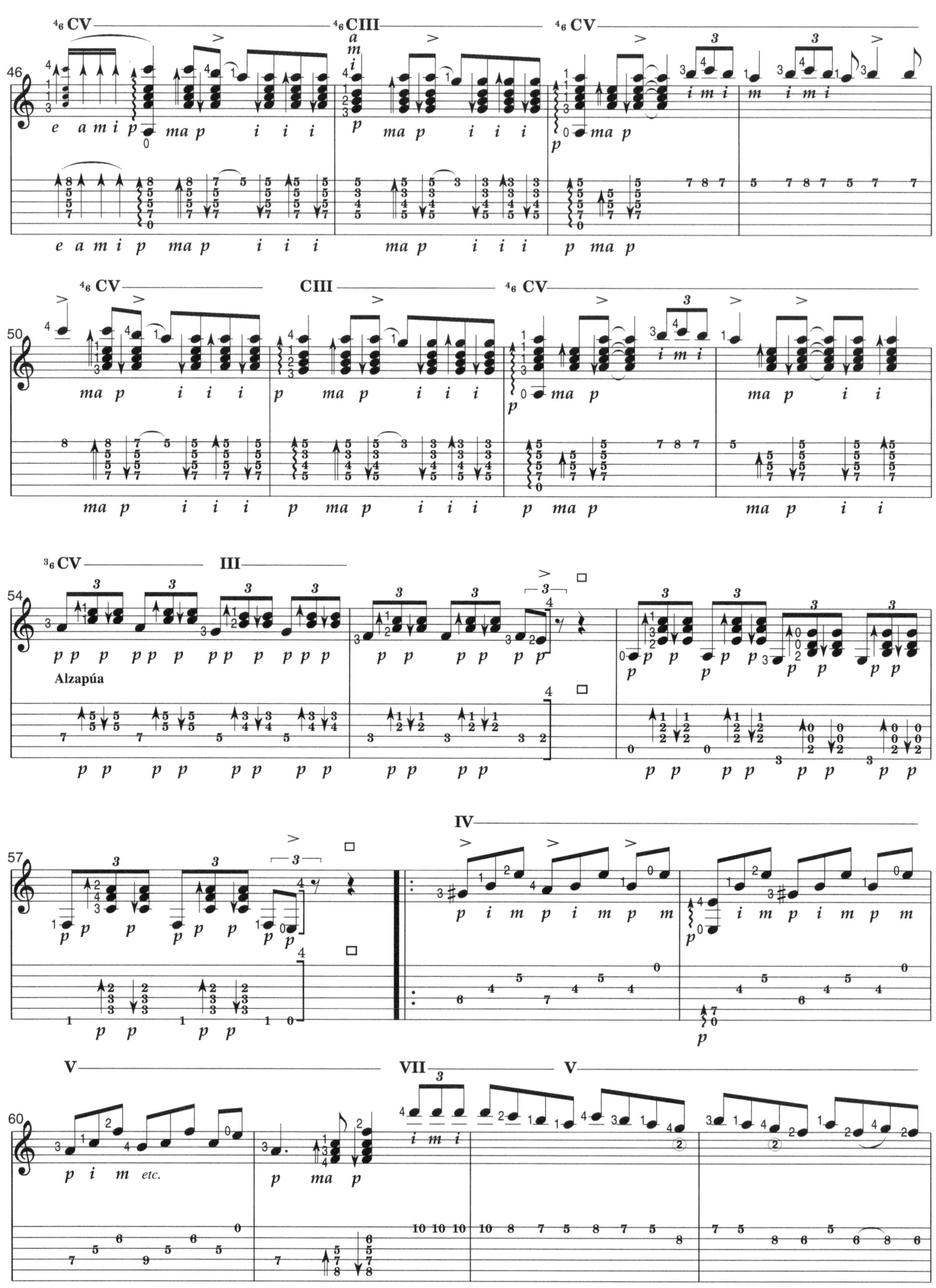
Alzapúa
etc.

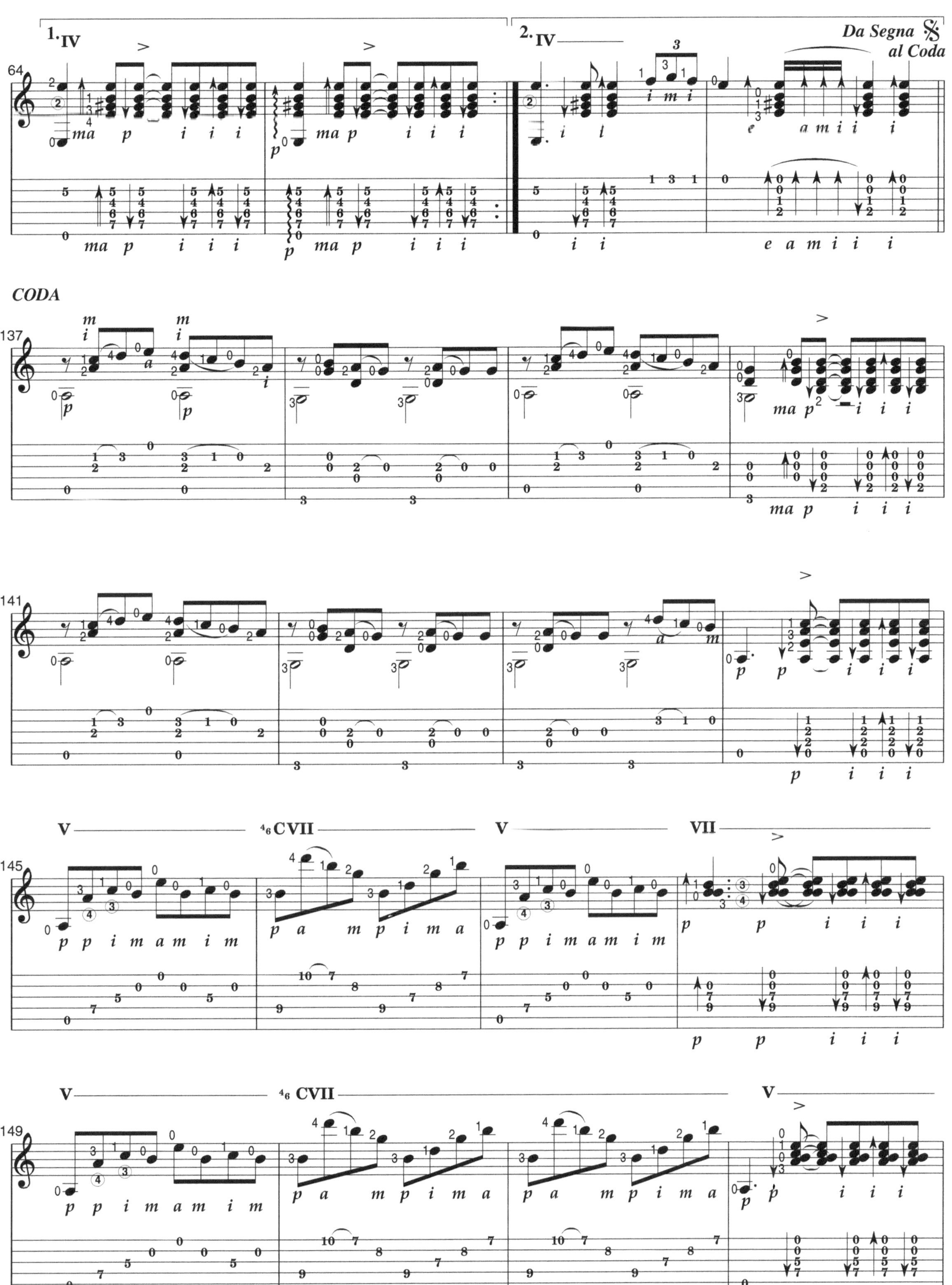

1.
IV
2.
IV
Da Segna
al Coda
CODA
V
CVII
VII

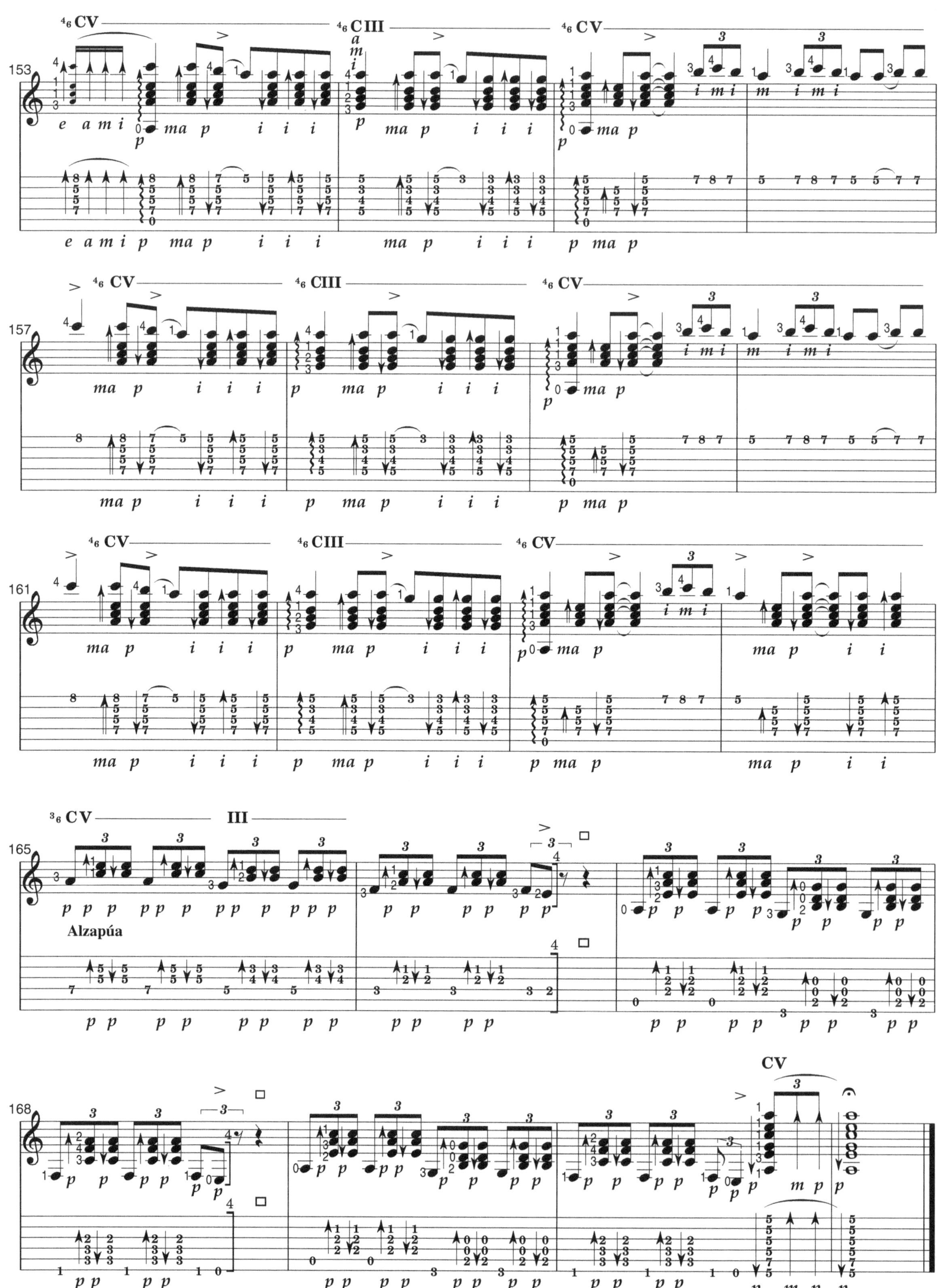

153
157
161
165
168
Alzapúa

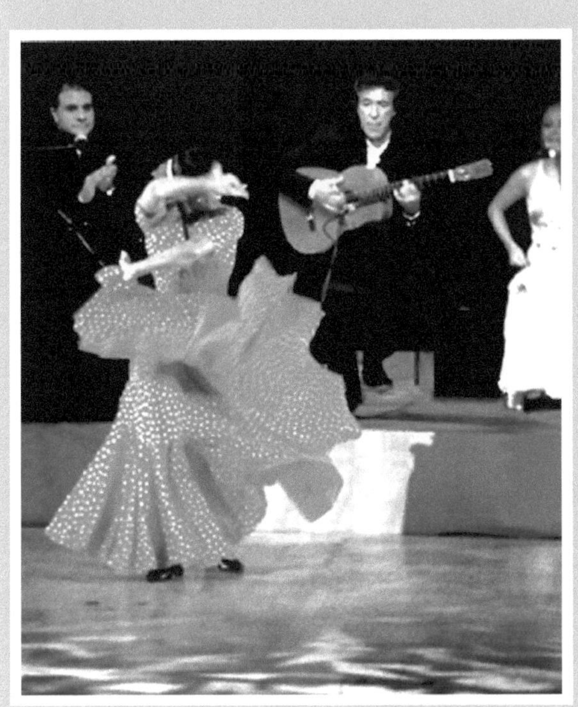

Antonio Fernández Torres 'Chato Vélez' (cantaor), Luisa Chicano (bailaora), Juan, Nuria Martín (cantaora) Barbican Centre, London, Nov. 2003.

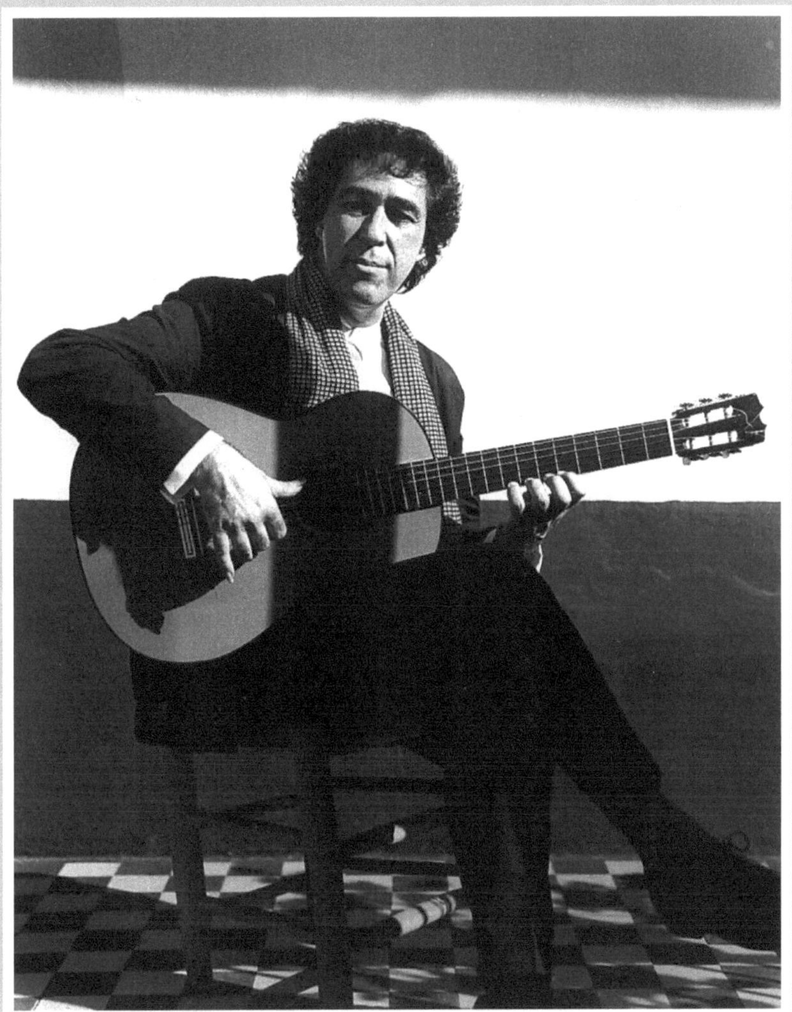

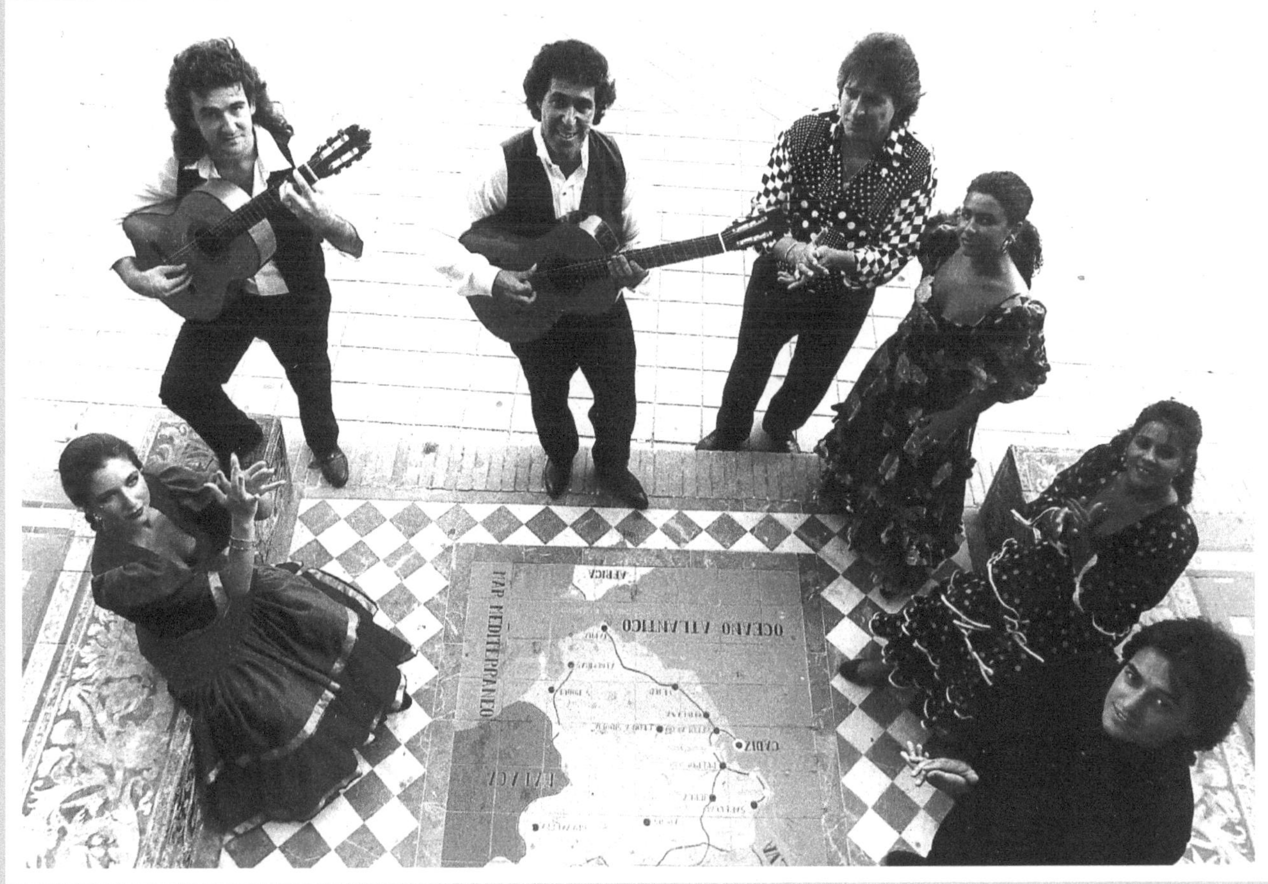

María del Mar Berlanga (bailaora), J. Carlos Berlanga (guitarrista), Juan, Jarillo (cantaor), La Toromba (bailaora), Maricarmen (cantaora), David Morales (bailaor), Sevilla.

JUAN MARTÍN PUBLICATIONS/PUBLICACIONES

GUITAR MUSIC BOOKS BY JUAN MARTÍN

with Patrick Campbell. All transcriptions in guitar tablature *(cifra)* and staff notation.

JUAN MARTÍN'S GUITAR METHOD: EL ARTE FLAMENCO DE LA GUITARRA
with 60-minute audio. United Music Publishers (UMP), 42 Rivington Street, London EC2A 3BN
Distributed in two-volume edition in USA by Theodore Presser.
ANDALUCIAN SUITE No.1 Four guitar solos from the album 'The Andalucian Suites' (FV01),
IMP, International Music Publications, Southend Road, Woodford Green, Essex IG8 8HN, UK
GUITAR SOLOS 12 pieces from the album SERENADE. Warner Brothers Music Ltd, distributed
by IMP, International Music Publications Ltd.
THE EXCITING SOUND OF FLAMENCO, Volumes 1 and 2, each containing 2 solos from Argo
recording of the same name. United Music Publishers Limited.

TEACHING VIDEOS/DVDS BY JUAN MARTÍN with Patrick Campbell

PLAY FLAMENCO GUITAR WITH JUAN MARTÍN: SOLOS FLAMENCOS. VOL./TOMO 1.
Grades/*Niveles* 0 - 5. With/*con* video and/*y* audio. The first volume of this series.
El primer tomo de esta serie. Mel Bay Publications, Inc.
LEARN FLAMENCO GUITAR WITH JUAN MARTÍN: LA GUITARRA FLAMENCA. Three
one-hour videos, each with 150+ page booklet of the music, transcribed into guitar tablature
(*cifra*) and staff notation. Complete set on DVD. Warner/Chappell Music Ltd.

VIDEO OF JUAN MARTÍN'S FLAMENCO DANCE COMPANY FROM SEVILLA

LIVE AT THE BARBICAN (London). 1992 recording of Juan Martín's Flamenco Dance Company.
(Londres) 1992 Grabación de la compañía flamenca de baile de Juan Martín. 2+ hours.

ALBUMS RECORDED BY JUAN MARTÍN CDs, LPs; most recent listed first.

JUAN MARTÍN y su compañía flamenca: LIVE en directo 2 CDs, Flamencovision FV09.
JUAN MARTÍN: CAMINO LATINO with Flora Purim, Alberto Moreira & others/*y otros*. CD FV08
JUAN MARTÍN &/*y* ANTONIO APARECIDA cantaor flamenco**: RIQUEZAS**. CD FV07
JUAN MARTÍN: EL ALQUIMISTA The Alchemist. Flamencovision CD FV06
JUAN MARTÍN: ARTE FLAMENCO PURO Flamencovision CD FV05
JUAN MARTÍN: MÚSICA ALHAMBRA Flamencovision CD FV04
PICASSO PORTRAITS digitally remastered. Flamencovision CD (or CC) FV03
  RETRATO A PICASSO Divucsa 31-837
  Previously published by POLYDOR 1st Edition: POLD 5048. 2nd edition SPELKP 70
LUNA NEGRA Flamencovision CD (or CC) FV02. (*edición española*: Divucsa)
THE ANDALUCIAN SUITES I - IV. Flamencovision CD (or CC) FV01
  LAS SUITES DE ANDALUCÍA Divucsa. CD5616
THROUGH THE MOVING WINDOW RCA - BMG PK833036 (Europe) RCA - BMG 3036 -
  NOVUS (USA)
PAINTER IN SOUND WEA and K-Tel NE 1320 (UK); 3005-1-N (USA)
  Also: **LA MÚSICA DE LAS PINTURAS** WEA (Madrid) 240748
THE SOLO ALBUM WEA WX17
SERENADE with Royal Philharmonic Orchestra. WEA and K-Tel NE 1267 (Europe),
  P1146 (Warner-Pioneer Corporation, Japan)
ROMANCE with orchestra. EMI THIS 26 - 0037
¡OLÉ DON JUAN! - FLAMENCO EN ANDALUCÍA EMI NTS 126
THE FLAMENCO SOUL OF JUAN MARTÍN DECCA (UK) SKL 5256
THE EXCITING SOUND OF FLAMENCO ARGO (Division of Decca UK) ZDA 201

DVD THE FOUR MARTINS with Martin Simpson, Martin Carthy, Martin Taylor. P3 MUSIC DVD-10

All Flamencovision products can be obtained from **www.flamencovision.com**
or from P.O.Box 508, London N3 3SY
Todos estos productos de Flamencovision, más los libros y videos, se puede conseguir de
www.flamencovision.com *o del apartado P.O. Box 508, London N3 3SY*